NINA KAY

ALL THE FUCKS WE GIVE

ROMAN

1

Julien

«Schwarz oder rot?» Bekah hielt sich eines der Kleider vor den Körper, die sie in ihrem Schrank gefunden hatte. An dem Schwarzen hing noch das Preisschild, und Julien kniff mäßig interessiert die Augen zusammen.

«Das Kurze.»

Bekah verdrehte die Augen und warf beide Kleider auf den Haufen vor ihrem Bett, auf dem Julien gerade daran scheiterte, seiner besten Freundin Tipps für ihr Date am Abend zu geben. Er hatte es wirklich versucht, letzte Woche schon, als klar war, dass Bekahs Bemühungen, in fünf verschiedenen Dating-Apps den einen Mann fürs Leben zu finden, endlich gefruchtet hatten.

Julien atmete geräuschlos aus und beobachtete, wie sie in Unterwäsche durch das Schlafzimmer stapfte und ihr Rücken immer steifer wurde.

«Vielleicht gar kein Kleid», überlegte sie dann laut und blieb vor der Tür stehen. «Vielleicht einfach Jeans und High-Heels.»

«Am Ende ist es egal, was er dir auszieht», gab Julien nur zurück und überlegte gleichzeitig, ob er sich für den Einsatz am Abend bei seinem Chef krank melden sollte. Der Job war schlecht bezahlt, anstrengend und eine Notlösung, mit der er seinem Bruder monatlich zweihundert Dollar geben konnte. Miguel nannte das Miete, Julien Abzocke, denn gebraucht hätte Miguel das nicht, mit seinen teuren Anzügen und der Kaffeemaschine, die vier verschiedene Sorten Milchschaum produzieren konnte.

«Was findest du denn sexy?», fragte Bekah und sah über die Schulter zu Julien; mittlerweile stand sie wieder vor ihrem offenen Kleiderschrank. «Was hat dir an Amy gefallen?»

«Was mit Spitze.» Eigentlich war es Julien schlichtweg egal.

Bekah drehte sich um und zupfte an ihrem BH. «Also kann ich den anlassen?», fragte sie. Julien nickte ergeben.

«Klar.»
«Ach, komm schon. Warum lügst du, Jules?»
«Ich lüg nicht.» Er hatte bloß keine Ahnung, und zugeben konnte er das später immer noch, wenn sie sich einen Joint teilten und vergaßen, dass weder Bekah noch er auf spitzenbesetzte Unterwäsche standen. Sie besaß eine ganze Schublade voller Dessous, die sie noch nie getragen hatte, zumindest nicht, seit Julien sie vor beinahe einem Jahr nachts um halb eins heulend im Fahrstuhl gefunden hatte. Sie waren beide betrunken, wütend und gleichzeitig furchtbar müde gewesen. Er hatte Bekah in den achtzehnten Stock gebracht, bis vor ihre Wohnungstür, wo sie einen weiteren Heulkrampf erlitt, als sie das Schloss nicht aufbekam.

«Ich kann sie aufbrechen», hatte Julien ihr angeboten und sich anschließend so heftig gegen die Tür geworfen, dass sie aufgesprungen und er mit der Schulter gegen Bekahs Garderobe geprallt war. Ja, er war wütend gewesen, auf sich, auf Miguel, auf die Kälte in seinen Knochen, die nichts mit den winterlichen Temperaturen in Chicagos Straßen zu tun gehabt hatte.

Sie hatte gelacht, nicht über ihn, sondern weil es nichts anderes gab, weil sie ja schon geheult hatte, den ganzen Abend lang, wie sie Julien später verraten hatte. Am nächsten Tag war er nackt neben ihr in ihrem Bett aufgewacht, ohne Erinnerung daran, wie es war, mit einer Frau zu schlafen.

«Jules», hatte Bekah gemurmelt, als er sich von ihr weggedreht und das Gesicht in die Matratze gepresst hatte, um nicht auch noch loszuheulen. «Schon okay. Es kommt nicht wieder vor.»

Jetzt war er neunzehn, und es war seitdem noch ein einziges Mal vorgekommen. Nicht mit Bekah, aber mit Amy, die ebenso wie Theo daran gescheitert war, Wut von Kummer unterscheiden zu können.

«Ich sag ihm ab.» Bekah ließ sich neben Julien aufs Bett fallen und zog sich schützend die Decke über ihre Brüste. «Das wird ein Desaster werden.»

«Du solltest hingehen.» Julien wandte den Kopf zu ihr und legte gleichzeitig eine Hand auf ihr nacktes Knie. Ja, er log wie gedruckt.

«Und dann?» Bekah machte ein unglückliches Gesicht. «Wird er merken, was für eine menschliche Katastrophe ich bin. Selbst wenn ich das kurze, teure, rote Kleid trage, wird er fragen, was ich arbeite, welche Hobbys ich habe, ob ich mal Kinder möchte.»

Bekah schlug sich derzeit mit zwei Jobs die Tage und Nächte um die

Ohren, um die Miete für ihre winzige Wohnung in dem überteuerten Gebäudekomplex zahlen zu können. Sie schaffte es nicht, zwischen der Schicht im Imbiss am Ende der Straße und ihrem schrottreifen Auto, das sie nachts als Uber-Taxi missbrauchte, auch nur eine Folge ihrer Lieblingsserie am Stück zu schauen.

«Willst du Kinder?», fragte Julien leise. Bekah betrachtete ihn einen Moment lang wortlos, dabei begann das Grün ihrer Augen verdächtig zu schwimmen.

«Bestimmt», flüsterte sie dann und lächelte beinahe trotzig. «Und du?»

Julien hob die Schulter, die, die er sich damals an Bekahs Garderobe geprellt hatte, nicht die andere, und lehnte seine Schläfe gegen ihre. «Glaub nicht», flüsterte er zurück.

«Siehst du.» Sie schnippte ihm mit dem Mittelfinger gegen die Brust. «Kannst ja doch ehrlich sein.»

Die Entscheidung für das richtige Outfit überließ Bekah schließlich dem Joint, den Julien ihnen drehte, und nach drei Zügen war ihm auch sein eigener schlecht bezahlter Job bei einem Umzugsunternehmen egal.

Sein Herz schlug so langsam, dass ihm schwindelig wurde, obwohl er noch immer auf Bekahs Bett lag, und in seinem Brustkorb breitete sich eine träge, angenehme Wärme aus. Miguel hasste es, wenn er das tat. «Wenn ich dich auch nur ein einziges Mal damit in meiner Wohnung erwische», hatte er gesagt und Julien dabei anklagend von oben bis unten gemustert, «kannst du zusehen, wo du schläfst.»

Miguel, dachte Julien und spürte Bekahs Kopf schwer auf seinem Oberarm liegen. Miguel mit seinem Collegeabschluss und zu wenig Zeit für eine Freundin. Irgendwo unter ihnen schlug jemand eine Tür zu. «Ich muss gleich los», murmelte er Richtung Decke, blinzelte und sah zur Seite aus dem Fenster über Bekahs Schreibtisch. Es regnete seit Tagen in Strömen.

«Zur Arbeit?» Als sie sich aufrichtete und ihre lockigen, blonden Haare, die ihr bis zu den Hüften reichten, zu einem Zopf zusammennahm, schwankte die Matratze, und Julien wurde prompt übel.

«Ja.»

«Okay.» Bekah streckte die Hand aus und strich ihm mit einer beinahe zärtlichen Geste sein eigenes Haar aus der Stirn. «Eigentlich», fing sie an und grinste plötzlich, «wollte ich mich am Anfang sofort in dich verlieben.»

Julien schluckte und blieb liegen, bevor es schlimmer wurde. «Und?», fragte er. «Hast du's getan?»

«Was denkst du denn, Babe?» Jetzt lachte sie. Julien mochte das Geräusch, weil es ihn beruhigte und gleichzeitig daran erinnerte, dass er nicht immer so taub war wie er sich fühlte. «Ich hab's versucht, aber irgendetwas hat mich davon abgehalten.»

«Verstehe.»

«Tust du nicht.»

«Stimmt.»

Er musste mitlachen, endlich.

«Vielleicht schaffe ich es heute Abend mit Earl.»

«Mit *Earl*?» Julien presste sich die Hände aufs Gesicht und hatte Mühe, an seinem Lachen nicht zu ersticken.

Bekah kletterte kichernd auf ihn, zog seine Arme herunter und strahlte wie eine Leuchtreklame. Mittlerweile trug sie wenigstens einen Hoodie über ihrem BH. «Klingt wie ein englischer Lord, nicht wahr? Vielleicht hat er 'ne Firma geerbt oder so.»

«Dann könnte er Miguel einstellen.» Julien taten langsam die Mundwinkel weh. «Und du könntest bei mir einziehen.»

«Das wäre ein Traum», erwiderte Bekah lächelnd, und Julien setzte sich langsam auf. Ihr Gewicht auf seinem Schoß hätte ihn möglicherweise nervös machen oder erregen sollen, doch nichts davon passierte. Sie war einfach nur da und brachte ihn dazu, sich weniger schlecht zu fühlen.

«Du würdest das größere Zimmer bekommen. Und dürftest das Bad benutzen, ohne hinterher die gesamte Bude durchwischen zu müssen.» Miguel war furchtbar neurotisch.

Bekah grinste. «Wie sieht's mit Kochen aus?»

«Kann ich nicht.»

«Und ich werd dich nicht bedienen wie einen Pascha.»

«Zwei Möglichkeiten.» Julien hob einen Daumen. «Erstens: wir verhungern.»

«Die zweite?»

«Wir bestechen den nächsten Lieferdienst.»

«Womit?», wollte Bekah wissen. Der spöttische Unterton verlieh ihrer sonst so hellen Stimme etwas Zerbrechliches, sodass Julien unvermittelt die Arme um sie legte. «Mit dir als Köder», murmelte er und fühlte sich mit einem Mal, als hätte seine Existenz irgendeine Relevanz. «Du lenkst den Pizzaboy mit diesem…», er tippte an ihre Schläfe,

«Blick ab, während ich seinen Wagen ausräume.»
«Mit welchem Blick?»
«Mit deinem Fick-mich-Blick.»
Bekah lachte so schallend auf, dass der Ton wie ein Stromstoß durch Juliens Körper fuhr. Wiederbelebung in drei Sekunden. Er lächelte, immer noch.
«Meinst du, ich sollte den Fick-mich-Blick bei Earl in der Tasche lassen?» Bekahs Augen glitzerten, als sie ihren Nasenrücken an Juliens rieb. «Oder ist es okay, beim ersten Date im Bett zu landen?»
Er hob wieder die Schultern. «Weiß nicht.»
«Wie war das bei dir und Amy?»
Was hatte sie nur immer mit Amy? Julien war keine drei Monate mit ihr zusammen gewesen, und nachdem sie das erste Mal mit ihm und Miguel am Tisch gesessen hatte, hatte ihn das Gefühl beschlichen, dass sein überarbeiteter Bruder beeindruckter von ihr war als er selbst.

«Ich hau mal ab», antwortete Julien, damit er Bekah nicht verraten musste, dass er glaubte, genauso beziehungsunfähig zu sein. Das hätte sie nur angestachelt, es noch einmal zu versuchen, und ihm mindestens vier ihrer ehemaligen Schulfreundinnen vorgestellt.

«Wenn du mit ihm ficken willst, mach's.» Er schob Bekah behutsam von sich weg, dann fischte er seinen eigenen Hoodie von der Bettkante. «Einfache Sache.»

«Was, wenn er mich danach für 'ne Schlampe hält?», hielt Bekah dagegen. «Was, wenn…» – «Du bist keine Schlampe. Problem erledigt.»

Julien tastete nach seinem Handy und stellte fest, dass er es nur noch mit zehnminütiger Verspätung zu der Adresse in Bronzeville schaffen würde.

«Soll ich dich runterbringen?», erkundigte sich Bekah und zog an den Kordeln ihrer Kapuze.

«Du hast keine Hose an.» Julien deutete auf ihre nackten Beine. «So nehm ich dich nicht mit.»

Bekah grinste wieder, warf ihr Feuerzeug in seine Richtung und zeigte ihm zum Abschied den Mittelfinger.

«Benimm dich.» Als Julien sich zu ihr beugte und seine Lippen an ihre Wange legte, roch er Parfüm und Apfelshampoo. Nichts, was ihn erregte und alles, was er kannte. «Viel Spaß mit Earl.»

«Nur kein Neid.» Bekah zwinkerte, bevor sie rücklings auf ihr Bett zurückfiel und Julien das Leuchten in ihren Augen doch noch blenden konnte.

Sasha

Er wusste nicht, ob ihn das stetige Rauschen der Straße unter ihnen und die tiefhängenden Wolken über dem Lake Michigan faszinieren oder abstoßen sollten. Als Sasha die Stirn gegen das Küchenfenster lehnte, kondensierte sein Atem an der Scheibe, und er begann, die Regentropfen in ihrer Geschwindigkeit, mit der sie von außen daran abperlten, zu vergleichen.

Nummer sechs, dachte er müde. Nummer sechs und Nummer sieben benötigten keine zehn Sekunden, um es von oben nach unten zu schaffen. Vielleicht war es das, was ihm solche Angst machte.

«Wenn du Hunger hast, bedien dich ruhig.» Pam schloss die Kühlschranktür etwas zu laut und riss Sasha damit aus seinem reizlosen Gedankenspiel. «Und in der Kiste dort drüben», sie deutete mit ihrem mehrfach beringten Zeigefinger in den offenen Wohnraum hinein, «neben dem Sofa steht noch eine Kiste mit Konserven. Viel Platz habe ich hier nicht, aber man weiß sich zu helfen.»

«Danke.» Sasha lächelte und rieb sich das Gesicht. Er wollte einfach nur schlafen, doch die Aussicht darauf, morgen früh um halb acht in der Vorlesung zu sitzen, brachte seinen Körper vor Stress zum Vibrieren.

«Freust du dich, endlich an der Uni zu sein?» Als ob Pam Gedanken lesen konnte. Sasha drehte sich vom Fenster weg und hoffte, seine Tante würde ihm nicht anmerken, wie falsch er sich in dieser Stadt fühlte. Dass er nach Hause wollte, dass er New Jersey und den ruhigen Vorort von Philadelphia, in dem er zur Schule gegangen war, vermisste, seit er nur einen Fuß aus seinem Elternhaus gesetzt hatte.

Er benahm sich wie sechs, nicht wie neunzehn, resümierte Sasha stumm und lächelte trotzdem immer weiter bis ihm das Gesicht wehtat und es irgendwann in dieser Bewegung erstarren würde. «Ja.»

«Wenn du lernen musst und ich zu laut sein sollte, sag es ruhig. Wir einigen uns schon.» Pam hatte ihn schon am frühen Nachmittag freudestrahlend empfangen, doch jetzt explodierte ihr Gesicht förmlich vor Begeisterung darüber, dass Sasha für die kommenden Semester bei ihr wohnen würde. Sie hatte ihm das Arbeitszimmer freigeräumt und ihren Schreibtisch, an dem sie ihre Lebensratgeber auf loses Papier, in zentimeterdicke Notizbücher und schließlich in ein Computerdokument schrieb, neben das Sofa gestellt. An der Deckenlampe in der Küche baumelten Ketten mit Rosenquarzanhängern, und am Kühlschrank klebten Postkarten, die sie von ihren Reisen nach Venedig und Südafrika mitgebracht hatte. Sasha mochte Pam, doch ihre Art zu leben begriff er nicht.

«Ich…» Er rieb sich erneut die Wangen, fuhr sich durch die Haare, fühlte die Unruhe in seiner Brust schlagen, bis ihm schwindelig wurde. Es half nichts. «Ich geh nochmal raus. Der Flug war stressig.» War er nicht. Nicht für Sashas Mitreisende, die es offensichtlich aufregend fanden, dicht gedrängt am Terminal zu stehen und dabei Sandwiches für zehn Dollar zu essen.

«Bist du sicher?» Pam sah aus dem Küchenfenster hinter Sasha. «Es regnet recht stark. Schon seit Tagen übrigens, man könnte meinen, die Sonne hat dieses Jahr vergessen, dass auch in Chicago Sommer ist.»

«Macht mir nichts», erwiderte Sasha knapp und fühlte sich etwas besser, weil er nicht mehr lügen musste.

«Wann bist du zurück? Ich mach uns heute Abend Pizza. Selbst belegt.» Pam riss in einer einzigen Bewegung erneut den Kühlschrank auf und sah aus, als hätte sie den ersten Preis in einer Kochshow gewonnen. «Magst du Artischocken?»

«Klingt gut.» Sasha hatte keine Ahnung, was er an dieser Stadt überhaupt mochte, trotzdem nickte er, lächelte, nahm seine Jacke und schloss die Wohnungstür so leise hinter sich, dass er sich einredete, überhaupt nicht hier zu sein.

Der Flur im dreizehnten Stock war frisch gestrichen, und ein durchdringender Geruch von Farbe hing an den Wänden, als Sasha den Fahrstuhlknopf drückte. *Drei*, zählte er stumm und lauschte dem schwerfälligen Rumoren der Aufzugsanlage. *Acht, neun, zehn.*

Bei Elf war er drin, bei zwölf schlossen sich die Türen, und als er langsam in die Tiefe glitt, gab der Druck in Sashas Brust endlich nach. *Dreizehn*, dachte er, blinzelte in das kalte Licht über ihm und merkte erst jetzt, dass er die Luft angehalten hatte. *Vierzehn. Fünfzehn.*

Selbst bei zwanzig war niemand eingestiegen, sodass Sasha ungesehen aus der Haustür in den strömenden Regen treten konnte.

Nach nicht einmal zwei Minuten Fußweg in Richtung Hauptstraße war er vollkommen durchnässt, doch er fühlte nichts. Es hätte ihm vielleicht Angst machen sollen, weil das dauernd so war und immer mehr wurde, bis er irgendwann überlaufen würde vor Leere. Doch dann, dachte Sasha nur, bevor er nichts mehr dachte und ihm das Wasser aus den Haaren in die Augen lief, war es so. Dann war er nichts mehr, das man herzeigen konnte wie eine Trophäe, *unser Sohn, er hat zwei Stipendien, er konnte mit drei Jahren lesen, er ist Jahrgangsbester, seht ihn euch an*, dann war er niemals Sasha gewesen. Sasha, der nicht schlafen konnte, ohne, dass eine Serie lief. Sasha, der keine Menschenmassen ertrug. Sasha, den niemand mochte, weil er nicht gelernt hatte, sich selbst zu mögen.

Julien

Bekah hatte Julien vor nicht einmal drei Wochen gefragt, was er machen würde, wenn Miguel auf die zweihundert Dollar im Monat verzichtet hätte. «Was würdest du tun, wenn du frei wählen könntest?», und Julien war auch nach zehn Minuten und zwei Gläsern von ihrem billigen Wein nichts eingefallen.

Sein Schulabschluss war kaum ein Jahr her, doch fürs College hatten nicht einmal die guten Noten in Sport und Musik gereicht. Er hatte nie an den Nachmittagskursen teilgenommen, keine Wettkämpfe gewonnen und zu viel gefehlt, als dass sich irgendein Lehrer erbarmt und ihm eine Empfehlung geschrieben hätte.

Also wartete Julien weiterhin auf die Anrufe von Jeff, dem Chef der Spedition, die Chicagos Mittelschicht für einen Spottpreis die Kingsize-Betten aus dem Obergeschoss trug. Wenn Miguel also noch einmal behaupten sollte, er wüsste nicht, wie es wäre, hart zu arbeiten, würde Julien ihm das selbstgerechte Grinsen aus dem Gesicht schlagen. Auch so ein Punkt, mit dem er sich in der neunten Klasse eine zweiwöchige Suspendierung eingehandelt hatte.

«Wenn du dich nicht im Griff hast», hatte Sarah, seine Pflegemutter, damals gesagt, «wird das irgendwann böse enden.»

Bisher hatte nichts aufgehört, und je älter Julien wurde, desto schlimmer wurde die Wut auf seinen Bruder, auf Sarah, die seine Mom nicht ersetzen konnte, und auf sich selbst. Weil niemand fragte, fügte er stumm hinzu, als ihm das Longboard auf dem nassen Asphalt wegrutschte und er beinahe gestürzt wäre. Weil er es nicht erklären konnte, selbst wenn sie es getan hätten. Überhaupt nichts, niemandem.

Miguel konnte überhaupt nicht hart arbeiten, schlussfolgerte Julien dumpf, während er über den Parkplatz vor dem achtzehnstöckigen Wohnblock rollte und dabei immer langsamer wurde. Miguel hatte Metallstangen in seinem linken Unterarm und war nicht einmal fähig, einen vollen Wäschekorb aus dem Badezimmer zu tragen.

Es regnete immer noch, als Julien den Eingang erreichte, von seinem

Board stieg und seine schmerzende Schulter gegen die Haustür drückte. Im Treppenhaus roch es nach Terpentin, und am Fahrstuhl hing ein Schild, dass in der kommenden Woche die Geländer erneuert werden würden. *Okay*, dachte Julien nur. Der Aufzug steckte irgendwo fest und setzte sich erst in Bewegung, als er mehrmals auf den Knopf drückte.

Er war so müde, dass er die Augen schließen musste und den Fliesenboden unter sich schwanken fühlte. Die Feuchtigkeit klebte ihm den Hoodie am Rücken fest und sickerte Julien förmlich bis auf die Knochen, je länger er hier stand und wsartete und atmete und nichts mehr tun wollte.

Irgendwo neben ihm ertönten leise Schritte, leichtfüßig, beinahe vorsichtig, als ob sich etwas an ihn heranschleichen würde, doch Julien sah nicht auf. Wenn ihn ausgerechnet hier jemand ausrauben und abstechen wollte, bitte sehr. Die dreißig Dollar würden niemanden retten, weder ihn, noch den armen Irren, der es darauf abgesehen hatte.

Die Fahrstuhltüren summten leise, und Julien trat blind einen Schritt nach vorne über die Schwelle, tastete nach der richtigen Zahl in der Schalterreihe, dann lehnte er sich gegen die Metallwand. Als er blinzelte, fuhr der Aufzug endlich los.

Sie starrten sich an, nur kurz, vielleicht zwei Sekunden, doch die reichten, dachte Julien nur, bevor er nichts mehr denken konnte.

Blauere Augen als die, die der Typ, der so verflucht leise mit ihm eingestiegen war, besaß, hatte er noch nie gesehen. Nicht einmal auf den Fotos von Himmel und Meer, die Bekahs Großeltern aus Florida geschickt hatten. Nirgendwo.

Er war genauso durchnässt wie Julien. Blondes, akkurat gestutztes Haar an den Seiten, das ihm vorne in längeren, dunklen Strähnen in der Stirn klebte. An den Knöcheln gekrempelte Jeans, offene Jacke und weiße Chucks, die vom Wasser grau angelaufen waren.

Julien wollte wegsehen, doch der Kerl senkte den Blick von ganz allein, als Julien sich ein Stück aufrichtete. Er schluckte, und plötzlich zog sich sein Magen zusammen, wie ein Knoten, der immer fester wurde und gegen sein Brustbein drückte. *Fuck. Was lief hier? Bekah*, dachte Julien kurz und sah aus den Augenwinkeln, dass sie fast oben angekommen waren. *Wer ist das?*

Sie würde es auch nicht wissen, dämmerte es ihm dann, und er zwang sich, die Augen wieder zu schließen. Er war doch müde. Todmüde, so erschöpft, dass seine Knie weich wurden, als der Typ wieder aufsah und der Aufzug gleichzeitig zum Stehen kam. In seinen Ohrläppchen steckten kleine, filigrane Tunnel, durch die nicht mal ein kleiner Finger gepasst hätte, und die beiden silbernen Ringe in seinem rechten Nasenflügel wären Julien kaum aufgefallen, wenn er nicht ruckartig nach vorn gestolpert wäre, als sich die Türen erneut öffneten. Zwei winzige Silberringe nebeneinander.

«Sorry», murmelte er, weil sein Handrücken den feuchten Jackenärmel streifte. Dunkelblau, irgendeine Marke.

«Alles gut.» Seine Stimme war nicht so rau wie Juliens und viel zu leise für das, was in Julien losbrach, als er an ihm vorbei auf den Flur trat. Der Geruch von Regen und warmer Haut vermischte sich in seinem Brustkorb mit etwas Herbem, das ein Beben durch sein Rückgrat bis in seine Fingerspitzen schickte. Aftershave, Duschgel, irgendwas, in das er sich instinktiv hineinlehnen wollte. Sofort. *Heilige Scheiße.*

Er biss die Zähne zusammen und suchte in der Jeanstasche nach seinem Schlüssel, dann sah er doch wieder auf. Der Typ ging vor ihm den Flur hoch, beinahe lautlos, in seinen Chucks und der Jeans, die besser saß als alles, was Julien je tragen würde. Eine Tür weiter, direkt neben Miguels Appartement, drehte er sich noch einmal um, und Julien konnte das Blau seiner Augen über die Fliesen bis an seine Zehen schwappen spüren. «Was?», wollte er fragen. «Was soll das?» Er fragte nichts, und der Kerl starrte nur zurück. Vielleicht machte er ihm Angst, kam es Julien zusammenhanglos in den Sinn, und er schob sich geistesgegenwärtig die Kapuze vom Kopf. *Alles gut.*

Er sah ihn blinzeln, aus drei oder vier Metern Entfernung, und dann lächeln, nur ein bisschen, ein Zucken von Mundwinkeln, bevor er die Tür aufschloss. Julien hörte kaum, wie sie hinter ihm zufiel, obwohl es von den Wänden widerhallte, vor und zurück, dieses verfluchte Echo. Ihm wurde mit einem Mal so schwindelig, dass er sich gegen den Türrahmen lehnen musste. *Müde*, erinnerte er sich gedämpft; er war nur müde. Mit ihm war nichts, nie.

Miguel saß an der Küchentheke vor seinem Laptop und rührte mit abwesendem Gesichtsausdruck in einer dampfenden Tasse herum. «Hi», sagte Julien nur und trat sich die Sneaker von den Füßen. Sein Bruder runzelte die Stirn.

«Nicht im Wohnzimmer», murmelte er nur, hob den Löffel aus der Tasse und deutete damit auf Juliens Füße.

«Dafür zahl ich nicht», gab Julien zurück und ließ die Schuhe liegen.

«Räum deinen Scheiß weg!», rief Miguel ihm hinterher, als er ins Bad ging und zweimal hinter sich abschloss. «Jules!»

Julien ignorierte ihn und merkte erst jetzt, dass er zitterte. Es war beschissen kalt hier drin, weil Miguel nicht einmal zum Duschen die Heizung aufdrehte, um sein Immunsystem zu stärken oder einfach nur Geld zu sparen, von dem er sich das zwanzigste weiße Hemd kaufen konnte. Juliens T-Shirts, die zerrissenen Jeans, die Sneaker, auf die er fast ein Jahr lang gespart hatte, entlockten ihm dagegen nur ein müdes Lächeln.

Als er in den Spiegel sah und sich durch die Haare fuhr, war es, als drängte sich das Abbild des fremden jungen Mannes von vorhin direkt neben Juliens Gesicht. Dunkel, dachte er diffus und drehte sich abrupt weg. Seine Augen, seine Haare, alles verschwamm zu einer trüben, braunen Masse.

Die hellen Kontraste von Blau und Schwarz irritierten Julien auch dann noch, als er längst unter der Dusche stand und versuchte, sich die kribbelnde Haut im Nacken wegzubrennen. Vielleicht hatte er den Joint nicht vertragen oder sich beim Tragen des Ecksofas mit zu wenig Hilfe seines Kollegen bloß einen Nerv eingeklemmt. Vielleicht war ja doch alles gut mit ihm. Julien hätte das so gern geglaubt, seit Jahren, seit Mom ersetzt und Dad vergessen worden war.

Mit mir ist nichts, oder?, schrieb er Bekah, als er aus der Dusche gestiegen und nasse Abdrücke auf dem Boden hinterlassen hatte.

Was soll mit dir sein, Babe? Muss gleich los, mein Lord fragt schon nach mir.

Julien starrte auf den zwinkernden Smiley am Ende ihrer Antwort.
Ich fühl mich komisch.
Wie komisch? High-komisch? Besoffen-komisch? Bist du krank?

'ne Mischung, schrieb Julien zurück. Aus zu viel Billigwein, gestrecktem Gras und fiebriger Erschöpfung. Sein Herzschlag flatterte unruhig auf und ab, als er den Spiegelschrank öffnete und Miguels Aftershave roch. Der Duft war anders gewesen, weicher, nicht so durchdringend. Sein eigenes war fast leer.

Du bist überarbeitet. Bekahs Smiley rollte tadelnd mit den Augen. **Schlaf dich mal aus. Ich meld mich morgen früh, Earl wartet jetzt unten.**

Okay. Hier wohnt übrigens ein Neuer.
Wo?
Nebenan.
Ist er jung und hübsch? Julien war nicht zum Lachen zumute,

Bekah tat es trotzdem. Er schluckte, und da war wieder dieser Knoten, riesengroß und unbeweglich.

Keine Ahnung, tippte er und löschte es wieder, dreimal, viermal, bis er es abschickte.

Reden wir morgen drüber. Sie schickte ihm einen Kusssmiley, und Julien konnte ihre Lippen auf seiner Wange spüren, als stünde sie direkt neben ihm.

Noch während er das gleiche Emoji zurückschickte, versuchte er sich vorzustellen, wie es wäre, Bekah wirklich zu küssen. Er hatte nie darüber nachgedacht, nicht einmal dann, wenn er total high oder zu betrunken war, um den Weg von ihrer Wohnung ins Treppenhaus zu finden, doch Julien versuchte es wirklich, mit dem letzten Rest Energie, der ihm zur Verfügung stand.

Sie war hübsch, fand er, und ignorierte Miguels vernichtenden Blick, als er nur mit einem Handtuch um den Hüften aus dem Bad in sein Zimmer flüchtete. Bildhübsch, wie ein Gemälde, mit ihren riesigen grünen Augen und den ungebändigten Locken.

Wenn sie enge Jeans trug, besaß ihr Hintern eine beinahe kreisrunde Form, und als Julien sich eine frische Shorts anzog, fixierte er das Bild von Bekahs schlankem Körper vor seinem inneren Auge und wartete. Auf das Ziehen. Auf das Flattern in seiner Brust.

Dieser Earl konnte sich glücklich schätzen, dachte er müde und ließ sich rücklings auf sein Bett sinken. Weil er sie bestimmt elendig scharf fand. Es hätte so einfach sein können, weil Bekah direkt vor Juliens Nase saß und ihn *Babe* und *Jules* nannte, ein Spitzname, der so alt war wie er selbst und den außer ihr nur Miguel benutzen durfte. Sie waren Freunde, seit Julien nach der High-School zu seinem Bruder gezogen war, irgendwie seelenverwandt, wie zwei verlorengegangene Bruchstücke, die auf eine tröstliche Art und Weise zusammenpassten.

Sie hätten sich schon Hunderte Mal küssen können, und er hätte es getan, nur um zu wissen, wie das war, doch gebraucht hätte er es nicht. Nicht so, wurde Julien klar, bevor er die Augen schloss, noch immer den Geruch von regennassen Jackenärmeln in der Nase. Nicht so selbstverständlich, sondern metertief in sich selbst vergraben.

2

Sasha

Er schlief schlecht in dieser Nacht. Den Alarm seines Smartphones, der ihn wecken sollte, schaltete er aus, nachdem er zuvor zwei Stunden hellwach im Bett gelegen hatte, und die Benachrichtigung über eine E-Mail seiner Mutter wischte er ungelesen vom Display.

Als Pam um sieben Uhr die Wohnung verließ, hätte Sasha noch eine halbe Stunde gehabt, um es mit dem Bus pünktlich zur Universität zu schaffen, doch er blieb einfach liegen.

Die gelb gestrichenen Wände in Pams Arbeitszimmer erschienen ihm plötzlich grau, obwohl die Wolkendecke vor dem Fenster langsam aufriss. Er versuchte, Argumente dafür zu finden, es durchzuziehen, dieses Medizinstudium, wenigstens den ersten Tag. Vielleicht würde es morgen besser werden, wenn er früher ins Bett ging, nicht zum zehnten Mal dieselbe Serie ansah, sich zusammenriss, wieder einmal.

Nein, dachte Sasha und starrte an die Decke. Er konnte nicht. Er *wollte* nicht.

Um drei Minuten nach acht stellte er sich vor, wie sich Hunderte Studenten durch die Flure der University of Chicago drängten. Wie sie lachten, flüsterten, zu laut redeten und ihre Stimmen zu einem einzigen wogenden Störgeräusch verschwammen. Um halb neun ließ der Druck, der sich wie ein Schraubstock um Sashas Brustkorb gelegt hatte, langsam nach, und um sechs Minuten vor neun Uhr schlug sein Herz genau siebzig Mal pro Minute.

Okay. Jetzt war es okay. Das Rauschen und Pfeifen in seinen Ohren, das Flimmern vor seinen Augen war erträglich. Damit konnte er aufstehen, sich anziehen und durch Pams leere Wohnung schleichen, wie ein normaler Mensch, als wäre nichts gewesen.

Sie hatte Kaffee gekocht und ihm eine leere Tasse hingestellt, also trank Sasha pflichtschuldig zwei Schlucke, bevor ihm die Nachricht seiner Mutter wieder einfiel. Sie hatte sich den Semesteranfang in den

Kalender über dem Küchentisch notiert, damit es auch ja jeder mitbekam. Die Nachbarn, denen sie diese heile Welt präsentierte, nach Bleiche und Blumengestecken duftend, und Sashas Großeltern, Tanten, Onkel, wenn sie zu Besuch aus Washington und New York anreisten. «Wie schaffst du das nur?», fragte Mrs. Dermott von gegenüber seine Mutter bei jeder sich bietenden Gelegenheit, dabei ließ sie ihren ehrfürchtigen Blick stets über jede blank geputzte Ecke des Hauses gleiten. «Dass bei euch alles so perfekt ist? Ich beneide dich.»

Nicht doch, spann Sasha den Dialog in seiner Erinnerung weiter. *Das ist doch nichts Besonderes. Wir sind dankbar für die kleinen Dinge. Für alles, was wir haben.*

Für den liebenden, hart arbeitenden Ehemann. Den hochbegabten Sohn, den gepflegten Vorgarten, die Lügen, die so tadellos arrangiert waren, dass sie jeden zufriedenstellten.

Sasha lehnte sich an die Küchentheke und betrachtete die Postkarten, die Pam an die Kühlschranktür geklebt hatte. Sie war die Schwester seines Vaters und zu beschäftigt, um über Hunderte Meilen hinweg zu bemerken, dass das Lächeln auf den Gesichtern der alljährlichen Weihnachtskarte immer brüchiger wurde.

Vielleicht, überlegte Sasha kurz, wollte sie auch nicht. So wie er. Hier kannte er nicht einmal den Weg zum nächsten Supermarkt. Die Schritte seiner Eltern, der Rhythmus, in dem sie umeinander herumschlichen, das Ticken der Wanduhr in der Küche, das kannte, vermisste und verabscheute er gleichermaßen.

Er hätte froh sein sollen, versuchte Sasha sich einzureden, während er den restlichen Kaffee ins Spülbecken kippte und Wasser nachlaufen ließ, damit keine Flecken zurückblieben. Dass er hier war und nicht dort. Stattdessen hatte er mehr Angst als vorher, vor den Dingen, die er nicht mehr sehen und sich nur noch vorstellen konnte.

Bis kurz nach halb zehn stand Sasha in der Küche und rang mit der Panik um den letzten Rest Würde, den er noch besaß, dann beschloss er, wenigstens so tun, als wäre alles in bester Ordnung. Er war nur müde von dem ungewohnten Flug. Er hatte zu wenig geschlafen. Es würde wieder gut werden, morgen, spätestens nächste Woche. Den Tag würde Sasha sich im Kalender rot anstreichen, nahm er sich vor, damit der Gedanke an seine Mutter endlich nachgab. Wenn er sich dem Rhythmus, der zu Hause herrschte, auch achthundert Meilen weiter nordöstlich anpasste, wäre alles wie immer.

Draußen roch es dunstig, und die Vormittagssonne löste die letzten

Reste von Nebelschwaden, die noch über den Straßenzügen hingen, endgültig auf. Sasha schob sich die Kopfhörer, die er ununterbrochen mit sich herumtrug, über die Ohren, als er aus dem Schatten des Gebäudes trat. Es war schlagartig wärmer geworden, jetzt, wo der Regen aufgehört hatte, und als die feingliedrigen, elektronischen Töne von *ODESZA* in Sashas Bewusstsein sickerten, merkte er, wie sich die Spannung in seinen Schultern löste.

Um irgendetwas zu tun, schlenderte er über den Vorplatz, an den Parkbuchten und schmalen Grünflächen vorbei, auf denen Blumenbeete das Gefühl einer natürlichen Umgebung vermitteln sollten. Der Kurzurlaub in Stroudsburg kam ihm in den Sinn, den seine Eltern vor zehn Jahren unternommen hatten. Eine halbe Autostunde entfernt lag ein Naherholungsgebiet direkt am Delaware River, und Sasha hatte die langen Wanderungen, die hohen Bäume, die jedes Geräusch von außen schluckten, und den Geruch von Kiefern und feuchter Erde förmlich in sich konserviert. Es hatte nur vier Tage gedauert, bis sie wieder nach Hause gefahren waren, doch er hatte einzelne Moosstücke und Laub in eine leere Plastikflasche gestopft, damit er nicht vergaß, wie sich der Wald, den er so mochte, anfühlte.

Wenige Wochen später hatte seine Mutter die Flasche beim Aufräumen unter Sashas Bett gefunden und weggeworfen. «Dreck», hatte sie geflüstert, «duldet dein Vater nicht im Haus. Es ist besser so, glaub mir.»

War es auch, wie Sasha im Nachhinein begriffen hatte. Sie hatte nur verhindern wollen, dass Sasha noch mehr Gründe fand, sich an allem, was hinter den gebügelten Vorhängen passierte, die Schuld zu geben. *Er ist eben streng*, sprach Sasha seine Mutter stumm nach, während er den Zaun entlangging, der die Parkplätze von der Freifläche und den dahinterliegenden Bahnschienen trennte. Und Sasha war alles, wofür sein Vater seine Mutter verantwortlich machte. *Zu weich. Zu still. Zu schwach.*

Verraten hatte er das allerdings niemandem, der nicht in diesem Haus wohnte. Für alle anderen hielt Sasha als Erfolgsprojekt seiner unbarmherzigen Erziehung her, und als die Zulassung für das Medizinstudium im Briefkasten lag, hatte er sogar gelächelt. Ziemlich stolz sogar, wie Sasha resümierte. Vor allem auf sich selbst.

Er war mittlerweile am Ende der Straße angekommen, die hinter den Wohnblöcken lag und sah ratlos erst nach links, dann nach rechts. An der nächsten Kreuzung lag die Hauptstraße, über die ihn der Taxifahrer vom Flughafen aus hergefahren hatte. Statt Radiomusik hatte er eine uralte Michael Jackson-CD gespielt, und sie hatten kein Wort miteinander gewechselt, als Sasha seinen Koffer von der Rückbank gezerrt und dem Mann fünfzig Dollar gegeben hatte. Unfreundlich fand er das nicht, vielmehr erleichterte es ihn, keine Konversation über Politik oder die Wirbelsturmsaison führen zu müssen.

Weil Sasha nichts Besseres einfiel, schlug er den einzigen Weg ein, den er kannte und bei dem er das Hochhaus mit seiner Fensterglasfassade im Blick hatte. Einmal im Kreis, durch das Tor auf der Straßenseite und durch die Grünanlagen zurück auf den Parkplatz. Drei Mal, vier Mal, bis Sasha fast vergessen hatte, dass er seine Mutter für die Flasche angeschrien und sie es später seinem Vater erzählt hatte. Diesen Verrat hatte er ihr noch weniger verziehen als die verlorenen Erinnerungen an den Wald und die Ohrfeige, die er dafür kassiert hatte.

Ein fünftes Mal schenkte Sasha sich die jämmerliche Runde, stattdessen wanderte er zwischen den Autos auf und ab und kombinierte in Gedanken die Ziffern der Kennzeichen bis zur vierzehnten Nachkommastelle von Pi. Dadurch begriff er zwar nicht, wie lange er es hier aushalten würde, bis ihn die Angst zurück in den Flieger nach Jersey treiben würde, doch es reichte, um sie auszudünnen. Aufzufasern in verschiedene Gründe, warum er das eine oder das andere tun sollte. Tun *wollte*.

Als er sich umwandte und zurückgehen wollte, erkannte er am Geländer, das in wenigen Metern Entfernung direkt vor dem Eingangsbereich eingelassen worden war, zwei Personen. Sasha wollte mit niemandem sprechen, noch weniger als ohnehin schon, und heute besonders wenig.

Eine junge Frau mit Haaren, die ihr bis zum Hintern reichten, stand dort. Sie trug eine Jeansjacke, und in der linken Hand hielt sie eine Zigarette. Sasha kniff die Augen zusammen, blieb vor dem Heck eines rostigen Fords unter einem Baum stehen und beobachtete, wie sie mit den Händen in der Luft herumfuchtelte, dabei drang ihr Lachen über die Distanz hinweg bis unter seine Kopfhörer.

Den dunkelroten Hoodie hinter ihr kannte er, auch die Kapuze, die jegliche Konturen im Gesicht verschwimmen ließ.

Gestern, erinnerte Sasha sich so detailliert, als müsste sein überanstrengtes Hirn eine Zeugenaussage machen. Das Mädchen warf sich das Haar über die Schulter, während sie den Rucksack aufhob, der zu ihren Füßen lag, dann umarmte sie den Typen auf dem Geländer. Lange, fiel

Sasha auf. *Acht, neun, zehn.* Er legte anschließend die Hände um ihr Gesicht und küsste sie auf die Wange, bevor sie sich abwandte und nach rechts abbog, in die Richtung, aus der Sasha gekommen war.

Er schob sich langsam die Kopfhörer in den Nacken und beschloss, so zu tun, als könnte er sich nicht einmal halb so genau an den Fremden im Fahrstuhl erinnern. Er hatte ohnehin nicht damit gerechnet, um halb elf am Abend zufällig jemanden im Treppenhaus anzutreffen, wenn gerade ein Sturzbach vom Himmel fiel. Das mochte eigentlich niemand, nur er.

Als Sasha aus dem Schutz der Bäume trat und peinlich genau drauf achtete, sich möglichst unauffällig zu bewegen, begann sein Smartphone zu summen. Er tastete danach und musste erneut stehenbleiben, um den Anruf seiner Mutter zu ignorieren und dabei dem Drang widerstehen, das Telefon von sich zu schleudern.

Sie wusste genau, dass er jetzt eigentlich in der Uni sitzen müsste. Sie witterte, dass er das nicht tat, und sie würde es seinem Vater sagen, wie immer. *Es ist besser so. Bitte, Sasha.*

Bitte, Mom. Sasha sah auf und wäre beinahe zurückgezuckt, weil der Typ auf dem Geländer ihn über wenige Schritte entfernt anstarrte. Den hatte er beinahe vergessen.

Müde sah er aus, ein bisschen gehetzt, als hätte man ihn stundenlang vor sich hergetrieben. «Hi», hörte Sasha sich murmeln, weil seine Tarnung dank seiner Mutter endgültig aufgeflogen und er doch so höflich und wohlerzogen war. Er schob das Handy zurück in seine Jeanstasche, um sie auszuhungern. Sie würde wieder anrufen, in zehn oder fünfzehn Minuten. Den Stundenplan hatte Sasha ihr nicht geschickt, obwohl sie mehrmals danach gefragt hatte, doch er war überzeugt, dass sie ihn trotzdem kannte. Es wäre nicht das erste Mal, dass sie in seinen Unterlagen herumwühlte.

«Hi», kam es unter der Kapuze zurück, leise, ein bisschen rauer als alles, was Sasha je gehört hatte. In der Hand hielt er eine flache Metalldose. Er fixierte erst die Kopfhörer um Sashas Hals, dann blieb sein Blick an der Tätowierung auf seinem linken Unterarm hängen. Und genau deswegen hatte Sasha nicht auffallen wollen. Weil man ihn anstarrte, in ihn hineinsehen konnte, wo alles bis zum Zerreißen angespannt und hochkonzentriert war, ununterbrochen.

«Was hörst du?», fragte der Typ unvermittelt und sah wieder auf. Über seinen dunklen Augen lag ein noch tieferer Schatten, und Sasha machte instinktiv einen Schritt auf ihn zu. Wie in Trance hob er die

Arme, zog sich die Kopfhörer aus dem Nacken und hielt sie ihm wortlos hin. Er war jung, schätzte Sasha und beobachtete, wie er die Kapuze ein Stück nach hinten schob, als er sie aufsetzte. Kaum älter als er, eher jünger.

Er blinzelte, eine Millisekunde, in der Sasha lautlos einatmete, strich sich die Haare aus der Stirn, dann griff er behutsam um das weiche Leder an den Ohrmuscheln. Als er Sasha daraufhin direkt in die Augen sah, hielt sein unsteter Blick schlagartig still. Er starrte nicht, nicht wie gestern, dachte Sasha stumm und sah nicht weg. *Wie gestern.*

Er hätte sich idiotisch vorkommen müssen, weil er nichts sagen konnte, nichts sagen *wollte*, wie damals in der Schule, in der er aus Hunderten von Gründen keine Freunde gehabt hatte.

Tat er aber nicht. Nicht hier, im Schatten, den der Typ mit dem nächsten Blinzeln über ihn warf, sodass Sasha nichts mehr sehen musste außer diesen Blick, der nicht in ihn hineinsah, nicht auf die Risse und Spannungen und Abgründe. Der nur Sasha sah.

Sein Herz machte plötzlich einen Schlag zu viel. *Eins*, zählte Sasha stumm. *Eins. Zwei.* Immer wieder, Runde um Runde.

Mindestens eine halbe Minute stand er einfach nur da, vor diesem Jungen, den er nicht kannte, der seine Musik hörte und dessen Jeans an Knien und Oberschenkeln aufgerissen waren. Als ob er ihn abtastete, dachte Sasha wie betäubt, während ihm klar wurde, dass er nie etwas Intimeres mit einem Menschen getan hatte. Sich anzusehen, viel länger als irgendjemanden sonst, auf der Suche nach Schwachstellen, nach einem Puls. Die Eins schlug ihm erneut unsanft von innen gegen die Brust, diesmal länger.

«Cool», murmelte der Typ schließlich und nahm die Kopfhörer vorsichtig wieder ab. «Ist cool.»

«Ja?»

«Ja.» Er nickte, und das schiefe Lächeln, das er Sasha präsentierte, ließ ihn noch jünger wirken. «Mag ich.»

«Okay.»

Er gab Sasha die Kopfhörer zurück, dann griff er wieder nach der Dose, die er in die Tasche seines Hoodies gesteckt hatte. Das Haar fiel erneut in die Stirn, als er den Kopf senkte. Es war an den Seiten etwas länger als Sashas. Nicht viel, gerade so, dass man hineingreifen konnte. Sonnenbraun, wie verblichenes Holz. *Drei*, zählte Sasha daraufhin. *Drei, vier, fünf*, weil das mehr Sinn machte als alles, was er davor gedacht hatte.

«Und?», setzte der Junge dann an. «Was machst du hier so?» Es klang beiläufig, doch Sasha überhörte das Zögern zwischen der ersten und zweiten Frage nicht.
Er hob kurz die Schultern. «Heute schwänz ich die Uni.» Jetzt war es offiziell. Prompt summte sein Handy wieder auf, doch Sasha hörte weg, fühlte weg, in die andere Richtung.
«Du schwänzt die Uni?» Der Typ grinste. «Was studierst du?»
«Medizin.»
Zur Antwort stieß er einen leisen Pfiff aus, während Sasha gegen die aufkommende Übelkeit anschluckte. Das auszusprechen fühlte sich so falsch an, dass er lieber gelogen hätte. Mit Meeresbiologie vielleicht, oder Astronomie. Alles klang besser als das erneut einsetzende Summen seines Smartphones, und weil seine Mutter nicht so leicht aufgeben würde, zog Sasha es aus der Tasche und schaltete es aus. *Nur heute*, redete er sich ein. Bis er wusste, wie man endgültig verschwinden konnte.

Der Junge vor ihm hatte aufgehört zu lächeln und musterte ihn prüfend. «Stress deswegen?», fragte er dann. Sasha schüttelte nur den Kopf. Noch nicht. Nicht heute.

Sie starrten sich an, schon wieder. Und er mochte dieses Braun, durchzuckte es Sasha, *einmal, zweimal*. Dieses Blinzeln, kurz bevor es heller wurde.

«Wie heißt du?»
«Sasha.»
«Okay.» Der Fremde ließ plötzlich das Geländer los und stand mit einer einzigen Bewegung direkt vor ihm. Sie waren gleich groß, ziemlich genau. «Ich bin Julien.» Er grinste wieder. «Und schwänze heute den Putzplan meines Bruders.»

«Ihr habt einen Putzplan?»
«Er», korrigierte Julien ihn und zog sich die Kapuze wieder über den Kopf, dann griff er nach dem Longboard hinter sich. «Er hat so einiges.» Jetzt, wo der Schatten direkt über ihn fiel, konnte Sasha plötzlich wieder atmen, ohne dass er Galle schmeckte. Er lächelte, zumindest *wollte* er das plötzlich, unbedingt.

«Einkaufen soll ich auch.» Julien ließ das Board auf die Räder fallen und stellte einen Fuß darauf. «Kannst mitkommen, wenn du willst. Außer, du hast was vor», fügte er noch hinzu, und Sasha sah das Grinsen für den Bruchteil einer Sekunde zittern.

«Nein», antwortete er deshalb, damit es blieb, wo es war. «Hab ich nicht.»

«Cool.»

Wäre es wenigstens bei dem ersten, zweiten Mal geblieben, doch als Julien sich behutsam vom Boden abstieß und das Longboard mit bloßer Körperspannung an Sashas Schritttempo anpasste, begann sein Herzschlag unstet zu flattern. *Drei, vier,* fünf Mal, hundert Mal.

«Du bist neu hier, oder?», fragte Julien und verlagerte sein Gewicht leicht nach hinten, um hinter dem Tor am Zaun nach links abzubiegen. Sasha biss sich die Innenseite seiner Wange blutig.

«Ja», antwortete er dann und versuchte so zu tun, als würde er dauernd mit fremden Personen einfach so über irgendetwas Belangloses sprechen. Mit fremden Kerlen, die Julien hießen. Die sich Sashas Tempo anpassten, ohne ungeduldig zu werden. «Seit gestern.»

«Echt?» Julien sah nicht einmal dann weg, als er auf den Fußgängerüberweg rollte. «Wo hast du vorher gewohnt?»

«New Jersey.» Sashas Puls wurde immer verbissener. «Philadelphia.»

«Fuck», gab Julien zurück und stieg unvermittelt von seinem Board, als sie die gegenüberliegende Straßenseite und das wenige Meter entfernte Bushaltestellenschild erreichten. «Das ist weit.»

War es, doch das kindliche Heimweh löste sich in seine Bestandteile auf, bevor Sasha darüber nachdenken konnte, dass er fremde Menschen, kleine Wohnungen und Busfahren hasste. In den Geruch von warmer Erde zum Beispiel. Oder den Geschmack der Kaugummisorte, die Julien neben der Metalldose aus der Tasche seines Hoodies zog und Sasha wortlos hinhielt.

«Dann wäre heute dein erster Tag in der Uni», stellte Julien fest, während er das Papier von seinem eigenen Kaugummi löste. «Und du schwänzt.»

«Ja.» Er lächelte, dachte Sasha stumm, mit den Augen. Zuerst die Augen, dann der Rest. «Willst du für mich hingehen?»

Und wenn er lachte, riss die Erde auf. «Nee, vergiss es. Mein Bruder war so ein College-Bonze. Der geht sogar im Anzug pissen und hat ein Whiteboard in der Küche hängen. Sorry, nichts gegen dich.» Julien wischte sich erneut die Haare zur Seite und grinste schief. «Aber das ist mir alles zu hoch.» Wieder dieses Zittern im Mundwinkel, diesmal länger.

Sasha dachte an Pams Postkarten und den Traumfänger, der an seiner Zimmertür hing.

«Ich hab keinen Anzug», erwiderte er und schmeckte eine Mischung aus Apfel und chemischem Zuckerersatz. «Nicht hier.» Wozu auch? «Hm.» Julien musterte ihn kurz. «Das ist cool», sagte er dann und deutete auf Sashas Unterarm. «Wie deine Musik. Passt irgendwie zusammen, die Farben.»

Dass seine Mutter beim Anblick der Tätowierung in Tränen ausgebrochen war und sein Vater bis heute nichts davon wusste, weil er Sasha bereits für die beiden Ringe in der Nase eine runtergehauen hatte, verriet er Julien nicht. Nicht heute. Morgen vielleicht, wenn es nicht aufhörte, besser zu werden als gestern.

«Ich kenne nichts Höheres, als den Zusammenhang zwischen Musik und Farben», gab Sasha leise zurück und beobachtete, wie Julien blinzelte, wegsah, hinsah, immer im Wechsel. Ihm wurde schwindelig, je länger er hier stand und mit ihm auf den Bus wartete. Ein bisschen so, als wäre er betrunken. «Sicher dass du nicht aufs College willst?» Sogar das Lächeln fiel ihm jetzt leichter.

«Wenn's da so toll ist, warum bist du dann nicht dort?», konterte Julien und trat auf die Kante seines Longboards, sodass es hochklappte und er danach greifen konnte.

«Weil...», setzte Sasha an, doch es war wie mit den Zahlen und Herzschlägen. Irgendwann hörte alles einfach auf, weil er nicht mehr *konnte*.

Julien starrte ihm direkt in die Augen, abwartend, beinahe fordernd, und weil er schwieg, begann Sasha daran zu denken, extra laut. An den Druck auf seiner Brust. An das Flimmern vor seinen Augen. An seine Eltern, vor allem seinen Vater, der ihn nach Chicago zu Pam geschickt hatten, damit er aufhörte, Sasha zu sein, und wurde wie er. *Zu laut*, dachte Sasha und fühlte Juliens Blick bis in seine Fingerspitzen. *Zu stark, zu viel.*

Julien

«Shit.»

«Was?» Als der Bus wenige Minuten später die Straße hinaufgefahren kam, war Julien komplett fertig. Immer, wenn sein nervöser Puls sich langsam beruhigte, hob Sasha den Blick und sah mit diesen verflucht blauen Augen direkt in Julien hinein. Das Chaos, das dort herrschte, würde er niemals irgendjemandem erklären können. Am wenigsten sich selbst.

«Ich hab kein Geld dabei.» Sashas Unterarme verspannten sich. «Für den Bus.»

«Warte.» Julien griff geistesgegenwärtig in seine Jeanstasche und ertastete zerknicktes Papier. «Hier. Nimm das, ist von letzter Woche. Du musst das Datum verdecken.» Er strich das alte Tagesticket glatt und gab es Sasha. «Leg den Daumen drüber, dann sieht es unauffälliger aus.»

«Okay.» Wenigstens musste er in diesem Zustand nichts ausdiskutieren.

«Steig vor mir ein.»

Wenn irgendjemand unauffällig war, dann Sasha, als er sich beinahe schwerelos durch die vordere Tür schob und den Fahrer keine Sekunde zu lange ansah, während er das Ticket vorzeigte. Julien nahm das Longboard unter den Arm und folgte ihm durch den Gang. Der Bus war bis auf zwei ältere Damen und ein verloren wirkendes Mädchen mit bodenlangem Rock beinahe leer. «Ganz nach hinten», murmelte Julien und roch wieder diese Mischung aus Duschgel und warmer Haut.

Als sie sich beinahe zeitgleich auf die hinterste Sitzreihe fallen ließen, streifte sein Handrücken erneut Sashas Unterarm, diesmal ohne Ärmel, der verhindern konnte, dass ihm die Gänsehaut bis ins Rückgrat floss. *Fuck*, dachte Julien nur, lächelte gegen das Vibrieren in seiner Brust an und hielt Sasha die Faust hin. «Profi», flüsterte er, und Sasha grinste kurz, bevor er seine Fingerknöchel leicht gegen Juliens stieß.

«Willst du es wiederhaben?», fragte er dann leise und sah ihn von der Seite an.

«Was?» Seine Selbstbeherrschung? Seine Gleichgültigkeit? *Ja, bitte.*

«Dein Ticket», erwiderte Sasha lautlos, dabei bewegte er nur die Lippen, und Julien musste wegsehen, bevor es schlimmer wurde. Dieses Ziehen, überall.

«Behalt's», murmelte er. «Für's nächste Mal.»

Dafür, dass er jeglichen Kontakt zu seinen ehemaligen Schulfreunden mit dem Wegzug aus Madison aufgegeben hatte, lief es gerade erschreckend einfach. *Noch.*

Julien lehnte sich im Sitz zurück und beobachtete aus den Augenwinkeln, wie sich die Sehnen auf Sashas Unterarmen durch die Tätowierung zogen. Ein Totenkopf, der Farben kotzte. Helles Lila, Violett, Sonnengelb und Blau, das bis an sein Handgelenk reichte. Ja, Julien verstand den Zusammenhang zwischen klimperndem Elektropop und der schnörkeligen Zeichnung, weil er Noten lesen konnte, seit er mit drei Jahren zum ersten Mal vor einem Klavier gesessen hatte.

Die beinahe schmerzhafte Reaktion seines Körpers auf diese Kausalität begriff er jedoch nicht, auch dann nicht, als sie drei Haltestellen später ausstiegen und Sashas Augen in der hochstehenden Mittagssonne wie Packeis flimmerten. Weil er das nicht kannte, dieses Ziehen, das Kribbeln in seinen Handflächen, diese warmen Schauer. Nur die kalten.

Und weil es schlimmer wurde, egal, wie sehr Julien auf den Asphalt vor sich, die Preisschilder im Supermarkt oder das brüllende Kleinkind starrte, das sich an der Kasse vor ihnen an das Bein seiner überforderten Mutter klammerte. Selbst diese Reaktion verstand er, obwohl die Zeit ohne Mom länger her war als die, die er mit ihr verbracht hatte.

Als Julien Toast, Getränke-Dosen, drei verschiedene Sorten Pop-Tarts, Oreo-Kekse, abgepackte Sandwiches und eine Tüte Cheetos auf das Kassenband lud, musste er das Longboard loslassen und gegen den Tresen lehnen. Es rutschte weg, noch während er in seiner Jeanstasche nach Miguels Kreditkarte suchte und einen Schritt zurück machte, doch Sasha war schneller. Julien hätte beinahe die Karte fallen lassen, als er neben ihn trat, den linken Fuß behutsam gegen das Board schob und dabei mit der Schulter gegen Juliens stieß.

Am besten ging er einfach. *Sofort.*

«Schönen Tag noch», wünschte ihm der Kassierer und hatte noch weniger Ahnung als Julien, was gerade passiert war. Und warum.

Er hätte Bekah fragen können, zu jedem erdenklichen Thema. Wie man mit Albträumen schlafen konnte, weshalb er mit neunzehn noch immer ein Nachtlicht brauchte, wann sein nächster Nervenzusammenbruch kommen würde.

«Heute Abend, Babe», würde sie antworten und ihr Bekah-Lächeln lächeln. «Todsicher.»

Auf dem Weg zurück zur Haltestelle fischte Julien eine Großpackung Skittles aus der Tüte und gab sie Sasha, der sich wie ein Geist neben ihm bewegte. Ob er nur Julien aufgefallen war, gestern, im Fahrstuhl, ohne, dass er auch nur ein Wort gesagt hatte? Vielleicht gab es ihn überhaupt nicht. Vielleicht bildete Julien sich das alles nur ein, weil er zu viel kiffte oder zu wenig schlief.

«Du kannst das gut.» Sasha kaute auf seinem Kaugummi und sah kurz auf Juliens Longboard, während sie zurück zur Straße gingen. Seine Gesichtszüge schienen irgendeiner präzisen Anordnung zu unterliegen, die nichts zerstören konnte, keine zufällige Regung, nicht mal ein Blinzeln zu viel. Das war es, kam es Julien in den Sinn, und er bremste abrupt mit dem Fuß ab. Das reizte ihn. Diese unerträgliche Selbstbeherrschung, die auch sein Bruder wie ein Schutzschild vor sich hertrug. Nur, dass Sasha Julien damit nicht wütend, sondern hilflos machte.

«Willst du's probieren?», fragte er, um nicht auch noch taubstumm zu werden. Sasha hörte auf zu kauen und musterte erst Julien, dann das Board.

«Weiß nicht», gab er leise zurück.

«Sieht schwerer aus, als es ist.»

«Das sagen alle, bevor sie scheitern.» Das amüsierte Lächeln in Sashas Augenwinkeln ließ Juliens Knie weich werden, doch er blieb eisern vor ihm stehen. Aufrecht. *Komm schon.*

«Hast du Schiss?»

Jetzt grinsten sie, beide, und Sasha ließ Julien nicht aus den Augen, während er die Tüte Skittles an der vorgestanzten Lasche öffnete, ohne sie aufzureißen. Selbst das konnte er nicht versauen.

«Wenn du einen Roten erwischst, mach ich es», fing er an und hielt Julien die Tüte hin. «Wenn nicht, kommst du morgen mit zur Uni. Bis zur Tür.»

Dieses Lächeln, *fuck*. Julien wäre sogar mitgekommen, wenn in der Packung nur rote Skittles gewesen wären.

«Spielst du immer so beschissen?», fragte er und griff blind in die Tüte.

«Immer.» Sashas Blick wurde dunkler, nur kurz, für Sekundenbruchteile. Julien sah es trotzdem, viel zu lange.

«Du verlierst.»

«Damit kann ich leben.»

«Kannst du?» Julien nahm eins der Bonbons heraus und schloss beinahe sofort die Hand darum. Sasha verspannte sich kaum merklich, doch er wich nicht zurück.

«Letzte Chance», flüsterte Julien und starrte ihm direkt in die Augen.

«Um was zu tun?», fragte Sasha tonlos zurück.

Abzuhauen. Aufzuhören, am besten sofort. Aber warum eigentlich? Julien machte einen Schritt auf ihn zu, sodass nur noch seine Faust zwischen sie passte. «Einen Rückzieher zu machen», erwiderte er leise.

Sasha sah auf Juliens Hand. «Nein», flüsterte er, und als er den Blick wieder hob, explodierte das Blau in Juliens Brust.

Er hätte nicht so nah herangehen dürfen, dachte er nur, während sein

Herzmuskel unkontrolliert zu zittern begann, wie unter Starkstrom. An diesen packeisige Himmelblau, in das er hineinkippen wollte, an diesen Geruch, an die glatte Haut über Sashas Kieferknochen, an *ihn*. Aber es war so einfach gewesen. Viel zu einfach.
Julien öffnete langsam die Hand. «Bei drei?», fragte er nur.
Sasha nickte. «Eins», flüsterte er.
«Zwei.»
«Drei.»
Jetzt.
Sie starrten gleichzeitig auf den roten Skittle, der unter der Wärme in Juliens Handfläche klebrig geworden war.
«Shit.»
«Gibst du auf?»
Sasha verzog den Mund. «Nein.»
«Keine Angst.» Julien boxte ihm leicht gegen die Schulter und grinste gegen das elende Kribbeln in der Magengegend an. «Ich pass schon auf. Komm mit.»
«Wohin?»
«Siehst du dann.»

Sasha

Hätte ihm gestern jemand erzählt, dass er mit einem Kerl, den er seit einer Stunde kannte, in den nächsten Bus steigen würde, ohne zu wissen, wohin sie fuhren, Sasha hätte demjenigen kein Wort geglaubt. Und dass er jemals auf einem Longboard stehen würde, hätte ihn lachen lassen, laut, nicht nur innerlich, um bloß nicht aufzufallen. Dafür war es jetzt zu spät. Julien hatte ihn bemerkt, und Sasha störte das seltsamerweise kein bisschen.

Sie fuhren nicht zurück, sondern weiter in südliche Richtung und stiegen nach knappen dreißig Minuten in einen anderen, fast leeren Bus um, in dem Sasha endgültig die Orientierung verlor.

«Du könntest mich hier einfach stehenlassen», fing er an, als sie die Endhaltestelle erreichten.

«Und?» Julien nahm ihm die mittlerweile halbleere Packung Skittles weg und stemmte sich von seinem Sitz hoch.

«Ich würde niemals zurückfinden.»

«Gut zu wissen.» Seine Augen lächelten, und Sasha konnte sich nicht erinnern, wann ihm das letzte Mal so warm gewesen war. Die Sonne knallte auf den Asphalt, brachte die grellgelbe Schrift der Autowerkstatt, vor der sie standen, zum Leuchten, und auf der gegenüberliegenden Seite lag ein Wohngebiet mit niedrigen Appartementhäusern. Alles war viel kleiner und stiller als der massive Bau, in dem Pam wohnte. Fast wie Zuhause.

Sasha folgte Julien die Straße hinunter und beobachtete fasziniert, wie er mühelos Skittles aus der Packung fischte und gleichzeitig Straßenschilder und Risse im Gehweg umfuhr. Obwohl die Temperatur um die Mittagszeit immer weiter stieg, trug er noch immer seinen Hoodie.

«Ist nicht mehr weit», sagte er, als er Sashas Blick bemerkte und grinste. «Hältst du mal?»

Sasha griff nach der Tüte mit dem aufgedruckten Supermarktlogo, in der Julien alles, aber keinen vollständigen Wocheneinkauf mit sich herumtrug.

Wie er Pam erklären konnte, dass er sich bei dem Versuch, Julien mit seinem nicht vorhandenen Mut zu beeindrucken, sämtliche Knochen gebrochen hatte, wusste er noch nicht. War aber auch egal. Jetzt, wo er schon so weit gekommen – *gefahren*, korrigierte Sasha sich stumm – war, konnte er sich blindlings ablenken lassen, während er Julien wortlos die Straße hinunter folgte. Von seinen langen Beinen zum Beispiel. Der Sehne an seinem Hals, die sich spannte, wenn er den Kopf hob. Und diesem beinahe trotzigen Zug um seinen Mund. Überhaupt, diesen Mundwinkeln.

Seine Mutter ahnte es. Hatte sie immer, überlegte Sasha und zählte die Gehwegplatten, ohne dabei auf die Kanten zu treten. Und einen stummen Pakt mit ihm geschlossen, es vor seinem Vater zu verbergen, solange es irgendwie möglich war. Den Wutausbruch, wenn er es herausgefunden hätte, hätte vermutlich einer von ihnen nicht überlebt. Am ehesten Sasha, am wenigsten seine Mutter. Die war ja Schuld an allem, an *ihm*. Wer sonst hatte ihn auf die Welt gebracht und seinen Vater mit dem Ergebnis maßlos enttäuscht?

Deswegen rief sie auch dauernd an, wurde Sasha klar, und er tastete instinktiv nach seinem ausgeschalteten Smartphone, ohne danach zu greifen. Weil sie fürchtete, er könnte den Pakt längst gebrochen haben.

Und wenn schon, dachte Sasha nur. Sie war nicht hier. Sein Vater war nicht hier. Nur Pam, und die kannte Sasha hauptsächlich von Fotos und aus den herbeifantasierten Erzählungen seiner Eltern.

Und Julien. Julien, der seine Musik mochte und sich auf diesem

Board bewegte wie ein Profi. *Profi.* Sasha hatte das Kaugummi längst heruntergeschluckt und biss schon wieder auf seiner Wange herum, als sie eine Kreuzung erreichten. Die Straße war kaum befahren und schien geradeaus ins Nirgendwo zu führen, doch Sasha konnte das Wasser, die kühler werdende Luft und die algenbesetzten Steine am Seeufer bereits riechen.

«Zum See?», fragte er nur, und Julien sah sich kurz zu ihm um.

«Auch», gab er zurück und lächelte wieder, diesmal vollständig, sodass Sashas Herz irritiert um sich schlug. *Zwei, eins*, und wieder von vorn, viel zu schnell. So war das noch nie gewesen, ob mit oder ohne Pakt.

«Siehst du das?» Julien deutete mit dem Finger auf eine hohe Betonwand links von ihnen, die in einigen hundert Metern Entfernung beinahe versteckt hinter den Bäumen lag und sich parallel zu Straße erstreckte, auf der sie noch immer geradeaus liefen.

Sasha nickte.

«Das sind Ruinen von 'nem alten Industriehafen. Mehr als die Anleger gibt's nicht mehr.» Juliens Augen wurden heller, als er von seinem Board sprang und sich ein Stück reckte. Die Sehne, dachte Sasha verwirrt und blieb neben ihm stehen. Die sich bis unter sein Ohrläppchen zog.

«Am Wochenende ist hier alles voller Hipster mit ihren teuren Kameras», fuhr Julien fort, bevor er Sasha von der Seite ansah, als wollte er sichergehen, dass er diesen Ort nicht auch für sein Instagram-Profil missbrauchen würde. Würde Sasha nicht. Er besaß nichts davon.

«Und heute?», fragte er, damit Julien weitersprach und Sasha den Klang seiner Stimme in Verbindung mit diesem heller werdenden Braun noch lieber mochte als den Geruch von Erde und Wasser und Seeluft. So hoch war das eigentlich gar nicht.

«Heute ist Montag.» Julien tippte das Longboard mit der Spitze seines Sneakers an, sodass es zu Sasha rollte. «Montags kommen nur Profis.»

Wenn er jetzt wegsah, dachte er, würde er es bereuen. Besser wurde es nicht mehr, denn Julien grinste, bis das Zittern Sashas Brustkorb erreicht hatte.

«Schaffst du's bis zum Ufer, ohne dich aufs Maul zu legen?»
«Wie weit ist das?»
«Halbe Meile.»
«Schaff ich nicht.» Sasha lächelte, ein bisschen länger als in den

vergangenen eineinhalb Stunden zusammen. Sechs Sekunden. *Zehn. Dreizehn.* «Aber ich mach's.»

3

Julien

«Wie bremse ich?»
«Musst du nicht. Das mach ich, wenn's nötig ist.» Dafür würde Julien nach ihm greifen müssen. Nach seinem Handgelenk, die Stelle, mit der ihn Sashas Puls seit beinahe zwei Stunden mühelos durchschlug. Noch eine Stunde länger und Julien würde vor Stress verrecken. «Du kannst auch einfach runterspringen, so schnell wirst du nicht.»

«Das ist eine Lüge, oder?» Sasha stellte sich auf das Longboard und lehnte sich prüfend ein Stück vor, direkt in Juliens Richtung.

«Ich lüg nicht.»

«Nie?» Sasha lächelte, gerade so viel, dass Julien eine geschlagene Minute lang vergaß, wie man atmete. Als wäre er plötzlich untergetaucht, in tiefblaues Eiswasser, das ihn taub werden ließ, je länger er geradewegs hineinstarrte. Das konnte nicht richtig sein, dachte er dumpf. Nicht so, nicht ohne Vorwarnung und schon gar nicht, nachdem er sich längst damit abgefunden hatte, außer wütender Erschöpfung oder erschöpfender Wut nichts zu fühlen.

Julien sah sich wie durch ein milchiges Fenster einen Schritt nach vorne machen und auf die Kante des Boards treten. Es kippte zur Seite und Sasha mit ihm, nach links, auf Julien zu.

Es brauchte keine Stunde mehr, dachte er nur, als Sashas Gewicht gegen seinen Brustkorb fiel. Er war längst im Himmel.

Dort, wo Sasha seine Unterarme an Juliens Brust drückte, als er den Sturz abfederte, begann es Sekunden später zu brennen, als würde er von innen aufreißen. Sein Herz flatterte, das Atmen tat ihm weh und seine Finger wurden kalt vor Anstrengung, sich nicht instinktiv an Sasha festzuhalten. Er war im Arsch. Sowas von.

«Nie», flüsterte er, bevor er auch das nicht mehr konnte. «Ich lüg nie.»

Sasha starrte Julien an und bewegte sich kein Stück von ihm weg,

nicht einmal einen halben Millimeter. «Kann man das testen?», fragte er tonlos, und Julien kämpfte das Beben, das seine Wirbelsäule hinaufkroch, mit dem letzten Rest Beherrschung, der ihm hier auf dem Bürgersteig geblieben war, nieder.
«Wann?»
«Siehst du dann.» Sashas Mundwinkel zuckten. Wie er noch imstande war, zu Lächeln, war Julien schleierhaft.
«Hör auf, abzulenken.» Er drückte Sasha von sich weg, viel zu langsam, viel zu lange. «'ne halbe Meile hast du noch.»
Beim nächsten Versuch waren sowohl Sashas Gleichgewichtssinn als auch Juliens Fassung widerstandsfähiger.
«Mach's wie beim Autofahren», wies Julien ihn an, während Sasha sich auf das Board stellte und mit dem linken Fuß vorsichtig abstieß. «Immer geradeaus gucken. Such dir einen Punkt, auf den du zufährst.»
«Okay.» Gar nichts war okay. Überhaupt nichts. Julien tat nur so, weil es sich besser anfühlte, als es nicht doch zu versuchen, irgendwie. Ganz normal sein, wenigstens heute.
«In der Schule warst du kein Sportler, oder?» Und es wurde leichter, je verbissener er es durchzog. Sasha starrte konzentriert geradeaus und rollte dabei so langsam den Gehweg hinunter, dass Julien ihm grinsend die Einkaufstüte gegen das Bein schlug. «Mann, soll ich dich schieben, oder was?»
Sasha schwankte leicht, bevor er haltsuchend nach Julien griff und ihn im Nacken erwischte. «Und was warst du?» Ihm wurde gleichzeitig heiß und kalt. «Das Arschloch, vor dem alle Angst hatten?»
«Kannst du ja mal testen.» Julien dachte an die entsetzten Blicke seiner Lehrerin auf der Junior-High, als er einem anderen Jungen beinahe die Nase gebrochen hatte. Dabei hatte der *ihn* beleidigt. Mit was eigentlich? Es fiel Julien nicht mehr ein, stattdessen legte er Sasha die freie Hand auf den Rücken und schob ihn mit einem Ruck nach vorn.
Sasha verlor beinahe sofort den Halt, fiel mehr vom Board als dass er abstieg und stolperte gegen den dicht bewachsenen Maschendrahtzaun rechts von ihnen. «Scheiße, du hast gesagt du lügst nicht!»
«Hab ich auch nicht.» Julien war mit zwei großen Schritten bei seinem Longboard, bevor es auf die Straße rollen konnte.
«Und warum war ich dann *so* schnell?»
Er mochte das Glitzern in Sashas Augen, wenn das Eis warm wurde, taute und auseinanderbrach. Wenn er mehr tat, als abzuwägen, wohin er schaute, wie er lächelte und was er damit anrichten konnte.

«Weil ich das wollte», erwiderte Julien, kam auf Sasha zu und schob ihm das Board hin. Und er mochte es, dass er nicht vor ihm zurückwich, egal, was er sagte.

«Also doch das Arschloch.» Sasha hielt für den Bruchteil einer Sekunde inne, als er das ausgesprochen hatte, und irgendetwas in seinem Gesicht wurde starr. Irgendetwas oberhalb seines Kieferknochens, ein winziger Muskel.

«Nein.» Julien dachte an die Hand, die zwischen sie gepasst hatte, und blieb gerade noch rechtzeitig vor Sasha stehen, bevor er direkt in ihn hineingelaufen wäre. Eins der Glutnester in seinem Magen schwelte noch immer vor sich hin. «Ich war der Schulschwänzer. Hab Entschuldigungen und Unterschriften gefälscht, mein Essensgeld für Gras ausgegeben und nie Hausaufgaben gemacht.» Sasha fixierte ihn, schon wieder, beinahe lauernd. Als würde er darauf warten, dass Julien plötzlich austickte und auch ihm eine runterhauen würde. Ausgerechnet ihm, den Julien nur bemerkt hatte, weil sie zufällig zur selben Uhrzeit auf den Fahrstuhl gewartet hatten. «Aber ich war kein Arschloch.»

«Das sagen alle», flüsterte Sasha zurück; das Eis zog sich wieder zusammen, und Julien widerstand dem Drang, zu fragen, warum. Ob er schuld war. Wie man es rückgängig machen konnte. Wann es aufhörte, wehzutun. Seit Jahren bekam er keine Antwort darauf.

«Ich bin auch nicht *alle*», erwiderte er leise. «Versuchst du's nochmal oder muss ich mir für's Begleichen deiner Wettschulden was anderes ausdenken?» Was auch immer das sein würde.

Der Muskel lockerte sich, im Zeitlupentempo, und irgendwo in Sashas Gesicht hing noch dieses Lächeln von vorhin. Julien würde nicht wegsehen, bis er es wiedergefunden hatte, schwor er sich stumm und hielt Sasha die Faust hin. Obwohl er wusste, dass es ihn fertig machen würde, dieses verfluchte Lächeln. Warum auch immer.

Sasha hob die Hand, biss sich kurz auf die Lippen, dann stieß er die Knöchel gegen Juliens, etwas fester als vorhin. «Sag mir nicht, ich würde beschissen spielen», murmelte er, bevor er wieder auf das Longboard stieg. «Auch, wenn ich kein Sportler war.»

«Was warst du?»

Sasha sah Julien an und bewegte sich leicht vor und zurück, als wollte er ausloten, wie weit er gehen konnte, doch Julien hatte längst den Überblick verloren.

«Ein Geist», antwortete er schließlich und lächelte endlich, *endlich*.

«Ja», murmelte Julien und glich seine Schritte ergeben Sashas Ge-

schwindigkeit an, während ihm die Sonne den Nacken verbrannte.
«Passt.»
«Zu mir?»
Wäre Julien nicht so nervös und kopflos gewesen, wären sie längst da. Je sicherer Sasha auf dem Board stand, desto eher würden sie das Seeufer erreichen und Julien endlich von seinem Trip runterkommen können. Er tastete nach der Metalldose, in der er sein Gras aufbewahrte. Ohne den Scheiß wäre er längst durchgedreht. Könnte er Miguel bei nächster Gelegenheit als echten Vorteil ihres Zusammenlebens verkaufen.
«Ja», antwortete er. «Zu dir.»
«Ist das was Gutes?» Jetzt grinste Sasha wieder, und Juliens Puls stolperte über sich selbst. Alles wie vorher.
«So gut wie Schwänzen.»
«So wie heute?»
«So ähnlich.»
Es war das erste Mal, dass er Sasha lachen sah, wurde Julien daraufhin klar. Und dass er sich das, was mit ihm war, sehr wohl erklären konnte, wenn er noch etwas länger darüber nachdenken würde. Über dieses Lachen, das zu dem Blau passte. Über das Gefühl in seiner Brust, das zu seinem flatternden Herzschlag passte, und über Sasha, der nicht Bekah oder Amy war, der nur Sasha war und genau neben Julien passte.

Julien wollte darüber nachdenken, irgendwann, aber nicht jetzt, beschloss er daraufhin. Nicht heute, wo es ihm besser ging als an allen anderen Tagen zuvor. Ohne Mom, die ihm den Grund dafür vielleicht hätte erklären können. Ohne Dad, der überhaupt keine Erklärung verlangt hätte. Mit Phantomschmerzen in der linken Schulter, einem schlechten High-School-Abschluss und Miguel, der diese beschissene Ungerechtigkeit einfach hinnahm, als hätte er nicht genau dasselbe verloren wie Julien.

Sasha

Nach zwanzig Minuten erreichten sie einen großen Wendeplatz, von dort mündete die befahrbare Straße für Autos in einen schmalen, asphaltierten Gehweg, der geradeaus bis zum Wasser und nach links zu den alten Verladedocks führte. Die Umgebung war genauso menschenleer, wie Julien prophezeit hatte, und der Druck, der eben noch in Sashas Lunge geherrscht hatte, ließ nach, als er das Ufer sah, das Wasser, die wild wuchernden Gräser.

Er wollte absteigen, doch Julien schob ihn ein Stück nach vorn. «Noch nicht. Wenn ich bis zur Tür kommen sollte, musst du bis zum Dock.»

«Es ist toll hier», murmelte Sasha und ignorierte Juliens Anweisung, nach vorn zu schauen, sondern starrte nach rechts über die Schulter auf den See, der vom Wind der letzten Tage unruhig gegen die Steine brandete. «Von der Wohnung aus sieht man nicht mal einen Park.»

«Wenn man lange genug sucht, findet man sowas.»

«Wie lange hast du hiernach gesucht?» Sasha wandte sich zu Julien um, dessen Fingerspitzen sich immer wieder gegen seinen Rücken drückten, damit er nicht stehenblieb. Die Berührung war nichts im Vergleich zu dem abrupten Fall gegen seinen Oberkörper, viel weicher, beinahe scheu. Vorhin, dachte Sasha und lehnte sich wie zufällig gegen Juliens Hand. Vorhin, als ihm Juliens Puls so brachial gegen die Unterarme geschlagen hatte, dass er glaubte, er würde mit jedem weiteren Atemzug direkt in ihn hineingesogen werden.

«Zwei Wochen», gab Julien zurück. «Nachdem ich hergezogen bin.»

«Wann war das?» Hinter der ersten Betonwand, die man von der Straße aus erkennen konnte, ragte noch eine weitere parallel dazu in die Höhe, erkannte Sasha und beugte sich ein Stück vor.

«Nach der Schule.» Julien wurde plötzlich langsamer und hinterließ ein Kribbeln auf Sashas Brustwirbeln, als er seine Hand wegzog. «Vor einem Jahr.»

Dann war er gar nicht jünger, schätzte Sasha und ließ sich langsam ausrollen. Genau so alt wie er und viel besser darin, einen Ort zu finden, den er nicht in Flaschen konservieren musste. Weil er immer wiederkommen durfte.

Juliens Hände griffen so plötzlich von hinten um Sashas Schultern, dass er zusammenzuckte und sein Gleichgewichtssinn taub wurde, doch Julien war mit einem Satz hinter ihm auf dem schmalen Brett, stieß sich mit dem Fuß am Boden ab und schlang die Arme um Sashas Oberkörper. Als würden sie fallen, war alles, was Sasha in den Sinn kam, bevor er die Augen schloss, um nicht sehen zu müssen, wie der Uferrand immer näher kam. In Wasser, Seeluft, warme Erde. Und dann war das einfach so.

Es dauerte nur wenige Sekunden, bevor Julien ihn abrupt zur Seite zog, vom Board sprang und anfing zu lachen. «Oh, fuck», kam es dann unvermittelt von ihm, und Sasha blinzelte.

Das Longboard schlingerte zwischen zwei Sträuchern hindurch, die den See vom Gehweg trennten, rutschte über die Steine und ungehindert ins Wasser. «Shit, warte.» Er lachte und fluchte gleichzeitig, und Sasha kannte keinen Zusammenhang, der mehr Sinn gemacht hätte.

Julien ließ ihn los, vermutlich, weil er glaubte, jetzt, wo Sasha nicht mehr auf diesem instabilen Stück Holz stand, wäre alles wie vorher. Wäre Sasha wieder klüger, fähiger, disziplinierter als der Rest der Welt. Einen Scheiß war er, dachte Sasha nur und lauschte auf seinen Puls, der ihm bis in die Schläfen reichte. Ein unfähiges, sprachloses Endergebnis.

Julien duckte sich durch die dünnen Zweige und Bäume hindurch, dabei rutschte ihm der Hoodie über die Schulter, und Sasha sah die Form seines Oberarms unter dem verwaschenen T-Shirt-Stoff, die dunklen Härchen in seinem Nacken, die Sehne an seinem Hals. *Sieh nicht hin*, beschwor er sich reflexartig. *Sieh weg. Sieh mich an, hör auf zu heulen, benimm dich wie ein Mann.*

«Sorry.» Juliens Ärmel war nass, als er mit dem Longboard in der Hand zurück über die abfallenden Steine auf den Gehweg kletterte. Er grinste noch immer. «Musste sein. Sonst wären wir morgen noch nicht da.»

Dann wären sie eben bis morgen unterwegs gewesen. Und Sasha hätte eine plausible Ausrede gehabt, auch am darauffolgenden Tag zu keiner der Einführungsveranstaltungen und Uni-Partys gehen zu müssen. «Machst du das immer so?», fragte er. Nicht, weil er angepisst war, sondern weil es ihn wirklich interessierte. Wie Julien war. Womit Sasha rechnen musste, wenn er noch länger hinsah.

Julien hob die Einkaufstüte auf, die er bei seinem Hechtsprung aufs Board fallengelassen hatte. «Wieso?» Seine Augen waren ein bisschen dunkler als vorhin, nur ein kleines bisschen. Fast gar nicht. Vielleicht bildete Sasha sich das auch nur ein. Er schluckte noch immer gegen seinen Herzschlag an. «Schiss gehabt?»

Vermutlich, weil er so sprachlos war. So unfähig. In Sashas Hirn herrschte eine vertraute Starre, als er nur den Kopf schüttelte. Am liebsten hätte er irgendeinen Knopf gedrückt, der die Zeit anhielt, die Sonne einfror, die Photosynthese stoppte, alles stoppte. Damit er nicht dauernd das Gefühl hatte, dass sein eigener Kreislauf im Getöse einfach unterging.

«Sei nicht sauer, okay?» Julien zog das Board hinter sich her, als er einen Schritt auf Sasha zumachte; die Kante schrammte geräuschvoll über den Steinboden. «Alles klar?»

«Ja.» War es nicht, doch Sasha konnte das. Lügen. Immer.

«Komm.» Julien ging zwei Schritte voraus in Richtung der Betonmauern, zwischen denen Unkraut wucherte, so hoch, dass es ihn beinahe überragte.

Der Wind rauschte aus nord-östlicher Richtung durch die dünnen Kronen der vereinzelten jungen Bäume, die in ihrem Wachstum mit den anpassungsfähigeren Gewächsen offenbar nicht mithalten konnten. Wie er, dachte Sasha und ließ seine Handfläche über die Zweigspitzen, Blattränder und Grannen der Süßgräser gleiten. Und Julien. Und er. Und dieses Gefühl, als würde er wie auf Watte hinter ihm herlaufen.

Julien hatte die hintere Wand erreicht und schob sich mit seinem Longboard in der Hand und der Tüte in seiner Armbeuge zwischen dem kühlen Stein und einem herausgebrochenem Mauerstück hindurch. Es lag wie ein riesiger Würfel vor dem Durchbruch, der den Beton etwa hundert Meter vom Ufer entfernt beinahe in zwei Teile gerissen hatte.

Sasha folgte Julien durch die schmale Lücke und spürte, wie sich einzelne Steinchen und spitze Aststücke in die Sohlen seiner Chucks drückten. Die Schnalle seines Gürtels schrammte an der Wand entlang, und die Jeans, die hundert Dollar gekostet hatte, bekam feine Risse an den Knien. Wie Juliens. Er sah hoch, noch während er in der Spalte stand. Der Himmel war so blau, dass er Sasha direkt in die Kehle zu laufen schien, als er einatmete, und der raue Stein an seinen Unterarmen wurde wärmer, je länger er sich dagegen lehnte.

«Sasha.» Es war das erste Mal, dass Julien seinen Namen aussprach. Sasha wandte den Kopf.

«Julien», wollte er zurückflüstern, doch das hätte überhaupt keinen Sinn gemacht, also stand er nur weiter dort, wie auf einer Türschwelle, und starrte ihm direkt in die Augen.

«Wir sind da.» Julien ließ die Tüte ins Gras fallen und legte sein Board auf ein weiteres herausgebrochenes Mauerstück, das etwas niedriger war als der Würfel.

Eine Lücke im Puzzle, dachte Sasha und trat endlich zur Seite, sodass er auf der wenige Quadratmeter großen Fläche stand, die sich zwischen Geröll, Mauerstücken und einem Baum mit dichtem Blätterwerk gebildet hatte. Er war größer als die anderen, robuster, breiter, wuchs zwischen künstlich geschaffenem Stein auf zu wenig Platz und hatte es trotzdem geschafft.

«Willst du was trinken? Ich hab…» Julien ließ sich auf die Knie fallen und strich sich das Haar aus der Stirn, während er in den Einkäufen wühlte. «Shit. Ich hab nur Cola gekauft.» Er sah zu Sasha hoch.

«Ich hasse Cola.»

Sasha sah auf die Dose in Juliens Hand. Kirschgeschmack. Der war im Angebot gewesen. «Willst du lieber aus dem See trinken?», fragte er, weil das die einzig logische Alternative gewesen wäre. Und weil er schon im Supermarkt nur stumm hinter Julien hergelaufen war, vollkommen fasziniert davon, wie zielsicher der sich zwischen grober und feiner Erdnussbutter entscheiden konnte. Offensichtlich hatten sie beide nicht gewusst, was sie taten.

Julien starrte Sasha an, bevor er wieder zu lachen begann, *erst die Augen, dann der Rest*, und Sasha musste mitlachen, sich wieder fallen lassen, weniger ängstlich als vorhin, so viel selbstverständlicher.

«Ich dachte schon, du würdest heute gar nichts mehr sagen.» Julien kippte den Inhalt der Tüte vor sich auf den Boden, und als er zu Sasha aufsah, glitzerte der letzte Rest dieses Lachens in seiner dunklen Iris. Sasha wusste genau, was er meinte. Er legte erneut die flache Hand an die Mauer, dann lehnte er sich mit dem Rücken dagegen und ließ sich langsam daran hinabgleiten. Es kratzte durch den Stoff seines nagelneuen T-Shirts, doch weh tat es nicht.

«Cola ist okay», sagte er dann und nahm die Dose, die Julien ihm hinhielt.

«Käse oder Schinken?» Die Sandwiches waren doppelt verpackt, und Sasha dachte an seinen Entschluss vor zehn Jahren, kein Fleisch mehr zu essen. Auch das hatte niemandem aus seiner Familie gefallen. Nichts, was man nicht mit Bestnoten oder Auszeichnung abschließen konnte.

«Käse.»

«Okay. Dann ist der Rest für Miguel.» Julien riss die Packung an der falschen Seite auf – nicht dort, wo die Lasche war – und bemerkte Sashas Blick beinahe sofort.

«Was?» Er sah auf das lädierte Plastik in seiner Hand. «Du bist hier der Profi. Hatten wir doch geklärt.»

Ach ja. Sasha hätte am liebsten die Augen verdreht, stattdessen öffnete er die Cola-Dose so behutsam, dass sich die Flüssigkeit nicht im Rand sammelte. Diese krampfhafte Genauigkeit war nichts, womit er Julien beeindrucken wollte. Nur seinen Vater. Und den wollte Sasha vor allem ruhigstellen, besonders jetzt, wo er schwänzte, Anrufe blockierte und neben Julien im Schatten saß und Cola trank. Aber die Verpackungen, die riss er wenigstens nicht kaputt.

«Medizin, was?» Julien biss in sein Sandwich und lehnte den Hinterkopf an die Mauer hinter sich. «Welche Krankheit willst du heilen?»

Die Frage hatte einen leisen, beinahe verächtlichen Unterton, und Sasha konnte das verstehen. Wirklich. «Keine», antwortete er deshalb und dachte, dass das Sandwich für drei Dollar besser schmeckte als der Kartoffelauflauf im Lieblingsrestaurant seiner Eltern. Der dreißig Dollar kostete. Der furchtbar schmeckte.

«Warum studierst du es dann?»

«Weil...» Er wollte nicht wieder aufhören. Diesmal nicht. «Weil meine Noten dafür gereicht haben.»

«Im Ernst?» Julien kaute, schluckte, und als er Sasha mit gerunzelter Stirn musterte, bekam das Braun feine Risse. Auch das verstand er. Dass er keinen Sinn ergab, seit neunzehn Jahren nicht einen einzigen Tag lang. «Das soll ein Grund sein? Ich meine...» Er drehte das Sandwich in der Hand. «Man studiert doch, damit man irgendwas Cooles wird. Miguel ist auch irgendwas, was er toll findet. Frag nicht», schob er hinterher, als Sasha zurückstarrte. «Ich weiß nicht, was er macht. Irgendwas mit Aktien und 'nem Arsch voll Geld.»

«Börsenmakler?»

Julien hob die Schulter. Die, die direkt neben Sashas lag, die er vorhin in all ihren Einzelheiten erfasst hatte. Wie ein Profi. *Sorry*, entschuldigte Sasha sich stumm bei seiner Mutter. *Sorry, ich kann nicht.*

«Wenn es nur um deine Noten geht», fing Julien dann an, «hättest du ja auch was anderes tun können. Ins Ausland gehen oder so. Miguel war in der High-School ein paar Wochen in England.»

Sasha musste lächeln, bevor er in sein eigenes Sandwich biss. Die Vorstellung, dass er seiner Mutter auf einem anderen Kontinent täglich Rede und Antwort stehen musste, brachte ihn fast zum Lachen. Aber nur fast. «Ich hasse fremde Orte», gab er dann zu. Julien hatte es nicht auf die Uni geschafft, Sasha nicht mal alleine über die Straße vor dem Haus.

«Warum?»

«Weil man die Wege nicht kennt. Weil man mit Menschen sprechen muss, die man auch nicht kennt.»

«Was tust du denn gerade?» Als Julien lachte, fiel Sasha wieder ein, dass es noch andere Gründe dafür gab, die er nie kennengelernt hatte. Seine Mutter lachte nur, wenn sein Vater ihr in Form eines schlechten

Witzes die Erlaubnis dazu erteilte. Und sein Vater lachte über Sasha. Julien mit ihm, denn Sasha merkte, dass er nicht aufgehört hatte zu lächeln.

«Würdest du mich hier stehenlassen, würde ich nie wieder zurückfinden», wiederholte er dann. Julien streckte die Beine von sich und grinste noch immer.

«Du hast ein scheißteures Handy.» Er deutete mit dem Kinn auf Sashas Jeanstasche. «Das könnte dich nach Hause fliegen.»

«Das ist aus.»

«Warum?»

«Weil meine Mutter sichergehen will, dass ich in der Uni sitze.»

«Und das tust du nicht», stellte Julien folgerichtig fest, lachte wieder und rieb sich mit beiden Händen das Gesicht. «Scheiße, glaubt sie, du könntest das nicht allein?»

Auch das brachte es erschreckend genau auf den Punkt. Auf die Uni hätte Julien es allemal schaffen können, wenn Noten nicht so wenig über die Fähigkeit, sich anzupassen, und so viel über diese Disziplin verraten hätten, die Sasha selbst im Schlaf beherrschte.

«Sie hat nur Angst», gab Sasha leiser zurück und bekam prompt ein schlechtes Gewissen. Er würde sie später zurückrufen, wenn er wieder nach Hause gefunden hatte.

«Wovor?»

«Dass ich verlorengehe.» Die Frage irritierte Sasha. Hatte Julien keine Mutter, die ihm selbst mit achtzehn noch Zettel geschrieben hatte, wie lange er den heimlich für ihn vorbereiteten Nudelauflauf ohne Schinken im Ofen lassen musste? Die ihm versprach, dass es besser werden würde, sobald sein Vater in Rente ging? Dass es okay war, Sasha zu sein, solange es niemand merkte?

Julien schwieg, und die flache Metalldose, die er erneut aus der Jackentasche gezogen hatte, machte knackende Geräusche, als er sie immer wieder zwischen Daumen und Zeigefinger zusammendrückte. «Denkst du, dass du verlorengehst?», wollte er dann wissen und sah auf. Der Schatten in seinem Blick war dunkler als der des Baumes, der Mauer, fast wie ein schwarzes Tuch, teergetränkt.

«Vielleicht», antwortete Sasha und fühlte den Stein an seinem Rücken kalt werden. «Vielleicht bin ich das schon.»

«Hm», machte Julien nur, dann öffnete er die Dose, und das Geräusch verstummte, *endlich*. Darin befand sich ein kleines, durchsichtiges Tütchen Marihuana und ein fertiger Joint. «Willst du auch?», fragte er und sah Sasha an. Hier, dachte Sasha, im Schatten. Wo er Dinge tat, die er noch nie getan hatte. *Okay.* Er nickte.

«Schon mal gemacht?» Julien nahm den Joint aus der Dose und fischte ein Feuerzeug aus seiner Jeanstasche. Kopfschütteln. Kein Wunder, dass er glaubte, Sasha sei genau das Kleinkind, dem seine Mutter hinterhertelefonieren musste.

«Sei vorsichtig, wenn du ziehst.» Julien schob sich den Joint zwischen die Lippen, legte eine Hand um die Spitze und hielt sie in die Flamme. «Nicht gleich alles auf einmal.»

Als würde er besser als Sasha verstehen, worum es hier ging. Julien inhalierte den Rauch, und Sasha beobachtete, wie sich sein Brustkorb hob, dann legte er den Kopf in den Nacken und gab ihm den Joint.

Der erste Zug kratzte im Hals, und als Sasha langsam einatmete, begann es in seiner Lunge zu kribbeln, als hätte man dort eine Wunderkerze angezündet. Selbst seine Mutter würde ihn umbringen, wenn sie das herausfand, egal, wie sehr sie ihn liebte.

«Profi.» Juliens Mundwinkel zuckte, weil Sasha nicht hustete und einen weiteren Zug nahm, bevor er Julien den Joint zurückgab. «Auf mich wirkst du kein bisschen verloren.»

Sasha betrachtete die Maserung des Baumstammes in wenigen Schritten Entfernung. Das Muster erinnerte ihn an die dunkelbraune Struktur in Juliens Iris, deswegen sah er wieder hin, um ganz sicher zu gehen. «Das war der Plan», erwiderte er.

Weißer Rauch quoll aus Juliens Mund, als er grinste. «Zeigst du mir, wie das geht?», fragte er.

«Was?»

«Wie man so wird wie du.»

Das Kribbeln floss bis in Sashas Fingerspitzen, und sein Puls, der endlich wieder im Takt geschlagen hatte, blieb irgendwo zwischen Herzmuskel und Kehle stecken.

«Wie bin ich denn?», fragte er, bevor er den Rauch ein bisschen tiefer, ein bisschen unvorsichtiger einsog.

«Naja», setzte Julien an und richtete sich ein Stück auf. «Du bist…» Er hob die Hand und anschließend den Zeigefinger. «Ziemlich schlau schätze ich. Mit deinem Medizinstudium.»

«Das ich schwänze.»

«Das du schwänzt», wiederholte Julien; es klang amüsiert. Viel weniger schlimm als noch heute Morgen, im Bett, gelähmt vor Angst. «Und», zählte er weiter auf, «du bist kein Feigling. Du hast das durchgezogen, mit meinem Board. Ich bin beim ersten Mal aufs Maul geflogen und hab mir das Schlüsselbein gebrochen.»

«Tat das weh?» Das Cannabis wirkte wie ein Dämpfer auf Sashas verspanntes Gemüt, sodass es ihm beinahe gleichgültig wurde, ob Julien seine Fragen dumm oder besonders schlau fand. Es reichte, wenn er hier sitzenblieb und Sasha nicht zurückließ.

«Oh ja.» Julien nahm Sasha den Joint weg. «Das tut beschissen weh. Ich durfte drei Wochen lang nicht zur Schule gehen, weil ich den Arm nicht heben konnte.»

«Die Schule, die du ohnehin geschwänzt hättest?»

«Ich sag's ja.» Julien nahm einen letzten Zug, bevor er den Rest des Joints in seiner Dose ausdrückte. «Du bist zu schlau für mich.»

«Und wenn ich dumm wäre?» Sasha fühlte sich mit einem Mal seltsam benommen, als hätte man ihm einen Schlag auf den Hinterkopf verpasst. «Was würdest du dann tun?»

Juliens Körper schien die Wirkung des THCs weniger zu beeindrucken, denn sein Blick war vollkommen klar, dunkelbraun, wie der Baum, für den Sasha sich gehalten hatte. Ein Scheißbaum war er. Nur das Gras, das einknickte, sobald man darauf trat.

«Dann wären wir beide dumm.» Julien legte den Kopf schief und riss einen der Halme neben sich aus. *Volltreffer.* «Und du würdest nicht so blöde Fragen stellen.»

Und genau das war Sasha gerade endgültig egal, vor allem, weil Julien dabei lächelte und mit dem Grashalm nach ihm warf. «Aber», sagte er dann, «normalerweise geh ich auch nicht mit fremden Menschen, die ich draußen treffe, zum Einkaufen.»

«Vor dem Fahrstuhl.» Sasha dachte an Juliens nassen Hoodie, die vor Erschöpfung halbgeschlossenen Lider. «Das ist was anderes.»

«Stimmt.» Julien griff erneut in das weiche Gras zwischen ihnen, doch Sashas Reflexe kehrten sich seit Minuten von innen nach außen und taten genau das, was er nicht durfte, was er aber unbedingt *wollte.*

«Nicht», flüsterte er und legte seine Fingerspitzen auf Juliens Handrücken. «Nicht alles auf einmal.»

Es war ganz anders als vorhin. Vorhin war Julien wie ein Bienenschwarm hin und her gezuckt, hatte Sasha zweimal vom Longboard gerissen, unruhig, fahrig und völlig verspannt, doch jetzt nicht. Jetzt hielt er inne, in derselben Sekunde, in der Sasha ihn berührte, wandte den Kopf und ließ zu, dass er ihn einfach nur anschauen konnte.

Er war viel zu nah dran, dachte er diffus. Näher als er irgendeinem anderen Menschen jemals gekommen war, weil er das nicht mochte, wenn er hören konnte, wie sie atmeten, ihren Geruch auf der Haut spürte, die winzigen Lachfältchen in den Augenwinkeln sah.

Und die, bei denen Sasha es gewollt hätte, waren viel zu weit weg gewesen. Hatten nicht einfach dort vor der Haustür gesessen und «Hi», gesagt und ihm eine Busfahrt als gar nicht mal so schlimm verkauft. Niemals war das so gewesen.

«Die besten Leute treff' ich immer in Fahrstühlen», murmelte Julien schließlich, und Sasha zog die Hand weg, bevor er etwas wirklich Dummes tun konnte, egal, wie viel er geraucht hatte. Und das nur, weil Julien nach Sonne und roten Skittles und warmer Erde roch und Sasha all das furchtbar gern mochte.

«Wen noch?», fragte er tonlos. Irgendetwas hatte sich um seine Stimme gelegt. Ein Tuch, ein Schatten. Julien lächelte wieder, ein bisschen zumindest, mit den Augen.

«Bekah», antwortete er. «Sie wohnt weiter oben in der einzig bezahlbaren Besenkammer des Hauses.»

Das Mädchen, fiel es Sasha wieder ein. Mit den überlangen Locken und dem lauten Lachen. Die Julien auf die Wange geküsst hatte.

«Ist sie deine Freundin?» Er hatte gar nicht fragen wollen. Wirklich nicht. Weil ihn die Antworten mit jedem Mal immer unglücklicher machten.

Julien entgleisten für den Bruchteil einer Sekunde die Gesichtszüge. «Was? Bekah?»

Ja, dachte Sasha nur. *Bekah.*

«Nein.» Jetzt lachte Julien kurz, nervös, wie vorhin. *Alles wie vorher.* «Sie ist nur… Nein. Wir sind Freunde. Sie ist…»

«Hübsch», beendete Sasha den Satz sachlich. Weil es stimmte. Er war ja nicht blind.

«Ja.» Julien sah ihn nicht an und strich sich das Haar aus der Stirn. «Aber anstrengend. Sie verjagt jeden, der ihr zu nahe kommt.»

«Dich nicht.»

«Nein, weil…» Julien zog erneut die Metalldose hervor und klappte sie auf. «Ich will ja auch nichts von ihr.»

Sasha biss sich auf die Wange, um nicht wieder starr zu werden, um mehr zu fühlen und nicht immer weniger.

«Gerade versucht sie es mit Dating-Apps», fuhr Julien fort; sein linker Mundwinkel zuckte in Sashas Richtung. «Rate mal, wie ihr neuestes Date heißt.»

«Gib mal einen Tipp.» Sasha schmeckte Blut und einen Rest roter Skittles. Das war okay.
«Wie ein englischer Lord.»
«Ein Lord?»
«Ohne Scheiß. Wie einer mit 'nem riesen Schloss, zehn Butlern und Springbrunnen in der Einfahrt.»
«Und Monokel?» Sasha musste kurz an seinen Aufsatz über Shakespeares Hamlet denken. Eine Eins mit Auszeichnung und ein müdes Lächeln von seinem Vater hatte ihm das zehnseitige Ding eingebracht. Da war er zwölf gewesen. Jetzt war er neunzehn und konnte mit Julien über die Vorstellung lachen, dass Shakespeare womöglich fast blind gewesen war.
«Mindestens mit Brille.» Und dieses Lachen setzte Juliens Gesicht wieder zusammen, ließ die Erde aufbrechen und helle Schlieren in seine Iris sickern. *Shit*, Sasha mochte das wirklich richtig gern.
«Hm», machte er, und sein Magen fühlte sich an, als hätte er Gummi verschluckt. «Eher kurz oder lang?»
«Was?»
«Der Name.»
«Ach ja.» Julien grinste. «Eher kurz. Vier Buchstaben. Sorry, nicht mein Tag heute.»
«Macht nichts.» Sasha war dieser Name, Bekah, Shakespeare plötzlich scheißegal. «Meiner auch nicht.»
«Kommt mir nicht so vor.» Julien blinzelte, lächelte, *alles auf einmal*, und mit einem Schlag war Sasha voll davon. Keine Starre mehr, nur noch Julien, innerhalb weniger Stunden. Der einzige Profi hier war er.
«Ist aber so», murmelte Sasha.
«Wessen dann? Earls? Oh, fuck.» Julien fing wieder an zu lachen. «Jetzt hab ich's verraten. Vergiss es einfach.»
«Unser.» Und es war so ansteckend, dieses Lachen. So viel besser als alles, was Sasha kannte. «Unser Tag?»
Sasha nickte, und Julien senkte kurz den Blick, sah wieder hoch und zu Sasha, anders als vorhin, länger, viel länger. Nein, wurde Sasha daraufhin klar. Das wollte er nicht mehr vergessen. Das *konnte* er nicht.
«Okay.» Julien hob erneut die Faust und lehnte seine Schulter dabei leicht gegen Sashas. «Unser Tag.»

4

Julien

Irgendwann, später am Nachmittag, als die Sonne bereits ein Stück weit hinter die Dockmauern gesunken war, summte Juliens Smartphone anklagend auf. Nicht nur einmal, sondern geschlagene elf Mal, und Julien verwettete die restlichen Skittles darauf, dass es Bekah war.

Kein Wunder, denn er hatte ihr eigentlich versprochen, sie von der Arbeit abzuholen, wenn er nicht selbst losmusste. Und auch dann hätte er ihr ja Bescheid gesagt. Eigentlich.

Jetzt, als er auf die Uhr sah und Bekahs letzte Nachricht ungelesen vom Display wischte, war es halb fünf, und er hatte mit niemandem außer Sasha gesprochen.

«Uni vorbei?», fragte Julien, und sein Herz stolperte zum mindestens fünfhundertsechzehnten Mal über sich selbst, als Sasha lächelte und seine Beine ausstreckte. Vielleicht auch zum fünfhundertsiebzehnten Mal, er hatte keine Ahnung.

«Kommt drauf an», gab Sasha zurück.

«Auf was?»

«Ob ich vor meiner Tante zuhause bin.»

«Was wäre, wenn du es nicht schaffst?», wollte Julien wissen und begann, die Verpackungsreste der Sandwiches, Pop-Tarts und Proteinriegel einzusammeln. Miguel würde ihn umbringen, wenn er nur mit Toast und zwei verbliebenen Dosen pappsüßer Kirsch-Cola zurückkam. Zumindest würde er es versuchen, und Julien würde gewinnen, zumindest körperlich. Miguels verbale Waffen waren weitaus treffsicherer.

Aber nicht heute. Heute konnte er Julien gar nichts.

«Dann muss ich mir ausdenken, warum ich nur damit», Sasha deutete auf die Kopfhörer, die noch immer um seinem Hals lagen, «aus dem Haus gegangen bin.»

«Sag, du wärst schon dagewesen und bist danach nochmal rausgegangen. Ganz einfach.»

«Okay.» Sasha stand auf, wischte sich einzelne Grashalme von der hellen Jeans, und Julien musste sich zwingen, nicht hinzusehen. Auf seine Hände, den Gürtel mit *Hilfiger*-Emblem, die Form seines schlanken Oberkörpers unter dem T-Shirt. Er war nicht so schmal wie Miguel, der in jede von Bekahs hautengen Hosen gepasst hätte. Eher athletisch, mit fein definierten, unauffälligen Muskeln unter der glatten Haut, perfekt geschwungenen Mundwinkeln und dieser Tätowierung.

Alles an Sasha wirkte so makellos, als wäre er ein Ausstellungsstück, das man nur von weitem bewundern durfte, weil es sonst kaputt gehen würde. Nicht wie Julien und seine Schulter, die sie damals notdürftig wieder zusammengeflickt und dabei nichts als vernarbtes Gewebe hinterlassen hatten. Das ganze Ausmaß der Zerstörung konnte man noch heute in all seinen Einzelheiten bewundern.

Julien ignorierte die Gänsehaut auf seinen Armen und reichte Sasha die fast leere Einkaufstüte. «Wenn du die trägst, darfst du auch zurücklaufen. Ich nehm das Board.»

Sasha sah auf Juliens Hand, dann zu dem Longboard hinter ihm. «Schieben wäre okay», sagte er dann und lächelte. «Wenn du keinen Scheiß machst.»

«Scheiß?» Julien grinste zurück und schlug mit der Tüte nach Sasha, der ihm mit einem Schritt zur Seite gekonnt auswich. «Aufgeweckt hab ich dich, sonst nichts.»

«Kannst du sicher besser.» Das Blau in Sashas Augen wurde dunkler. Wie Fetzen eines Nachthimmels, kam es Julien in den Sinn, bevor er sich fragte, was Sasha mit ihm machte, dass ihm das immer wieder auffiel. «Machst du es?»

«Was?» Julien hatte den Faden verloren.

«Mich schieben.»

«Du bist nur zu faul.»

«Oder du.»

«Ach, fuck, komm schon. Die Hälfte der Strecke, Deal?»

«Deal.»

Bekah hätte er einfach sagen können, wie schön sie aussah, wenn sie sich über etwas freute. Dass er ihr Lächeln mochte oder die Jeans ihrem Hintern schmeichelte. Jeder Frau hätte Julien das nach so einem Tag einfach ins Gesicht sagen können, nachdem er stundenlang mit ihr über Knochenbrüche, englische Literatur und Chicagos einsamste Strandabschnitte philosophiert hatte. Die er ihr zeigen wollte, jeden einzelnen. Und dass sie kluge Antworten gab, dass sie überhaupt auf alles eine

Antwort wusste und er versuchen würde, das erste Lied in ihrer Playlist auf dem Klavier nachzuspielen. Um sie zu beeindrucken, mit dem wenigen, was er konnte.

All diese Dinge, auf die Julien bei Bekah bis heute vergeblich wartete und die er nicht verstand, jetzt, wo sie ungefiltert und pausenlos auf ihn einprasselten. Dabei hätte es so einfach sein können, weil er Sasha wirklich mochte. Nicht mehr als Bekah, aber anders. Und dieses *anders* war es, worüber Julien anfing, nachzudenken, als er Sasha länger als nur eine halbe Meile weit zur Haltestelle schob.

Seine Hand passte genau in die Kuhle, die zwischen Sashas Becken und Schulterblättern lag, und wenn er den kleinen Finger anwinkelte, konnte er den Bund seiner Shorts unter dem T-Shirt fühlen. Bekahs Unterwäsche, erinnerte sich Julien dumpf. Die ihn kalt ließ, egal, wie nah er ihr kam.

Und Amy? Was war mit Amy? Julien suchte verzweifelt nach einem Vergleich, einer schwachen Ahnung davon, was er gefühlt hatte, als sie sich zum ersten Mal vor ihm ausgezogen hatte. Wahnsinnig viel Mühe hatte sie sich gegeben, an diesem Abend, in dieser Nacht. Und es hatte ja funktioniert. Weil sie Julien an den richtigen Stellen angefasst und er in den richtigen Momenten die Augen geschlossen hatte.

Vielleicht hatte es nicht an ihr gelegen, dachte Julien und spürte, wie Sasha sich ein Stück zurücklehnte. Vielleicht lag es nur daran, dass er sich bei ihr wie ein Fremder gefühlt hatte. Genau die Art von Fremdsein, die Sasha nicht mochte. Eine, die immer bleiben würde, selbst, wenn man sich bis zur Unkenntlichkeit anpasste, versuchte, zu ignorieren, dass man in die falsche Richtung lief, weil ja jeder dorthin drängte, völlig normal eben.

Als der Bus, der zurück in die Stadt fuhr, aus der Wohnsiedlung bog, hatte der Wind nachgelassen, und die Luft wärmte sich trotz des späten Nachmittags spürbar auf. Julien schob die Ärmel seines Hoodies noch ein Stück höher, doch ausziehen würde er ihn nicht. Die Vorstellung, dass Sasha den punktförmigen Verlauf der alten Wundnähte unter Juliens Schlüsselbein entdecken könnte, ekelte ihn beinahe an. Sasha, der sich vermutlich noch nie aus Unachtsamkeit auch nur in den Finger geschnitten hatte.

Der Bus war um diese Uhrzeit brechend voll, sodass der Fahrer nur die Hintertür öffnete und Julien sich das Theater um die abgelaufenen Tickets glücklicherweise sparen konnte. Er wartete einen Moment, damit Sasha vor ihm einsteigen konnte, wie heute Mittag, doch er trat beinahe unsichtbar einen Schritt hinter Julien.

Direkt neben der Tür standen zwei Männer mit riesigen Aktentaschen, die Julien an Miguel erinnerten, und als er sich dazwischenschob und zu Sasha sah, war sein Gesichtsausdruck seltsam starr geworden. Kein Lächeln mehr, kein Glitzern von Tauwasser in der Sonne.

Sie schwiegen, weil der Geräuschpegel durch die Schulkinder im hinteren Teil des Busses immer weiter anstieg, und Sasha griff an die Haltestange, die direkt vor Juliens Gesicht schwebte. Seine Knöchel waren weiß.

Der Fahrer fuhr wie ein Idiot, es roch durchdringend nach Zwiebeln, und einer der Männer begann nach zehn Minuten in das Headset seines Smartphones zu brüllen. Julien hörte weg, bevor er mitbekommen konnte, wie eine Ehe zu Bruch ging, und suchte erneut Sashas Blick, doch der sah krampfhaft auf Juliens Longboard unter ihnen.

Kurz bevor sie umsteigen mussten, hielt der Bus erneut, und noch mehr Pendler drängten durch die hintere Tür in den Einstiegsbereich. Sasha wurde von einer Frau, die drei Mal so breit war wie er, gegen die Trennwand zu den Sitzen hinter ihm gedrückt, und plötzlich passierte etwas in seinem Gesicht, das Julien noch nie bei jemandem gesehen hatte.

Er wurde blass, fast weiß, sein Blick zuckte zwischen den dichtstehenden Körpern hin und her, und die Sehne an seinem Arm, dachte Julien nur. Die spannte nicht mehr, die riss ihn förmlich auseinander.

«Sasha», flüsterte Julien durch den Lärm hindurch. Er reagierte nicht, blinzelte nicht einmal. Die Frau vor ihm wühlte in ihrer Handtasche herum und zog gerade einen Make-Up-Spiegel heraus, als Julien auch das Beben bemerkte. Sasha hielt sich noch immer an der Stange fest, eingekeilt zwischen einem fremden Rücken und den ausufernden Gesten des aufgebrachten Ehemannes, und schien nicht mehr zu atmen, nur noch zu zittern.

«Sasha.» Julien neigte den Kopf und versuchte, ihn anzusehen. «Was ist?»

Sasha hob kurz den Blick, und das Wasser, das Himmelblau, schlug meterhohe Wellen. Nichts als Angst, erkannte Julien stumm. Nackte Panik. Die Leute. Der Bus. Das Fremde, das ihn gerade erdrücken wollte, weil Julien nicht nachgedacht hatte. Wie auch, wenn ihn schon ein *Hilfiger*-Emblem blenden konnte?

Julien dachte immer noch nicht nach, als er reflexartig den Arm ausstreckte, rechts neben Sasha an die Stange griff und sich zwischen ihn und die Frau schob, die seelenruhig ihre Mascara auffrischte. Er drückte sie mit der Schulter, der gesunden, ein Stück von ihm weg, sodass sie schwankte und den Spiegel fallen ließ, dabei rutschte das Longboard zwischen Juliens Knien auf den Boden. Er stellte einen Fuß auf das Brett und ignorierte, dass sie sich umdrehte und fragte, ob er keine Rücksicht nehmen könne. *Fick dich*, dachte Julien nur und ließ Sasha nicht aus den Augen. *Fickt euch alle.* Alle außer Sasha, der noch keine *wirklich* dummen Fragen gestellt hatte, der nach Shampoo und frischer Bettwäsche roch.

Zwischen sie hätte wieder nur die Hand gepasst, eine geballte Faust, doch das reichte, redete Julien sich ein. «Lass los», flüsterte er, als der Bus erneut hielt und sich mehrere Personen gegen Sashas Arm an der Stange vorbeischoben. «Wir sind gleich da.»

Sasha presste die Lippen aufeinander, sah Julien an, reagierte jedoch nicht. Zitterte nur, vor allem seine Schultern, sein gesamter Oberkörper. Julien griff an Sashas Handgelenk und fühlte den Puls unter seinem Daumen explodieren. «Lass los», wiederholte er tonlos. «Ist okay.»

Nichts war okay. Sashas Hand krampfte um die Stange, also war es Julien, der nicht losließ. «Fünf Minuten noch», flüsterte er. «Schaffst du.»

Sasha schüttelte kaum merklich den Kopf, der Bus bremste abrupt, und die Frau hinter Julien stolperte gegen seinen Rücken.

«Siehst du», zischte sie und machte ein genervtes Gesicht. «Kommt davon. Arschloch.»

Sasha schloss beinahe zeitgleich die Augen, und Julien trat einen Schritt nach hinten, genau auf einen ihrer schneeweißen Markenturnschuhe. Sie schrie spitz auf. «Spinnst du?» Sie packte Julien am Arm, der, den er wie einen Schraubstock neben Sashas an der Haltestange neben der Tür hielt, und zog daran. «Du bist hier nicht alleine, geht's noch?»

Offenbar nicht. Nicht mehr. Julien fühlte es, die Wut, die sich in seinem Magen zusammenballte, um im nächsten Moment herauszubrechen wie ein Stück aus der eigentlich massiven Betonwand. Irgendjemand musste irgendwann einmal mit voller Wucht dagegen geschlagen haben. «Verpiss dich», murmelte er und biss die Zähne zusammen. Sasha sah aus, als ob er gleich in die Knie ging. *Verfluchte Scheiße.*

«Was?»

«Ich sagte, verpiss dich, du stehst im Weg. Merkst du's nicht?»

«Wie redest du bitte mit mir? Haben Sie das gehört?», fragte die Frau den Mann mit der Aktentasche, der gerade das Gespräch beendet hatte.

«Was?», fragte auch der, noch während der Bus langsamer wurde.

Jetzt. «Gibt's ein Problem?»
«Ja», erwiderte Julien, ohne die beiden anzusehen. *Beherrsch dich*, hörte er Miguel sagen, von irgendwoher, immer wieder. *Beherrsch dich, nur ein einziges Mal.* «Mit der Bitch hier.»
«Bitte was?» Sie wurde rot, vielleicht vor Wut.
«Frag nicht so blöd und beweg deinen Arsch weg, wir müssen raus.»
«Entschuldigung, aber…» Was zum Teufel wollte der Kerl jetzt noch? Jetzt, *jetzt*, wo die Tür endlich aufging und Julien nur noch nach Sasha griff, egal wohin, an seinen Gürtel, an das *Hilfiger*-Emblem. Er zog seine Hand mit einem Ruck von der Stange, schob das Longboard mit dem Fuß zwischen den vielen Beinen hindurch auf den Bürgersteig und spürte, wie Sasha gegen ihn fiel, anders als heute Mittag. Weicher, als wäre er nur noch eine formlose Hülle, kein Packeis mehr, nur noch kaltes Wasser, das den Siedepunkt in ihm unterspülte.

Sie stolperten auf den Gehweg, und Julien hörte die Frau schimpfen und den Mann hinter ihm herrufen, «Sieh zu, dass du wegkommst, Kleiner!», und lief ein Stück die Straße hinunter, das Longboard und die Tüte in der einen Hand, Sashas Handgelenk in der anderen.

Er merkte erst jetzt, dass auch er zitterte, aber nicht vor Angst. Nur vor Wut, wie immer.

Nach hundert Metern, zwischen einer Tankstelle und gestutzten Vorgärten, drehte er sich um. Sasha war noch immer so weiß, dass sich sein Gesicht vor den Klinkersteinen der Wohnhäuser wie ein blinder Fleck abhob. «Scheiße», sagte Julien nur, ließ die Tüte fallen und hob geistesgegenwärtig die Faust vor seine Brust, damit Sasha etwas hatte, das ihn aufrechthielt, als er gegen ihn lief. «Scheiße, Sasha.»

«Sorry.» Er klang so rau, als hätte er nicht geschwiegen, sondern laut geschrien, und vielleicht hatte er das auch, und Julien hatte es nur nicht gehört. Schon als sie eingestiegen waren. Er war so blöd. So wütend. Auf die Frau, auf die Aktentasche, auf sich selbst.

«Alles gut.»

Sasha schüttelte wieder den Kopf. Seine Hände schienen nach etwas greifen zu wollen, das es nicht gab, als er sie hob, und Julien umfasste seine Unterarme, den Schädel, der Farben kotzte, und hielt ihn fest.

«Doch», murmelte er. «Wir laufen. Bis es wieder geht. Und dann warten wir, okay?»

Sasha schüttelte wieder den Kopf, nickte, schüttelte ihn wieder und sah plötzlich älter aus als Julien, viel erschöpfter, als er sich jemals gefühlt hatte.

«Auf was?» Julien verstand ihn kaum, obwohl er so nah vor ihm stand.
«Auf einen Bus, der nicht voller Arschgeigen ist», antwortete er leise. «Ich schieb dich nämlich keine zehn Meilen nach Hause. Vergiss es.»
«Nein. Okay.»
«Gib's zu, das war der Plan.» Julien versuchte zu lächeln. «Hätte fast funktioniert.»
«Scheiße.»
«Ja.» Sasha atmete ein, schloss erneut die Augen, atmete aus, stand nur da und hatte gerade zugegeben, dass er überhaupt nicht perfekt war. Und Julien mochte auch das, es war kein Stück weniger geworden, dieses *Mögen*, das er nicht begriff.

«Zwei Haltestellen», sagte er und wartete, bis Sasha ihn wieder ansah und das Eis nicht mehr aneinanderschlug, in tausend Stücke zerbrach «Deal?»
«Okay.» Nicken.
«Schaffst du's?»
«Weiß nicht.»
«Doch.» Julien vergaß, dass auch er Angst hatte. Dass er keine Ahnung hatte. «Schaffst du. Ich helf dir.»
«Okay.» Sashas Mundwinkel zuckte, der linke, und Juliens Daumen auf Sashas Handrücken kribbelte. «Danke.»

Das Zittern war noch nicht ganz verschwunden, als er sich auf das Longboard stellte und Julien ihn neben sich herschob. Es wurde besser, als Sasha nach seinen Kopfhörern griff und Julien lenken ließ, indem er Sasha am Arm zu sich zog oder leicht von sich wegdrückte. Dabei sah er stur geradeaus, so, wie man es machen musste, um nicht in die falsche Richtung zu fahren. In die Richtige, dachte Julien nur. Es musste die Richtige sein, *bitte*.

Der übernächste Bus war leerer, nicht so leer, dass sie einen Sitzplatz fanden, doch es reichte, um sich erneut neben der Tür vor Sasha zu stellen und dass ihm dabei niemand in den Rücken fiel.

Die Starre war fort, auch das Starren, nur der Rest eines Pulsschlags, den Sasha unter seinen Kopfhörern verbarg. Den Julien trotzdem fühlte, tiefer als am See, als er Sasha vom Board gerissen hatte, als alles, was er glaubte, längst zu kennen.

Sie sahen sich einfach nur an, ununterbrochen, wie heute Morgen, als Julien einfach «Hi», gesagt hatte, um nicht feige zu sein und herauszufinden, wer das war. Wer Sasha war.

Dieser Puls, dachte er, zwei Minuten, bevor sie die Haltestelle vor dem Häuserblock erreichten. Das war nicht Sashas. Das war nur seiner. Und die Frage nach dem *warum* und dem *weshalb* konnte ihn mal, weil es nicht wichtig war, weil es sich einfach nur richtig anfühlte, sich gegen alles zu stemmen, was Sasha aus der Fassung brachte. Das durfte nur Julien.

«Ist deine Tante schon da?», fragte er, als sie den Weg hinter dem Tor zum Hauseingang hinaufliefen. Sasha schob sich die Kopfhörer in den Nacken, sah auf sein Handy und schaltete es wieder ein.

«Glaub nicht.»

Seine Nummer, dachte Julien. Er wollte Sashas Nummer.

«Gehst du morgen hin?», wollte er wissen, als sie auf den Fahrstuhl warteten. Sasha sah auf, direkt in Julien hinein. Alles wie vorher.

«Wohin?», fragte er zurück.

«Zur Uni.»

«Hm.» Er lächelte kurz. «Weiß nicht. Soll ich?»

«Nicht mit dem Bus.»

Dass er darüber lachen konnte, war seltsamerweise das Beste an diesem Tag, an *ihrem* Tag. Julien grinste. «Wenn ich kann, bring ich dich.» *Was bitte?*

Sasha stieg als erster ein, und seine Hand streifte Juliens kleinen Finger, als er die Taste mit der Dreizehn drückte.

«Wenn du kannst?»

«Wenn ich nicht arbeiten muss.»

«Okay.» Sasha steckte das Handy weg. *Verdammt.* «Was arbeitest du?»

«Nichts Tolles. Ich helf bei Umzügen.» Nichts im Vergleich zu Medizin oder *Hilfiger*. «Miguel will Miete von mir.»

«Verstehe. Ich würde keine verlangen.» Kein Wunder. Als ob Sasha auch nur einen Cent benötigt hätte. Julien kaute auf seiner Unterlippe herum, als der Fahrstuhl hielt und sich die Türen aufschoben. Diese verfluchte Nummer, *jetzt*.

«Ist deine Tante ordentlich? Dann kann sie bei ihm einziehen.» Er redete sich um Kopf und Kragen, anders als bei Bekah, bei Amy, nur bei Sasha. «Und ich bei dir.» Er war im Arsch. Und das, obwohl Sasha lächelte, gerade *weil* Sasha lächelte.

«Sie schreibt Ratgeber», erwiderte er und blieb direkt neben Julien stehen, als sie Miguels Wohnungstür erreicht hatten. «Ein bisschen abgehoben. Über inneren Frieden und Kristallklänge.»

«Miguel könnte sie managen.»

Sasha schob die Hände in die Jeanstaschen und lächelte noch immer.

«Danke», wiederholte er dann. «Für den Deal. Und...»

«Kein Problem.» *Oh doch, ein massives, überdrehtes, nervöses Problem war das hier.*

«Für den Tag», schloss Sasha leiser. «Das war toll. Echt. Hatte ich noch nie.» Julien auch nicht. Nie.

«Ich...», fing er an und sah auf Sashas Hand in der Tasche. *Verdammt nochmal.*

«Krieg ich deine Nummer?» Juliens Herzschlag begann urplötzlich zu summen, dabei war die Frage so furchtbar banal, so selbstverständlich nach diesem Tag. Er war so angespannt, dass er die Hände ebenfalls in den Taschen seines Hoodies vergraben musste, damit Sasha nicht sah, dass sie zitterten, diesmal nicht vor Wut.

«Klar.» *Oh, fuck.* Sasha zog das Handy wieder heraus, wischte darauf herum, dann hielt er es Julien hin. «Wenn ich deine kriege.» *Oh, shit.* Dieses Lächeln. Er war fertig, für heute, für morgen, für alle Zeiten.

Julien gab Sasha sein eigenes Smartphone und brauchte zwei Anläufe, um keinen Fehler in die Zahlenreihe zu tippen, dann speicherte er die Nummer ab und vergaß zu atmen. *Egal.*

Sasha sah auf das Display. «Jules?», fragte er dann. Das Blau funkte durch die Dunkelheit des Hausflurs bis in Juliens Rückgrat.

«Ja», murmelte. Das war okay. Wie das klang, wenn Sasha diesen Namen aussprach, jeden einzelnen Buchstaben, so weich wie Mom, so vertraut wie Bekah und so deutlich wie Miguel. So selbstverständlich «Sag einfach Jules.»

Sasha

«Sasha?» Also war sie doch da. *Verflucht.* Sasha wischte die fünfzehn Nachrichten seiner Mutter vom Display und zog sich im Flur die Schuhe aus.

«Ja», antwortete er und ging um die Ecke in den offenen Wohnbereich von Pams Appartement. Sie saß an der Küchentheke vor einer riesigen Tasse und sah von ihrem Buch auf, als er in den Raum trat.

«Warst du in der Uni?», fragte sie und lächelte. Sie war so nett, dachte Sasha. Viel netter als sein Vater. Vermutlich waren sie nur auf dem Papier verwandt. So wie er auch.

«Ja», wiederholte er und dachte an Julien. «Musst du nicht arbeiten?»

«Eigentlich schon.» Pam trank einen großen Schluck und klappte ihr Buch zu, in das sie einen alten Briefumschlag als Lesezeichen geschoben hatte. «Aber meine Verlegerin hat den letzten Termin abgesagt. Und hier bin ich.» Sie hob die Hände und strahlte Sasha an.

«Okay.» Er wollte zurücklächeln, bis ihm auffiel, dass er das schon tat. Seit er sich umgedreht hatte und zur Tür gegangen war, mit Juliens Nummer, die den Akku seines Smartphones aufzuheizen schien, so warm wurde seine Handfläche. «Ich…» Es summte erneut auf. Wieder seine Mutter. «Ich hatte eher Schluss. Bin nochmal rausgegangen.»

«Gut. Hast du die Stadt schon etwas kennenlernen können? Ich weiß, sie ist riesig. Euer schönes Häuschen im Grünen muss dir im Vergleich dazu wie eine Hundehütte vorkommen.»

«Ein wenig.» Seine Mutter gab nicht auf, und Sasha spürte sein Lächeln langsam festfrieren.

«Ach ja.» Pam musste es auch bemerkt haben, denn sie sah auf das Handy in Sashas Hand. «Deine Mutter hat angerufen und wollte wissen, ob es dir gut geht. Keine Sorge.» Ihre Augen waren so blau wie Sashas. Jetzt funkelten sie beinahe amüsiert. «Ich hab ihr gesagt, dir geht's bestens, du bist in der Uni und wirst gut versorgt. Richtig so?»

Sasha nickte erleichtert. «Richtig so. Danke.» Und das war nur in Teilen gelogen. Es ging ihm besser, aber nicht bestens. Er war nicht in der Uni, aber draußen gewesen. Und er wurde versorgt, denn Pam bot ihm daraufhin eine Tasse ihres Ingwertees an.

«Du siehst wacher aus als gestern», merkte Pam an, während sie kochendes Wasser aus ihrem altmodischen Teekessel über den Beutel goss. «Da hab ich mich noch gefragt, ob das so eine gute Idee war.» Es dampfte aus dem Becher, als sie ihn Sasha über den Tresen hinweg zuschob. «Du in der großen, weiten Welt.»

Ganz sicher war sich Sasha da auch noch nicht, aber jetzt, wo er sogar eine Busfahrt und die Angst, daran zu ersticken, überlebt hatte, konnte er weitermachen. Und seine Mutter aufhören, ihn mit Nachrichten zu bombardieren. Sasha sah ergeben auf das Display, bevor er einen Schluck von Pams Tee probierte.

«Sie schreibt die ganze Zeit», sagte er dann und fühlte, wie sich die heiße Flüssigkeit in seinem Magen ausbreitete. Nichts anderes als das, was Juliens Lachen in ihm auslöste. Wie der erste Atemzug, der nicht mehr wehtat.

«Sie macht sich wohl einfach Sorgen um dich.»

«Ich bin kein Kleinkind mehr.»

«Das weiß ich doch, Schätzchen.»

Obwohl Sasha Pam erst zwei Mal gesehen hatte, und da war er wirklich noch ein Kleinkind gewesen, fühlte er sich in ihrer Gegenwart viel weniger unfähig, undiszipliniert und dümmer, als wenn er seinem Vater gegenübersaß.

Sasha, Darling, warum meldest du dich nicht? Bitte ruf mich an.

Alles ok, tippte Sasha zurück. **War beschäftigt.**

Sie würde wieder heulen. Egal, was er tat. Pam legte die Hände um ihre Tasse und sah erst auf seine Finger, dann zu ihm. «Sei ihr nicht böse», sagte sie, und Sasha schüttelte den Kopf.

«Bin ich nicht.»

«Bist du nie, oder? Mein Gott, du warst immer so lieb. Ich weiß noch…» Pam lachte kurz auf, als würde sie sich an etwas besonders Lustiges erinnern. «Als du gerade geboren warst, wollte Anja dich nicht aus dem Arm geben. Ich kam zu Besuch und wollte dich unbedingt mal halten. Nur ganz kurz.» Sie lachte wieder. «Ich hatte keine Chance. Aber du warst so zerbrechlich, lieber Himmel, warst du klein. Und zwei Wochen zu früh.»

«War mein Vater auch so?»

«Hm? Was meinst du?»

«So…» Sasha trank noch einen Schluck. Und noch einen. Alles, worüber er mit ihm sprach, waren die Leistungen, die er noch erbringen musste. Den besten Schulabschluss. Den besten Uni-Abschluss. Die schönste Frau, die wohlerzogensten Kinder. Genau genommen sprach nur sein Vater darüber. «Besorgt», schloss er dann. «War er auch so?»

«Hm», machte Pam wieder und wiegte den Kopf von einer Seite auf die andere, eine beruhigende Geste, wie Sasha fand.

«Nein, ich… Ich denke nicht. Nein, er war anders als Anja. Sehr stolz, dass er einen Sohn bekommen hat. Er wollte immer einen Sohn. Schon als Sechzehnjähriger. Kein Mädchen, die taugten nichts.» Sie lachte schon wieder, dabei waren das genau die Aussagen, die Sasha eigentlich wütend machten. Und das machte seinen Vater wütend, also ließ er es bleiben und war überhaupt nichts, nicht einmal traurig. Das war am sichersten.

«Das hab ich ihm natürlich um die Ohren gehauen, als ich alt genug war. Wusstest du, dass er Angst vor mir hatte?»

«Hatte er?» Unvorstellbar. Sasha lächelte wieder.

«Hatte er», bestätigte Pam grinsend und trank ihren Becher in einem

Zug leer. «Ich hab ihm nämlich klar gemacht, dass ich allen verrate, wie er sich als kleiner Junge eingepinkelt hat, weil eine Spinne über seinem Bett hockte. Also», sie hob die Handflächen und strahlte Sasha an, «weißt du, was dich erwartet, wenn du in dieser Wohnung Angst vor Spinnen hast.»

«Hab ich nicht. Ich mag Spinnen.»

«Siehst du? Ich auch.» Pam nahm ihre Tasse und stand auf. «Wir werden gut miteinander auskommen, was meinst du?»

Wenn sie nicht plötzlich anfing, Sasha ebenfalls mit Textnachrichten auf die Nerven zu gehen, hatte er keine Einwände. «Schätze schon.»

«Siehst du», wiederholte Pam. «Aber mit dir kommt jeder aus. Du hast sicher schon Freunde gefunden, oder? Das ist heutzutage viel einfacher als früher, mit den ganzen Apps und was es da nicht alles gibt.»

Sasha sah wieder auf sein Smartphone und überlegte gleichzeitig, ob er Julien heute noch schreiben sollte. Oder lieber morgen, damit es nicht wirkte, als hätte er auf nichts anderes gewartet, seit Julien die Wohnungstür hinter sich geschlossen hatte. Hatte er aber.

«Kennst du die Nachbarn nebenan?», fragte er seine Tante, die gerade Wasser in die leere Tasse laufen ließ. Sie hielt kurz in ihrer Bewegung inne, als müsste sie überlegen, wer das überhaupt war, in diesem riesigen Gebäude, wo Hunderte Menschen anonym Tür an Tür lebten, und von denen sich vermutlich nicht einmal die Hälfte jemals begegnet war.

«Da wohnt ein junger Mann», gab Pam dann zurück. «Ich sehe den aber kaum. Sehr höflich, sieht immer schwer beschäftigt aus in seinem schicken Anzug. Warum?»

Sie sprach offensichtlich von Miguel, Juliens Bruder. Der, der sie managen könnte. Sasha hob die Schulter. «Nur so.»

«Weißt du mehr als ich? Ich bin furchtbar neugierig, aber zu wenig daheim, um die Nachbarn mal auf einen Kaffee einzuladen. Sollte ich eigentlich mal tun, oder?»

«Hm.» Sasha stand ebenfalls auf. *Lieber nicht.* Das wollte er allein schaffen, hier, wo ihn niemand kannte, niemand klopfte und sich über Seidenbettwäsche oder Thanksgiving-Rezepte unterhalten wollte.

Wie war dein erster Tag?, wollte seine Mutter daraufhin von ihm wissen, und Sasha hätte das Handy am liebsten wieder ausgeschaltet. Er wollte nicht darüber reden. Sie hätte es nicht begriffen, oder noch schlimmer, sie hätte es sofort begriffen und ihn angefleht, nichts Dummes zu tun. Die Uni war seiner Mutter mindestens genauso egal wie Sasha. Die konnte er schwänzen, so viel er wollte, solange sein Vater nichts davon erfuhr. Seine Mutter war es gewesen, die ihm Atteste besorgt hatte, wenn er Bauchschmerzen vortäuschte, um nicht in den Unterricht gehen zu müssen. Sie tat alles für Sasha, nahm es hin, dass er kein Sportler war, keine Freunde einlud und auch keine Freundin mit nach Hause bringen würde. Nie.

Nur seinen Vater, den wollte sie nicht verlassen. Die heilige Familie, dachte Sasha.

«Ich geh duschen und dann ins Bett», murmelte er in Pams Richtung und nahm das Handy vom Tresen.

«Mach das. Ich werde versuchen, noch etwas zu arbeiten. Ach, was rede ich.» Pam lachte, dauernd. Der ganze Raum war voll mit ihrem Lachen, und Sasha mittendrin. «Ich werde einfach auf dem Sofa einschlafen und keinen einzigen Satz geschrieben haben.»

«Ist okay.» Sasha lächelte zurück. «Ich verrat's niemandem.»

«Und ich hätte nichts anderes von dir erwartet. Ruh dich aus, Darling. Und wehe, du weckst mich nachher auf.» Pam wackelte mit dem erhobenen Zeigefinger und zwinkerte.

Ihr Badezimmer war ein Traum aus Türkis und Weiß, und Sasha stand geschlagene zehn Minuten barfuß auf dem weichen Teppich, der vor dem Waschbecken auf den Boden lag. Weil es sich so gut anfühlte und niemand hereinkam und fragte, was er da tat, warum er sich so benahm, weshalb er nicht war wie andere Söhne.

Er *wollte* ja, hielt Sasha stumm gegen die Argumente seines spinnenphobischen Vaters. Aber er konnte nicht.

Pams Duschgelsammlung war so umfangreich, dass Sasha weitere fünfzehn Minuten unter dem Wasserstrahl nur damit verbrachte, alle zu öffnen und unter sich in der Wanne zu verteilen. Eins davon roch wie eine Mischung aus Waldboden und Seeluft, und Sasha dachte an die algenbesetzten Steine und Juliens nassen Ärmel. An seine Schultern. An das Lachen, das die Erde unter ihm aufriss und zum Schwanken brachte. In seinem Magen begann es daraufhin zu flattern, als hätte jemand einen Haufen winziger Vögel aufgescheucht, und Sasha stellte das Wasser eiskalt, damit wenigstens das Brennen auf seinem Gesicht aufhörte, nur das.

Ja, er würde etwas Dummes tun. *Ach, was rede ich.* Er war längst dabei.

5

Julien

Julien hatte keine Viertelstunde auf dem Sofa gesessen und seine herumliegenden Schuhe unter dem Beistelltisch angestarrt, als er wieder aufstand und nicht wusste, was er mit dem Adrenalinüberschuss in seinen Adern anfangen sollte.

Miguels Putzplan fiel ihm wieder ein, eine Stunde, bevor sein Bruder schlecht gelaunt von der Arbeit kommen und ihn für irgendetwas kritisieren würde. Die Schuhe zum Beispiel. Oder den Berg Geschirr, der sich seit vorgestern in der Spüle stapelte.

Das Handy hatte er nicht weggelegt, seit Sasha es angefasst hatte, und krampfhaft überlegt, ob es etwas gab, das nicht vollkommen bescheuert klang und er Sasha schreiben konnte.

Hi. Was ist mit mir?

Nichts, redete Julien sich ein, ging zu der Küchenzeile und ließ Wasser in das Spülbecken laufen. Mit ihm war nichts, er hatte sich einfach nur mit dem Neuen von nebenan angefreundet. Und das fühlte sich eben ganz okay an. *Warum lügst du, Jules?*

Julien kippte zu viel Spülmittel auf die Teller, griff nach dem Schwamm und begann, die Theke abzuwischen, die Arbeitsfläche, sogar unter Miguels teurer Kaffeemaschine machte er sauber.

Das Geschirr räumte er mitsamt den Einkäufen in den Küchenschrank, die Schuhe stellte er in den Flur, anschließend zerrte er den Staubsauger aus dem Einbauschrank neben dem Sofa und zog das Kabel quer durch die Wohnung, nur, um auch die Ecke neben dem Kühlschrank zu erreichen, die sogar Miguel vergessen hatte.

Bevor Julien bei seinem Zimmer angekommen war, schickte er Bekah eine Entschuldigung, genauer gesagt eine Ausrede, warum er sich den gesamten Tag über nicht gemeldet hatte.

Sorry, musste arbeiten, Chef ist etwas durchgedreht.

Sie würde ihm niemals glauben. Das hatte er nämlich noch nie getan, nicht Jeff. Jeff war es scheißegal, ob Julien auftauchte oder von einem

Bus überfahren wurde. An der übernächsten Straßenecke warteten mindestens drei arbeitslose Junkies, die den Job für weniger Geld gemacht hätten.

Julien saugte ein Stück Papier von seinem Schreibtisch, den er bevorzugt als Ablage für getragene Kleidung und leere Wasserflaschen missbrauchte, dann legte er sich flach auf den Boden, zog den Saugaufsatz vom Rohr und schob sich unter sein Bett.

Hatte Miguel diesen Raum nicht ein einziges Mal betreten, seit er bei ihm eingezogen war? Anders ließ sich die fingerdicke Staubschicht darunter nicht erklären. Julien fand einen seiner Hoodies, einen Satz abgenutzte Rollen für das Longboard und musste husten, als er die alte Blechkiste mit seinen eingeritzten Initialen ertastete. *JK.* Julien Kent.

Das Rohr saugte sich an der Seite fest, sodass der Motor des Staubsaugers zu fiepen begann, und Julien griff nach der Kiste, bevor das Ding noch explodierte. Er hatte keinen Schimmer, was Miguels Inventar wert war, aber es war mehr, als Julien jemals verdienen würde.

Er trat nach dem Aus-Schalter, richtete sich auf und wäre mit der Stirn beinahe an die Bettkante geschlagen. «Fuck», murmelte er in die Stille hinein und wischte mit seinem Ärmel die restlichen Flusen von der Kiste. Julien Kent, der vergessen hatte, das Ding beim letzten Umzug einfach in den Müll zu werfen. Oder in den Bach, vielmehr ein Rinnsal, das hinter dem Haus seiner Pflegeeltern entlangfloss und im Winter einfach austrocknete.

Selbst dort hätte der Krempel besser gelegen als hier, hundertfünfzig Meilen weiter nördlich, unter Juliens Matratze. Ein Notizblock lag darin, zwei unbenutzte Bleistifte mit Spiderman-Radiergummi-Aufsatz, der einem Siebenjährigen furchtbar wertvoll vorgekommen war, und gefaltete Zettel. *Jules* stand auf dem obersten, mit Kugelschreiber in Schreibschrift und schwungvollen Schnörkeln geschrieben. Das J besaß die Form eines Halbmondes, so wie Mom den Buchstaben immer um Juliens Namen geschlungen hatte, und er fühlte die Kühle des Papiers in seinen Handgelenken pulsieren, als er ihn aufklappte.

Hi, mein Liebling. Heute hast du schon drei Tage geschafft. Dafür habe ich mir etwas Besonderes ausgedacht. Geh zum Schrank im Wohnzimmer und schau in die unterste Schublade. Dort findest du den nächsten Hinweis. Sag Miguel und Dad Bescheid, wenn du Hilfe brauchst. Ich liebe dich bis zum Mond, Mom. Und dahinter sein Name, Miguel und Dad, rot umkringelt. Kein Halbmond, sondern ein ganzer Planet, mit Ringen und Umlaufbahn und Sonne, einem Himmel, *seinem* Himmel, und Julien spürte nichts als Kälte, die dünnen Ränder des Papiers, sein Herz, und dann dieses verfluchte Brennen.

Er schleuderte den Zettel so abrupt von sich, dass ihm die Kante in den Zeigefinger schnitt und es zu bluten begann, als hätte er eine Hauptschlagader erwischt. Die einzige, die ihn am Leben hielt. Dabei konnte er doch kein Blut mehr sehen, weil es ihm Angst machte, immer noch, immer wieder.

Nach der Kälte kam die Wut, auch immer wieder und wieder und wieder. Sie schoss Julien durch die Adern wie ein pyroklastischer Strom, riss ihn mit sich und ließ ihn aufspringen, nach der Kiste greifen und sie mitsamt dem Inhalt gegen die angelehnte Zimmertür schmettern.

Alles flog auseinander, als ein Scharnier des Deckels brach, alles in Julien und diesem Zimmer, das Miguel ihm überlassen hatte. Weil er sonst niemanden mehr hatte. Weil er nur noch Julien hatte und Julien ihn, aber das reichte einfach nicht. Miguel schrieb keine Zettel. Miguel schrie ihn nur an, weil er die Zahnbürste falschherum in die Halterung steckte und verstand nicht, warum Julien nicht auch studierte, einen beschissenen Haufen Geld verdiente und Gras statt Schlafmittel nahm. Miguel, der tat, als wäre kein Himmel über ihnen eingestürzt, der nur um seinen teuren Staubsauger trauern würde.

Julien trat vielleicht genau deswegen auf die Plastikverkleidung des Gehäuses ein, ein Ausgleich, nur jämmerliche Rache, und riss das biegsame Gummirohr aus der Halterung, stieß ihn von sich. Diesen Haufen Geld, fegte Kleidung und Papier und Flaschen von seinem Schreibtisch, und es blutete trotzdem immer weiter.

Ihm wurde schwindelig. Ihm wurde übel. Und er zitterte, nur deswegen, als würde ihn nichts mehr zusammenhalten, und die Kälte ging hoch wie Dynamit. *Splitter*, erinnerte Julien sich, stürzte nach vorn, auf den Schrank zu, *die unterste Schublade*, über der ein Spiegel in die Tür eingelassen war, und schlug mit der Faust dagegen, in diese trübe, braune, blutende Masse. Nochmal und nochmal, doch er fühlte nichts, gar nichts, keine Schmerzen.

Splitter. Und Blut. Totenstille. Seine Fingerknöchel pressten sich in die Risse im Glas, und es war, als hätte er sich in der Mitte aufgeschnitten, weil sein Ärmel durchweichte und es auf die Holzbohlen tropfte. Und tropfte. Und nichts mehr.

Julien drückte sich gegen die Schranktür, seine Stirn, seine Handfläche, und atmete gegen das Brennen an. Atmen, nur das. Nicht mehr. Nichts Schlimmeres. «Fuck», flüsterte er wieder. Seine rechte Hand war blutverschmiert. Er wandte langsam den Kopf, sah Miguels Staubsauger, der eine Delle im Gehäuse hatte, dort, wo er gegen die Wand geknallt war. Die obere Abdeckung war zur Hälfte durchgebrochen, und das Rohr hing nur noch an wenigen Millimetern in der Halterung.

Das Ding war kaputt. Endgültig. Genau wie Julien. Sein Kreislauf sackte zusammen, als er einen Schritt zurücktrat und beinahe sofort in die Knie ging. *Verfluchte Scheiße*. Er musste das Blut abwaschen. Sonst würde Julien kotzen, und dann würde er heulen und Miguel würde es sehen und *fuck*, das durfte er nicht, niemand.

Julien tastete sich mit der unverletzten Hand an der Wand entlang bis zur Zimmertür, raus und nebenan ins Bad, wo er kaltes Wasser über seine aufgeplatzten Fingerknöchel laufen ließ. Er musste die Augen schließen, als sich die Keramik des Waschbeckens rot färbte, und schlucken, und bloß nicht kotzen. *Alles okay, Jules*.

Prompt summte das Handy in seiner Jeanstasche auf. **Ich hab mir fast schon Sorgen gemacht**. Zwinkersmiley. Bekah. Ihre Nachricht verschwamm, und Julien stellte das Wasser wieder ab. Seine Handfläche war aufgeschürft und begann zu brennen, als er den Medizinschrank nach Pflastern durchwühlte. Alles fiel ins Waschbecken, Hustensaft, Schmerzmittel, Miguels Schlaftabletten, dann fand er eine dünne Rolle Mullbinde und wickelte sie grob um die Wunde, ohne sie vorher abzuzupfen.

Er brauchte etwas anderes als Desinfektionsmittel. Auf seinem Nachttisch lag das letzte Tütchen Gras, das bis Ende der Woche reichen musste, doch Juliens Hände zitterten noch immer so stark, dass ein Teil davon auf das Bettlaken rieselte, als er es auf dem Papier verteilte. *Egal*. Der erste Zug, bildete er sich ein, wirkte wie ein Mantra auf sein zerstörtes Gemüt. *Egal, fickt euch alle*.

Bin gleich zuhause, willst du noch hochkommen auf ein Glas Wein? Bekah, dachte Julien, inhalierte den Rauch und ließ sich auf die Bettkante sinken. Nein, wollte er nicht.

Sie wusste es. Er hatte es ihr erzählt, nach einem dieser Ausbrüche, doch damals waren nur ein paar Teller zu Bruch gegangen. Miguel hatte ihn trotzdem angeschrien. Beim Anblick des kaputten Staubsaugers würde er entweder in Ohnmacht fallen oder Julien gleich vor die Tür setzen. So oder so.

Vielleicht sollte Julien doch zu ihr gehen. Und sich betrinken, und darüber reden, wie Sarah es ihm unermüdlich über Jahre hinweg gepredigt hatte. Sie war die einzige Pflegemutter gewesen, die nicht aufgegeben hatte, nachdem Julien ihr mit zwölf mehr aus Verzweiflung als aus Wut eine Tür vor die Nase geschlagen hatte.

Aber Julien wollte nicht reden, nicht einmal mit Bekah, die ihn einfach nur umarmt und mit Wein abgefüllt hätte, bis er vergessen hatte, wie man sich so schlecht fühlte, dass es körperlich wehtat. Mom war im Krankenhaus gewesen. Nicht lange, nur eine Woche, weil es Komplikationen bei ihrer Blinddarm-Operation gegeben hatte. Julien hatte sie trotzdem vermisst, und obwohl er sie jeden Tag besuchen durfte, obwohl Dad sich alle Mühe gegeben hatte, den Toast genau wie sie zu schmieren, hatte seine Mom sich ein Spiel ausgedacht.

«Jeden Tag ein Zettel», hatte sie Julien erklärt und gezwinkert. «Aber sag es nicht Miguel, der wird nur neidisch. Auch, wenn er sich für zu groß hält, um mitzumachen.» Kurz danach war es passiert. Keine vier Wochen, nachdem sie wieder da war und den Toast richtigherum auf den Teller legte.

Im Schloss der Wohnungstür drehte sich ein Schlüssel, und Julien starrte trotzig geradeaus auf sein Klavier, das kaum in den Fahrstuhl gepasst hatte.

«Hi!», rief Miguel aus dem Flur und klang weniger schlecht gelaunt als befürchtet. Kein Wunder, die Schuhe standen ja auch nach Größe sortiert auf der Matte unter der Garderobe. Julien schwieg und starrte und wartete. Den Joint hatte er beinahe aufgeraucht.

«Jules?» Miguel stellte seine Tasche irgendwo ab, und Julien hörte, wie er einen Schritt über das Staubsaugerkabel im Wohnraum in Richtung seines Zimmers machte. «Hast du…»

Als sein Bruder auf die Türschwelle trat und die Rauchschwaden in der Luft hängen sah, erstarb der Ansatz eines Lächelns beinahe sofort. Er war immer so piekfein, dachte Julien dumpf. Mit seinen ordentlich zurückgekämmten Haaren, dem gebügelten Hemdkragen und seinem scheiß Krawattenknoten.

«Ist das dein Ernst?», fragte Miguel nur; den Staubsauger zu seinen Füßen bemerkte er nicht.

«Was denn?»

«Ich hab dir gesagt, in meiner Wohnung wird nicht gekifft.»

«Fick dich mit deinem *gesagt*», gab Julien zurück, drückte den Rest des Joints auf der Schreibtischplatte aus und schob die Hände in die Taschen seines Hoodies.

«Und so redest du auch nicht mit mir», schoss Miguel zurück und machte einen Schritt in den Raum hinein. Sein Kiefer bekam diese Kante, wenn er angepisst war und genau wusste, dass er keine Chance haben würde. Nicht gegen Julien. «Das Zeug verschwindet hier, sofort.»

«Sonst?»

«Sonst schläfst du überall, aber nicht in dieser Wohnung.»

Julien lächelte nur, obwohl es wehtat. «Versuch's doch», sagte er dann; in ihm schlugen schon wieder Funken nach allem, was sich gegen ihn stemmte. «Versuch doch, mich rauszuschmeißen.»

«Das hättest du gerne, was?» Miguel ließ seinen Blick beinahe verächtlich über das Chaos in Juliens Zimmer wandern, bevor er das Tütchen mit dem Gras auf dem Nachttisch entdeckte. Er war mit zwei Schritten bei Julien und griff danach. «Wenn du den Scheiß nicht freiwillig rausrückst, mach ich es selbst.»

Julien flog die letzte Sicherung schneller raus, als er blinzeln konnte. «Gib das her», sagte er leise und stand auf. «Sofort.»

«Sonst *was*? Willst du mich schlagen? Tu's, und du sitzt im Knast. Das verspreche ich dir.» Dafür, dass er Julien körperlich unterlegen war, riss Miguel sein Maul viel zu weit auf. Er war ja nicht einmal besser mit seinen blöden Pillen.

«Mach doch.» Julien packte Miguel so abrupt am Arm, dass sein Bruder zurückzuckte. Klar, tat ja auch weh. Die ganzen Schrauben und Drähte und Narben. «Aber erst krieg ich meinen Stoff wieder.»

«Vergiss es», presste Miguel hervor, doch in seinen dunklen Augen flackerte etwas auf, das Juliens Wut nur noch weiter anstachelte, vorantrieb, bis sie erneut aufplatzte, wie Konfetti.

«Gib es her, jetzt.»

«Um es mit deinen Worten zu sagen: *fick dich*, Jules.»

Julien fühlte sich manchmal, als würde ihn irgendetwas Fremdartiges, sehr Böses steuern, das er nicht kontrollieren konnte. Vielleicht war er ja schon so auf die Welt gekommen, und Mom hatte es nur besonders raffiniert verstanden, seine Wut mit den richtigen Worten einzufangen und von anderen fernzuhalten, vor allem von ihm selbst. Aber Julien wusste es nicht mehr. Es war, als hätte er schlichtweg vergessen, dass die ersten fünf Jahre seines Lebens überhaupt existiert hatten. Dass er mal anders gewesen war, irgendwann.

Julien griff so fest um Miguels Unterarm, dass er die schwachen Sehnen unter seinem Daumen fühlen konnte, drehte ihn zur Seite und grub seine Finger in den Hemdstoff. «Wenn du Stress willst, brech ich dir deinen scheiß Krüppelarm nochmal», flüsterte er. «Dann flickt den keiner mehr zusammen, dann bist du endgültig im Arsch.» Wie er.

«Jules.» Miguel war ein arrogantes Arschloch, aber nicht dumm, sogar viel klüger als Julien, denn er wusste, wann er Angst bekommen musste. «Lass los.»

«Mein Gras.»

«Nicht hier drinnen, ich…» Julien riss Miguels Arm herum und griff jetzt auch mit der anderen, der pochenden, vor Schmerz fast tauben Hand um seinen Ellenbogen.

«Fuck, Julien!»

«Ja», hörte Julien sich leise sagen. «Das ist mein beschissener Ernst.»

Miguel biss die Zähne zusammen und atmete flacher, leiser, als wollte er Julien einfach entgleiten, aber das konnte er vergessen, sein blöder, arroganter Bruder. Er war nicht mehr Juliens Himmel, nicht mal ein farbloser Stern. Ohne Mom und Dad waren sie überhaupt gar nichts mehr, gab es keine Welt und keinen Orbit, nur tote Materie.

«Lass los», wiederholte Miguel ruhiger, beherrscht wie eh und je. «Dann kriegst du's wieder.»

Julien löste den Griff um Miguels Ellenbogen und hielt seine verbundene Handfläche unter die Faust, die sein Bruder um das Tütchen geballt hatte. «Erst der Stoff.»

«Ja.»

«Und dann fick dich.»

«Jules.» Er fühlte die Wärme des Plastiks durch den Mull sickern. «Komm runter.»

«Du kannst mich mal», flüsterte Julien zurück. «Wag es nicht, noch einmal meine Sachen anzufassen.»

«Was ist los?», flüsterte Miguel zurück. «Jules, was ist…» – «Verpiss dich!» Wenn er nur noch schreien konnte, war es vorbei, war er enttarnt und leer. Eine leere Hülle.

Julien stieß seinen Bruder so heftig von sich, als hätte er sich verbrannt, doch genauso fühlte es sich an, wie Verbrennungen, die sich bis in sein Hirn fraßen. Miguel stolperte einen Schritt zurück, fing sich wieder und öffnete erneut den Mund, doch er sagte nichts mehr, keinen Ton, zum Glück, denn das hätte Julien endgültig die Fassung gekostet. Er griff blind nach dem Hoodie, den er unter dem Bett gefunden hatte, trat die Kiste beiseite, die mitten im Weg zur Tür lag und rannte nur noch.

Die Treppen runter, dreizehn Stockwerke, zwei, drei Stufen auf einmal, und vielleicht würde er stürzen und fallen und sich den Kopf einschlagen. Dann hörte es auf, dachte er, sonst nichts. Nur, dass es aufhören sollte, *jetzt*, *sofort*.

Die Wunde blutete durch die Mullbinde, doch Julien schlug beim Laufen nur mit der flachen Hand gegen die Kanten des Geländers, um den Schmerz in seiner Lunge zu übertünchen, mit noch mehr Schmerz, mit roher Gewalt. Im Erdgeschoss lief er direkt in Bekah hinein, die gerade durch die Haustür kam, doch Julien sah sie kaum, weil ihn der Druck in seiner Brust fast blind machte.

«Jules?»

Nicht kotzen, nicht heulen, nicht einmal atmen konnte er. Jetzt waren beide Seiten kaputt, dachte Julien nur, als er mit der linken Schulter die Tür aufstieß und auf den Parkplatz rannte. Jetzt war auch er ein Krüppel.

«Jules! Warte!»

Niemals. Nicht nochmal. Bekah hatte ihn viel zu oft in allen Einzelteilen wieder eingesammelt und notdürftig zusammengesetzt. Sie war doch nur seine beste Freundin, die einzige, die sich nicht verjagen ließ. *Sasha*, flüsterte es plötzlich in Juliens Hinterkopf, noch während er über den Zaun kletterte und sich dabei den Mull von den Fingerknöcheln zog. *Was ist mit Sasha?*

Julien rannte, bis er keine Luft mehr bekam, quer über die Brachfläche, durch wucherndes Gestrüpp und über moosbewachsenen Beton. Und irgendwann gaben seine Beine in der kühlen Abendluft einfach nach, brach der Boden unter ihm weg, und er lag nur noch da und wollte nicht mehr, konnte nicht, würgte den Heulkrampf hinunter.

Shit, wenn Sasha das jemals sehen würde. Wenn er sah, wie Julien *wirklich* war, was für ein blödes Arschloch, das seinem Bruder für fünf Gramm Gras die Knochen brechen wollte. Was für ein Kleinkind, keinen Tag älter als damals, Julien Kent, den seitdem niemand mehr ertragen konnte. Der sich selbst nicht mehr ertrug.

Julien legte sich den Arm über die Augen, und als er ausatmen wollte, kam nur ein stummer Ton aus seiner Brust, der ihm im ganzen Körper wehtat. Wie eine Lüge hatte sich dieser Tag mit Sasha nicht angefühlt, keine einzige Minute, nicht im Bus und nicht einmal jetzt, wo Julien sich wünschte, einfach mitgestorben zu sein. Mit Mom und Dad, mit allen Sternen, Planeten und dem einzigen Himmel, der ihm je gehört hatte.

Sasha

Es roch nach Kaffee und Blaubeersirup, als Sasha um halb sieben aus Pams Gästezimmer kam. Sie war schon weg, bei irgendeinem Yoga-Kurs, und danach, erinnerte er sich, wollte sie das Treffen mit ihrer Verlegerin nachholen.

Das kurze Gespräch vor dem Zubettgehen und Pams «Süße Träume», hatte allerdings nicht dazu beigetragen, dass Sasha in dieser Nacht länger als zwei Stunden schlafen konnte. Um kurz nach drei Uhr war er über einer Folge *Friends* weggenickt, und um viertel vor sechs hatte ihn das Rauschen des Wassers im Badezimmer endgültig geweckt.

Hab einen schönen Tag, hatte Pam auf den Zettel geschrieben, der an der Kaffeemaschine klebte. Sasha gab zwei Löffel Zucker in die Tasse, dann stand er minutenlang einfach nur da, trank Pams Bio-Kaffee und lauschte auf die Geräusche im Haus. Über ihm lief jemand mit harten Absätzen über den Boden, im Treppenhaus klimperte ein Schlüsselbund, links war alles still.

Julien und sein Bruder waren also entweder sehr leise oder schliefen noch. Kein Wunder. Wer brauchte schon morgens um sieben einen Umzugshelfer? Sasha stellte sich kurz vor, wie Juliens Arme unter dem Gewicht einer Kühltruhe spannten, wie seine schlanken Finger um viel zu breite Schranktüren griffen. Es kribbelte wieder, minutenlang, wie ein nicht enden wollendes Echo.

Julien hatte Sasha ja hinbringen wollen, wenn er heute nicht arbeiten musste, vorausgesetzt, Sasha konnte sich überwinden, tatsächlich zur Uni zu fahren. Doch er traute sich einfach nicht, ihm zu schreiben. Also wurde daraus wohl nichts, für beides reichte sein Mut nicht. Und eine Panikattacke gegen die Studiengebühren, die sein Vater vor Wochen bezahlt hatte, aufzuwiegen, würde dieser nicht gelten lassen. Er wusste ja nicht einmal, dass Sasha die hatte, seit er acht Jahre alt war.

Lass es, dachte er, stellte die Tasse ins Spülbecken, ging zurück in sein Schlafzimmer und zog ein frisches T-Shirt aus dem Koffer, den er noch nicht ausgepackt hatte. *Lass es gut sein.*

Viel hatte er nicht nach Chicago mitgenommen. Fast gar nichts, außer Kleidung, seinen Laptop und seine Geburtsurkunde, falls er doch verlorengehen sollte. Seine Mutter hatte tatsächlich aufgegeben, denn ihre letzte Nachricht war gestern Abend um kurz nach zehn eingegangen. **Schlaf gut, ich liebe dich, mein Herz.**

Wenn sie wüsste, dass Sasha sein Handy ohne Juliens neuen Kontakt noch immer auf Flugmodus geschaltet hätte. Wusste sie aber nicht.

Sasha packte sein *MacBook*, einen Notizblock und seine Jacke in den Rucksack, den er extra für die Uni gekauft hatte, und schob sich die Kopfhörer über die Ohren. Er würde das schon überstehen, jetzt, wo er wusste, was ihn erwartete. Tausende Menschen, Enge, fremde Gesichter. *Schaffst du.*

Die Sonne schien durch die dunstige Wolkendecke und ließ den Tau auf den Blättern der Bäume wie einen feinen Film glänzen. Sasha hatte sich die Strecke zur Universität schon vorgestern gemeinsam mit Pam angesehen und im Handy eingespeichert, sodass er nur noch in den Bus mit der richtigen Nummer steigen musste.

An der Haltestelle warteten so viele Menschen, dass er mehrere Meter Abstand hielt und als letzter hinten einstieg. Es war voll. Übervoll. Sasha konnte ihre Stimmen im Nacken spüren, die Arme, die ihn streiften, den Geruch von Parfüm, kaltem Kaffee und verbrauchter Luft. Er hielt den Atem an, drehte die Musik lauter, dann begann er zu zählen.

Drei, bis der Bus anfuhr. *Fünfzehn*, bis er an der nächsten Ampel hielt. *Achtunddreißig*, bis er erneut hielt und *vierundneunzig*, bis Sasha den Krampf in seinem Herzmuskel niedergerungen hatte. Er stand keine zwei Zentimeter von einem jungen Mann entfernt, der scheinbar ungerührt auf seinem Smartphone eine SMS tippte und nicht einmal aufsah, als sich die Türen erneut öffneten.

Wenn er das überstand, entschied Sasha und schloss ergeben die Augen, würde er Julien später sogar eine ganz normale Nachricht schreiben können. Und vielleicht seiner Mutter erzählen, dass es hier gar nicht so schlecht war und er endlich nicht mehr fürchten musste, für seine Disziplinlosigkeit eine Ohrfeige zu kassieren.

Julien

Der Druck auf Juliens Schläfen war so hartnäckig, dass er kaum die Augen öffnen konnte, ohne direkt neben sein Bett kotzen müssen. Er fühlte sich, als hätte er nun doch zwei Flaschen von Bekahs billigem Wein gesoffen, und die Wunde hatte über Nacht wieder zu bluten begonnen.

Julien rollte sich langsam auf die Seite, starrte blicklos auf die Flecken in seinem Laken, dann drehte sich ihm wirklich der Magen um. Er schaffte es noch bis ins Badezimmer, bevor er sich in die Kloschüssel übergab, bittere Galle hervorwürgte, bis ihm die Augen tränten und sein Magen hohl und leer war. Einfach nur beschissen lief das alles.

Julien hustete und zog sich gleichzeitig das T-Shirt über den Kopf, weil auch an Saum und seinem linken Ärmel getrocknetes Blut klebte, dann stemmte er sich hoch und drückte zwei Mal die Spülung.

Er fror schon wieder. Über dem Wäschekorb hing der andere Hoodie, der, den er vorgestern Abend nach der Arbeit dort hingeworfen hatte, und Julien griff blind danach, bevor er versuchte, den schalen Geschmack in seinem Mund mit Zahnpasta wegzuschrubben. Gott, er war so im Arsch. Und das alles nur wegen dieser blöden Kiste. Die lag noch immer in seinem Zimmer, genau wie die Bleistifte, Moms Zettel und Miguels zertretener Staubsauger.

Als Julien aus dem Bad kam, sah er seinen Bruder am Tresen vor seinem geöffneten Laptop sitzen, das Kinn auf eine Hand gestützt, ohne Kaffee, er saß einfach nur da. Im T-Shirt, unfrisiert. Was zum Teufel tat er noch hier? Die Digitaluhr an der Mikrowelle zeigte kurz vor halb zehn an.

Julien blieb mitten im Raum stehen. «Musst du nicht arbeiten?», fragte er dann, weil Miguel nicht einmal aufsah, als zwei weitere Minuten ungenutzt verstrichen.

«Ich mach heute Home Office», erwiderte er, ohne auch nur eine Taste zu drücken. Die Deckenlampe brannte, und Julien registrierte den dunklen Fleck an Miguels linkem Unterarm. Das war er gewesen. Wer auch sonst? Niemand anderes benahm sich so.

Julien spürte erneut Übelkeit in sich aufsteigen, doch er schluckte sie trotzig weg. In ihm war nichts mehr, was er durch bloßes Kotzen hätte loswerden können. Seine Beine hingen wie Blei an ihm, als er einen Schritt auf seinen Bruder zumachte. Es wäre ihm lieber gewesen, Miguel hätte ihm für seinen Ausbruch eine Predigt über Moral und Selbstreflektion gehalten, doch offenbar hatte er erkannt, dass Julien damit nicht zu helfen war. So oft, wie er das schon probiert hatte.

Julien hätte sich umdrehen und gehen können, doch die Tatsache, dass er noch immer hier schlafen durfte, war schlimmer als jede Belehrung. «Tut mir leid», murmelte er. Er würde jetzt nicht wegsehen. Und wenn er bis heute Nachmittag hier stehen musste. Denn außer Miguel gab es niemanden mehr, der ihm noch verzeihen konnte. Vor dem er in Shorts und nacktem Oberkörper unter der offenen Jacke stehen konnte, ohne, dass der erste Blick seinem vernarbten Brustkorb galt.

«Oh Gott», hatte seine Schwimmlehrerin in der zweiten Klasse nur gesagt. «Oh shit», der Freund, bei dem Julien in der zehnten Klasse übernachtet hatte und «Oh nein», das einzige Mädchen, vor dem er sich je komplett nüchtern ausgezogen hatte. Seitdem ließ er das mit dem Ausziehen. Selbst vor Bekah.

«Ist okay.» Miguel ließ den Arm sinken und hob den anderen, dabei verzog er kaum merklich das Gesicht.

«Wirklich.» Julien merkte, dass er schon wieder zitterte und ballte die Hände zu Fäusten. Es brannte beinahe sofort, und jetzt blieb ihm eigentlich nur noch Heulen. Gekotzt hatte er ja schon.

Miguel fuhr sich durch die Haare, die ihm sofort wieder in Stirn fielen, dann klappte er den Laptop zu. «Ja, okay», wiederholte er. «Schon gut.»

«Ist es nicht», flüsterte Julien zurück und konnte sich nicht rühren. Würde es niemals sein. Miguel sah ihn an, und seine Augen waren wie schwarze Löcher, in die man immer noch mehr und mehr Dreck hineinkippen konnte, ohne dass es genug war. Lief er jemals über?

«Doch», wiederholte er leise. «Muss es ja.»

«Muss es nicht. Ich…»

«Was?» Ja, *was, Jules?* Es klang müde, als würde es Miguel überhaupt nicht interessieren. Julien zwang sich, einen Schritt zurück zu machen, und noch einen, bis er wieder in seinem Zimmer war, den Zettel fand, neben noch mehr Blutflecken auf dem Boden.

Miguel rieb sich gerade das Gesicht, als er wiederkam und seinem Bruder wortlos das gefaltete Stück Papier auf die Theke legte. *Das.* Julien presste die Lippen aufeinander, um nicht wieder loszuschreien, nicht vor Wut, sondern vor so viel Hilflosigkeit, die ihn immer weiter auffraß. Hätte er Miguels Augen gehabt, dachte Julien dumpf, hätte er das einfach geschluckt. Wie ein kollabierter Stern.

Miguel sah erst zu ihm, dann auf den Zettel. Er legte seine Hand darauf, und als er ihn auseinanderfaltete, wölbte sich die verblasste Wundnaht unter dem dunklen Mal auf seinem Arm. «Kannst du auch das verschwinden lassen?», fragte Julien seinen fünf Jahre älteren Bruder stumm. *Bitte.* Er atmete so flach, dass ihm schwindelig wurde, und in seinem Bein krampfte ein Muskel.

Miguel starrte so lange auf Moms Notiz, dass Julien glaubte, er würde es wirklich versuchen, doch als er den Blick wieder hob, wurde ihm klar, dass auch fünf Jahre mehr nichts besser machen konnten als er selbst.

«Da steht...» Miguels Stimme war dunkler als sonst, fast bodenlos «Da steht, wenn du Hilfe brauchst, sollst du mich fragen.» Er sah Julien allerdings an, als wäre er es, der gerade Hilfe bräuchte. Ausgerechnet Miguel. Der Tage und Nächte durchgelernt hatte, um ein Stipendium für das Wirtschaftsstudium zu bekommen. Der mit achtzehn die Erbangelegenheiten geregelt hatte und Julien in den ersten zwei Jahren nach der Sache jede Nacht in seinem Bett hatte schlafen lassen. Natürlich war er Juliens Himmel, wenn auch nur ein kleiner Rest, blassgrau, wie nach einem Vulkanausbruch.

«Brauchst du Hilfe?», fragte er jetzt, weil Julien nichts erwidern konnte. Auch das beherrschte Miguel perfekt. Weitermachen, weiterrennen, Julien die richtigen Antworten vorsagen, strategisch bis zuletzt. «Eine Therapie, irgendwas?»

Julien dachte an die Kinderpsychologin, mit der er in zwanzig Sitzungen kein einziges Wort gesprochen hatte. Er erinnerte sich an den großen, gelb gestrichenen Raum und die Matchboxautos, mit denen er schließlich nach ihr geworfen hatte. Weil er Mom zurückwollte.

Miguel legte ihren Zettel zurück auf den Tisch, den kleinen Finger wie zufällig auf dem winzigen Universum, das sie gemalt hatte. «Ich hatte eine», sagte er dann nur.

Julien fühlte sich in den Krampf hinein und hielt gleichzeitig die Luft an. «Und?» Seine Kehle brannte. «Hat's geholfen?»

«Ein wenig.» Miguel starrte wieder auf das Stück Papier. «Zu wenig für den Preis.»

«Ich...» Julien fühlte, wie seine Stimme langsam auseinanderbrach. «Ich kann das nicht bezahlen. Ich hab deinen Staubsauger...»

«Ich weiß.» Miguel stand auf, und seine Schritte knarrten auf den Bohlen, als er um den Tresen herumkam, direkt auf Julien zu. Auch das würde er wieder richten können, mit *irgendwas*. Er trug eine Jogginghose, registrierte Julien, bevor er wegsehen musste. Sein piekfeiner, kollabierter Bruder.

«Scheiß auf das Geld, Jules», sagte Miguel leise und blieb vor ihm stehen. «Ich bezahl das. Wenn es dir hilft.»

«Und wenn nicht?» Julien konnte fühlen, wie sich die Worte auflösten, als er sie aussprach, irgendwohin driften, in den Orbit. Miguel hob den rechten Arm, nur den, und in Juliens Augenwinkeln begann es zu flimmern. Selbst damals hatte er den benutzt, um nach ihm zu greifen, direkt in die Splitter hinein. *Jules. Jules, sieh nicht hin.*

«Darf ich?», fragte Miguel tonlos, und in Julien verschwamm alles zu einer zähen Masse aus *Ja* und *Nein* und *Bitte*.

«Nein», flüsterte er, weil er sich ja quasi blind entscheiden musste und er dieses Wort öfter gebraucht hatte als alle anderen. «Geh weg.» «Jules», erwidert Miguel nur. Mehr nicht. Musste er auch gar nicht.

Julien grub seine Fingernägel tiefer in die Schnitte auf seiner rechten Handfläche, bevor er im nächsten Moment die Stirn auf Miguels Schulter sinken ließ und Moms Waschmittel roch. Er kaufte das noch immer, dachte Julien. Nichts anderes, egal wie teuer es war. *Fuck*, jetzt heulte er doch.

Miguel legte seinen gesunden Unterarm an die verwachsene Haut auf Juliens Brust, griff behutsam in seinen Nacken, und Julien hörte wieder diesen Ton, als sie zeitgleich ausatmeten. Seit wann war der Schmerz so laut geworden?

«Jules», murmelte Miguel wieder; es klang rau. «Wenn nicht, geh ich auch nicht weg. Nie.»

Julien blinzelte gegen das Schwimmen und Flimmern an und tastete nach dem Fleck auf Miguels Arm, der kraftlos an ihm herunterhing. Er zuckte nicht zurück.

«Ich wollte ihn dir nicht brechen», brachte Julien nur heraus, bevor er auch nach dem anderen Arm griff, der sich viel stärker anfühlte, als der Rest von Miguel. Der ihn festgehalten hatte, stundenlang, in völliger Dunkelheit, zwischen verschneiten Ästen und dem Geruch von gefrorener Erde.

6

Sasha

Die Luft im Hörsaal war noch stickiger als in Philadelphias Innenstadt. Sasha wagte es nicht, den Kopf zu heben, als er in der hintersten Reihe seinen Rucksack ablegte und sich hinsetzte, ohne dabei die Tischkante vor sich zu berühren. Er wollte nicht hier sein. Er hasste die erwartungsvollen Blicke, das Flüstern seiner Sitznachbarin in ihr Handy und die halbrunde Form der Sitzreihen.

«Ich muss aufhören», raunte das Mädchen neben ihm, als der Professor der Anatomie-Vorlesung ans Rednerpult trat und sie allesamt anlächelte. Den Brillenträger, der direkt vor ihm saß. Den älteren Herrn im karierten Hemd direkt dahinter. Sogar Sasha.

Dabei war es dem Mann vermutlich scheißegal, ob er hier war oder bei Pam, ihren Kaffee trank, den Discovery Channel auf stumm schaltete und dem Haus beim Atmen zuhörte. Der Stille hinter ihrer Wand lauschte, hin- und hergerissen zwischen dem Versuch, ein einziges Mal mutig zu sein und den ersten Schritt in Juliens Richtung zu machen. Oder doch noch unsichtbar zu werden.

Weil der Dozent anfing zu reden und Sasha ihm nicht zuhören konnte, ohne von dessen monotoner Stimme Kopfschmerzen zu bekommen, zog er sein Handy aus der Jeanstasche und entsperrte den Bildschirm. Unter dem Tisch leuchtete ihm die Liste der wenigen Nummern, die Sasha eingespeichert hatte, noch heller als sonst entgegen.

«Deswegen sind wir hier», hörte er den Professor sagen und rief ein neues Chatfenster mit Juliens Nummer auf. Jules. Der Name klang wie ein Murmeln in Sashas Kopf, leise, beinahe behutsam und so beharrlich, dass er, um irgendetwas zu tun, sein Profilbild vergrößerte. Hätte er ja auch schon eher machen können, dachte Sasha dann. Das Mädchen neben ihm kritzelte eifrig auf ihrem Schreibblock herum, dabei wippten die Spitzen ihrer langen Haare immer wieder auf und ab, vor und zurück. Sasha hätte sich am liebsten weggesetzt.

Juliens Gesicht, das er seitlich in die Kamera gedreht hatte, war nicht zu erkennen, weil er den ausgestreckten Mittelfinger wie ein Schutzschild davorhielt. Dabei hätte er es jedem zeigen können, befand Sasha stumm und wischte zurück auf das noch leere Chatfenster. Er war so verflucht attraktiv. So ein ungeschliffener, rauer Reiz, der Sasha bis ins Mark fuhr, als er endlich aufhörte, sich mit fadenscheinigen Ausreden dagegen zu stemmen.

Das ging nicht, wegen Dad. Das ging überhaupt nicht, weil Julien das niemals genau so sehen würde. Warum sollte er? Mit diesem Mädchen in ihrer Besenkammer, gegen dessen symmetrische Kurven Sasha keine Chance hatte. So viel Glück, dass der erstbeste Kerl, dem er in Chicago über den Weg lief, sich an mehr als Sashas Schweigen erinnerte, würde er nicht haben. Niemals.

«...denn wenn ihr diesen Beruf wollt, wenn ihr ihn *wirklich* wollt, müsst ihr den Menschen mit offenen Armen entgegentreten. Sie bitten euch, ihnen zu helfen. Und ihr fragt euch nicht, *ob* ihr das könnt, sondern *wie*.» Sasha verdrehte die Augen und sah auf die Tischplatte vor sich. Pflichtschuldig griff er in seinen Rucksack, holte den Notizblock heraus und legte ihn vor sich hin. Das perfekte Bild eines perfekten Studenten. Wie aus Reflex hob Sasha das Handy, öffnete die Kamera und fotografierte das leere Blatt Papier.

Julien war klüger als der Rest der seltsam gebannt wirkenden Zuhörerschaft. Er saß nicht hier, und selbst wenn, dachte Sasha und starrte auf das Foto, würde er dem Mädchen wenigstens sagen, dass es verdammt nochmal seine Haare zurücknehmen sollte.

Sasha drückte auf den grünen Pfeil, der das Bild abschickte, bevor er noch länger darüber nachdenken konnte. Er hätte es sofort wieder löschen können, sieben Minuten hatte er dafür Zeit, erinnerte Sasha sich und begann zu zählen. Wenn er bei vierhundertneunzehn noch keine Lesebestätigung sehen konnte, würde er es entweder zurückziehen oder das Smartphone in die stillschweigende Menge vor sich werfen. *Neununddreißig, vierzig, einundvierzig,* und plötzlich sprang der kleine Haken neben der Nachricht von grau auf blau. In Sashas Magen begann es prompt zu rotieren.

Julien würde denken, er wäre blöd. Verzweifelt. Einfallslos. Oder noch schlimmer, ein Freak. Das Mädchen sah von ihrem Block auf und kurz zu Sasha, als hätte sie das Beben gespürt, das ihm durch die Adern schoss. Sie lächelte, ein unschuldiges, interessiertes Lächeln, aus pechschwarzen Augen heraus. Sasha konnte nicht einmal atmen, als er wieder auf sein Handy sah. Nichts passierte. Gar nichts. «Wenn wir die

Grundlagen der Anatomie begreifen wollen...»
Glückwunsch, Profi. Und einen Emoji, der den Bizeps anspannte. Sasha wollte am liebsten vornüber vom Sitz kippen. Julien hatte keine Minute gebraucht, um ihm zu antworten, und vielleicht meinte er es sogar ernst. Das mit dem Kraftakt, nach dem sich allein die Busfahrt hierher angefühlt hatte. Sasha merkte, dass sein Daumen zitterte, als er zum Tippen ansetzte.
Fühl mich nicht mal halb so kompetent wie gestern. War auch nicht so. Selbst auf dem Longboard hatte er sich sicherer bewegt als in diesem Hörsaal, in dem er nicht einmal wusste, wohin die Fluchtwege führten.
Für Kompetenz bin ich heute nicht zuständig. Das Emoji grinste Sasha entgegen. **Fühl mich gerade nicht mal wie ein Mensch.**
Dabei war Julien der einzige, der Sasha jemals vor dem Rest dieser wogenden, breiten Masse abgeschirmt hatte. Dessen Wut nicht ihm galt, der ihm keine Angst machte, nur vor ihm gestanden hatte, wie ein Schatten, in dem Sasha unsichtbar werden konnte.
Warum nicht?
In den kommenden Wochen werden wir uns mit...» – «Hey.» Das Mädchen stupste Sasha so unvermittelt an, dass er zusammenzuckte. Sie lächelte noch immer. «Schreibst du gar nicht mit?»
Sasha sah wieder auf seinen aufgeschlagenen Notizblock. Nein, offensichtlich nicht. Er schüttelte zur Antwort nur den Kopf.
«Bist du Gasthörer?» Also nur aus Langeweile oder Übungszwecken hier? Wenn es wenigstens so wäre.
«So ähnlich», murmelte Sasha. Der Haken war blau, doch Julien blieb stumm. Vielleicht hätte er nicht fragen sollen. Nur, weil das Appartement nebenan zwischen sieben und acht Uhr wie ein blinder Fleck im dreizehnten Stock gelegen hatte, bedeutete das nicht, dass alles okay war. Gerade Sasha hätte das wissen müssen.
Sorry, tippte er einfach. **Geht mich nichts an.** War auch so, diesmal schon. *Shit*, er versaute es schon wieder.
«Ich bin Ally», flüsterte das Mädchen neben ihm weiter. «Dein Tattoo ist echt schön.»
Ihr Lächeln war so breit, dass Sasha ihre schneeweißen Zähne sehen konnte. Sie strich sich gleichzeitig die schwarzen Haare über die Schulter, und er konnte seinen Arm wieder ausstrecken, endlich. Endlich war das Kribbeln fort, das ihn so nervös machte.
Kein cooles Thema. Bin echt im Arsch.
Okay. Von wegen. Es wurde immer schlimmer, und Sasha wollte

aufspringen und rauslaufen, gegen eine Wand, gegen irgendein Hindernis, das ihn am ganzen Körper taub für diese Empfindungen machte.
Konnte er nicht ein einziges Mal so sein wie Ally, die ihn gleichzeitig anlächeln und das Wort *Thorax* mitschreiben konnte?
«Danke», war alles, was Sasha auf ihr Kompliment einfiel. Sonst nichts. Keine Farben, kein höherer Sinn als der, dass ihm sein Vater die inhaltslose Höflichkeitsfloskel einmal zu viel um die Ohren gehauen hatte.
So wie du gestern, schrieb Julien gleichzeitig zurück. **Sehe nur viel abgefuckter dabei aus**. Der Zwinkersmiley am Ende der Nachricht gab Sasha den Rest. Er wollte hier weg, doch die Uhr zeigte auf kurz vor halb elf. Noch fünfzig Minuten, bis er wenigstens den Raum verlassen konnte, ohne von allen angestarrt zu werden.
Ist nur gute Tarnung. War es auch. Verdammt nochmal. In Sashas Brust stoben Funken auseinander, als ihm klar wurde, dass Julien ihm gerade ein ziemlich armseliges Kompliment gemacht hatte. Aber ein Kompliment. Er atmete und tippte gleichzeitig. **Kann man lernen**. Lächeln, einfach zurücklächeln.
An der Uni? Julien platzierte die grinsenden Emojis wie Brandbomben in Sashas Kopf.
Bei mir. Und Zwinkern. Er *wollte* das nicht versauen, nicht heute, um Punkt halb elf, weit weg von Zuhause.
Darf ich das heute schwänzen? Muss gleich zur Arbeit. Augenrollen. Sasha kaute auf seiner Unterlippe herum, ignorierte Allys neugierigen Blick und drehte das Display von ihr weg. Indiskreter ging es heute nicht mehr.
Hab auch später noch Zeit, ich bleib nur die eine Vorlesung. Zu fremd hier. Und wieder Zwinkern.
Weiß nicht, wie lange das dauert, heute Abend ist auch schlecht. Pause. **Bekah ist angepisst, weil ich mich gestern den ganzen Tag nicht gemeldet hab. Muss da mal vorbeischauen**.
Ach ja, das Mädchen aus der Besenkammer. Sasha drückte dem Gedanken daran kurzerhand die Luft ab. War jetzt auch egal. Alles.
Okay.
Er überlegte noch, wie er es formulieren sollte, doch Julien war schneller. **Morgen?** So einfach war das. Morgen.
Wann?, fragte Sasha zurück. Bis dahin würde er sich im Bett verkriechen und keinen Funken Energie mehr an Busfahrten und Anatomievorlesungen verschwenden, damit er *morgen* auch noch hier sein würde.

Wann du willst. Julien schickte ein Lächeln hinterher, und Sasha sah erneut auf die Uhr. Fünf Minuten nach halb. Die restliche Dreiviertelstunde überstand er auch noch. *Schaffst du.*
Morgen früh?
Geht klar.
Diesmal ohne Tarnung? Sasha zählte seine Herzschläge. *Eins*, *eins*, *eins*. Dazwischen gab es nichts mehr.
Verkrafte ich das? Julien lachte, und Sasha brach die überstrapazierte Fassade ohnehin gerade weg.
Was denkst du denn?
Pause. Drei Punkte, die verrieten, dass er schrieb und die dann wieder verschwanden. Wieder auftauchten. *Eins*, *eins*, was zum Teufel passierte hier gerade?
«Währenddessen sehen Sie, dass der Zusammenhang zwischen…»
Dass ich noch nie so 'ne krasse Tarnung gesehen hab.
Als ob sie ein inoffizielles Experiment gestartet hatten, um herauszufinden, wer als erster zugab, keine Ahnung von dem zu haben, was er hier gerade tat. Julien, der garantiert nicht wie ein nervliches Wrack über seinem Handy gebeugt dasaß und sich die Unterlippe blutig biss, oder Sasha. Sasha war einfach nur fertig, weil er dieses Gespräch führen wollte, obwohl er das noch nie getan hatte. Immer nur geschaut, gehofft, gewartet, bis es vorüber war.
Ist das gut oder schlecht?
Das ist 'ne Fangfrage, oder? Julien schickte ein Lächeln in Form eines Stromstoßes durch Sashas Fingerspitzen. **Was willst du hören, Profi?**
Ja, was wollte Sasha hören? Noch mehr Komplimente? Juliens Lachen? Er starrte auf sein Profilbild und merkte, dass auch das nichts als Fangfragen waren.
Sorry, schrieb er wieder. **Kann hier nicht klar denken**. Eine bessere Beschreibung seines aktuellen Geisteszustandes fiel ihm nicht ein. Julien begann erneut zu tippen, *eins*, *zwei*, drei Sekunden.
Da hast du deine Antwort. Zwinkern. **Noch Fragen?**
Nein. Doch.
«Dein Crush?» Ally neben ihm bemerkte die Gänsehaut auf Sashas Arm und lächelte vielsagend. «Sorry, sieht man dir echt an», schob sie hinterher, als er sich ergeben das Gesicht rieb. Natürlich, weil sich seine verfluchte Tarnung gerade in Wohlgefallen auflöste.
Muss jetzt los, meld mich nachher wieder.
Okay.

Bis später.
«Schreib, dass du dich auf morgen freust», flüsterte Ally, sah auf das Handy und stieß Sasha leicht mit dem Ellenbogen in die Seite. «Los.»
«Soll ich?» Alles egal, erinnerte er sich dumpf. *Scheiß drauf.* Wenn sie schon indiskret wurde, konnte sie ihm auch gleich erklären, wie man möglichst unauffällig die Fassung verlor.
«Klar, jetzt mach.» Sie lachte lautlos, und Sashas Finger wurden taub vor Anstrengung, als er fester um sein Smartphone griff.
«Und wenn er...» *Er.* Ally blinzelte nicht mal, hob abwartend die Augenbrauen und stützte ihren Kopf seitlich auf ihre Hand.
«Dann hast du's wenigstens versucht», raunte sie. «Trau dich. Wenn du noch länger wartest, wirkt es komisch.»
Als ob das Sashas größtes Problem sein würde. Er sah von Ally zurück auf den geöffneten Chat, hielt die Luft an und traf kaum die Buchstaben, so fahrig war seine Motorik mit einem Mal. **Freu mich auf morgen.**
«Ich kotz gleich», murmelte Sasha, als er die Nachricht abschickte und den Bildschirm anschließend sofort auf Standby schaltete.
«Da musst du jetzt durch.» Ally richtete sich auf und grinste ihn verschwörerisch an. «Aber es lohnt sich, versprochen.»
«Und wenn nicht?», flüsterte Sasha zurück. «Wenn...» *Wenn, wenn, wenn. Eins, eins, eins.* Sein Handy vibrierte kurz und er zuckte erneut zusammen. *Oh, Herrgott im Himmel.*
«Schau nach, was er schreibt.» Ally starrte erwartungsvoll auf Sashas Hand. «Jetzt.»
Sashas Puls vibrierte in seiner Kehle, als er sich zurücklehnte und nicht wusste, wohin mit dieser giftigen Mischung aus anschwellender Panik, zu viel Adrenalin und einer fremden Stimme neben sich, die auf ihn einredete. «Komm schon», und «Na los.»
Wäre er zuhause geblieben, hätte es wenigstens keine Ally gegeben, die ihn mit ihrer Distanzlosigkeit noch mehr überforderte.
«Soll ich für dich schauen?», fragte sie lautlos, weil der Dozent gerade in ihre Richtung sah und Sasha sich nicht rührte.
«Okay.» Er würde sich in der Dusche ertränken, wenn er es nur zurück in Pams watteweichen Badezimmertraum schaffte. Und nie wieder Angst haben müssen, nicht gut genug zu sein. So gut, dass es ihm egal sein konnte, ob Julien sich ebenfalls auf morgen freute oder Ally seine Nachrichten las.
Sasha gab ihr das Handy und überlegte noch, ob er die letzte halbe

Stunde doch einfach kapitulieren, aufstehen und gehen sollte, aber Ally war genau so schnell wie der Rest der Welt, der Sasha schon vor Jahren abgehängt hatte. «Was regst du dich auf?», fragte sie dann und warf ihm einen verständnislosen Blick zu. «Alles im grünen Bereich, *Profi*.» Sie hielt ihm das Smartphone hin.

Ich mich auch, Profi, zieh die Uni heute durch. Schaffst du. Der Arm, dachte Sasha nur. Der Arm, der ihn aus dem Bus gezogen hatte, bevor er an seiner Angst ersticken konnte. Den er sich heute Morgen noch vorgestellt hatte, unfähig, undiszipliniert und unvernünftig.

«Und?», fragte Ally, als Sasha den Kopf hob und sie wieder ansah. Vermutlich hatte sie einfach nur keine Ahnung gehabt, dass sie eigentlich viel zu fremd war, um ihm den Tag zu retten. «Alles gut?»

«Ja», murmelte Sasha und fühlte, wie sein festgezurrter Puls zu flattern begann. *Ich mich auch, Profi*. «Danke.» Diesmal ehrlich, ohne Tarnung. Nur Sasha, der noch nie so wahnsinnig viel Glück gehabt hatte.

Julien

Dem Transporter, mit dem Jeff Julien und drei Kollegen zu der Stadtvilla in North Lincoln geschickt hatte, war auf halber Strecke das Benzin ausgegangen. Danach war einer von ihnen zur nächsten Tankstelle gelaufen und nicht mehr wiedergekommen, sodass Julien es schließlich selbst tun musste.

Benzinkanister schleppen. Einen Kühlschrank. Vierzehn Kartons voller Enzyklopädien über den zweiten Weltkrieg, und zum Schluss hatte ihm der Hausbesitzer noch unterstellt, den Fußboden in einem der drei Schlafzimmer ruiniert zu haben. Mit seinen abgetretenen Sneakern. Julien war einfach nur fertig.

Das Longboard schwankte unter seinen Füßen hin und her, als er die Straße hinauffuhr und sich am Zaun festhalten musste, um zu bremsen, weil er sonst einfach auf den Gehweg gestürzt wäre. Es dämmerte bereits, und auf dem Weg zum Hauseingang zog Julien sein Handy aus der Jackentasche. Sasha hatte seit heute Vormittag nicht mehr geschrieben, *ist das gut oder schlecht?*, und in Juliens Magen wälzte sich der Knoten schwerfällig von links nach rechts.

Vielleicht traf er ihn ja wieder vor dem Aufzug. *Nein*, dachte er dann und schlug lustlos auf den Knopf in der Wand. Tat er nicht. Heute war alles anders.

Hab jetzt Feierabend, schrieb er Sasha, als sich die Türen hinter ihm schlossen und starrte mit brennenden Augen auf die Nachricht. Noch was? Irgendetwas Sinnvolles? *Darf ich die Tarnung nochmal sehen?* Diese blauen Augen, den Gürtel um Sashas Hüften. *Ach, fuck.* Julien lehnte den Hinterkopf an die kühle Fahrstuhlwand und ließ das Handy sinken. Er hatte nicht die geringste Lust, Bekah mit weichen Knien und ohne eine Erklärung für seine Sprachlosigkeit unter die Augen zu treten, doch sie war seine beste Freundin. Die Einzige.

Auf ihrem Klingelschild klebte ein Sticker mit dem Logo der *ChicagoBears* – sie verpasste kein einziges Spiel – und als sie die Tür öffnete, drang leise Musik aus dem Wohnzimmer.

«Hi», sagte sie nur und ließ Julien einfach stehen, ohne ihm wie sonst um den Hals zu fallen.

«Hi», murmelte er zurück und trat sich im Flur die Sneaker von den Füßen. Es roch nach gebratenem Gemüse. «Kochst du?»

Bekah antwortete nicht, und Julien schlurfte ihr hinterher in die Küche, wo sie mit verkniffenem Gesichtsausdruck in einer Pfanne herumrührte. «Im Ernst, Beeks?» Er meinte ihr beleidigtes Schweigen.

Sie schaufelte mit dem Kochlöffel Tomatensauce hin und her und verzog den Mund, als Julien von hinten sein Kinn auf ihre Schulter legte. Neben dem Herd stand ein halbleeres Glas Wein. «Tut mir Leid, okay?»

«Ich hab mir Sorgen gemacht», gab Bekah nur zurück. Es klang immerhin aufrichtig.

«Und ich bin schon groß.»

«Wir wissen beide, dass das nur auf dem Papier so ist.»

Julien fühlte ihren linken Mundwinkel an seiner Wange zucken. Erwischt. Alle beide. «Darf ich was mitessen?», fragte er und schlang die Arme um Bekahs Taille, weil er schon wieder schwankte. «Bin total durch.»

«Meinetwegen. Ich hab eh zu viel gemacht.» Sie deutete auf den riesigen Topf Nudeln, der auf der Spüle stand. «Gießt du bitte das Wasser ab? Und was war gestern Abend eigentlich los?»

«Okay.» Julien ignorierte die letzte Frage geflissentlich und spürte jeden Muskel, als er die Arme hob und in Bekahs Küchenschränken nach einem Sieb suchte. Die Griffe waren heiß vom Wasserdampf und drückten sich in die abgeschürften Stellen an seinem rechten Handballen, dann summte sein Handy in der Tasche leise auf. Prompt ließ Julien den Topf fallen, und Bekah fuhr herum.

«Shit, dein Ernst, Jules?», äffte sie ihn grinsend nach; ihr Blick war fast mitleidig. «Setz dich, ich bring dir gleich was.»

«Sorry», murmelte Julien nur und drehte sich von ihr weg, bevor er nach dem Telefon tastete. Vielleicht vergaß sie die Sache einfach wieder.

Glückwunsch, Jules. Sasha lächelte ihm so arglos entgegen, dass Julien sich noch unfähiger vorkam, als sein Herzschlag ins Stolpern geriet und blind um sich feuerte. In seine Brust, seine müden Arme, die Knie, sogar in den Zehenspitzen konnte er das fühlen. Dieses Schlagen, dieses Lächeln. Er brauchte wirklich dringend Ruhe.

«Krieg ich 'nen Schluck?» Julien sah auf Bekahs Weinglas.

«Klar, bedien dich.»

Julien nahm die Flasche mit ins Wohnzimmer, wo er sich auf das durchgesessene Sofa fallen ließ und seinen Hoodie auszog. Miguel hatte die Schnitte auf seinen Fingerknöcheln fachmännisch desinfiziert und mit einer halben Packung Pflaster abgeklebt, bevor Julien erneut Mull darum gewickelt hatte. Jetzt begann es langsam zu jucken, und Julien trank zwei große Schlucke, bevor er wieder auf sein Handy sah.

Was machst du?, schrieb er zurück und sah aus den Augenwinkeln, wie Bekah zwei Teller aus dem Schrank holte. Sasha las die Nachricht beinahe sofort. *Gut*, dachte Julien nur. Er war also offenbar nicht der Einzige, der wie ein Idiot auf Antworten hoffte. Seit wann war er so? Und warum?

Im nächsten Moment tauchte ein Foto im Chatfenster auf, und Julien rutschte auf der Sitzfläche ein Stück nach unten und lehnte sich tiefer in die Polster. Auf Sashas Laptopbildschirm war der Ausschnitt einer Serie zu erkennen, die Julien vage bekannt vorkam, die er jedoch nicht sofort benennen konnte. Ganz rechts lächelte ihm Jennifer Aniston entgegen, und auch Sasha hörte einfach nicht auf damit.

Hab eine Schwäche für Stumpfsinn, schrieb er zurück. **Beruhigt die Nerven.**

Und Julien blieb nichts anderes übrig, als Bekah den Wein wegzutrinken. Dabei fiel ihm gerade wieder ein, was Sasha sich da anschaute, um selbst einen Nervenzusammenbruch wie ein bloßes Missverständnis aussehen zu lassen. *Friends*, ganz eindeutig. Und ein Missverständnis in Chucks und Jeans.

Und du?

«Was hast du da?» Bekah stellte einen Teller mit Nudeln und Tomatensauce vor ihm auf den Tisch. Sie sah auf Juliens verbundene Hand,

und er zuckte mit den Schultern. «Bei der Arbeit was fallengelassen», erwiderte er nur. Dabei log er doch nie. Aber vielleicht funktionierte das ja auch bei ihm, diese Tarngeschichte. *Von wegen.*
«Passiert dir öfter, was?» Bekah setzte sich neben ihn und schaltete den Fernseher ein. «Film oder Serie?», wollte sie daraufhin wissen.
«Nichts Kompliziertes», gab Julien zurück und probierte eine Nudel. Auf den Punkt gekocht. «Soll ich dir lieber ein Bad einlassen?» Bekahs Augen glitzerten spöttisch, und als sie Julien mit der Hand durch die Haare fuhr, begann der Wein langsam zu wirken. Er wurde tatsächlich ruhiger.
«Du hast nicht mal einen funktionierenden Wasserhahn.»
«Ich hab dem Hausmeister schon Bescheid gesagt», gab Bekah zurück und schob sich eine volle Gabel in den Mund. «Er muss nur noch antworten.»
Ach ja. Julien wartete, bis sie durch die Kategorien der Filmauswahl auf dem Fernsehbildschirm scrollte und sah wieder auf sein Smartphone.
Bin bei Bekah, wird in 'nem Disneydesaster enden. Dann schickte er noch ein Augenrollen und ein Lachen hinterher. Und als gelesen markiert. *Okay.* Julien spürte die Wärme des Alkohols in seiner Kehle und trank noch einen Schluck aus einem von Bekahs angelaufenen Weingläsern.
«Wie war dein Date?», fragte er dann, lehnte sich wieder zurück und legte einen Arm um Bekahs Schultern. Sie roch vertraut, ganz anders als Sasha. Weniger nach frischer Bettwäsche und warmer Haut als nach dem Parfüm, das Julien ihr für fünf Dollar zum Geburtstag geschenkt hatte. Bekah hatte sich endlich entschieden und drückte auf den Play-Button, bevor sie antwortete. *Spiderman.* Nichts Kompliziertes, wie gewünscht. Sie kannte ihn schon viel zu gut.
«Es war», fing sie an und spießte noch mehr Nudeln auf ihre Gabel, «ziemlich gut.» Dann kaute sie einen Moment, bevor sie Julien ansah; ihr Blick sprach Bände.
«*Es* oder *er*?» Ja, was eigentlich? Juliens Handy neben ihm summte erneut.
«Oh Gott, Jules.» Bekah verstand ihn völlig falsch, als sie die Augen verdrehte. «Er hat mich nicht gefickt.»
«Lag's am Kleid?»
«Am Ort.» Sie lächelte glücklich und sah nicht hin, als Julien zeitgleich den Bildschirm entsperrte. «Er hat mich zum Essen eingeladen.

Auf einer Dachterrasse.»
«Mit Kerzen und Sternenhimmel?»
«Da kannst du aber drauf wetten.»
«Wow, Beeks.» Julien zog sie ein Stück zu sich und drückte kurz seine Lippen an Bekahs Schläfe. «Hast ja doch Geschmack.»
«Nur kein Neid.» Sie lachte kurz.

Geht's dir besser? Sonst nichts, nur das. Julien trank sein Glas leer und hätte am liebsten den Kopf geschüttelt. Nein, er war nicht neidisch. Lief ja alles ganz okay bisher. Sein Puls fiel ihm nicht mehr aus der Brust und der Knoten darin zog nur noch, wenn er zu lange auf Sashas Frage starrte. Kein *warum* und *weshalb*, einfach nur *wie*.

Ja. Als Bekah sich von ihm losmachte und Wein nachgoss, machte Julien ein Foto von seinem eigenen Glas und schickte es drei Etagen tiefer. Ziemlich dumm eigentlich. Er hätte Sasha ja fragen können, ob er auch hochkommen wollte. Aber irgendwie war die Sache noch nicht ganz ausgereift, dachte Julien, während er seine Nudeln aß und mit der freien Hand tippte.

Beruhigt die Nerven. Wie war die Uni?

Bin noch nicht überzeugt. Sasha grinste zurück. **Mit dir war's netter.**

Netter also. Könnte schon stimmen, wenn Julien ignorierte, dass Sashas akkurate Ausdrucksweise weit entfernt von dem war, wie er es nennen würde. Sein «Shit», als er die Skittles-Wette verloren hatte, hatte Julien besser gefallen.

Nett ist auch mein Dealer aus dem dritten Stock, antwortete er und wartete. Sein Abendessen war mittlerweile lauwarm.

Oder dein Profilbild. Sasha feuerte zielsicher auf Juliens Herzmuskel, der vom Alkohol träge geworden war, indem er keine zwei Sekunden später ein Foto zurückschickte. Sein Mittelfinger, halb vor dem Gesicht ausgestreckt, das leicht zur Seite gewandt war, und dahinter diese blauen Augen. Er lächelte, irgendwie anders als gestern, dachte Julien. Der Knoten in seinem Magen begann warnend zu vibrieren. Nur so halb, mit dem linken Mundwinkel, sodass eine winzige Falte auf Sashas Wange erschien.

Warum fand Julien gerade *das* so verflucht attraktiv?

Passt zu dir.

Zu dir auch. Und *was* war verdammt nochmal mit ihm los?

Nicht sicher. Sasha lachte Julien entgegen. So wie gestern, als Julien noch nie so viele verschiedene Blautöne innerhalb eines einzigen Atemzugs gesehen hatte. Jetzt gerade war es dunkel vom Dämmerlicht des Laptops, wie ein Tiefseegraben in der Antarktis. Tödlich tief und viel zu warm für diese Breitengrade.

Deine Augen sind so krass. *Dein Ernst, Jules?* Er konnte niemals von zwei Gläsern Wein so betrunken sein. Offenbar doch. Noch nicht einmal Amy hatte er ein derartiges Kompliment gemacht. Julien versuchte krampfhaft, sich an ihre Augenfarbe zu erinnern, irgendetwas zwischen braun und grün, als Sasha wieder zu tippen begann.

Das ist jetzt gut, oder? Er lächelte, ziemlich scheinheilig, wie Julien fand, doch es half nichts. Er war im Arsch.

«Mit wem schreibst du da eigentlich die ganze Zeit?» Bekah stellte ihren leeren Teller zurück auf den Tisch und lugte auf Juliens Handy. *Bitte nicht.* Sie würde eins und eins zusammenzählen und alles nur noch schlimmer machen. *Wer ist Sasha? – Der junge, hübsche Neue von nebenan*, und Julien wäre enttarnt, bevor er wusste, wen oder was er hier eigentlich verstecken wollte.

«Kollege», murmelte er und legte sich das Smartphone betont beiläufig auf den Oberschenkel; die Stelle wurde wärmer und wärmer. Brannte.

«Seit wann interessierst du dich so für deine Kollegen? Lüg nicht, Jules.»

«Du musst auch nicht alles wissen», gab Julien entnervt zurück, und Bekah rückte prompt von ihm weg. Sollte sie doch beleidigt sein. War ihm egal. Er hatte gerade ganz andere Probleme.

Halt's Maul, Profi.
Gibst du auf?
Ich muss hier 'nen schlechten Film gucken, hör auf mich abzulenken. Wenigstens das mit dem Lächeln funktionierte wieder, auch, wenn es keinen Sinn hatte. Keine Farbe, keine Richtung. Jetzt brannte auch noch sein Gesicht.

Weißt du mal, wie das ist. *Was?* Mit einem Kerl zu flirten? Überhaupt zu flirten? Vor Spannung fast von Bekahs Sofa aufzuspringen, ohne sich auch nur das Geringste anmerken zu lassen?

Das konnte er nicht mehr retten. Es vielleicht ignorieren, totschweigen oder einfach umziehen, damit er Sasha nie wieder zufällig vor dem Aufzug begegnete. Nichts davon fühlte sich auch nur annähernd richtig an.

Morgen kommst du mit auf die Rampe, tippte Julien ohne Nachzudenken. **Wenn du nicht wieder vom Board fällst, reden wir nochmal drüber.**

Und wenn doch? Er hatte keine verfluchte Ahnung.
Dann auch.
Julien war so inkonsequent, dass ihn sogar das Jucken unter dem Verband weniger nervte als seine eigene Unzulänglichkeit. Aber er wollte wissen, was das war, das ihn dermaßen überreizte und so unglaublich anzog. Wer Sasha war. Wie weit Julien gehen musste, um sich selbst zu begreifen.
Jules?
Was?
Wenn ich mir was breche und du wegen der Schmerzen gelogen hast, werd ich dich irgendwann als Geist heimsuchen. Sashas feiner Humor rann Julien wie Sand durch die Finger, mit denen er das Handy umklammert hielt. **Versprochen.**
Ich glaub, du bist der harmloseste Geist, den es gibt, antwortete er. Ja, das hätte Julien gerne geglaubt. Tat er nicht, aber er versuchte es, wenigstens in den paar Sekunden, in denen Sasha tippte.
Ich werd dich finden. Er lachte. **Überall.**
Hast du schon, Profi.
Sasha hatte die Nachricht gelesen, antwortete aber nicht sofort, und in Julien begann es vor Anstrengung zu vibrieren. Wenn er jetzt nochmal die Nerven verlor, würde er mehr riskieren als Bekahs oder Miguels Nachsicht. Etwas, was er noch gar nicht hatte und ihn dafür umso mehr interessierte.
Wann?, summte es durch Juliens Bein bis auf den Knochen. Kein Lächeln, kein Zwinkern, nur eine simple Frage.
Jetzt gerade. Müde, angetrunken und abgefuckt. Als ob Sasha nicht genau wusste, was er tat.
Okay. Jules?, fragte er dann wieder, und Julien wollte es plötzlich hören, wie er das aussprach, diesen Spitznamen. Wie das klang, wie sich das anfühlte.
Was?
Darf ich dir auch ein Kompliment machen?
Eins. Und danach darf ich mich betrinken, Deal?
Deal. Sasha schickte doch noch ein Lächeln, wie zur Beruhigung. Half trotzdem nichts. In Juliens Brust tobte mittlerweile ein lautloser Krieg zwischen Herzmuskel und Atmung. Verlieren würde nur er selbst.
Ich mag deine Hände. Wie ein Klavierspieler.
Julien dachte an das Klavier in seinem Zimmer, an Sashas klim-

pernde Playlist. **Ich hab mal gespielt**, antwortete er einfach. Weil es stimmte. Und dann nicht mehr.
Echt? Kannst du's noch?
Das verlernt man nicht.
Darf ich das irgendwann mal hören?
Wenn du willst. Wenn Julien noch konnte. Gerade vergaß er sogar, welcher Tag heute war. Mittwoch? Donnerstag? Irgendwann war aber nicht heute, dachte er dann wie betäubt. Nicht jetzt sofort, sondern der Reihe nach. Ganz in Ruhe.
Total gerne.
Okay. Dann erst recht. Gerade hätte Julien alles getan. **Jetzt lass mich runterkommen.**
Ja.
Danke, Profi. Bis morgen.
Jeder Frau, dachte Julien, hätte er jetzt zumindest ein blödes Herz geschickt. Einfach so, ohne nachzudenken. Weil es gepasst hätte. So wie jetzt. *Oh Gott, Jules.*

Er starrte auf das rote Symbol, das er nicht mehr löschen konnte, und selbst wenn, hätte Sasha gesehen, dass er zu feige war, um dafür gerade zu stehen. Dass er keiner Frau jemals gesagt hatte, wie krass ihre Augen waren. Dass ihm an keiner von ihnen diese Falte auf der Wange aufgefallen war und dass er niemals Angst vor einer Antwort gehabt hatte, nie.

Bis morgen, Jules. Und kein Herz. Kein blödes Scheißherz, das Julien in der Brust explodieren und alles verwüsten konnte, sondern einen Kusssmiley. Nur den. *Heilige Scheiße.*

Der Knoten platzte einfach auf. Er musste, sonst wäre er zu groß geworden. Und alles darin, das Glühen, das Lächeln, das Blau, waberte wie Betäubungsmittel durch Juliens Körper, setzte sich in seinen Sehnen und Adern fest, machte ihn taub, blind und vollkommen wehrlos.

Keine Frau, dachte er dumpf, suchte in der Liste nach dem Ding, fand es nicht sofort, stand auf und ging wortlos in Bekahs winziges Badezimmer. Das Wasser des Duschkopfes war nicht kalt genug, um das Brennen auf seinen Wangen zu löschen, und Julien gab einfach auf, setzte sich auf den Rand der Badewanne und schickte Sasha den Kuss zurück. Wie ein zitternder, ahnungsloser Idiot, wie unter Drogen, die stärker wirkten als billiger Wein.

Sasha war ja auch nicht billig, dachte Julien und blinzelte auf die hellen Fliesen an der Wand über dem Spülkasten. Er war neu, anders und keine Frau. Nur Sasha, ein Kerl, ein Geist mit arktisch blauen Tiefseeaugen. Und Julien fand diese Augen einfach nur hinreißend. Er wusste nicht, seit wann, ob das wieder wegging, wie er das irgendjemandem erklären sollte, aber er stand drauf. So kompromisslos, selbstverständlich und verflucht einfach war das.

7

Sasha

Ob er nun nachts, weil er nicht schlafen konnte, auf dem Parkplatz im Kreis wanderte und dabei den Lichtpegeln der Laternen auswich, oder hellwach im Bett lag. Es war völlig egal. Wäre Sasha jetzt, um halb sechs am Morgen, deswegen müde gewesen, hätte er vielleicht noch einmal darüber nachgedacht. Sich einen Tee gekocht, die neueste Dokumentation über Blauwale geschaut und nach dem besten Schlafmediziner der Stadt recherchiert. Aber er war hellwach und kein bisschen in der Stimmung für Blauwale oder Erklärungen.

Pams Gästebett war so riesig und weich, dass die Matratze unter seinem Gewicht eine Kuhle bildete, in der Sasha sich vergraben konnte, wann immer er wollte. Sie fragte nicht, wann er ins Bett ging. Sie wusste nicht, dass er zuhause stundenlang das Fenster offenstehen ließ und dabei der Raum zu stark auskühlte. Niemand wurde wütend, wenn sein Rucksack falschherum im Flur stand. Er durfte einfach nur hier sein.

Sasha drehte sich auf die Seite, nachdem er sich vor zwei Stunden noch einmal hingelegt hatte, und tastete nach seinem Smartphone auf dem Nachtschrank. Er hätte seine Kopfhörer aufsetzen können, doch die Musik aus dem Lautsprecher so leise zu drehen, dass sie Sasha in seiner Kuhle nur bruchstückhaft erreichte, fühlte sich angenehm nebensächlich an.

Gleichzeitig rief er das Chatfenster mit Juliens letzter Nachricht auf. Keine Ahnung, was ihn gestern Abend geritten hatte, nachdem er Ally sogar bis zum nächsten Seminarraum begleitet hatte und dann möglichst unauffällig geflüchtet war. Eigentlich war er nicht so. So mutig, direkt und fordernd wie Julien. Wäre er aber gern.

Sasha betrachtete erneut Juliens Profilbild, dann sah er kurz auf die Uhr: viertel vor sechs.

Schon wach?, tippte er in das Textfeld und lauschte dem Takt, den *ODESZA* durch den Raum schickte. *Eins, zwei, drei*, und von vorne.

Sasha drückte auf den Sendebutton, dann schob er einen Arm unter sein Kissen.

Seine Mutter wollte schon wieder wissen, wie es ihm ging. Ob er genug zu essen bekam. Wann er denn Zeit zum Telefonieren hatte. *Du fehlst uns*, hatte sie geschrieben, und Sasha hatte gewusst, dass er bloß *ihr* fehlte. Sein Vater vermisste nur die willkommene Abwechslung, wenn es darum ging, jemand anderen als Sashas Mutter zu tyrannisieren.

Was soll der Scheiß?, erinnerte Sasha sich an das letzte Gespräch, das er mit ihm geführt hatte. Genau genommen hatte sein Vater geredet. Sasha hatte nur dagesessen und gehofft, gewartet, dass es aufhörte. Wie immer.

So willst du nach Chicago? Zieh dir was Vernünftiges an, dieser Hippie-Aufzug ist doch peinlich. Aber was erwarte ich auch von jemandem wie dir.

Rhetorische Frage, hatte Sasha sich ins Gedächtnis gerufen. Keine Antwort geben. Warten.

Du bist zu nichts zu gebrauchen. Komplett nutzlos. Glaub nicht, dass du es dahinten zu was bringen wirst. Für was Besseres als Löcher in die Luft starren und dabei dumm auszusehen bist du nicht geeignet.

Das gesamte Bett schien plötzlich unter Strom zu stehen, als Sashas Handy kurz vibrierte. **Glück gehabt, Profi.** Julien schob ein Grinsen hinter die Nachricht. **Hast mich heute Nacht nicht schlafen lassen.**

Shit, er war so toll. Sasha überhörte die Stimme seines Vaters, die ihm unaufhörlich gegen den Hinterkopf schlug, und vergrub das Gesicht kurz in dem Laken unter sich.

So selbstbewusst. Sasha mochte das, diese raue, gradlinige Offenheit, die er nie kennengelernt hatte. Zuhause war alles still, beherrscht, kalkuliert und auf das Höchstmaß ausgerichtet. Niemand durfte sich einen Fehler erlauben. Am wenigsten Sasha.

Sorry. Es war wie ein Reflex, und im nächsten Moment ärgerte er sich. Das ewige Entschuldigen für Dinge, die er nicht einmal absichtlich verbockt hatte, ging ihm selbst schon auf die Nerven.

Nehm ich dir nicht ab, schrieb Julien zurück. Und schickte ein Lächeln. **Bin in zehn Minuten fertig, wartest du draußen?**

Sasha setzte sich so abrupt im Bett auf, dass ihm schwindelig wurde. Garantiert nur davon.

Klar. Bis gleich.

Das mit dem Tee wurde also auch nichts. Er schlich lautlos ins Badezimmer, weil Pam noch schlief, putzte sich die Zähne und war plötzlich zu nervös, um in den Spiegel zu schauen. Musste so gehen, Julien schaffte es ja auch. So unangestrengt gut auszusehen, dass es Sasha fast körperlich wehtat, wenn er nur an diese Hände dachte. Sollte er lassen, zumindest jetzt. *Ganz in Ruhe*, redete er sich ein und konzentrierte sich auf den weichen Badezimmerteppich unter seinen Füßen. *Nicht aufregen.*

Sasha strich sich blind die Haare aus der Stirn, stieg in seine Jeans und ging lautlos durch den Wohnraum in den Flur, dabei stieß er mit der Hüfte gegen einen von Pams Barhockern. Der Schlüsselbund glitt ihm aus der Hand, und Sasha zuckte bei dem Geräusch, als er auf den Boden fiel, unfreiwillig zusammen. Jetzt war Pam wach, und er ein Wrack.

«Shit» murmelte er nur und sah auf die Uhr, die über dem Sofa hing. Ein roter Bus war darauf zu sehen, und darunter in schwungvollen Buchstaben *London*. Fünf vor sechs. Er war zu früh dran, blöde Angewohnheit.

Hinter Pams Schlafzimmertür vernahm Sasha ein Rascheln, wie, als würde jemand eine Bettdecke zurückschlagen, und er überlegte kurz, ob er sich entschuldigen sollte, als sich der Knauf drehte. Seine Tante steckte den Kopf aus dem Zimmer, die Augen halb geschlossen, ihre kinnlangen, braunen Wellen als explodierte Wattewolke auf dem Kopf.

Auch das kannte Sasha nicht. Daheim schlief jeder so, als könnte jeden Moment der Präsident höchstpersönlich in der Einfahrt stehen.

«Musst du schon los?», fragte Pam leise. Sasha wusste nicht, wohin er schauen sollte und nickte. «Sorry», flüsterte er, natürlich, und die alte Urangst, die er vorhin unter einem Haufen Decken vergraben hatte, kroch ihm wieder durch die Zehenspitzen. «War keine Absicht.»

«Ach.» Pam winkte ab und rieb sich die Augen. «Ich hab ohnehin genug zu tun heute. Viel Spaß bei… was auch immer du tust.»

Sie lächelte und schloss die Tür wieder, bevor Sasha ein stummes Dankgebet zum Himmel schicken konnte. Und das, obwohl er nicht daran glaubte. An gar nichts mehr.

Beim Schuhe anziehen fing es an, das Zittern, das ihn warnen sollte, doch es blieb flach, beinahe angenehm konstant, wurde nicht stärker. Wie ein Herzschrittmacher, dachte Sasha, zog seine Jacke an und trat leise in den Hausflur. Der aufpasste, dass sein Körper zwischen Angst und Aufregung nicht die Orientierung verlor.

Er blieb vor Juliens Tür stehen, sah auf sein Handy, steckte es wieder weg, schaute nach links, nach rechts, zur Decke und lehnte sich mit dem Rücken an die mittlerweile trockene, frisch gestrichene Wand. Und wartete. Und sonst nichts. *Ganz in Ruhe.* Der Luftzug aus dem Treppenhaus war kühl, deswegen zog sich Sasha die Kapuze ins Gesicht. Und wartete weiter. Und zitterte, nur noch ein bisschen. Und dann ging die Tür auf.

«Hi.» Julien machte sich nicht die Mühe, sie leise hinter sich zu schließen. Sie fiel einfach ins Schloss, erschütterte den Fliesenboden unter ihnen, als sie sich ansahen, und Sasha fühlte das Lächeln in seinem Gesicht, in seinen Fingerspitzen, seiner Lunge explodieren. Alles war voller Funken, und nichts, gar nichts blieb verschont. Nicht einmal die Wand, die ihm im Rücken brannte.

«Hi», erwiderte er, sonst nichts. Julien kam auf ihn zu, die zwei Schritte, die das brauchte, und hob die Faust, fast wie zum Schutz. Sasha drückte seine Fingerknöchel an Juliens, dabei bemerkte er den weichen Mullverband, der fast vollständig unter seinem Jackenärmel verschwand.

Was hast du da?, fragte Sasha stumm, sah Julien an und war sich plötzlich sicher, dass das etwas war, was man lieber hinter gebügelten Vorhängen verstecken und nicht mit einem fast Fremden besprechen wollte.

Juliens Blick zuckte kurz zwischen seiner Hand und Sashas Gesicht hin und her, bevor er langsam den Kopf schüttelte. Sonst nichts. *Okay*, dachte Sasha. Etwas Abgefucktes also.

«Passt irgendwie zu dir», platzte es aus ihm heraus, zwischen dem Lächeln und dem Zittern. Ja, seine Tarnung hatte er im Bett vergessen, eindeutig. Julien grinste zurück und sah ihn immer noch an.

«Richtige Antwort, Profi», erwiderte er. «Lernt man das in der Uni?»

Sasha dachte an Ally. Ja, irgendwie schon. Er musste wegsehen, sonst würde der Boden unter ihm einfach nachgeben.

«Hast du Lust auf einen Spaziergang und wir holen uns einen Kaffee?», fragte Sasha dann. Julien stand noch immer viel zu nah vor ihm, roch nach traumloser Müdigkeit und Zahnpasta und vernebelte ihm zunehmend die Sinne. *Shit*, er war *so* toll.

«Spaziergang ja, Kaffee fällt aus. Bin pleite.»

«Ich lad dich ein, kein Problem.»

«Erstes Date und du zahlst?» Juliens Grinsen wurde breiter, und er schlug Sasha mit der Faust leicht gegen die Schulter. «Vollprofi würde ich sagen.»

Im Fahrstuhl begann die Luft zu flimmern, wurde dichter, wie Wasserdampf, und Sasha wollte sich den Hoodie ausziehen, doch sie starrten sich schon wieder einfach nur an. In Juliens Blick lag eine seltsame Mischung aus Fragen und Faszination und einem beinahe fordernden Glitzern. Mehrere Schichten Erde, dachte Sasha. Die trockene, raue. Darunter eine warme, nachgiebige, und dann die, die er mit bloßen Händen noch nie erreicht hatte.

Draußen war es bereits hell und der Himmel über ihnen wolkenlos und glasklar. Auf der Hauptstraße fuhren nur wenige Autos, und die Bürgersteige waren um diese Uhrzeit so gut wie menschenleer. In so einer Umgebung funktionierte Sasha besser als in überfüllten Bussen oder engen Hörsälen. *Viel besser.* Als sie die kleine *McDonald's*-Filiale, die kurz vor der Unterführung der Interstate lag, erreichten, zog Sasha sein Portemonnaie aus der Jacke.

«Willst du noch was anderes?», wollte er von Julien wissen und hielt ihm die Tür auf. Julien betrachtete die Displays über der Kasse, auf denen die Menüs gelistet waren.

«Nur Kaffee», sagte er dann. «Und du?»

«Ich frühstücke nicht.» Sasha lächelte. Auch das hatte in einem Haus, in dem der Mahagoniholztisch bereits um fünf Uhr morgens von seiner Mutter gedeckt wurde, für einen Wutausbruch gesorgt. «Auch nur Kaffee.»

«Wie trinkst du ihn?» Julien stellte sich neben Sasha an den Tresen und wartete, bis die Mitarbeiterin die Bestellung in die Kasse eingetippt hatte, bevor er Sasha wieder ansah.

«Rate mal.» Es war so einfach, dachte er. *So einfach.*

«Hm. Mit... Nein, warte.» Julien griff nach einem der Becher. «Ohne Zucker. Oder? Du siehst nur so aus, als ob du... Okay, fuck, hör auf damit.» Jetzt lachte er, und Sasha musste grinsen.

«Womit?», fragte er, als sie wieder draußen waren. Keiner von ihnen hatte Zucker in den Kaffee geschüttet.

«Mit diesem Blick», gab Julien zurück und trank zwei Schlucke hintereinander. «Der weicht einem das Hirn auf.»

«Hat mir noch nie jemand gesagt.» Sasha probierte, was er da für einen Dollar pro Becher gekauft hatte. War okay. Nicht so gut wie Pams Tee, aber ein Anfang.

«Logisch. Weil jedem das Hirn aufgeweicht wurde, bevor er was sagen konnte.» Julien stieß beim Gehen mit der Schulter spielerisch gegen Sashas. Und noch einen Schluck. Die frische Luft, die vom Lake Michigan in Sashas Lungen zirkulierte, schmeckte dunstig, wie Tauwasser.

«Danke für den Kaffee. Das nächste Mal bin ich dran.» Julien schob sich die Ärmel seines Hoodies bis zu den Ellenbogen und sah Sasha von der Seite an, während sie langsam an der Straße entlang zurückliefen.

«Musst du nicht. Ich hab eh zu viel Geld mitgenommen.»

«Nach Chicago?»

«Ja.»

«Reiche Eltern, was?» Es klang nicht wirklich abfällig, vielmehr interessiert, doch Sasha spürte, wie sich die Frage zwischen seine Rippen in eine der Hauptschlagadern bohrte und dort steckenblieb. Wenn er sie rauszog, würde er ausbluten.

«Mein Vater hat eine Immobilienfirma», murmelte er, nahm den Deckel von seinem Becher und beobachtete, wie sich die winzigen, hellbraunen Bläschen am Rand der Flüssigkeit sammelten. «Klingt toller als es ist.»

«Dann habt ihr bestimmt 'ne riesige Hütte mit Pool, oder? Krass.» Julien kippte noch mehr Kaffee in sich hinein, und Sasha wollte so gern etwas Schlagfertiges erwidern.

Dass er diesen Pool hasste, weil sein Vater ihn mit vier Jahren hineingeworfen hatte, aus Unwillen darüber, dass Sasha in dem Alter noch immer nicht schwimmen konnte. Dass er die akkurat gelegten Teppichkanten hasste, das Sofa, das hart wie ein Brett war und nicht einfach nachgab, wenn man sich darauf fallen ließ. Alles. Und dass ihm das trotz allem weniger Angst machte als die Vorstellung, mehrere Jahre lang eine fremde Uni besuchen zu müssen.

«Wenn dein Alter 'ne Immobilienfirma hat», griff Julien die Aussage auf, «hättest du das nicht auch machen können? Ich mein, ausgerechnet Medizin? Versteh ich nicht.»

«Ich auch nicht», murmelte Sasha nur und blinzelte gegen die aufsteigende Sonne. Nichts von dem, was in seinem Leben so verflucht falsch lief.

«Wegen der Noten», erinnerte Julien ihn an die einzig plausible Erklärung für diese Entscheidung.

«Ja. Wegen der Noten», wiederholte er.

«Also..» Julien trank seinen Becher leer. «Ich hab ja keine Ahnung. Aber auf mich wirkt das wie 'ne ziemlich beschissene Sache, die du da losgetreten hast.» Er überholte Sasha ein paar Schritte und warf den Behälter in einen der Mülleimer am Straßenrand, dann drehte er sich um. «Hey, Profi», sagte er nur.

Weil Sasha nicht antwortete. Weil er noch immer Bläschen zählte und im Kopf zu einer Kausalkette ordnete, die es nicht gab. Er sah auf und wäre beinahe in Julien hineingelaufen.

«Sorry.»

«Wofür denn?»

«Weiß nicht.»

«Gut, dann lass das.» Julien lächelte wieder und griff unvermittelt um Sashas Handgelenk, das mit dem Becher eigentlich eine ziemlich gute Barriere vor seinem überempfindlichen Herzschlag gewesen war. Jetzt nicht mehr, dachte er und fühlte Juliens Daumen federleicht an seiner Pulsader liegen. Der Verband kitzelte, gerade so, dass die Gänsehaut nicht ganz bis in Sashas Nacken reichte.

«Und das andere auch.» Julien drückte die Tätowierung kurz gegen seine Brust. Aber jetzt, jetzt überzog sie alles. «Wenn du das nicht machen willst.»

Sasha musste sich zwingen, zu blinzeln, zu atmen. «Klingt so einfach», flüsterte er zurück. «Wenn du das sagst.» Überhaupt wirkte alles auf einmal so einfach. Als wären die Probleme zuhause nur ein dummer Irrtum gewesen und komplett irrelevant für das, was er hier entschied.

«Solltest du jetzt in der Uni sein?», fragte Julien nur und betrachtete Sasha, aufmerksam, viel zu konzentriert, als dass ihm auch nur die kleinste Lüge entgehen würde.

«Sollte ich», antwortete Sasha leise. Bei Ally und den anderen, die keine Kopfhörer brauchten, keine Fluchtwege.

«Und? Bist du dort?»

«Nein.»

«Siehst du.» Julien ließ ihn los, doch sein Lächeln schlug watteweiche Widerhaken in Sashas schutzlosen Puls, hielt ihn fest, genau dort, wo er jetzt war. «Du bist hier, und gleich bist du mit mir auf der Anfängerrampe und legst dich aufs Maul. So einfach ist das.»

Julien

Weil Sasha aussah wie ein zusammengetretener Welpe und Julien seine Schwäche für diesen Augenaufschlag weniger verstört als fasziniert zur Kenntnis nahm, beschloss er, sich zurückzuhalten. Vornehm und möglichst unbeeindruckt von dem, was in ihm losgebrochen war, als er blind nach Sashas Arm gegriffen hatte.

Und nichts war ihm je schwerer gefallen. Er nutzte nicht den Aufzug, sondern lief die dreizehn Stockwerke nach oben, um sein Skateboard zu holen, Stufe für Stufe, dreizehn Pulsschläge pro Schritt, dreizehn Sekunden, bis er wieder im Treppenhaus war und förmlich nach unten flog.

Es half zumindest gegen die Unruhe und das Herzklopfen, redete Julien sich ein, als er die Haustür aufstieß und Sasha am Geländer vor dem Eingangsbereich wartete. Aufsah. Lächelte. *Fuck, Sasha*, dachte Julien nur. Er musste überhaupt keine Frau sein. Es reichte, dass er *hier* war.

«Hast du Schiss?», fragte Julien. Sasha verzog nämlich den Mund, als er auf das abgewetzte Skateboard sah, das Miguel Julien zu seinem dreizehnten Geburtstag geschenkt hatte. Damit er etwas Sinnvolleres mit seiner Freizeit anfing als Kiffen und Teller kaputtschlagen.

«Ich würde erstmal nur zugucken», erklärte Sasha. Es sollte wohl diplomatisch klingen, doch Julien, der nichts einfach nur in Ruhe anschauen konnte, ohne es sofort an sich zu reißen oder wegzustoßen, griff nach Sashas T-Shirt-Saum und zog ihn blind mit sich.

«Zugucken machen nur Groupies», hielt er dagegen und fühlte die weiche Stoffnaht zwischen Daumen und Zeigefinger.

«Damit kann ich leben.»

«Mit 'nem Groupie-Image?» Ausgerechnet bei ihm? Julien musste lachen.

«Lass los, ich kann alleine laufen.» Es war das erste Mal, dass Sasha ihn von selbst berührte, als er Juliens Hand wegzog, und vielleicht hatte Julien genau das bezwecken wollen. Es war, als stünde er, seit die Wohnungstür hinter ihm zugefallen war, zwei Schritte neben sich und sah nur noch hilflos zu, was er da gerade verzapfte.

Also ging es ja doch, überlegte Julien und ließ das Board auf die Rollen fallen. Dieses Zuschauen.

Er stieß sich mit dem linken Fuß ab, dabei brachte er einen lächerlich kurzen Sicherheitsabstand zwischen sich und Sasha. Alles war einfach komplett durcheinander. Drehte Kreise, schwankte, um im nächsten Moment wie Farbbomben in Julien aufzuplatzen, die ihm die Sicht vernebelten. Lila, Violett, Gelb. Dann sah er nichts mehr, dann endete es wie gestern und heute, ganz nah vor Sashas warmer Brust, und er roch Aftershave und Sonne und vergaß Moms Waschpulver für einen kurzen Moment.

Der Skatepark lag eine knappe Meile entfernt, direkt gegenüber des Yachthafens hinter dem Highway östlich des Wohnblocks, versteckt zwischen Bäumen und gepflegten Rasenflächen. Julien kam nur her, wenn sämtliche Kinder aus der Nachbarschaft und die Skater mit ihren Markenboards und nagelneuen Sneakern weit weg waren. Manchmal nahm er Bekah mit, meistens war er allein. Dann sah niemand zu, wenn er sich mit voller Absicht auf die längst verheilte Schulter fallen ließ, nur, damit es noch einmal wehtat. So wie damals.

Sashas Schritte waren so bedächtig, dass Julien kurz vor Erreichen des offenen Gittertors vom Skateboard sprang und sich ungeduldig zu ihm umdrehte. Kein Wunder, wenn er die ganze Zeit in die Baumkronen starrte, auf die Rasenkanten neben sich oder nur zu der Mülltüte, die am Maschendrahtzaun neben dem Gehweg hing.

«Komm, Profi. Brauchst nicht so tun als wärst du nicht da.» Dabei war es genau das, was Julien so faszinierte. Diese geisterhafte, leise Art, die Sasha tatsächlich fast mit der Umgebung verschmelzen ließ. Er ließ die Fingerkuppen über das Zaungeflecht gleiten, dann sah er Julien an.

«Willst du das nie?», fragte er, und Julien bemerkte, dass er schon wieder auf Sashas Tätowierung starrte. Dieser Unterarm, dachte er verwirrt. Irgendwie machte ihn der genau so weich im Hirn wie Sashas verfluchter Hundeblick.

«Was?»

«Nicht da sein.» Sasha ließ den Zaun los, kam auf Julien zu und tippte mit einem seiner Chucks prüfend gegen das Skateboard. «Und trotzdem alles sehen können.»

«Hab ich noch nie drüber nachgedacht.» Julien stieß das Tor auf, wandte sich erneut um und lief rückwärts einige Schritte vor Sasha her. «Aber wär doch blöd, wenn du hier wärst und ich würde nicht mitbekommen, wenn du mich anschaust.» Dann wäre alles noch viel absurder als ohnehin schon. Seit wann war das eigentlich so?

Sasha folgte Julien auf das Gelände und betrachtete die niedrigen Rampen, Stufen und Absprungkanten dabei mit diesem Blaufilter, der alle Konturen aufweichte. Und Juliens Hirn natürlich, das auch.

«Dann kann mir aber nichts passieren», erklärte Sasha scheinbar zusammenhanglos. «Wenn es geheim bleibt.»

«Das ist zwar richtig, Profi», erwiderte Julien, bevor er sein Skateboard auf den Rand an einer der Abfahrten stellte, «aber dann passiert halt gar nichts. Auch nichts Cooles. Du würdest 'ne Menge verpassen, schätze ich.»

«Gibt es nichts, was du lieber nur gesehen hättest, ohne dabei bemerkt zu werden?» So leicht ließ Sasha sich nicht überzeugen, aber bitte, dachte Julien. Wenn hier jemand wusste, wie es war, ob mit oder ohne Tarnung nichts tun zu können, dann er.

«Nein. Ich wär lieber gar nicht erst dabei gewesen.» Vielleicht würde es dann die Albträume nicht geben. Einfach nur ein kurzes Gespräch mit einer Mitarbeiterin der Jugendfürsorge, die ihm und Miguel die traurige Nachricht überbrachte, und Julien hätte damit leben können, seit fast fünfzehn Jahren nachts Schweißausbrüche und tagsüber Wutanfälle zu bekommen. Zumindest redete er sich das ein.

Er ließ sich nach vorn kippen, ohne Sashas Antwort abzuwarten, und fühlte, wie sich die diffuse Spannung in seinem Körper auf die Beinmuskeln konzentrierte. Unter seinen Schuhsohlen vibrierte nur das Board, und sein Blickfeld fokussierte sich auf die gegenüberliegende Rampe, die Julien in einer geschwungenen Kurve nahm.

«Das», setzte Sasha an, als er neben ihm abbremste, «mach ich nicht.» Normalerweise hätte Julien die Angst anderer Leute nur angestachelt, sie weiter zu provozieren, herauszufordern, auf ihren Schwachpunkt zu zeigen. Doch Sashas Schwachpunkt wollte er überhaupt nicht sehen. Nicht, was er alles nicht *konnte*, sondern *wollte*.

«Stell dich mal drauf», wies Julien ihn an. «Du musst keinen Drop-In machen, ich schieb dich erstmal nur ein bisschen gegen die Kurven. Damit du weißt, wie sich das anfühlt.»

«Ich hasse dich», murmelte Sasha, während er sich auf das Skateboard stellte und dabei die Lippen zusammenpresste. *Nicht*, dachte Julien nur, sah hin und wieder weg. Es ging schon wieder los.

«Tust du nicht.» Er grinste einfach dagegen an, fertig. «Hast du keinen Grund zu.» Hoffentlich.

«Spätestens, wenn ich mir den Arm breche. Dann schneiden sie das hier auf», er zeigte auf das Tattoo, «und es ist kaputt. Dann war es umsonst.»

«Als ob ich dich vom Board fallen lasse, Profi.» Im Leben nicht. Julien wettete, dass es ihm mehr als Sasha um das Bild auf seiner Haut leidtun würde. «Vertrau mir mal.»

«Du bist unberechenbar, vergiss es», erwiderte Sasha knapp und versteifte sich, als Julien ihn behutsam ein Stück in Richtung der Steigung schob.

«Mach dich locker, heute bin ich besser drauf als vorgestern.» Zum Beispiel waren ihm da die feinen Härchen auf Sashas Handrücken noch nicht aufgefallen, um die es ebenso schade wäre. Oder der winzige Pigmentfleck unter dem Tunnel in seinem rechten Ohrläppchen. All das wollte er nicht riskieren.

«Was ist heute anders?» Wenigstens starrte Sasha nur noch Julien an und nicht mehr panisch überall dorthin, wo es wirklich wehtun würde. Auf jedes einzelne Steinchen, jede Unebenheit, die ihn ablenken konnte.

«Heute bist du nicht mehr fremd.» Julien umfasste Sashas Oberarme und drückte ihn förmlich im Zeitlupentempo die sanfte Wölbung an der Rampe hinauf. Die Schwerkraft zog in seinen Muskeln, in der Schulter, doch er ließ nicht los. «Du musst das Bein mitnehmen, so wie ich, siehst du? So.» Julien beugte das linke Knie leicht nach vorn.

«So schnell lernt man niemanden kennen.» Sashas Blick zuckte kurz von ihm weg auf seine Beine.

«Aber heute bist du echt schlecht getarnt, Profi. Das gibt zwei Wochen Vorsprung.»

«Ich halte eben meine Versprechen», gab Sasha zurück. Es klang angestrengt, als würde er selbst und nicht Julien gerade sein gesamtes Gewicht quälend langsam wieder zurück auf die ebene Fläche gleiten lassen.

«Tu ich auch. Nochmal?»

Sasha sah auf die Rampe. «Wie oft muss ich das machen, bis ich dir einfach nur zugucken darf?»

«Bis ich keinen Bock mehr habe, deinen Arsch da raufzuschieben.» Wenn es bloß danach ging, Sasha nackte Oberarme festzuhalten, könnte es auch den ganzen Nachmittag dauern. Es fühlte sich anders an als alle Arme, die Julien je berührt hatte. Wärmer, fester irgendwie. Die Muskeln und Sehnen und Adern.

«Einmal noch.» Sasha starrte ihn wieder an. Weichte ihm das Hirn auf. Bitte, *mach doch*. Julien hatte schon Schlimmeres gefühlt. «Danach bin ich lieber ein Groupie.»

«Mein persönlicher?» Julien grinste wieder. Wie ein Idiot, schon die ganze Zeit.

«Dein Höchstpersönlicher.» Es waren immer nur diese Millisekunden, in denen Sashas zurückhaltende Mimik aufbrach und ein Zucken wie ein Lächeln über sein Gesicht huschte. Wie auf dem Foto, das sie eingefroren hatte, diese Augenaufschläge.

Julien griff danach, bevor es zu spät war, fester als vorhin, schob sich auf Sashas linke Seite und lehnte sich mit der Brust und seinem gesamten Gewicht gegen ihn, sodass er fast bis zur Kante der Rampe hinaufgedrückt wurde.

«Jules, nicht.» Sashas Körperspannung riss Julien fast auseinander,

als er beinahe sofort seine Schulter packte und auf dem Board erstarrte.
«Nicht so hoch.»

«Warum nicht?» Julien verharrte in der Position und spürte, wie sich Sashas Finger durch den Hoodie in seine vernarbte Haut gruben. Es tat nicht weh, kein bisschen. Das irritierte ihn noch am meisten.

«Weil ich das nicht kann», flüsterte Sasha. Als hätte er damit irgendein Stichwort, irgendeinen Code ausgesprochen, wurden Juliens Knie weich, gaben nach, und er griff nach ihm und spürte sich fallen, ein, zwei Schritte nach hinten, doch es war okay, dachte Julien nur. Weil endlich ein Gegengewicht da war.

8

Sasha

Julien lachte nur und Sasha fielen die passenden Flüche erst ein, als sie bereits auf dem Boden lagen, der warm von der Sonne war. Er war gegen ihn gefallen, das Board hatte einfach nachgegeben, und Sasha hatte nur aus den Augenwinkeln gesehen, wie es die Rampe hinunterrutschte, mit den Rollen nach oben. Alles andere war voll mit Julien, seinem Herzschlag an Sashas Schulter, dem plötzlich viel zu grellen Licht, das vom Himmel schien.

«Durftest du als Kind nie im Dreck spielen oder dich mal aufs Maul legen?» Julien stemmte sich hoch, während Sasha instinktiv nach seinem Unterarm tastete. Wenn er dafür umsonst ein Jahr lang im Hochsommer nur Jacken getragen hatte, würde er Julien das unverschämte Grinsen aus dem Gesicht schlagen. Und wenn es noch so gut aussah.

«Komm, Profi, ich dreh noch 'ne Runde und dann rauchen wir einen. Ich glaub, du musst mal runterkommen.» Julien war aufgestanden und wartete nicht, bis Sasha nach seiner Hand greifen konnte. Er zog ihn einfach hoch, als wäre nichts passiert, dabei stand Sasha wieder einmal kurz vor einem Nervenzusammenbruch.

«Ich vertrau dir nie wieder», murmelte er nur und drehte sich von Julien weg. Niemandem.

«Sasha. Hey.» Doch so einfach war das nicht. Julien griff erneut nach Sashas Arm und zog ihn zurück zu sich. «Nichts passiert, okay?»

«Du hast gesagt, ich fall nicht.»

«Weil du immer denkst, du kannst das nicht. Kannst du aber, auch fallen.» Julien lächelte, fast ein bisschen scheu und viel zu charmant. «Und du bist noch ganz. Sieht genauso gut aus wie vorher.»

Er sah nicht auf Sashas eisern umkämpfte Tätowierung, sondern nur ihn an, während er das sagte, und es zog und kribbelte, bevor Sasha begriff, dass das keine Lüge war. Keine Berechnung, kein Eigennutz. Wozu auch? Julien hätte ihn längst stehenlassen und weiter in diese glasklare Luft schauen lassen können, wie durch schützendes Panzerglas, hinter dem er alles beobachtete und verpasste. Selbst die coolen Dinge.

«Nein», beantwortete Sasha deswegen Juliens Frage. «Durfte ich nicht.»

«Was?» Julien war mit zwei Schritten bei seinem Board und drehte es mit einem Tritt zurück auf die Rollen.

«Im Dreck spielen oder mich aufs Maul legen.» Immerhin hatte seine Mutter seit vorgestern Abend aufgehört, ihn halbstündlich anzuschreiben.

«Dann ist es jetzt offiziell.» Julien stieß sich am Boden ab, kam auf Sasha zugefahren und bremste, indem er sich an seiner Schulter festhielt und die Faust hob. «Bei mir darfst du das.»

Sasha schlug dagegen, bevor er es sich anders überlegen konnte. Wenn selbst eine Mullbinde keinen Schmerz verbarg, den man sehen konnte, konnte es nicht so schlimm werden.

Er setzte sich auf die freie Fläche über der Rampe, die im Schatten der Bäume lag, und ließ die Füße über die Kante hängen, während er Julien beobachtete. Wie er das Bein *so* mitnahm. Sich ausbalancierte und dabei den Oberkörper wendig nach links und rechts drehte, wie er sich aufrichtete, bevor das Skateboard nach vorn kippte. Als wären seine Sneaker an dem Brett festgewachsen. Sasha kaute schon wieder auf seiner Unterlippe. Auf dem Longboard bewegte Julien sich, als würde er schwimmen, auf dem Skateboard, als würde er fliegen.

Sasha konnte nur hinschauen und aufpassen, dass ihm nichts entging. Wäre er in der Vorlesung so aufmerksam gewesen, hätte er heute wenigstens kein schlechtes Gewissen.

«Hey.» Julien sprang so plötzlich mit dem Board über die Kante neben Sasha, dass er zusammenfuhr. Juliens Wangen waren gerötet, und über der Sehne an seinem Hals lag ein feiner Schweißfilm. Kein Wunder, wenn er den Hoodie nicht auszog und in der prallen Sonne herumfuhr. Kein Wunder, dass Sasha ebenso heiß wurde, weil er nicht wegsehen konnte.

«Schlechter Groupie bist du.» Julien ließ sich neben ihn fallen, grinste und hängte seine langen Beine neben Sashas. «Wo ist mein Wasser?»

«Hättest ja was mitnehmen können», erwiderte Sasha nur. Und kaute auf seiner Lippe. Ließ es, als Julien ihn kurz ansah.

«Hatte anderes im Kopf.» Er strich sich die Haare aus der Stirn und rieb kurz über seinen linken Unterarm.

«Zieh die Jacke doch aus.» *Ja, Sasha*, gute Idee. Damit er noch blöder starren und sich dabei selbst auf die Nerven gehen konnte. Weil er nicht so cool und lässig wie Julien war, der auf alles eine Antwort hatte. Nur jetzt nicht. Sasha wartete, doch Julien schien ihn einfach überhört zu haben und schlug nur mit den Fersen gegen die Rampenwand.

«Seit wann hast du das?», wollte er dann unvermittelt wissen und deutete mit dem Kinn auf Sashas Unterarm, während er die kleine Metalldose aus der Tasche seines Hoodies hervorholte.

«Seit einem Jahr.» Sasha beobachtete, wie Julien ein Blättchen Papier auf sein Knie legte, das Marihuana gleichmäßig darauf verteilte und es anschließend zusammenrollte.

«Wie alt warst du da?»

«Achtzehn. Und drei Tage.» Den Tätowierer hatte Sasha sich schon zwei Jahre zuvor herausgesucht. Und ihm einen Aufpreis dafür bezahlt, dass er extra von New York nach Philadelphia gekommen war, um ihm das Motiv zu stechen.

«Dann sind wir gleich alt.» Julien lächelte und drehte den Joint zwischen den Fingern. «Wann hast du Geburtstag?»

«Achter Juni. Und du?»

«Im Mai. Am zwölften.» Das Feuerzeug zündete schlecht. «Neunzehn ist ein beschissenes Alter, oder?»

Sasha winkelte das linke Bein an und schob seinen Fußknöchel unter das andere. «Hab ich noch nie drüber nachgedacht», antwortete er dann. «Warum?»

«Weil alle was von einem erwarten», gab Julien zurück und nahm den ersten Zug, bevor er Sasha den Joint gab. «Dass man irgendwas Tolles macht. Uni», zählte er auf, und Sasha inhalierte schon wieder viel zu tief, «Freunde, eigene Wohnung, 'ne verfluchte Ahnung, was man die nächsten fünfzig Jahre tun will.»

Ach das. Sasha dachte an die haushohen Erwartungen seiner Eltern, die er bemüht war, zu erfüllen, und doch nicht wusste, wozu eigentlich. Spätestens Ende nächster Woche würde er bereits so viel vom ersten Semester verpasst haben, dass ihm die Erklärungen dafür ausgehen würden, wenn er nicht am besten sofort hinfuhr. Tat er aber nicht, sondern blieb einfach sitzen, neben Julien, rauchte Cannabis und hatte sein Handy in den Flugmodus geschaltet.

«So schlecht find ich es grad nicht», erwiderte Sasha und fühlte sich in die watteweiche Gleichgültigkeit hinein, die ihm im Hals kitzelte. Wie Pams Badezimmerteppich. Den mochte er wirklich gern.

«Stimmt.» Julien grinste und zog wieder an dem Joint, diesmal länger. «Wenn man *nette* Gesellschaft hat geht's.»

Jetzt lachten sie beide, und Sasha vergaß die Rampe und seine Angst vor Knochenbrüchen und Schmerzen endgültig. Julien vertrug vermutlich das Dreifache von dem, was Sasha in seinem neunzehnjährigen Leben je konsumiert hatte, denn die Menge an Rauch, der aus seinem Mund quoll, war dicht wie Wolken. Wie Watte.

Julien lehnte sich ein Stück zurück, dabei schien die Sonne über den Baumkronen durch die Blätter, verdunkelte sein Profil, zeichnete ihn nach. Die gerade Form seiner Nase. Die leichte Wölbung seiner Lippen, das Kinn, das nahtlos in seinen Kieferknochen floss. Er war perfekt, dachte Sasha. So perfekt, so wie noch nie jemand war, dem er noch nicht einmal in die Augen hatte schauen können.

«Was?» Außer Julien. «Was schaust du so, Profi?» Julien schreckte nicht einmal vor Sashas Urängsten zurück.

«Ich… Hm.» Sasha senkte den Blick. Ohne seine blöde Tarnung kam er sich vor wie ein verschüchtertes Kleinkind. Kein bisschen profimäßig.

«Was? Sag.» Julien ließ nicht locker. Natürlich nicht.

«Nee. Schon okay.»

«Ein Scheiß ist okay, sag jetzt», forderte er Sasha auf, lächelte und stieß ihm leicht mit dem Ellenbogen in die Seite. «Komm schon.»

Ally hatte es auch nicht schlimmer gemacht, erinnerte Sasha sich wieder. Im Gegenteil. Ohne die säße er vielleicht gar nicht hier. Sondern noch immer in Pams Gästezimmer, ratlos, unzufrieden, neunzehn Jahre alt.

«Das ist aber bescheuert.» *Allerdings*.

«Sasha.» Damit hatte Julien ihn. Als ob er nicht genau wüsste, wie das klang, wenn dieser raue Unterton Sashas Namen eine Kontur verlieh, die Sasha noch nie gesehen hatte. Die ihn in den Spiegel schauen und begreifen ließ, dass er das einfach nur heiß fand.

«Das sieht richtig gut aus», murmelte Sasha, biss sich auf die Wange und hob kurz den Blick. Julien sah ihn nur an, unergründlich, als käme da noch etwas. *Noch was?* Sasha spürte seinen Herzschlag jetzt schon Anlauf nehmen.

«Was?», fragte Julien dann. Und lächelte wieder, immer noch, keine verfluchte Ahnung, die Sasha irgendwie weitergeholfen hätte.

«Das mit dem Rauch und dem Licht und…» *Und deinen Augen und deinem Lächeln und…*«Wenn du so nach vorn schaust.»

Julien blinzelte, sah kurz auf den Joint und schnippte die Asche über die Kante. «Findest du?»

Sasha nickte nur. Dann schwiegen sie beide, und Sasha wollte schon wieder die Luft anhalten, doch Julien öffnete plötzlich den Mund, als wäre ihm endlich etwas auf diesen Blödsinn eingefallen, mit dem er Sashas Tagträume zum Platzen bringen konnte. Doch es kam nichts. Sasha wartete. Immer noch nichts. Gar nichts. Seit wann hatten sie die Rollen getauscht?

«Was?», fragte er deshalb pflichtschuldig. Wenn Julien darauf nichts antworten wollte, hätte er es auch lassen können. Bloß nichts überstürzen. Hätte Sasha so machen können, wenn er gewollt hätte, dass alles so blieb wie vorher. Und dabei alles verpasst, auch das *richtig* coole Zeug.

«Nichts.» Julien nahm erneut einen Zug.

«Du wolltest was sagen.» *Jetzt mach, trau dich.* Ally wäre die erste Frau, der Sasha aus purer Dankbarkeit ein Jahresabonnement für die Kaffeebar neben der Mensa schenken würde. Und die einzige, die er danach eine Freundin nennen konnte.

«Mann, du hast damit angefangen.» Julien lachte kurz auf, schon wieder so scheu. «Hör auf, dauernd abzulenken. Das funktioniert so nicht, Profi.» Offenbar ja doch, denn Julien zog erneut an seinem Joint, wieder länger, wieder mit leicht zurückgelegtem Kopf.

«Darf ich ein Foto davon machen?» Vielleicht war Sasha auch einfach nur im Bett geblieben und träumte einen seiner viel zu realistischen Träume.

«Schleimst du immer so rum?» Juliens Augen lächelten, obwohl er das Gesicht verzog. Sasha spürte seine Mundwinkel vor Anspannung kaum, doch er lächelte zurück, ganz sicher.

«Ab einem gewissen Punkt», antwortete er leiser. Den er noch nie erreicht hatte, aber das musste Julien ja nicht wissen. Seine Flirtversuche beschränkten sich auf nichtssagende Konversationen mit Chatpartnern, deren Absichten das Missverständnis letztendlich aufgeklärt hatten. Sasha hatte es trotzdem versucht, viel zu oft und so heimlich, dass es nicht einmal seine überbesorgte Mutter mitbekommen hatte. *Willst du ficken? Morgen Abend um zehn.*

«Welchem Punkt?», wollte Julien jetzt doch und sehr genau wissen.

Genau dieser, dachte Sasha. «Musst du selbst rausfinden», murmelte er nur, tastete nach seinem Smartphone und schaltete die Kamera ein. Er begriff ja nichts. Nur das, was er ohnehin schon wusste, mehr nicht, und vielleicht reichte das schon aus, um nichts falsch zu machen.

Julien grinste wieder und setzte erneut zum Zug an, als Sasha das

Handy hob. Die Sonne leuchtete direkt in die Linse und legte Juliens Silhouette in einen weichen, luftigen Schatten, der sich scharf vom Hintergrund abhob. Sie lichtete den Rauch, zog durchsichtige Wirbel hinein und malte gleichzeitig einen Schwung in Juliens Lächeln, der Sasha einen Schauer über den Rücken fließen ließ. Zwei, drei. *Vier, fünf, sechs.* Es hörte gar nicht mehr auf.

«Zeig mal.» Julien lehnte sich zu Sasha hinüber, als der Joint nur noch ein glühendes Stück Papier zwischen seinen Fingern war. Er stützte den Arm direkt neben Sashas Oberschenkel ab. Sein Handgelenk drückte sich leicht an Sashas Knie, als er ein Bein anzog, den Ellenbogen darauf legte und nacheinander durch die Fotos auf dem Display wischte.

«Cool», sagte er dann; Sasha nickte nur. Er war plötzlich wie betäubt. Juliens Ohr schwebte so nah vor seinem Gesicht, dass er sich einfach nur hätte vorbeugen müssen. Dann hätte er die Sehne an seinem Hals fühlen können, die glatte Haut, die sich spannte und wieder nachgab, leise pulsierte.

«Schickst du mir die?»

Wieder Nicken. Sasha hörte seinen Herzschlag nicht mehr.

Julien atmete kaum hörbar aus, dann griff er unvermittelt um Sashas Handy und drehte es in seiner Hand, sodass es im Querformat auf sie gerichtet war.

«Guck mal so», wies er Sasha leise an, hob das Display und drückte auf das Symbol für die Frontkamera.

«Wie?», flüsterte Sasha zurück. Julien sah ihn an.

«Wie vorhin. Beim Kaffee.» *Ach ja.* «Genau so.»

Keiner von ihnen bewegte sich. Sie starrten sich einfach an, schon wieder, und Sasha musste das Handy loslassen, weil Juliens Zeigefinger leicht gegen seinen stieß und das Kribbeln darin unerträglich wurde,

«Sasha.» Julien blinzelte, nur kurz. «Ich mein die Kamera.» Er lächelte nicht, nichts an ihm, aber da war etwas anderes, dachte Sasha, als er gegen seinen Herzschlag anschluckte. Gegen die Gänsehaut.

«Du zuerst», erwiderte er tonlos. Doch Julien tat einfach nichts, betrachtete ihn nur, erst prüfend, irgendwie fragend, dann veränderte sich sein Blick plötzlich. Das war es, begriff Sasha und sah die oberste Schicht Erde aufbrechen, die darunterliegende nachgeben und dann die, die noch übrig war. Fast schwarz, wie grobkörniger Lavasand, glühte sie sich durch jeden Zentimeter Haut auf Sashas Wangen, schlug Wellen in seiner Brust und flimmerte wie ein Störfilter, machte alles taub und nachgiebig.

Nie, dachte Sasha. Er war wie betrunken. Nie hatte er jemals so etwas gefühlt.

«Sasha», murmelte Julien wieder und neigte den Kopf ein Stück zur Seite, ohne Sasha dabei aus den Augen zu lassen. «Hör auf damit.» Es klang rau, tiefer als sonst, und Sasha konnte den Ton bis in seine Lenden fühlen. Es zog, *shit*, wie das zog, wie warm ihm plötzlich wurde.

«Hör du doch auf», flüsterte er. Nein, das war gelogen. Da sprach wieder nur seine Tarnung, aber Julien sollte nicht aufhören, er sollte sie ihm runterreißen, scheißegal, wie, nur *jetzt*. Sofort.

Julien verharrte in seiner Position und betrachtete Sashas Gesicht, seine Wangen, seinen Kieferknochen, die Ringe in seiner Nase. Als wollte er sichergehen, dass das okay war. *Ja.* Ja, das war okay, das war nur Sasha. *Jetzt mach.*

Als ob er laut gedacht hätte, beugte Julien sich vor, und Sasha schloss die Augen. Es war ohnehin alles schwarz, mattschwarz, körnig verwaschen.

«Kann ich nicht, Profi», flüsterte Julien. Die Worte vermischten sich mit Sashas Atmung, so nah war er plötzlich vor ihm. Natürlich konnte er, sie beide konnten. Sein Nasenflügel streifte behutsam den von Sasha. «Sorry.» *Jetzt.*

Juliens Oberlippe legte sich federleicht auf seine, dann ertönte ein Summen zwischen ihnen, ein lautloser, durchdringender Alarmton, der sie abrupt auseinanderriss.

Julien ließ beinahe sofort das Handy fallen. Es prallte mit der Kante auf den Steinboden, und von irgendwoher ertönte ein Knacken. «Fuck.»

Sasha blinzelte. Julien hatte sich zurückgelehnt und tastete erst nach Sashas, dann nach seinem eigenen Telefon. Es vibrierte, leuchtete, irgendein Jeff. In Sasha drehte sich alles.

«Ja?» Julien nahm ab und drehte sich ein Stück von ihm weg. «Was? Ja.» Er zitterte, dachte Sasha und bewegte instinktiv die Finger, die sich anfühlten, als gehörten sie nicht zu seinem Körper. Wie Geisterhände.

«Ja, okay. Halbe Stunde.» Julien drückte das Gespräch weg, dann sah er auf Sashas Handy, das zwischen ihnen lag. Das Display hatte einen hauchdünnen Riss, der sich von einer Seite auf die andere zog. «Fuck», wiederholte er und hob den Kopf. In seinen Augen herrschte pures Chaos. Aufgewühlte Erdschichten, trockene Risse, ein Rest Lava, der in seinen Pupillen verglühte. «Sorry.»

«Nichts passiert.» Sasha konnte seine Stimme schmecken, abgestanden, wie Brackwasser. Er schluckte.

«Doch, der Bildschirm... Scheiße.» Julien rieb sich mit der Hand über die Wange und sah plötzlich furchtbar abgekämpft aus.

«Ist nicht schlimm. Stört mich nicht.» So sah es wenigstens aus, als würde Sasha das teure Ding auch wirklich benutzen.

«Ich hab schon Schulden bei Miguel, sein Staubsauger, ich hab gestern... Deswegen muss ich jetzt echt los. Mein Chef.» Es waren nur zusammenhanglose Bruchstücke, die aus Juliens Mund kamen. Eben noch hätte er fast auf Sashas gelegen. Fast.

«Ich lass das einfach so, du musst das nicht bezahlen.»

«Ich...» Julien sah ihn an und sofort wieder weg. Diese Scheu stand ihm nicht. «Ach, egal.» Er stemmte sich hoch, schwankte kurz und griff nach seinem Skateboard. «Ich hol eben das Longboard. Kommst du mit zurück?»

«Okay.» Sasha nickte. Er hätte Julien gern berührt, die Hand an seinen Arm gelegt, das Gesicht an seinem Hals vergraben, irgendwas, doch das hätte ihn vielleicht noch mehr aus der Fassung gebracht. Sie beide. Ally hätte das wohl als Erfolg verbucht, doch die Uni war das letzte, an das Sasha denken wollte, als sie schweigend nebeneinander her zurückliefen.

Juliens Schritte waren seltsam verkrampft, als würden Granitblöcke an seinen Beinen hängen, und Sasha kannte das. Das war Angst, nichts anderes.

«Jules», murmelte er, und Juliens Blick zuckte kurz zu ihm. «Ich bin nicht sauer oder so. Wegen nichts.» Sasha wollte das klarstellen, bevor sie sich womöglich tagelang nicht mehr sehen würden. Julien hätte sein Handy auch in Luft auflösen können, es wäre egal gewesen. Einfach nicht wichtig.

«Hm», machte Julien und schwieg wieder, bis sie vor dem Aufzug standen, dann hob er den Kopf. Das Haar fiel ihm in die Stirn, und Sasha widerstand dem Drang, hineinzugreifen und ihn zu sich zu ziehen.

«Sicher?», fragte Julien nur.

«Ja. Alles okay.» Mehr als das, denn Julien lächelte endlich, erst die Augen, dann seine Mundwinkel.

«Ich wusste nicht, dass sich *okay* so anfühlt», erwiderte er leiser. «Aber ich bin auch kein Profi.»

«Musst du auch nicht sein», flüsterte Sasha zurück, gleichzeitig öffneten sich die Türen des Fahrstuhls neben ihnen. «Einfach Jules reicht schon.»

Julien

«Was machst du heute noch?», wollte Julien wissen, als sie vor Miguels Wohnungstür stehenblieben. Wenn er sich nur möglichst normal verhielt und Sasha die einfachsten Fragen stellte, die ihm einfielen, würde das Brennen und Ziehen in seinem Magen vielleicht wieder aufhören. Wenigstens für die Zeit, in der Julien sich keine idiotischen Fehler mehr erlauben durfte. Jeff würde ihn an den Eiern zuerst aufhängen, wenn er im Namen der Firma etwas fallen ließ.

«Weiß nicht.» Sasha lächelte, nur so halb, mit links, doch dort richtig. Julien hätte ihn einfach küssen sollen. So richtig, ohne zu Zögern. Dann könnte er wenigstens sagen, ob es *das* war, was er schon immer wollte, und nicht nur irgendeine abgefuckte Phase, in der ihm wahllos alle blauen Augen dieser Welt das Hirn aufweichten.

«Lesen, Musik hören, Fernsehen», zählte Sasha auf. «Versuchen, Schlaf nachzuholen.»

«Lernen?»

Dass das mit der Uni nur ein verdammt schlechtes Alibi sein konnte, musste auch Sasha mittlerweile gemerkt haben, denn er schüttelte den Kopf. «Nein.»

«Okay. Ich...» *Verflucht nochmal.* Julien wollte ihn nicht gehen lassen, obwohl *er* es war, der dringend wegmusste. Damit Miguel seinem Staubsauger wenigstens einen neuen Karton kaufen konnte, denn für mehr würde das Geld, das er heute verdienen würde, nicht reichen.

«Hast du Lust, heute Abend auf 'nen Bier vorbeizukommen?» Julien hätte sich gern selbst Beifall geklatscht. Endlich funktionierte er wieder.

Sashas Lächeln vertiefte sich, und mit ihm die Falte auf seiner linken Wange. «Klar.»

«Cool.»

Hinter Julien ging die Wohnungstür auf, und Miguel schlug ihm unabsichtlich seine Laptoptasche gegen die Wade. «Du stehst im Weg», informierte er Julien. Sein Schlüsselbund klimperte, als er ihn in die Tasche seiner Anzugjacke steckte. Das war's dann wohl mit Home Office.

«Das ist übrigens mein Börsenmakler-Bruder.» Julien sah wieder zu Sasha und musste grinsen.

«Finanzberater für Versicherungen und Wertanlagen bitte.» Miguel streckte Sasha die Hand hin. «Miguel, freut mich.»

«Sasha.» Sein Lächeln veränderte sich kurz, wurde gerader, kalkulierbarer, als würde er sein Gegenüber spiegeln.

«Ist klar.» Julien verdrehte die Augen, weil sein Bruder sich mal wieder wie ein peinlicher Schnösel verhielt. «Hau ab, ich muss jetzt auch los. Was Richtiges arbeiten.»

«Ich kann dir die Definition des Begriffs *Arbeit* später gern schriftlich geben.» Miguel hob zum Abschied die Hand, und die Sohlen seiner polierten Lederschuhe klackerten auf den Fliesen, als er zum Aufzug ging. Julien zeigte ihm nur den Mittelfinger.

«Mein Vater würde ihn mögen», murmelte Sasha, sobald sich die Türen hinter ihm geschlossen hatten.

«Du bist mindestens genauso schlau.» Juliens Wunde unter dem Verband begann schon wieder zu jucken. «Ich schreib dir, wenn ich Feierabend hab, okay?»

«Okay.»

Sie sahen sich an, doch diesmal war Julien vorbereitet. Glaubte er zumindest. «Bis später, Profi», sagte er leise, und Sasha blinzelte, senkte kurz den Blick, sah wieder auf. *Heilige Scheiße*, das konnte doch nicht normal sein.

«Bis später, Jules.»

Sie standen mindestens einen Schritt voneinander entfernt. «Hör nicht auf damit», flüsterte Julien noch, bevor er nach dem Türknauf hinter sich tastete. Sashas Tiefseeblau schlug Wellen, die ihn sonst mitgerissen hätten. «Ich mag das.»

«Okay.» Sasha bewegte nur die Lippen, als er das sagte. «Ich auch.»

Gut, dachte Julien daraufhin nur, schloss die Tür auf und lauschte Sashas Schritten, die sich beinahe lautlos den Flur hinunter entfernten. Dann wäre ja alles geklärt.

Sasha

Je kürzer die Abstände zwischen ihren Treffen wurden, desto weniger Zeitgefühl besaß Sasha. Als er in Pams Wohnung kam, saß sie im Morgenmantel auf dem Sofa, einen Notizblock auf dem Schoß, in der Hand eine Tasse mit der Aufschrift *Good Morning, America!*.

«Guten Morgen, Darling», murmelte sie geistesabwesend und um-

kringelte ein Wort, das sie auf die Mitte des Papiers geschrieben hatte.
«Hast du heute frei?»

Sasha zog sich die Jacke aus und legte sie über einen der Barhocker vor der Küchentheke. «Nein», antwortete er wahrheitsgemäß. «Aber mir ist nicht nach Uni.»

Pam sah auf und musterte ihn, nicht strafend, vielleicht sogar etwas besorgt. «Krank siehst du aber nicht aus. Hast gut Farbe im Gesicht, gestern warst du noch blass wie ein Gespenst.»

«Mir geht's gut.»

«Wirklich?»

«Ja.» Sasha ging zum Teekessel und drehte den Hahn auf. Marokkanische Minze oder spanischer Pfirsich? Er spulte im Kopf einen Abzählreim herunter, um sich zwischen den Teesorten entscheiden zu können und sein Hirn dabei nicht unnötig zu überlasten. Das war nämlich genauso aufgeweicht wie Julien es heute Morgen beschrieben hatte.

«Ich hab dich doch nach den Nachbarn nebenan gefragt», setzte Sasha an Pam gewandt an, während es im Kessel leise zu rauschen begann.

«Richtig.» Pam hob zur Bekräftigung ihren Stift. «Und? Gibt's Neuigkeiten, die mir entgangen sind?»

«Der Typ mit dem Anzug...» Das Wasser hinter dem Aluminium schlug langsam Blasen. «Der hat einen Bruder.»

«Schau an. Den hab ich aber noch nie gesehen», antwortete Pam und kritzelte parallel auf ihrem Block herum.

«Der ist nett.» Damit hatte Sasha seiner Tante aus dem fernen Chicago innerhalb von zwei Tagen bereits mehr über sein Leben verraten, als seinen Eltern in den vergangenen neunzehn Jahren. Die Gespräche am heimischen Esstisch beschränkten sich lediglich auf ein *Ja* oder *Nein*, das er auf Fragen wie *Hast du das Ergebnis der Physikklausur schon erfahren?* erwidern konnte.

«Ist er in deinem Alter?»

«Ja.»

«Wie heißt er denn?»

«Julien.»

«Schau an», wiederholte Pam. «Schöner Name.» Ja. Fand Sasha auch.

«Ich geh heute Abend mal rüber. Weiß nicht, wie spät es wird», erklärte er, goss das heiße Wasser in eine frische Tasse und beobachtete, wie der Teebeutel sich um sich selbst drehte.

«Du musst mir keine Rechenschaft ablegen, Sasha.» Pam lächelte zu Sasha hinüber. «Solange ich deiner Mutter am Telefon ohne schlechtes Gewissen sagen kann, dass es dir bei mir gut geht, kannst du hier ein- und ausgehen, wie du magst.»

Sie konnte ja nicht wissen, dass er daheim nach einem streng reglementierten Zeitplan lebte und sich drei Mal überlegen musste, ob er zwei Minuten länger duschte oder seiner Mutter half, den Faltenwurf der Bettwäsche zu korrigieren. Konsequenzen hatte beides, denn richtig machen konnte er nichts.

«Okay», murmelte Sasha und nippte an seinem Tee. Kurz überlegte er, Pam davon zu erzählen, verwarf den Gedanken aber sofort wieder. Immerhin war sein Vater ihr Bruder. Der hatte keine Angst mehr vor ihr, nicht, nachdem er sich seine eigene Schaufensterfamilie zusammengestellt hatte, die er nach seinen Vorstellungen arrangieren konnte.

«Pam?» Aber etwas anderes konnte sie für ihn tun.

«Was denn, Darling?» Sie sah auf. Interessiert, aufmerksam, kein bisschen flehend oder wütend, wenn Sasha ausnahmsweise mehr sagte als *Ja* oder *Nein*.

«Wenn meine Eltern fragen, ob ich zur Uni gehe…» Marokkanische Minze schmeckte wie der Tag, an dem sie in der Vorschule ein Kräuterbeet angelegt hatten. Nach dünnen Blattfasern, Holzkisten voller Setzlinge und Marmeladentoast. «Sagst du ihnen bitte, dass ich das tue? Immer? Wirklich jeden Tag?»

Pam ließ den Stift zwischen ihren Fingern hin und her schwingen, dann legte sie ihn weg und machte ein nachdenkliches Gesicht. Trotzdem lächelte sie. Sasha kannte niemanden, der gleichzeitig lächeln und ein Problem begreifen konnte. «Mach ich. Natürlich tu ich das.»

«Danke», murmelte er und trank einen großen Schluck Tee, der ihm die Kehle verbrannte.

«Er ist streng, oder?» Pam sah ihn noch immer an. «Ich weiß.» Sie meinte seinen Vater, natürlich tat sie das.

Sasha nickte, nur ganz leicht. Vielleicht würde sie es ja einfach übersehen und wieder vergessen. Aber er konnte in dieser warmen, weichen Wohnung nicht so tun, als wäre er hier zuhause, ohne zu wissen, wie es auf ein *Nein* zu viel reagieren würde. Ob es zusammenbrechen konnte, ob die Türen zuschlugen, man lautlos heulen durfte oder gar nicht.

«Ich wundere mich nur», fing Pam an und stemmte sich aus den Polstern hoch, «wie er jemanden wie dich hervorbringen konnte.» Sie kam auf Sasha zu, barfuß, mit explodierten Haarsträhnen rund um ihren

Scheitel, und stellte ihre Tasse neben ihn in das Spülbecken.

«Du bist ganz anders als er. So vorsichtig, ein bisschen wie ein verschrecktes Reh.» Während Pam das sagte, legte sie eine Hand auf Sashas Unterarm und drückte ihn sanft. Ganz anders als seine Mutter, die ihn regelrecht umklammerte. Mit Worten, mit Wünschen.

«Ich mag ihn nicht», flüsterte Sasha in seinen Tee.

«Er liebt dich trotzdem», antwortete Pam leise. «Glaub mir.»

Darauf würde er nicht wetten. Nicht mal auf eine Tüte Skittles.

«Er kann es nur nicht zeigen.» Sie musste das sagen, dachte Sasha und lehnte sich ein wenig in Pams Berührung hinein. Er war ja ihr Bruder, egal, wie unterschiedlich sie waren.

«Du bist auch ganz anders», murmelte er und sah seine Tante von der Seite an. «Vielleicht sind wir adoptiert.»

«Oder er.» Pam lachte, und Sasha musste mitlachen, weil ihn die Vorstellung, er wäre nur irgendein Fremder im Haus seiner Eltern, viel weniger anstrengte, als die vergebliche Mühe, einfach dazuzugehören.

9

Julien

Julien stand hinter dem Umzugswagen und hatte gerade Bekahs Chatfenster aufgerufen, als Sasha ihm die Fotos sendete. Ganze neun Stück, vermeintlich alle gleich, doch als er sie vergrößerte, fielen ihm die feinen Unterschiede auf.

Schönheit, schrieb Sasha daraufhin bloß, schickte ein Zwinkern, einen Kusssmiley, und Julien wurde warm im Bauch. Seit wann machten sich männliche Freunde solche Komplimente? Und warum fühlte sich das so richtig an? *Egal*, dachte Julien dann. Drauf geschissen. Er wollte sich lieber richtig als ratlos fühlen, die Nummer blind und kopflos weiter durchziehen als sich zu fragen, weshalb denn eigentlich *nicht*.

Guck dich mal an, Schleimer, tippte er zurück. **Solltest Fotograf werden, die sind echt gut.**

Bist halt fotogen. Sasha lächelte.

Welches soll ich als Profilbild nehmen? Julien konnte sich nämlich nicht entscheiden. Auf keinem sah er aus wie Julien Kent mit der zusammengeflickten Schulter, das Pflegekind, der wütende Teenager, der zu viel kiffte. Sondern wie ein nachtschwarzer, dem Sonnenlicht trotzender Geist. Wie Sasha, nur dunkler. Echt richtig gut.

Das Dritte, antwortete Sasha. **Ich mag, wie du da lächelst.**

Wenn das Packeis einmal aufgetaut war, ging er ganz schön ran, dachte Julien und scrollte zu dem Bild, das Sasha meinte. Erst jetzt merkte er, dass er grinste wie ein Idiot.

Es stimmte, Julien lächelte auf dem Foto tatsächlich. Fast verdeckt von Rauch und Schatten, doch sein Mundwinkel zog eine leicht geschwungene Linie über seine Wange. Wenn Sasha ihn *so* sah, bestand vielleicht noch Hoffnung für sein abgefucktes Dasein.

Alles klar. Julien änderte das Foto, dann schickte er einen Kusssmiley zurück. **Halt die Stellung, Profi, ich muss jetzt weitermachen. Bis nachher.**

Bis nachher. Könnte er dieses Lächeln jetzt sehen, Julien wäre Sasha einfach um den Hals gefallen.

Schickes Bild, schrieb Bekah prompt, die Julien eigentlich fragen wollte, ob sie Zeit für ein kurzes Telefonat hatte. Daraus wurde jetzt nichts mehr, denn von irgendwoher ertönte ein Pfiff. **Wer hat das gemacht?**

Kollege, tippte Julien passenderweise zurück, dann steckte er das Handy weg. Bekahs Antwort summte anklagend in seiner Tasche auf, während er Martin oder Melvin oder wie der Kollege hieß einen mindestens zwanzig Kilo schweren Karton aus den Armen zog und auf die Ladefläche schleppte.

Eigentlich hätte Julien seiner besten Freundin davon erzählen müssen. Zumindest wollen, doch es war nicht einmal die Tatsache, dass es der hübsche Nachbarsjunge war, dem Julien da Herzen schickte. Vielmehr die Gewissheit, dass es ihr nicht passen würde, ihn überhaupt mit jemandem zu teilen. Denn mit Amy hatte er in zwei Wochen weniger gesprochen als mit Sasha an einem Tag. Die wäre ihr niemals gefährlich geworden.

Julien ignorierte das Summen, wie er es vielleicht heute Morgen schon hätte tun sollen, schleppte verbissen und ohne Hilfe viel zu viele Kisten, Regale und Schranktüren, doch es tat nicht weh, heute nicht. Es pulsierte nur, angenehm warm, beinahe fiebrig. Und das nicht nur in seiner Schulter, sondern überall.

Auf dem Rückweg zur Spedition setzte Julien sich nach außen, direkt neben die Beifahrertür, um nicht warten zu müssen, bis seine beiden Mitstreiter sich von der Sitzbank bewegt hatten. Das waren ohnehin Arschlöcher, resümierte Julien stumm und sah auf sein Handy. Kurz vor acht. Das Ausräumen am Zielort war schneller gelaufen als erwartet.

Martin oder Melvin rauchte schon seine zweite Zigarette innerhalb einer Viertelstunde und verpestete damit den Innenraum der Fahrerkabine. Julien kurbelte demonstrativ das Fenster herunter. Er mochte das nicht, außer er war wirklich betrunken. Dann konnte er Kette rauchen, bis ihm schlecht wurde. Jesse, der am Steuer saß, war mindestens sechzig Jahre alt und warf ihm einen leidigen Blick zu. «Mach mal zu, es zieht», wies er ihn an.

«Es sind dreißig Grad, was soll da ziehen?»

«Wenn ich krank werde, bin ich den Scheißjob hier los.»

«Halt's Maul, Jesse», gluckste Martin neben Julien. Martin, ganz sicher. «Du benimmst dich wie'n Mädchen.»

«Mann, ich hab ein schwaches Immunsystem, meine Frau…» – «Die soll dir mal die Eier kraulen, entspann dich und lass uns hier in Ruhe rauchen.»

«Echt mal», pflichtete der Kollege direkt neben Jesse Martin bei.

«Ohne deine Scheißkippen bräuchten wir kein Fenster», merkte Julien an. Die Typen gingen ihm mit ihrem dümmlichen Gequatsche ernsthaft auf die Nerven.

«Fängt der auch noch an.» Martin verdrehte die Augen, zog an seiner bis zum Filter aufgerauchten Zigarette und blies Julien den Rauch demonstrativ entgegen. «Schreib's auf 'nen Zettel und häng einen Ballon dran, wenn du dich beschweren willst.»

«Du bist ein dummer Wichser», erwiderte Julien sachlich. «Kann ich dir auch schriftlich geben.» Und ausdrucken, wie Miguel es ihm jetzt als zusätzliche Dienstleistung teuer verkaufen würde.

«Alter.» Martin sah zu dem namenlosen Kerl neben sich. «Hast du das gehört?» Und wieder zu Julien. «Wie hast du mich genannt?» Der war doch höchstens Mitte zwanzig und führte sich auf wie der Präsident höchstpersönlich.

«Du hast mich schon verstanden.» Julien musterte Martin und verzog das Gesicht. «Oder bist du ein tauber Wichser?»

«Fick dich, Mann, ich geb dir gleich Wichser.» Der Typ boxte Julien unsanft mit der Faust gegen die Schulter, die kaputte, die heute nicht wehtat, und er griff wie aus Reflex in Martins Nacken und schlug seinen Kopf mit der Stirn zuerst auf das Armaturenbrett. Ein Reflex, wie andere mit dem Knie zuckten oder blinzelten.

«Jungs.» Jesse war nur noch eine Ampel von der Hofeinfahrt entfernt.

«Fass mich nicht an, Arschgesicht.» Julien fühlte ein Brodeln in seinem Magen, wie überhitztes Wasser, und versuchte, es wegzuatmen. Martin riss sich los und packte Juliens Arm. «Du…» – «Jungs!» Jesse brüllte jetzt, und der Typ neben ihm grinste selbstgefällig. «Schlagt euch draußen die Köpfe ein! Solange ich fahre, benehmt ihr euch!»

«Mann, fick dich. Ihr alle.» Martins blasse Augen zuckten zwischen Julien und Jesse hin und her. «Bin ich hier nur von weinerlichen Schwuchteln umgeben?»

Atmen, Jules. Es kochte in ihm hoch wie Milch, die man nicht rechtzeitig vom Herd genommen hatte. Zum Glück bremste Jesse gerade abrupt hinter dem Einfahrtstor der Firma ab, denn Julien hätte Martin sonst gegen das Lenkrad gestoßen, als er hochfuhr und erneut seinen Kopf packte. Dann hätten sie womöglich einen Unfall gebaut, und das hätte er nicht erklären können. Den Rest schon.

«Halt dein verfluchtes Maul», presste Julien hervor und schlug Martins Schläfe im nächsten Moment so heftig gegen die Frontscheibe, dass dieser aufjaulte. Er stank nach Rauch und Schweiß, holte mit der rechten Hand aus und traf Julien zielsicher über dem Kieferknochen. *Fuck.* Sonst dachte er nichts mehr.

«Jungs!», brüllte Jesse wieder, der Kollege neben ihm fing lauthals an zu lachen, und Julien stürzte mit seinem gesamten Gewicht auf Martin. Seine Lippe platzte auf, als er dem Wichser mit der bandagierten Faust ins Gesicht schlug, und nochmal, dann bekam Martin seinen Hals zu fassen.

«Fick dich, Mann!», schrie er und stieß Juliens Hinterkopf mit so viel Kraft gegen die Türverkleidung, dass ihm der Schmerz bis ins Rückgrat schoss. Julien trat blind nach ihm, schlug wieder gegen Martins blutende Lippe, dann riss ihn etwas zurück.

«Du scheiß Schwuchtel!», brüllte Martin, während Juliens Chef ihn an den Armen aus der Fahrerkabine von ihm weg nach draußen zog und ebenfalls fluchte. «Fick dich, Mann!»

«Fick dich selbst!», schrie Julien zurück und fühlte, dass er schon wieder überlief, es längst zu spät war, seine Atmung stotterte. «Fick dich selbst und verreck dabei!»

«Julien!» Jeffs Griff um seine Oberarme war so fest, dass es ihm fast das Blut abschnürte. «Was soll das?!»

Martin presste gerade den Handrücken gegen seine Unterlippe und richtete sich langsam auf der Sitzbank auf.

«Mann, was stellst du für Arschlöcher ein?!» Julien versuchte sich loszureißen, doch Jeff war unerbittlich. «Der beleidigt jeden und...» – «Ist mir scheißegal!», brüllte sein Chef zurück. «Ist mir sowas von scheißegal, wer hier wen beleidigt, ihr reißt euch jetzt zusammen, alle miteinander!»

Es war so ungerecht. So beschissen und himmelschreiend ungerecht, weil nicht Julien angefangen hatte, diesmal nicht, sondern Martin, dieser Wichser. Wer war er, dass er egal wen als Schwuchtel beschimpfen durfte?

«Ich...» – «Sei still», herrschte Jeff ihn an. «Das kommt noch ein einziges Mal vor und du bist raus, hast du verstanden?»

«Mann, sag ihm das.» Endlich ließ er Julien los, stieß ihn beinahe von sich. Sein Kiefer pochte, seine Hände zitterten, und die Mullbinde war blutverschmiert. *Verflucht.*

«Ob du das verstanden hast?»

«Ja, Mann, ich hab's kapiert.»

Jeff zog einen Bündel Geldscheine aus der Jeanstasche und zählte fünfzig Dollar ab, die er Julien hinhielt. «Für die Aktion kriegst du zwanzig Mäuse weniger. Lern draus, sonst war's das», knurrte er.

Noch besser. Jetzt war nicht mal mehr ein halber Staubsaugerkarton drin. Julien rieb sich die brennende Wange, wandte sich von Jeff ab und ging anschließend sein Longboard aus dem Büro holen. Er musste runterkommen, bevor Miguel ihn so zu Gesicht bekam. Der wüsste sofort, dass Julien wieder einmal die Beherrschung verloren hatte. Oder Sasha. Sasha, der seine Schattenseiten mochte. Aber nicht die, da war sich Julien todsicher.

Auf dem Heimweg versuchte er, an gar nichts zu denken, sich nur rollen zu lassen, über Straßenkreuzungen, Gehwegplatten, Gullydeckel. Einfach nur zu atmen, tief ein und aus, bis das Brodeln und Rauschen abebbte und er kurz vor Erreichen der Parkplätze vor dem Haus Jeffs Nummer wählen konnte. Julien brauchte den Job, so bitter die Entschuldigung schmeckte.

«Denk dran», erinnerte ihn Jeff nur; es klang weniger drohend als vorhin, zum Glück. «Noch einmal sowas und du fliegst.»

«Kommt nicht mehr vor», murmelte Julien und sprang gleichzeitig von seinem Board. Als er auflegte und die Haustür aufschob, sprang ihm jemand von hinten mit Schwung auf den Rücken, sodass seine Wirbel unter dem erneuten Druck knackten.

«Hi», flüsterte Bekah an seinem Ohr, und Julien drückte sie von sich weg.

«Nicht, mir tut alles weh.»

«Was bist du denn neuerdings so empfindlich?» Bekah war vor ihm am Fahrstuhl und ließ sich den Rucksack von der Schulter gleiten, dann sah sie Julien an. «Und was hast du da?»

Shit, sah man das etwa? Julien fasste sich schuldbewusst an die linke Wange. «Was denn?», fragte er und stellte sich dumm.

«Das ist ganz rot.»

«Hm.»

«Jules.» Bekah verschränkte die Arme vor der Brust und legte den Kopf zu Seite. Wie eine besorgte Mutter stand sie da vor ihm. «Hast du dich geprügelt?»

«Ich hab nicht angefangen», versuchte Julien sich zu rechtfertigen. Sie musste ihm glauben, sie war doch Bekah, die ihn besser kannte als er sich selbst.

«Wer dann?», fragte sie und drückte mehrmals auf die Fahrstuhltaste. Sie beide waren fest davon überzeugt, dass es dadurch schneller ging.

«Kollege.»

«Ah, der mysteriöse Kollege also.» Sie nahm ihn nicht ernst. Kein Stück. Julien sah erneut auf sein Handy. Kurz nach acht. Er musste noch duschen, bevor er Sasha Bescheid sagen konnte. So perfekt, wie er immer aussah, würde Julien ihm in diesem Zustand nicht die Tür öffnen.

«Ein anderer. Ein richtiger Wichser einfach», erklärte er Bekah. Sie strich sich die Haare zurück und musterte ihn.

«Was war los?», fragte sie dann.

«Hat mich beleidigt. Arschloch eben.»

«Ah.» Bekah drückte erneut die Taste. «Ich sag's ja, empfindlich.»

«Wärst du auch.»

«Kommt drauf an, was er sagt.» Endlich gingen die Türen auf, und Julien tastete erneut sein Gesicht ab.

«Fällt das sehr auf?», wollte er von Bekah wissen, als sich der Aufzug in Bewegung setzte. Sie kam einen Schritt näher und inspizierte den Fleck einige Sekunden lang.

«Ich fürchte, ja», gab sie dann zu Protokoll. «Warum? Hast du noch was vor?»

«Nee. Will nur keinen Stress mit Miguel.» Seit wann log Julien eigentlich so schamlos? Wenn er sich nicht komplett selbst demaskieren wollte, musste er langsam aber sicher mit der Sprache rausrücken.

«Wie läuft's mit Earl?», fragte er, bevor sie den dreizehnten Stock erreicht hatten. Bekah sah auf die leuchtende Zahl über der Tür. «Gut», erwiderte sie. «Er holt mich morgen Abend ab. Wir gehen ins Kino.»

«Cool.»

«Allerdings.»

«Bist du in ihn verliebt?», platzte es dann aus Julien heraus, und er ließ den Punkt verstreichen, an dem er hätte aussteigen können. Auf die fünf Minuten kam es jetzt auch nicht mehr an.

Bekah runzelte die Stirn. «Das kann ich doch jetzt noch gar nicht sagen, Jules. Wir kennen uns doch erst seit ein paar Tagen.»

«Aber man merkt das doch», bohrte Julien weiter, ohne zu wissen, was er eigentlich hören wollte. «Wenn man sich das erste Mal trifft und dann... Du weißt schon.»

«Naja...» Bekah bückte sich nach ihrem Rucksack, als der Aufzug

erneut hielt, dann stellte sie einen Fuß in die sich öffnenden Türen. «Also, wenn ich ihn sehe, ist da schon was. So ein Kribbeln, Vorfreude.»
«Okay.»
«Und ich liebe sein Lächeln. Er sieht wirklich gut aus. Wenn es länger als zwei Wochen läuft, stelle ich ihn dir vor.» Bekah zwinkerte, dabei leuchteten ihre Augen im blassen Licht der Treppenhausbeleuchtung etwas heller.
Julien nickte nur.
«Frage beantwortet?»
«Schätze ja.»
«Nicht verliebt, aber ziemlich verknallt», fügte Bekah noch hinzu und lachte. Anders, als wenn sie zusammen auf dem Sofa saßen, schlechte Casting-Shows ansahen und Julien einen Witz über die Kandidaten machte. Tiefer irgendwie, klangvoller.
«Ich hoffe, es geht diesmal gut», murmelte er, streckte den Arm aus und roch Bekahs Parfüm und einen Hauch Bratfett aus dem Imbiss, als sie sich zum Abschied an ihn schmiegte. «Mit deinem Lord.»
«Danke, Babe.» Julien spürte sie lächeln. «Und für dich finden wir auch noch jemanden. Todsicher.»
Der Aufzug fuhr wieder nach unten, währenddessen zog Julien sein Smartphone aus der Jeanstasche und scrollte durch Sashas Chat bis zu dem Foto, das er ihm gestern Abend geschickt hatte. *Ich liebe sein Lächeln.* Ja, tat er wirklich. Und diese Vorfreude darauf, ihn gleich wiederzusehen, reichte so tief, dass Julien langsam begriff, diesen *Jemand* schon seit zwei Tagen zu kennen.

Sasha

Bereit für Eskalation, Profi? Sasha hatte gerade seinen Rucksack ausgeräumt und stürzte förmlich zu seinem Handy, das auf dem Nachtschrank lag. Auf dem geöffneten Laptop lief ein schwedischer Radiosender, einfach, weil Sasha die verwaschene Sprache mochte, ohne auch nur ein Wort davon zu verstehen. Ja, er war absolut bestens vorbereitet.
Bin ich.
Dann komm rüber, einfach klingeln.
Alles klar, kein Problem. Es ging ihm gut, er durfte wegbleiben, solange er wollte, und Julien hätte ihn beinahe geküsst. So viel Glück auf

einmal verleitete Sasha sogar dazu, seiner Mutter eine kurze Nachricht zu schicken, bevor er sich im Flur die Schuhe anzog.
Mach dir keine Sorgen, ich mag es hier.

Dass Sasha seit vorgestern Morgen keine Panikattacke mehr gehabt hatte, fiel ihm erst auf, als Julien ihm die Tür öffnete und sein Herzschlag angenehm zu flattern begann. Neuer Rekord, dachte er nur und spürte Juliens Faust an seiner. Der Verband war verschwunden.

«Hi, Profi», flüsterte Julien, und seine dunklen Augen hörten nicht auf zu lächeln.

«Hi, Jules.» Er trug Jogginghosen und ein enganliegendes, langärmliges Shirt, das er bis zum Ellenbogen hochgeschoben hatte. *Passt*, dachte Sasha diffus und registrierte Juliens schlanke Brustmuskeln unter dem schwarzen Stoff. *Verflucht nochmal*, stand ihm das gut.

«Komm.» Im nächsten Moment drehte er sich weg und ging voraus in den Wohnraum. «Ich zeig dir die Residenz des Finanzberaters.»

Die Appartements waren exakt gleich geschnitten, sodass Sasha nicht erst irritiert stehenbleiben musste, ohne zu wissen, wohin er zuerst schauen sollte. Sogar das riesige, lederne Ecksofa stand an genau der gleichen Wand wie in Pams Wohnung nebenan.

«Bei dir zuhause ist es bestimmt krasser.» Julien öffnete den Kühlschrank, holte zwei Bierflaschen heraus und schlug die Deckel an der Kante des Küchentresens ab. Die Kerben darin verrieten, dass er das öfter tat und es offenbar niemanden kümmerte. Sashas Vater hätte ihn dafür enterbt. «Oder?»

«Muss nicht besser sein», erwiderte Sasha und beobachtete, wie Julien einen großen Schluck trank und anschließend barfuß an ihm vorbei um die Theke herumging. Das Shirt spannte sich sanft über seinen Schulterblättern, und er roch nach Duschgel.

«Ich schlaf da.» Julien nickte mit dem Kinn zu der verschlossenen Tür am Ende des Raums auf der linken Seite. Genau dasselbe Zimmer, das auch Sasha bekommen hatte. Er glaubte schon lange nicht mehr an Zufälle. «Willst du's sehen?» Julien nahm noch einen Schluck, und Sasha nickte.

«Klar.»

«Hab aber nicht aufgeräumt.»

«Macht nichts.» Passte perfekt zu dem Chaos in seinem Innern. Die Flasche lag warm in Sashas Hand, und er wusste nicht, wie lange sein letztes Bier her war, als er hinter Julien in den kleinen Raum trat. Schmeckte jedenfalls besser als der Kaffee heute Morgen.

«Ist nichts Tolles.» Julien sah Sasha kurz von der Seite an. «Der Umzug war spontan.»

«Glaubst du, ich hab einen Konzertsaal als Zimmer?» Von wegen. Auf der Seite des Hauses, wo er schlafen musste, schien den ganzen Tag kein einziger Sonnenstrahl durch die Fenster. Ob das Kalkül oder bloßer Nutzvorteil seines Vaters gewesen war, wollte Sasha gar nicht wissen. Er hasste das Zimmer genauso wie den Rest des Hauses, jetzt, wo er bei Pam wohnte, die ihm das Mittagessen kaltstellte und fünf verschiedene Käsesorten für seinen Toast gekauft hatte.

«Klar.» Julien lachte, und Sasha musste die Flasche zur Hälfte austrinken, um den Funkenschlag in seinem Magen zu löschen, den das auslöste. Dass Alkohol es nur verschlimmerte, wurde ihm erst danach klar.

Auf Juliens Bett lag ein zusammengeknüllter Haufen aus Decken und dem Hoodie, den er wenige Stunden vorher noch getragen hatte, und auf dem Schreibtisch stapelten sich zusammengelegte T-Shirts. Der Kleiderschrank stand sperrangelweit offen, dann entdeckte Sasha das Klavier links von ihnen an der Wand.

«Sowas hab ich nicht», sagte er, legte seine Finger an den mattschwarzen Lack und fühlte die glatte Oberfläche warm werden. «Trotz Konzertsaal.»

Julien lächelte noch immer, doch es reichte nicht mehr bis in seine Augenwinkel. Prompt verspannte sich Sashas rechtes Bein.

«War ein ziemlicher Aufriss, das mitzunehmen», antwortete Julien nur. Flucht oder einfach nach vorn stolpern? Sie entschieden sich gleichzeitig für einen weiteren Schluck Bier, und Sasha ignorierte das warnende Flüstern in seinem Hinterkopf.

«Wo hast du vorher gewohnt?»

Julien betrachtete das Klavier und kaute auf seiner Unterlippe herum, als müsste er erst überlegen. «In Madison», antwortete er schließlich.

«Der Hauptstadt von Wisconsin?»

«Klugscheißer.» Julien gab sich wirklich Mühe, beiläufig zu klingen, doch Sasha konnte den haarfeinen Riss in seiner Stimme, während er das sagte, nicht überhören. Irgendetwas schien sich über seine Schultern zu legen, denn die Spannung, die Sasha gerade wegzuatmen versuchte, ließ Julien kaum merklich zusammensinken.

Sasha dachte an die unverschämt teure Alarmanlage, die sein Vater im Haus installiert hatte, damit niemand Unbefugtes auch nur einen Fuß hineinsetzte. Genau so wirkte es gerade. Als ob er einen Schritt zu nah dran war, an Julien und seinem Klavier. Sasha wartete auf den Ton, der sie heute Morgen abrupt auseinandergerissen hatte, doch er hörte nur sein Herz im Takt mit der Wanduhr in der Küche schlagen. *Eins, zwei.*

Weil auch Julien schwieg und Sasha nicht wusste, wohin er eigentlich flüchten sollte, machte er einen Schritt auf ihn zu, blieb zwischen ihm und dem Klavier stehen. Julien sah auf.

Sie starrten sich an, dann zuckte Juliens rechter Mundwinkel. «Schlechter Zeitpunkt, Profi», sagte er leise. «Fürs Hirnaufweichen.»

«Wollte ich nicht», flüsterte Sasha. Nur sichergehen, dass Julien okay war. Dass er keinen Fremden hereingelassen hatte, weil Sasha etwas falsch verstanden hatte.

«Tust du aber», flüsterte Julien zurück. Unter seinem linken Wangenknochen prangte ein dunkler Fleck, der Sasha im Dämmerlicht der kleinen Nachttischlampe erst nicht aufgefallen war.

«Soll ich gehen?» Er wünschte, er wäre selbstsicherer. Mutiger. Würde stattdessen etwas anderes fragen, woher das kam, warum Julien nicht mehr lächelte, was Sasha tun musste, um es wieder gut zu machen. Stattdessen wollte er nur wieder wissen, wann er verschwinden musste, damit es nicht schlimmer wurde. Wie immer.

Julien blinzelte. «Fuck, nein. Ich hab mich den ganzen Nachmittag drauf gefreut, dass du...» Da war es wieder, dachte Sasha nur. Das Lächeln, das die Erde aufbrechen ließ.

«Ich mich auch», flüsterte er. Sonst nichts. Was auch? Es reichte doch.

«Hab doch gesagt, ich mag das.» Julien stieß ihm leicht mit der Faust gegen den Oberarm. «Mein ich auch so.»

«Okay. Ich dachte nur, dass du...» Und auch das reichte, denn Julien grinste, beinahe kindlich.

«Richtig gedacht, Profi. Ist aber kein Thema für heute. Ein anderes Mal, Deal?» *Kein cooles Thema.*

Sasha nickte, dann drehte er sich wieder zu dem Klavier und berührte die Tasten mit der freien Hand. «Spielst du mal was?», fragte er. Vielleicht lenkte ihn das ab und ließ Sashas verspannte Sehnen nachgeben. «Jetzt?»

«Hm.» Julien trank seine Flasche leer und stellte sie einfach auf den Boden. «Weiß echt nicht, ob ich das noch kann. Hab ewig nicht drangesessen.»

«Wie lange nicht?»

«Mindestens fünf Jahre. Eher hundert.» Er lachte wieder, ein fast unsicheres, scheues Lachen, doch Sasha gab nicht auf.

«Du kannst mich nur beeindrucken, ich kann überhaupt nichts Tolles», argumentierte er. «Fehler würd ich vermutlich nicht mal mitbekommen.»

«Ich glaub dir kein Wort, Profi.» Als Julien sich auf das schmale Bänkchen setzte und seine Finger auf die Tasten legte, konnte Sasha die Abschürfungen auf den Knöcheln seiner rechten Hand erkennen. Rot umrandet, noch relativ frisch, als würden sie jeden Moment wieder zu bluten anfangen.

«Was soll ich spielen?», fragte Julien und sah zu ihm hoch. *Welches soll ich nehmen?*

«Das, was du am liebsten magst», antwortete Sasha leiser und stellte seine Flasche neben Juliens auf den Boden. Seine Schritte knarrten auf dem warmen Holz, als würde es unter ihm atmen. Langsam begann Sasha dieses Haus voller Geräusche, Gerüche und Unebenheiten wirklich zu lieben. Nichts war steril, keine Kante passte auf die andere, und niemand bekam Angst, sobald sich ein Schlüssel in der Tür drehte.

«Okay.» Julien kaute erneut auf seiner Lippe, sah von Sasha zurück auf seine Hände, dann ließ er langsam seine scheinbar wahllos platzierten Finger in die Tasten sinken. «Das kennst du bestimmt», murmelte er noch.

Schon die ersten Töne, die Julien anschlug, flossen als Gänsehaut über Sashas nackte Unterarme. Erst dunkel, dann etwas heller, viel wärmer als alles, was er je gehört hatte. Ja, er kannte das Lied. Den Film hatte er vor Jahren spät nachts mit Kopfhörern unter seiner Decke versteckt geschaut und sich noch gefragt, wie etwas gleichzeitig traurig und so unglaublich lebendig klingen konnte. So leise, dass Sasha am liebsten seine Lautsprecher eingeschaltet hätte, damit es das riesige Haus ausfüllte, damit endlich jeder hörte, wie es wirklich war.

Julien bewegte seine Finger auf den Tasten, als hätte er nie damit aufgehört und Sasha aus purer Angst, zu versagen, angelogen. Dabei war es Sasha, dem gerade klar wurde, wie wenig er in der Vergangenheit wirklich gelernt hatte.

Juliens linke Hand hielt die dunklen Klänge fest, ruhig, behutsam, und sein Gesichtsausdruck war so konzentriert, dass Sasha sich nicht einmal traute, kurz Luft zu holen. Er wollte das nicht unterbrechen. Dieses Spiel, was sie da spielten, Julien am Klavier, seine rechte Hand, die durch die hohen Töne flog, und Sasha, festgewachsen auf dem summenden, atmenden Holzboden.

Er war wie eingefangen, dachte Sasha. Seine fahrigen Bewegungen, der unstete Blick, die Spannung. Als hätte Julien jemand gefunden und wieder zusammengesetzt, nachdem er in tausend Teile zerbrochen war.

Die Zimmertür, die Julien vorhin nur halb geschlossen hatte, wurde langsam wieder aufgedrückt, und sein Bruder blieb an den Türrahmen gelehnt stehen. Er trug eine dunkle Bundfaltenhose und hatte die Ärmel seines Hemds hochgekrempelt. Sasha schien er gar nicht zu bemerken. Ihn, den Geist neben Julien, den sie beide anstarrten, während er das Lied einen Ton heller spielte, ihm das Haar in die Stirn fiel und sich sein Oberkörper im Takt leicht nach vorn neigte.

Sasha musste sich plötzlich furchtbar zusammenreißen, Julien nicht einfach die Arme um den Hals zu legen und sich in diesen Tönen zu vergraben. Er hätte so gern, *total gern*, doch es war Miguel, der das tat.

Der lautlos hinter Julien trat, die linke Hand auf seine Brust schob, genau dorthin, wo sein Herz schlug, und seinen Unterarm behutsam gegen Juliens Schulter drückte. Lauter kleine, punktförmige Narben zogen sich wie Perlen durch die dunklen Härchen, und Julien lehnte kaum merklich seine Wange gegen Miguels Armbeuge.

Sasha dachte kurz an Pams warme Berührung. *So*, nur viel länger. Viel vertrauter, viel fremder als alles, was Sasha kannte. Miguel senkte den Kopf, als Julien zum Übergang ansetzte, der die Melodie langsam auslaufen ließ. Er vergrub die Nase in Juliens Haar, schloss die Augen, und Julien sah wieder zu Sasha. Sein Blick war so dunkel, dass seine Pupillen nicht mehr zu erkennen waren.

«Moms Lieblingslied», flüsterte er, während die Töne immer leiser wurden. Mehr nicht. Sasha verstand ihn trotzdem. Verstand plötzlich etwas, das er selbst nicht kannte, von dem er nichts wusste, das man in keiner Universität der Welt lernen konnte.

Von den tausend Teilen, in die man zerbrechen konnte, die sein Vater regelmäßig im gesamten Haus verteilte und die seine Mutter mühsam wieder zusammenklaubte, fehlte Julien das Stück, das ihn zusammenhalten sollte. Das Sasha sich gerade am liebsten herausgerissen und ihm im Austausch für die teuer versicherte Fassade gegeben hätte, hinter der es keine Erklärung für Traurigkeit gab, keine Lücken, in die sie hineingepasst hätte.

Aber hier, dachte Sasha und hörte, wie Juliens Finger von den Tasten glitten und einen Laut, wie ein Atemzug, nur viel schwerer. Hier war alles voll davon.

Julien

Julien griff mit der linken Hand nach Miguels Arm und fühlte das Herz seines Bruders gegen seinen Rücken schlagen. Er würde jetzt nicht heulen. Nicht vor Sasha. Der sah nämlich auch nicht glücklicher aus als Julien sich gerade fühlte. Dabei hatte er doch scheinbar alles. Haus, Konzertsaal, Geld und Eltern.

Miguel sagte überhaupt nichts, als er leise ausatmete, Julien daraufhin losließ und beim Gehen die Tür hinter sich zuzog. Sein Bruder liebte das Lied fast noch mehr als Julien und Mom es zusammen getan hatten, hatte sie immer genötigt, es zu spielen, wenn er am Esstisch über seinen Hausaufgaben gebrütet hatte, stundenlang. Etwas anderes wollte er nie hören.

Sasha sah Julien noch immer an, mit einer Mischung aus stummer Scheu, als hätte Julien ihn doch gebeten, zu gehen. Das wollte er nicht, *scheiße*, das wollte er auf keinen Fall. Von ihm aus konnte er die ganze Nacht hier bleiben.

«Komm her, Profi», forderte Julien ihn leise auf, und Sasha machte einen winzigen Schritt auf ihn zu. Julien rutschte daraufhin ein Stück zur Seite, sodass sie nebeneinander auf die kleine Bank passten. Sashas Unterarm und die Tätowierung lagen warm an Juliens, und er fand das irgendwie tröstlich, auf eine unangestrengte Art und Weise.

«Das war toll», murmelte Sasha. «Richtig toll.»

«Hast du Fehler gehört?», fragte Julien. Bei der Vorstellung krampfte sich sein Magen wie unter Schmerzen zusammen, ohne wirklich wehzutun. Wenigstens die deutlichste Erinnerung an Mom wollte er perfekt instand halten.

«Und wenn?» Sashas Augen waren wieder tiefseeblau und frei von Eis. Er lächelte nicht, doch das musste er ja gar nicht, dachte Julien. Das funktionierte auch so. «Dann spielst du's nochmal.»

«Ich glaub, das verkraftet Miguel nicht.» Julien versuchte zu lächeln, doch in Wahrheit war er es, der das kein zweites Mal ertragen würde. Nicht heute, schon gar nicht, wenn Sasha ihn dabei ansah, als wäre er ein vollständiger Mensch ohne jeden Makel. Diesen Blick hatte Julien über die Jahre schon fast vergessen.

«Was?», fragte Sasha tonlos. Nur das. Und Julien schüttelte den Kopf.

«Ein anderes Mal», wiederholte er leise. «Okay?» *Ja, nein, bitte.* Sasha wusste offenbar genau, wann er aufhören musste, um es nicht eskalieren zu lassen, denn er nickte nur. Julien mochte das, weil er es selbst nicht konnte.

«Danke, Profi.» Julien hätte jetzt einfach nach Sashas Hand greifen können, die direkt neben seiner lag, aber dann wäre es vielleicht doch eskaliert, und das hatte Julien nicht gemeint, als er Sasha vorhin geschrieben hatte. Wobei er das auch nicht so genau wusste. Vielleicht ja doch, er hatte keine Ahnung und gleichzeitig zu viel Respekt vor den Konsequenzen. Das hier war etwas ganz anderes als eine spontane Busfahrt ohne Ticket, und Julien traute sich selbst gerade keine zwei Meter über den Weg.

«Tat das weh», fragte er, um einen Mittelweg zwischen einem ebenso spontanen Klavierspiel und Sashas warmer Haut zu finden. Er deutete auf sein Ohrläppchen mit dem Tunnel darin.

Sasha hob den Arm und strich kurz mit dem Zeigefinger darüber. «Das? Nein. Man fängt ja ganz klein an.» Jetzt lächelte er, nur so halb, und hätte Julien nicht ohnehin gesessen, wären ihm die Knie weich geworden.

«Wie klein?»

«Sehr klein. Wenn man es zu schnell macht, kann es sich entzünden.» Sashas Blick fiel kurz auf Juliens Fingerknöchel. «Deswegen nimmt man am Anfang ganz dünne Dehnstäbe.»

«Das klingt echt abartig.» Sie lachten gleichzeitig los.

«Ist nicht so schlimm, wie es sich anhört», sagte Sasha dann, und Julien beobachtete, wie sich die Falte auf seiner Wange vertiefte und wieder entspannte.

«Willst du's noch größer haben?», fragte er. «Dann siehst du aus wie der harmloseste Punk, den es gibt.»

«Und das will ich nicht. Also nein. Das bleibt so.» Irgendwo in den arktischen Tiefen begann es zu glitzern. Als läge dort etwas, das Julien unbedingt haben wollte, wenn er erst einmal wüsste, was es war, dachte er fasziniert. Dafür würde er verflucht tief tauchen müssen. Ohne Luft zu holen oder sich noch einmal umdrehen zu können.

«Steht dir», sagte er und riskierte einen Blick länger als nötig in Sashas Augen. Es glitzerte immer noch. Vielleicht fiel er ja ganz von selbst hinein. «Passt zu dem da.» Julien sah auf Sashas Nasenringe.

«Schleimst du immer so rum?» Sie grinsten sich an, wie zwei komplette Idioten. *Egal.*

«Revanche für heute Nachmittag.»

«Ich war nur ehrlich.» Sasha sah auf die Tasten des Klaviers vor sich, dann legte er Zeige- und Mittelfinger auf die C-Note. «Mein Vater ist ausgerastet, als er das gesehen hat», erzählte er dann scheinbar zusammenhanglos. Julien betrachtete das lilafarbene Plastik in Sashas Ohr.

«Wegen sowas?», fragte er nur. Sasha nickte, und die Falte wurde dünner.

«Ich wollte es irgendwie verstecken, aber Mützen findet er auch nicht gut. Genau wie das hier.» Er fuhr sich über den Unterarm und Julien versuchte sich vorzustellen, wie das aussah, wenn Sasha sich mit einem piekfeinen Immobilienboss um so etwas Unwichtiges wie ein Piercing zu viel stritt. Er selbst hätte auch mit schwarz umrandeten Augen und langen Haaren nach Hause kommen können, Miguel hätte ihn schlimmstenfalls ausgelacht. Genau wie Dad.

«Und deine Mom?»

«Die.» Jetzt war es Sasha, der kurz lachte, mehr ein Ausatmen mit bitterem Unterton, und Julien fragte sich stumm, ob selbst Sasha eine Seite an sich hatte, die niemand mochte. Am wenigsten er selbst. «Die hat keine eigene Meinung», erklärte er, dann drückte er die Taste nach unten. «Und so klingt das, wenn ich meine sage. Nach nichts.»

Julien wurde klar, dass Sasha ihm gerade sämtliche Steine aus dem Weg räumte, indem er ihm von seiner eigenen Familie erzählte, vielleicht, damit es weniger schlimm für Julien wurde. Je mehr er wusste, desto angreifbarer wurde Sasha für ihn. *Vertrau mir mal*, erinnerte Julien sich dunkel. Tat Sasha gerade, mehr als auf einem wackeligen Skateboard.

«Ohne diesen Ton würde Musik nicht funktionieren», erwiderte Julien deshalb und legte seine Finger auf die tiefe C-Note am anderen Ende der Tonleiter. Als er ihn drückte, floss ein dunkles Summen durch das schlecht gestimmte Klavier.

«So kling ich», flüsterte Julien daraufhin und schluckte gegen die Angst an, Sasha könnte das genauso anwidern wie ihn selbst. «Bei allem.»

Sasha sah ihn an, prüfend, fast, als wartete er wieder auf das Donnerwetter, das längst abgeklungen war. «Für mich nicht», sagte er dann so leise, so behutsam und aufrichtig, dass Julien Gänsehaut bekam. «Für mich klingst du wie ein ganzes Lied.»

10

Julien

Er merkte erst, was dieser Satz in ihm auslöste, als er sich blind zwischen Aufstehen und dem brennenden Wunsch, Sasha einfach an sich zu reißen, entschied.

«Willst du auch noch ein Bier?» Eigentlich brauchte er etwas Härteres. Ein Glas hochprozentigen Wodka, der ihm so richtig die Lichter ausschoss, oder besser zwei, denn Juliens Herz schien gerade auf die doppelte Größe anzuschwellen, und sein Puls zwang seinen Kreislauf preisverdächtig schnell in die Knie.

Fuck, er war gerade dabei, sich Hals über Kopf in einen Kerl zu verlieben. Nicht verknallt, das war er gestern schon, heute Mittag, vorhin. Jetzt war er nur noch weich im Hirn. Ein paar Tage reichten völlig aus, Bekah war eine verfluchte Lügnerin.

«Ja. Okay.» Verlor Sasha nie die Fassung? Als ob das, was hier lief, ein verfluchter Zufall war. Er folgte Julien zurück in die Küche, wo Julien den Kühlschrank erneut aufriss und nach Miguels teurem Whiskey griff.

«Das oder was Richtiges?» Er hielt die beiden Flaschen hoch, und Sasha deutete wortlos mit dem Kinn auf das Bier.

«Gut.» Julien schlug den Deckel so heftig am Tresen ab, dass er über den Boden bis unter den Kühlschrank schlitterte. Drauf geschissen.

«Was ist?», fragte Sasha und verfolgte jede von Juliens Bewegungen wie ein lauerndes Tier, als er sich ein Glas aus dem Schrank nahm, es bis zum Rand füllte und in einem Zug leer trank. «Hab ich was Falsches…» – «Sei still, Profi. Sei grad einfach mal still, ich…»

Wie zum Teufel sollte man mit so einer Erkenntnis umgehen? Nichts tun? Miguel am besten sofort verraten, dass er mit neunzehn reichlich spät dran war, aber jetzt wusste er es ja?

Atmen, Jules. Und noch ein Glas. In Sashas Augen flimmerte derselbe dünne Film Panik, den Julien schon hätte bemerken sollen, als sie in den Bus gestiegen waren. Hatte er aber nicht, weil er da noch von harmlosem, tröpfelndem Tauwasser ausgegangen war, keiner Tiefseewelle.

«Alles gut, Profi», murmelte Julien deswegen und stellte das leere Glas weg. «Sorry. Meine Nerven sind durch für heute.» Die Sehne an Sashas Unterarm, den er wie zum Schutz gegen seine Brust gehoben hatte, zitterte kurz, dann war sie wieder weg.

Verdammt, er wollte ihn doch nicht verschrecken. «Also», fing Julien an, weil Sasha ihn noch immer schweigend beobachtete. «Gehen wir eben 'ne Runde ums Haus? Zum Runterkommen und so.» Musste er doch am besten verstehen können. Hoffentlich. Sasha nickte langsam.

«Okay.»

«Oder hast du Schiss im Dunkeln?» Julien grinste und spürte gleichzeitig, wie sich der Alkohol wie ein schweres, in Chloroform getränktes Tuch auf seine überreizten Sinne legte. Besser, *viel* besser so.

«Und du?», fragte Sasha zurück, als wären sie wieder am Anfang. Waren sie aber nicht, und diesmal hatten *beide* angefangen.

«Ja», gab Julien unumwunden zu. «Aber du bist ja dabei, also alles cool.»

«Wenn uns ein Bär angreift, sind wir trotzdem tot.» Sashas Mundwinkel zuckten wieder, dann trank er einen Schluck und stellte die Flasche auf der Theke hinter sich ab. «Kann ich das hier…?» – «Ja, klar. Einfach stehenlassen. Und scheiß auf Bären, hier gibt's Monsterspinnen. Die sind viel schlimmer.»

Dass Sasha keine Angst vor Spinnen, dafür aber vor vollgestopften Bussen, Fahrstühlen und Hörsälen hatte, verriet er Julien, als sie die erste Runde geschafft hatten, und nach der zweiten, dass es in seinem Zimmer daheim kein Licht gab. Dass er die Sonne mochte, und jede Art von Musik, welche Serien er auswendig konnte und welche er nicht schauen wollte, weil ihm die Kameraführung Stress bereitete.

Und Julien wurde ruhiger, je länger sie im Kreis liefen. Am Ende waren es fünf Runden, und vor dem Aufzug reichte es endlich, um Sasha wieder in die Augen sehen zu können.

Als ob er das seit Tagen nicht getan hätte, dabei war es nur eine Stunde gewesen, so sehr hatte er das vermisst. «Alles gut, Profi?», wollte Julien leise wissen, als sie sich im Fahrstuhl gegenüberstanden. Sasha nickte. Der dunkelrote Hoodie, den Julien ihm gegeben hatte, biss sich mit der Farbe seiner Tunnel, und die Kapuze ließ seine blonden Haare, die ihm in die Stirn fielen, noch heller wirken.

«Bei dir auch?»

«Ja. Geht wieder.»

«Okay.»

«Lass dich nicht so schnell einschüchtern», bat Julien Sasha leiser, als sich die Aufzugtüren öffneten. «Nicht von mir.»

«Manchmal bist du wie ein Orkan», antwortete er fast tonlos, während sie den Flur hinaufgingen. «Dafür bräuchte ich eigentlich einen Wetterbericht.»

«Ich glaub, dein schlaues Hirn findet selbst raus, wann der kommt.» Todsicher sogar, so genau, wie Sasha ihn jedes Mal durchleuchtete.

«Aber ich hatte recht. Du bist unberechenbar.» Sasha stieß beim Gehen leicht mit der Schulter gegen Juliens und lächelte. «Aber das ist irgendwie...»

«Was?», fragte Julien, weil Sasha nicht weitersprach, doch er schwieg eisern. Vor Miguels Wohnungstür blieben sie stehen, und Sasha wollte sich zeitgleich die Jacke ausziehen, doch Julien griff blindlings nach seinem Arm.

«Lass ruhig. Kannst du mitnehmen.» Die Vorstellung, dass Sasha seinen Hoodie auch dann trug, wenn Julien nicht dabei war, ließ seinen Herzschlag schon wieder der Länge nach hinschlagen.

«Echt?»

«Klar. Ich hab genug.»

«Okay.» Und wieder dieser Augenaufschlag. Wenn Julien ihn jetzt umarmte, würde er nicht mehr loslassen können, zumindest heute nicht, und das würde ihm vermutlich mehr Lichter wegschießen als der restliche Whiskey in der Küche. Deshalb hob Julien nur die Faust, wie ein stummes Ritual.

«Gute Nacht, Profi. Danke fürs Zuhören vorhin.»

«Danke, dass ich zuhören durfte.» Sasha schlug ein und lächelte, mit dieser Falte, wie auf dem Foto, fast fordernd. In Julien drehte sich alles.

«Gute Nacht, Jules.»

«Du bist toll», brach es in einem einzigen Atemzug aus Julien heraus. Er konnte nur noch flüstern.

«Du auch.» Sie sahen sich an, sekundenlang, eine Minute, zwei. Julien tat alles weh vor Anstrengung, aber er wollte warten, unbedingt. Sich ganz sicher, todsicher sein, ob es stimmte, was er fühlte. Damit es nicht wieder schiefging, wie mit Amy.

«Sehen wir uns morgen?», fragte er tonlos. Sasha nickte.

«Spannend», sagte er dann, und Julien begriff überhaupt nichts.

«Das ist irgendwie spannend.»

So, wie er jetzt lächelte, hatte ihn noch nie irgendjemand angelächelt,

Julien hätte es schwören können. So absolut einnehmend, als wäre er der einzige Mensch, der noch wichtig war.

«Hau jetzt ab, Profi, sonst vergess' ich mich», murmelte er und wagte es nicht, Sasha wegzuschieben. Irgendeine Sicherung schwelte direkt neben seinem Herzmuskel vor sich hin und wäre bei der kleinsten Berührung hochgegangen.

Und weil Sasha klüger war als Julien, trat er zur Seite, ging langsam den Gang hinunter, und bevor Julien die Wohnungstür aufgeschlossen hatte, drehte er sich nochmal um. Es schwappte nicht mehr, es riss ihn beinahe von den Füßen, dieses Blau.

«Fuck, Sasha», flüsterte Julien und lehnte seine Stirn gegen den Türrahmen, dabei kondensierte sein Atem auf dem kühlen Metall. Er summte von innen heraus, in tausend Tönen, wie eine vollständige Tonleiter, hell, dunkel, alles auf einmal. *Wie ein ganzes Lied.*

Sasha

«Wie war's?» Pam war noch wach. Auf dem Sofa lag ein Haufen Wollknäuel, und sie strickte an etwas Knallrotem mit schwarzer Borte.

«Gut.» Sasha hätte das Bier austrinken sollen. Auf Ex.

«Sieht man.» Seine Tante wackelte mit den Augenbrauen, sodass Sasha grinsen und sich wegdrehen musste.

«Ich geh schlafen», sagte er dann. «Gute Nacht.» *Du bist toll.*

«Träum schön.» Pam lächelte, und Sasha ging nun doch zu ihr und legte einfach die Arme um sie. Ihr Haar roch nach Vanilleshampoo, wie das seiner Vorschullehrerin, die er wirklich gemocht hatte, weil sie ihm immer einen Extratoast mit Bananenscheiben geschmiert hatte, wenn die anderen Kinder längst fertig gefrühstückt hatten. Sasha konnte morgens ja nichts essen.

Pam stand auf, drückte ihn und lachte ein wenig, ganz leise, sodass nur er es hören konnte. «Bitte sag ihm nichts davon», flüsterte Sasha und wusste, dass Pam ihn durchschaut hatte. Er war durch eine sperrangelweit offene Tür, unvorbereitet und übervoll von Juliens Lächeln hier hereingekommen.

«Nein», flüsterte Pam zurück und rieb über Sashas Schulter. «Aber er ist doch gar nicht hier, Darling. Wovor hast du Angst?»

«Meine Mutter weiß es.» Sasha blinzelte in ihre Vanillehaare. «Wenn er lange genug fragt, erzählt sie ihm alles, was er hören will.»

«Ich nicht.» Pam schob ihn ein Stück von sich weg und legte die Handflächen um sein Gesicht. Ihre Augen glänzten verschwörerisch. «Ich sag dem gar nichts, versprochen.»

«Danke.» Sasha fühlte sich mit einem Mal so verstanden, so beschützt von dieser Tante, die er erst zwei Mal gesehen hatte, wie es keine Alarmanlage der Welt konnte.

«Mach dir keine Sorgen, okay? Hier nimmt alles den Lauf, den es nehmen soll.»

«Du bist toll.» Sasha lächelte. So viele Komplimente, wie er in den letzten Tagen ausgesprochen hatte, würde er in seinem gesamten restlichen Leben nicht hören.

«Ich weiß.» Pam lachte und küsste ihn auf die Wange. «Du färbst wohl ab, Schätzchen.» Brauchte er auch nicht, die Reaktionen reichten völlig aus, um sich ganz zu fühlen.

Als Sasha nach dem Zähneputzen leise die Zimmertür hinter sich schloss, Juliens Hoodie auszog und seinen Gürtel öffnete, begann es unterhalb seines Bauchnabels angenehm zu kribbeln. *Shit.* Er ignorierte das Gefühl, bis er in seine Jogginghose stieg und sich anschließend mit nacktem Oberkörper ins Bett legte, dann wurde es drängender.

Dabei war ja noch überhaupt nichts passiert. Sasha zog sich die Jacke wieder an, sodass das weiche Innenfutter ungehindert Hautkontakt hatte und Sasha ganz taub im Hirn wurde. Alles roch nach Julien, die Ärmel, die Kapuze, sogar das Größenetikett.

Er drehte sich auf die Seite und schaltete seinen Laptop ein. Nerven beruhigen. Runterkommen. Julien mochte seine Tarnung beeindrucken, Sasha wusste dafür umso besser, dass hinter der Fassade gerade die pure Anarchie ausbrach.

Er starrte angestrengt auf Jennifer Anistons Kleid, um seine Fantasie auszuhungern. Auf die Kette, die sie in dieser Folge trug. Und wollte ihn küssen, so unbedingt. Sich an seine Brust lehnen, die Hände unter dieses enge Shirt schieben. *Oh, shit.* Sasha vergrub sein Gesicht im Kissen. Diesen rauen Ton hören, seinen Namen. *Hör auf damit.*

Er konnte nicht, er *wollte* nicht. Nur Julien, sein Lachen, seine Traurigkeit, beides zusammenhalten. Die ganze verfluchte Nacht lang.

Als Sasha das nächste Mal blinzelte, weil er versucht hatte, es so lange nicht zu tun, bis ihm die Augen von selbst zufielen, zeigte die Digitaluhr auf dem Bildschirmschoner kurz nach acht Uhr an. Er hatte tatsächlich durchgeschlafen.

Pam hatte ihm einen Zettel auf den Tresen gelegt, neben einem Teller

Pancakes, *bis heute Abend*, *Darling*, und Sasha brühte sich spanischen Pfirsich auf, während er auf seinem Handy durch die Chats scrollte. Seine Mutter hatte sich seit fast zwei Tagen nicht mehr gemeldet. Auch auf Sashas kurze Mitteilung gestern Morgen war keine Reaktion eingegangen, nur die Bestätigung, dass sie es gelesen hatte.

Alles okay?, tippte er in das Nachrichtenfeld und wartete. Normalerweise trug sie das Telefon immer bei sich. Der Tee hinter ihm zog bereits zwei Minuten zu lange, als der Haken sich blau verfärbte und der Status, dass seine Mutter die App geöffnet hatte, nach wenigen Sekunden wieder verschwand. Das passte nicht zu ihr, dachte Sasha. Und das war auch der Punkt, an dem er unruhig wurde. Sie würde ihn niemals ignorieren, *nie*.

Das Zittern begann irgendwo hinter seinem Herzmuskel, versetzte seinem Puls einen kurzen Stoß, und Sasha fühlte ihn stolpern, bevor er unvermittelt drauf los pumpte. Vielleicht war sie gerade mit ihren Freundinnen unterwegs. Oder im Nagelstudio. Beim Einkaufen. Oder eben nicht. Vielleicht war es nichts, was Sasha mitbekommen konnte, weil er ja hier war.

Seine Hände wurden kalt, als er weiter auf den Chat starrte und es noch einmal versuchte.

Mom, ruf mich mal an. Grau, blau, weg.

Sashas rechter Lungenflügel krampfte sich schlagartig zusammen, und er versuchte, in den Bauch zu atmen, wie seine Mutter es ihm viel zu früh beigebracht hatte. *Ein und aus*, *Darling*, *ganz in Ruhe*. Es half nichts. Angst gab einen Scheiß auf Ruhe.

Sasha zitterte von innen nach außen, als er ihre Nummer aufrief und auf das Freizeichen wartete. Sekundenlang. Irgendwann, nach endlosen, zähen Minuten, sprang einfach die Mailbox an, *bitte hinterlassen Sie eine Nachricht*, und er hätte das Handy am liebsten von sich geschleudert und alles vergessen. Alles zuhause. Jeden von ihnen. Dieses Unglück, das dort hinter verschlossenen Türen ablief, ihn regelmäßig aufscheuchte und sein Herz so schnell schlagen ließ, dass ihm schwarz vor Augen wurde.

Die Panik ließ ihn immer starrer werden, und Sasha musste sich zwingen, die Wahlwiederholung zu drücken und den Arm zu heben, langsam, damit er das Telefon nicht fallen ließ und es endgültig kaputtging. *Tausend Teile*, erinnerte Sasha sich undeutlich, zwischen dem Rauschen und Summen in seinem Ohr.

Nach dem sechsten Klingeln knackte die Verbindung kurz, als würde wirklich etwas zerbrechen. «Was?», bellte Sashas Vater in den Lautsprecher, und er zuckte instinktiv einen Schritt zur Seite, stieß mit der Hüfte gegen Pams Spülmaschine und schwankte. Atmete.

«Gib mir Mom», brachte er nur heraus.

«Was willst du noch von uns? Du wohnst hier nicht mehr.»

Sasha presste die flache Hand auf die Anrichte. «Ich will mit ihr sprechen.» *Nicht mit dir.*

«Wozu? Du hast doch selbst gesagt, dir gefällt es da bei den Hippies, also brauchst du uns auch nicht mehr kontaktieren. Du bist raus, kapiert?» Er las ihre Nachrichten. *Shit,* natürlich las er ihre Nachrichten. Sasha wurde übel.

«Nur sie», flüsterte er.

«Was?» Sein Herz blieb fast stehen, nicht mehr lange. Pams Sofa kippte bedrohlich weit nach rechts aus seinem Blickfeld heraus.

«Ich kontaktiere nur sie.»

«Noch einmal so eine Antwort und ich komm mit dem nächsten Flieger und stopf dir dein vorlautes Maul.» Wenn er nicht mehr brüllte, das Telefonkabel aus der Wand riss und die Blumenvase vom Tisch fegte, wenn er so sprach wie jetzt, dauerte es nicht mehr lange. *Nicht mehr lange.*

«Jerome», ertönte es leise aus dem Hintergrund. «Lass mich kurz mit ihm sprechen, ich…»

«Sei still!», herrschte Sashas Vater seine Mutter an. Sasha tat mittlerweile der gesamte Brustkorb weh, so wenig Sauerstoff kam in seiner Lunge an. *Sei still, Profi.*

«Eine Minute, Jerome.» Sie klang immer so sanft, so beschwörend. «Lass mich mit ihm sprechen, es dauert nicht lange.»

Sasha hörte seinen Vater atmen. Dass er das konnte und Sasha kurz vor dem Kollaps stand, war noch das Schlimmste an der Sache. An dem Unglück. An allem.

«Sasha?» Im nächsten Moment schlug im Hintergrund eine Tür zu, und in Sashas Augenwinkeln begann es zu brennen. «Es tut mir leid, dass ich mich nicht gemeldet hab.» Jetzt flüsterte sie. «Du weißt, dass ich immer an dich denke, du…» – «Mom», flüsterte Sasha erstickt zurück. Sonst nichts.

«Alles okay, Darling.» Sie beschwor auch ihn, immer wieder. *Alles wird gut.* «Er hat nur wieder… Er dachte, ich würde mit anderen Männern… Das Handy… Du weißt doch, wie er ist.»

Sasha presste sich den Handballen auf das linke Auge. Auch das half nichts. Er war fertig.

«Es ist nichts passiert, Sasha, hörst du? Nichts.»

«Doch!», wollte Sasha schreien. Mit ihm passierte etwas, seit neunzehn Jahren passierte etwas, sobald er den Mund aufmachte und dabei klang wie ein hilfloser Vogel. Wie die letzte Taste, der letzte Rest. Er bekam keinen Ton raus. Diesmal nicht.

«Ich schreib dir wieder, versprochen», flüsterte seine Mutter weiter. «Sobald ich kann.»

«Mach ihn nicht wütend.» Sasha wollte am liebsten einfach losheulen, nichts runterschlucken, nicht stark und kein Mann sein. «Bitte, Mom.» Dieses Flehen kotzte ihn so an.

«Du musst dir keine Sorgen machen, Liebes. Wirklich.» Ihre Stimme bebte, ganz leicht. Wäre Pam doch hier, dachte Sasha nur und biss sich auf die Lippen, bis es blutete. Aber die war irgendwo und er allein mit seiner Angst. Oder Julien. Damit er mal sah, was für ein selten schlechter Profi Sasha wirklich war.

«Ich muss jetzt aufhören, aber ich melde mich bei dir. Ich verspreche es dir, hörst du?»

«Okay.» Das Wort brach ihm beinahe das Brustbein.

«Ich liebe dich, pass auf dich auf. Versprich es. Versprich es, Sasha, bitte.»

«Ich...» – «Schluss jetzt mit dem Geheule! So eine Scheiße, ich könnte...» Im nächsten Moment war die Verbindung unterbrochen, und Sashas Kreislauf sackte unvermittelt in sich zusammen. Seine rechte Hand griff ins Leere, als sie an der Kante der Anrichte abglitt und er sich in der Ecke zwischen Spülmaschine und Spülschrank auf den Boden sinken ließ. Ihm war so schwindelig, so übel, und Sasha presste das Gesicht in seine Armbeuge.

Der Geruch von Juliens Hoodie erinnerte ihn gleichzeitig an den Laut, den er gehört hatte, als das Lied geendet hatte, mit einem kurzen, hellen Ton. Genau dieser Laut war es, den Sasha ausatmete, als er nun doch heulte, zusammengekauert wie ein kleines Kind, das nur noch verschwinden wollte.

Julien

Julien schlief bis in den späten Mittag hinein, dann stand er auf, räumte die leeren Bierflaschen weg, schaltete die Waschmaschine ein und schüttelte sogar sein Laken auf. Er hatte geträumt, und erst war es gar nicht so schlecht gewesen. Von tiefblauem, warmem Wasser, in dem er unter zwanzig Sonnen trieb, doch dann war er plötzlich untergegangen.

An irgendetwas hängengeblieben, während er hineinsank, in diese Tiefe, und schließlich abgesoffen. Aufgewacht war Julien schließlich, weil er glaubte, Reste von Schnee würden ihm dort unten die Haut an der Schulter wegätzen, doch es war wieder nur ein flacher Phantomschmerz, nichts Halbes und nichts Ganzes.

Sasha stellte sich tot, als Julien ihn am frühen Nachmittag fragte, ob sie später Pizza bestellen und eine Serie schauen wollten. Auch um halb fünf war noch keine Antwort eingegangen, nicht mal gelesen hatte er die Nachricht. **Alles fit bei dir, Profi?**, tippte Julien und schwankte zwischen Ungeduld und der leisen Furcht, gestern irgendetwas falsch verstanden zu haben. Vielleicht war er ja doch zu unvorsichtig gewesen. Hatte Sasha womöglich abgeschreckt, mit einem unüberlegten Wort oder gar einem ganzen Satz.

Julien überlegte krampfhaft, während im Fernsehen eine Dauerwerbesendung lief, die versprach, mit nur *diesem* Gerät ein Doppelkinn wegtrainieren zu können, dann summte sein Smartphone auf. **Hast einen schlechten Tag erwischt, sorry.** Der Smiley dahinter sah so unglücklich aus, dass Juliens Herz einen Takt übersprang. *Fuck*, warum? Wegen was? Wegen ihm?

Was ist los, Profi?

Kein cooles Thema.

Kann ich was für dich tun? Irgendwas? Wenn Sasha sich nur halb so mies fühlte wie Julien, wenn er einen schlechten Tag hatte, hätte es zehn von ihm gebraucht, um das wieder gerade zu biegen. Sasha schickte zur Antwort einen Kusssmiley.

Ist es das, was letztens im Bus passiert ist?, fragte Julien geradeheraus und schaltete den TV stumm. Sasha tippte, hörte auf, tippte wieder. Immer im Wechsel. *Scheiß drauf*, Julien rief ihn einfach an. Wer wusste, ob er überhaupt zuhause war.

Sasha hob nach dem zweiten Klingeln ab. «Sasha», sagte Julien, nur, um zu wissen, ob es *das* war. «Wenn du was brauchst, kannst du rüberkommen.»

Am anderen Ende blieb es kurz still. «Ich hab keine Tarnung», murmelte Sasha dann. «Kein guter Zeitpunkt.» Es klang müde, ein wenig flach, als wäre er gerade erst zehn Meilen gerannt.

«Scheiß auf Tarnung. Bei mir brauchst du sowas nicht.» Nach vorn, einfach nach vorn, zur Not mit dem Kopf durch die Küchenwand, direkt in Sashas Appartement. Julien hörte ihn leise ausatmen.

«Aber wenn du mich dann...»

«Was? Wenn ich was?» Julien regte sich schon wieder auf, doch gerade war es nicht der Drang, alles kaputtzuschlagen, sondern der innige Wunsch, nur eine einzige Sache richtig zu machen.

«Wenn du mich dann nicht mehr toll findest», antwortete Sasha nach einer kurzen Pause leise. Julien war einen Moment lang sprachlos, bis ihm einfiel, dass er erst gestern genau dasselbe gedacht hatte.

«Was redest du für einen Scheiß, Profi?», fragte er deshalb und fühlte, wie sich sein Nacken unter dem Stress verspannte. «Wir hatten das doch geklärt. Glaubst du, ich fahr nur auf dein krasses Lächeln ab?» Warum konnte Julien nicht einmal nur halb so viel von dem sagen, was er dachte? Am besten ging er gleich rüber und stürzte sich kopfüber in den erstbesten Tiefseegraben, den Sasha ihm präsentierte. Und das würde er, er konnte gar nicht anders.

Es raschelte im Hintergrund, als würde der Lautsprecher unter einer Decke hervorgezogen. «Jules?»

«Was?», fragte Julien wieder, leise, weil Sashas Stimme klang, als hinge sie an einem aufgeribbelten Nylonfaden. Den wollte er nicht überspannen.

«Ich würd das mit der Pizza gern verschieben.»

Julien wollte protestieren, weil sie es doch abgemacht hatten, gestern Abend, weil doch alles gut war, wenn sie sich so ansahen und Julien alles vergaß, was er je gewusst hatte. «Okay», antwortete er nur. «Wie du willst, Profi.»

«Ich will zum See», flüsterte Sasha daraufhin. «Zu den Anlegern. Mit dir.»

Was? «Jetzt?»

«Ja.»

Gott sei Dank. «Okay.»

«Schiebst du mich wieder?» Ein Lächeln, ein winziges, und diese Erleichterung, die wie ein Feuerwerk in Juliens Magen hochging. «Wenn du in fünf Minuten hier bist», gab er zurück und stand vom Sofa auf. «Die Zeit läuft.»

«Bis gleich.» Sasha legte auf.

Als es genau drei Minuten und einundzwanzig Sekunden später an der Tür klingelte, hatte Julien sich gerade rechtzeitig ein frisches T-Shirt übergezogen und sein Longboard aus dem Zimmer geholt.

«Wow, Profi.» Sasha trug seine Chucks, Jogginghose und Juliens Hoodie, die Kapuze in die Stirn gezogen. Und sah dabei immer noch so unangestrengt gut aus, dass es in Juliens Magen zu ziehen begann. «Hast die Kontrolle verloren, was?» Er grinste, griff nach Sashas Faust und drückte sie kurz an seine Brust. Nur sein Gesicht war blasser als sonst, und das Blau. Das war wie schockgefrostet.

«Hatte keinen Nerv zu suchen», murmelte Sasha und lächelte, als er Julien ansah, nur für diesen kurzen Moment.

Das Licht im Fahrstuhl war erbarmungslos, sodass Julien erst jetzt die feinen roten Äderchen um seine Iris erkennen konnte. Diesen trüben Schimmer, der auch nicht verschwand, als ihnen die Sonne auf dem Weg zur Haltestelle direkt ins Gesicht fiel.

«Packst du das?», fragte Julien tonlos, als der Bus hielt und sich die Leute im Gang drängten. Sasha nickte abwesend und tat mal wieder, als wäre er durchsichtig. Von wegen. Julien stieg als erster ein und zog Sasha behutsam zwischen sich und die Trennwand vor den Sitzen.

«Schau mich an, Profi», murmelte er, weil er ohne Sashas Kopfhörer komplett auf sich allein gestellt war. Sashas Blick glitt unstet über die Köpfe der Mitfahrenden, wie durch Nebel, an Juliens Gesicht vorbei und wieder zurück. «Schau mich an», wiederholte er leise. «Nur mich.»

«Okay.»

«Auf einer Skala von eins bis zehn», fing Julien an, weil er diese Frage selbst schon so oft gehört hatte. Von Ärzten, Psychologen, Miguel. «Wie schlimm ist es gerade?»

Sasha schluckte, blinzelte und schien Mühe zu haben, den Fokus zu halten, nicht die Orientierung zu verlieren, und Julien zog sich an der Haltestange einen Schritt näher an ihn heran. Würde er nicht.

«Acht», flüsterte Sasha.

«Fuck.» Julien bewegte nur die Lippen, damit er nur nicht wieder wegsah. «Acht ist echt viel. Schaffst du's auf sieben runter?» Der Bus bremste wieder, und hinter Julien drängten sich noch mehr Menschen durch die geöffneten Türen. Sasha lehnte den Kopf an die Plastikscheibe hinter sich und schloss die Augen. *Oh nein*, von wegen.

«Sasha.» Julien machte einen weiteren Schritt nach vorn, sodass seine Brust fast gegen Sashas stieß. In dieser stickigen Enge war das nichts, was es schlimmer gemacht hätte, weder Sashas Angst, noch Juliens leise vor sich hin pumpenden Herzschlag. Offenbar gewöhnte er sich langsam daran. «Sasha», flüsterte er wieder.

Sasha blinzelte, und kurz, ganz kurz riss das Eis auf. «Versuch auf sieben runterzukommen», wies Julien ihn tonlos an. «Egal wie. Schaffst du.» «Okay.» Es war nicht der schwankende Bus, der Sashas Stirn gegen Juliens fallen ließ. Ihre Nasenflügel lagen warm aneinander, und in Juliens Magen begann es nun doch zu flattern, Funken zu schlagen, ohne dass er etwas dagegen tun konnte. *Egal.* Erst mussten sie diese Busfahrt durchziehen.

«Sieben», murmelte Sasha nach einer knappen Viertelstunde, und Julien holte Luft, um die Zahl aufzusaugen, raus aus Sashas Körper, wo sie herumwütete und nichts zu suchen hatte. Eine Sieben reichte gerade aus, um nicht zusammenzubrechen.

«Und jetzt auf sechs», flüsterte er zurück. «Danach steigen wir um.»

Im nächsten Bus saßen fast nur Rentner, kaum jemand stand im Gang, und Sasha war bei fünf angekommen, als sie die Autowerkstatt erreichten. «Ich sag's ja, du bist'n verfluchter Profi.» Julien fühlte Sashas Rückenmuskeln durch seinen Hoodie, während er ihn langsam die Straße hinunterschob. «Hätt ich nicht geschafft.»

«Hättest du.» Sasha drehte sich kurz zu ihm um; sein Mundwinkel verzog sich, und die Falte blieb.

«Nicht so schnell», widersprach Julien, weil es stimmte. Dafür brauchte es mindestens einen halben Joint und die Aussicht, dem drohenden Heulkrampf zu erliegen. Dann war es wenigstens vorbei.

Sie gingen nicht zu den Docks, weil Sasha die Sonne über dem Wasser flimmern sehen wollte, stattdessen kletterten sie den niedrigen Abgang zum See hinunter und setzten sich barfuß auf die Steine. Julien überließ Sasha die Entscheidung, wie viel er heute rauchte; er war ja nicht sein Babysitter. Und nach drei Zügen klärte sich die verwaschene Sicht, das THC brach das Packeis in winzige, glitzernde Einzelteile, und Julien hätte sich am liebsten in dem Himmelblau um sie herum ertränkt. Wenn das ein Tod sein konnte, wollte er nur den.

«Hast du das vorhin ernst gemeint?» Sasha hielt seine nackten Fußsohlen ins Wasser und schien sich nicht an den glitschigen Algen an den Steinkanten zu stören.

«Was?»

«Dass du nicht nur mein Lächeln magst.»

Julien inhalierte den Rauch und fühlte sich in seinen stolpernden Herzschlag hinein. War ja jetzt auch egal. «Hab ich, Profi», murmelte er zur Antwort.

«Was noch?»

«Du willst nur Komplimente hören und ich krepier dann wieder fast vor Stress.» Julien grinste und drückte seine Faust leicht gegen Sashas Schulter, dann lachten sie beide. Ja, ein Joint konnte so vieles wieder gut machen.

«Komplimente sind toll», sagte Sasha leise. Julien sah auf die Falte, sekundenlang. Er wollte seinen Finger daraufleben, vielleicht auch zwei. «Vor allem, wenn man sie selbst macht.» Und ihm sagen, wie gut das aussah. Aber das hatte er vermutlich schon, irgendwann, zwischen einem Bier, Moms Lieblingslied und viel zu viel Mut.

«Ich mag, dass du so schlau bist», erwiderte Julien, um wenigstens ein bisschen Druck von den nagelneuen Erkenntnissen der letzten Tage zu nehmen. «Und wie du die Welt siehst. Dass du alles siehst, was ich nie bemerkt hätte.» Punktlandung, dachte er dann. Treffender ging es nicht. Sasha hatte offenbar als erster herausgefunden, worauf Julien wirklich abfuhr.

«Ich mag Orkane», flüsterte Sasha zurück, wandte den Kopf und sah Julien an, das Gesicht halb im Schatten der Kapuze. «Und wie das klingt, wenn du Dinge sagst, die ich noch nie gehört habe.»

Sie waren echt high. Alle beide. Julien wusste nicht, ob es an der Sonne, dem Hoodie über seinem langärmligen Shirt oder Sashas Blick lag, dass er nicht vor Stress, sondern vor Hitze fast verreckte. «Kann ich irgendwas falsch machen?», fragte er tonlos. Er hatte ja keine Ahnung, weder von Komplimenten, noch von sich selbst.

Sasha verspannte sich kurz, als wollte er aufstehen, gehen oder zu Julien hinüberrutschen, doch er blieb sitzen. «Nein», antwortete er dann kaum hörbar, blinzelte, sah nur Julien an. «Du machst alles richtig, Jules.» Und endlich, *endlich* begriff er, wie einfach das gewesen war.

11

Sasha

Wäre es nach Sasha gegangen, hätte es für immer so bleiben können. In den zwei Wochen, die auf das Telefonat mit seinen Eltern folgten, brachte Julien ihm bei, wie er mit dem Longboard freihändig einige Meter über den Parkplatz vor dem Haus fahren konnte. Er bewahrte Sasha vor einem Sturz gegen einen Ferrari mit versilbertem Kennzeichen, zeigte zwei Kindern, die darüber lachten, den Mittelfinger und zog ein einziges Mal seinen Hoodie aus. Nämlich dann, als das Thermometer über fünfunddreißig Grad anzeigte und die Skaterampen unter der Hitze zu flimmern begannen. Und Sasha dachte an diesem Tag kurz an die Narben, die er auf dem Arm seines Bruders gesehen hatte, dann vergaß er sie wieder, weil ihm die straffe Haut an Juliens Oberarmen die Sinne zersetzte wie überzuckerte Säure.

Sie bestellten Pizza und fingen an, eine Serie zu schauen, in der ein Ritualmörder seine Opfer mit Zweigen und Blättern ausstaffierte. Sasha mochte die dunklen Kameraaufnahmen, Julien den Kommissar, der nicht begreifen wollte, wie offensichtlich die Lösung war.

Sasha mochte die roten Skittles, Julien die Gelben, Sasha liebte den Gewittersturm, der nach vier Tagen Dauerhitze über die Stadt zog, Julien rannte mit ihm durch den Regen, bis Sasha glaubte, darin schwimmen zu können. Wie Julien auf seinem Longboard.

Zur Uni ging er noch immer nicht, während seine Mutter ihm genau drei Mal am Tag schrieb, wie stolz sie auf Sasha sei. Dabei hatte sie keine Ahnung, dass es nie so wenig Gründe dafür gegeben hatte, wenn man Stolz nach den Maßstäben definierte, die Sasha gelernt hatte. Ein Universitätsabschluss mit Auszeichnung, den Friedensnobelpreis, ein Heilmittel gegen Krebs.

«Sasha?» Pam klopfte leise gegen seine Zimmertür. Es war kurz nach sieben Uhr morgens, und er lag seit einer Stunde wach und las Zeitzeugenberichte aus dem Vietnamkrieg, die ein Blogger über mehrere Jahre zusammengetragen hatte.

«Komm rein», sagte er nur und verkleinerte das Fenster auf seinem Laptop. Seine Tante hatte eine beachtliche Sammlung Katzenvideos auf ihrem Handy. Bilder von traurig in die Kamera schauenden Menschen hätten sie womöglich in ihrer Arbeit behindert. Und Julien hätte nur gefragt, ob es okay wäre, wenn man sich besser fühlte, weil einem das ganze Unglück von damals erspart geblieben war.

Pam steckte ihren Kopf durch die Tür. «Mein Flieger geht in einer Stunde, ich hab dir Essen vorgekocht. Musst du nur in den Ofen stellen.»

«Okay. Danke.» Sasha setzte sich im Bett auf.

«Morgen Mittag bin ich zurück.» Irgendein Workshop über Mediationstechniken, er war sich nicht ganz sicher. «Wenn etwas sein sollte, kannst du mich anrufen. Aber das weißt du ja.»

Ja, das wusste Sasha, und er hätte es sogar getan. «Viel Spaß», sagte er nur, lächelte, und Pam warf ihm eine Kusshand zu.

«Lass die Wohnung heil, und feiere keine Party, die ich nicht auch feiern würde.» Sie zwinkerte, dann war sie weg. Sasha lauschte ihren Schritten auf dem Holzfußboden, die sich langsam entfernten, dann fiel die Wohnungstür ins Schloss.

Guten Morgen, mein Liebling. Wie geht es dir? Dein Vater fragt seit gestern nach einem Zwischenstand deiner Testergebnisse. Könntest du ein paar deiner Unterlagen einscannen und uns per E-Mail zusenden? Ich denke, das wird ihm reichen. Ich liebe dich, Mom.

Shit. Shit, shit, shit. Sasha besaß keine Unterlagen. Nicht einmal Notizen, geschweige denn einen Ordner, weil er einfach keinen gekauft hatte.

Wenn er sich weigerte, ging es wieder los, dachte Sasha nur. Dann würde er sich wieder daran erinnern, dass Sasha sehr wohl zu etwas gut war. Ohne ihn würde sein Vater sich nämlich ein neues Opfer suchen müssen. Seine Mutter war schon lange kein Gegner mehr, nur ein Groupie.

Sasha griff nach seinem Laptop und rief den Stundenplan auf. Anatomie um acht, Mikrobiologie um kurz nach zwei und ein Propädeutikum für die Chemiemodule um vier Uhr. Wenn er heute hinfuhr, konnte er wenigstens die Arbeitsblätter mitnehmen. Und irgendwie ausfüllen. Dann fiel ihm Ally ein. Ally, die ihm schon einmal den Tag gerettet hatte, die ihn gleichzeitig anlächeln und zwei Seiten Text in zwanzig Minuten in ihren Notizblock kritzeln konnte. In Schönschrift.

Sasha schlug das Laken zurück und stürzte ins Badezimmer. Sein Kreislauf war schlagartig wach, und als er hektisch Juliens Hoodie auszog, wurden seine Fingerspitzen kalt. *Ganz in Ruhe*, beschwor Sasha sich stumm und warf die Jacke zum zweiten Mal in die Wäsche. Mittlerweile roch sie nur noch nach Julien, wenn er bei ihm auf dem Sofa gesessen hatte, und nach einer anderen zu fragen, traute Sasha sich nicht.

Jules, tippte er, während er das *MacBook* in seinen Rucksack schob. **Hab heute einen Uni-Notfall, wird spät.** Dann griff Sasha nach seinen Kopfhörern und fing an zu zählen, bevor er überhaupt aus dem Aufzug gestiegen war. Irgendwas zwischen vier und fünf, wenn Julien vor acht Uhr zurückschrieb vielleicht eine Drei.

Im Bus drehte Sasha allen anderen den Rücken zu und atmete im Takt der Musik, starrte aus dem Fenster und konzentrierte sich angestrengt auf alle roten Autos, die aus der Gegenrichtung vorbeifuhren. **Packst du das, Profi?** Julien hatte keine Viertelstunde gebraucht. Vielleicht schlief auch er wie ein Idiot mit dem Handy neben dem Kissen, um aufzuschrecken, sobald es summte.

Muss ich. Sonst konnte Sasha noch heute Abend seine Koffer packen und hatte genau zwei Stunden Zeit, um Julien zu vergessen. Und das war noch abwegiger, als seinen Eltern um Punkt acht Uhr heute Abend eine genaue Auflistung aller Seminararbeiten der letzten zwei Wochen vorlegen zu können.

Ist es okay, wenn ich dafür heute Abend bei Bekah bin? Sie will mir ihren neuen Lover vorstellen. Julien verdrehte die Augen, während Sasha krampfhaft ein Atmen in seinem Nacken ignorierte. Sie hatten sich bisher fast jeden Tag gesehen, egal, ob Julien bis zehn Uhr abends arbeiten musste oder Sasha seine Tante am frühen Morgen unfreiwillig weckte, weil er den Sonnenaufgang über dem See nicht verpassen wollte.

Klar, schrieb er nur zurück. Er war ja kein Kleinkind mehr, dem man in Aussicht stellen musste, eine Belohnung zu bekommen, wenn er den Tag möglichst souverän rumbekam. Zumindest redete Sasha sich das ein.

Wird hart, Profi. Julien lachte. **Meld dich, wenn was ist.**

Mach ich. Würde er aber hoffentlich nicht müssen. Sasha schickte ein Herz, Julien einen Kusssmiley, und für einen kurzen Moment war es wieder gut.

Im Hörsaal war es weniger voll als beim letzten Mal, doch vermutlich saß nicht mal ein Drittel der Kommilitonen daheim und fürchtete sich vor den Konsequenzen ihres Wegbleibens. Sasha entdeckte Ally auf ihrem Platz in der letzten Reihe und schob sich an mehreren Kniepaaren vorbei auf den freien Sitz neben sie. «Hi», murmelte er, und sie strahlte, als wäre er geradewegs vom Himmel gefallen.

«Hi, wie geht's? Ich weiß noch gar nicht wie du heißt», schob sie noch hinterher.

«Sasha.» Er zog seinen Notizblock aus dem Rucksack, fest entschlossen, jedes noch so unwichtige Wort in einen sinnvollen Zusammenhang zu bringen. Irgendein Nerv in seinem Bein zuckte nervös.

«Schöner Name.» Ally lächelte und strich sich in weiser Voraussicht das Haar über die Schulter. «Du hast ein bisschen viel verpasst. Übermorgen ist das erste Testat», informierte sie Sasha dann. Als könnte es nicht noch schlimmer werden.

«Ich war krank», wollte er erklären, doch ihm rutschte nur ein «Shit» heraus. Ally stützte die Ellenbogen auf ihren Tisch und suchte Sashas Blick.

«Wenn du willst, gebe ich dir meine Notizen. Dann kannst du den Stoff sicher nachholen.»

«Echt?»

«Na klar.» Sie lachte kurz. «Ist doch selbstverständlich.» Nicht, wenn man in der Schule geschnitten wurde, weil die Lehrer regelmäßig Aufsätze und Klausurnoten als Beispiel für ein *gelungenes Ergebnis* hernahmen.

«Danke», flüsterte Sasha zurück. Wieder einmal. Noch bevor der Dozent den Beamer eingeschaltet hatte, beugte Ally sich ein Stück vor; ihre Augen glänzten erwartungsvoll. «Wie läuft's mit deinem Crush?», fragte sie lautlos. «Wie war das Treffen?»

Ach ja. An diese Indiskretion würde Sasha sich nie gewöhnen, doch er lächelte. Konnte er gar nicht anders.

«Gut», murmelte er.

«Im Ernst?» Die Erwartung explodierte förmlich vor seinen Augen, wurde zu so ehrlicher Freude, dass Sasha fasziniert zurückstarren musste. «Wie viele Dates hattet ihr schon? Wahnsinn, du musst mir alles erzählen.»

«Jetzt?», fragte Sasha dumm zurück. Hier?

«In der Pause», flüsterte Ally, *natürlich*, und lehnte sich wieder zurück. «Und diesmal läufst du nicht weg. Die haben hier in der Mensa den weltbesten Kaffee.»

«Tee auch?» Sasha dachte kurz an den spanischen Pfirsich, den er gestern Abend in den Abfluss gekippt hatte.

«Garantiert, die haben *alles*. Sogar ein veganes Buffet.»

«Vegetarisch reicht», erwiderte er leise.

«Ein teetrinkender Vegetarier.» Sie hielt ihm den kleinen Finger hin und grinste, als Sasha einhakte. «Willkommen im Club der coolen Kids.»

Sasha konnte die Vorlesung zwei Stunden später mit fast zehn Seiten Mitschrift, fünfzig Folien, die er aus dem Online-Portal heruntergeladen hatte, und Allys Rückendeckung verlassen. Sie war winzig, über einen Kopf kleiner als er, doch auch diese Maßstäbe galten nicht mehr, weil es keinen unendlichen Gegenwert gab, den Sasha erfüllen musste. Zumindest nicht, wenn es nur darum ging, ihr wie ein Hund hinterherzulaufen und dabei niemanden anzurempeln.

Auf dem Weg zur Mensa gabelte Ally zwei junge Männer auf, die aus der Gegenrichtung kamen und mit ihren Collegejacken und Basecaps die harmlosere Version eines High-School-Klischees erfüllten. Groß, braun gebrannt, gute Laune, die zu aufdringlich wirkte, um Sasha überzeugen zu können. In der High-School hatte er sich mit der einzig logischen Vermutung trösten können, dass sie nicht wussten, wie Traurigkeit *wirklich* aussah. Niemand konnte so oft und so lange gut gelaunt sein.

Alles gut bei dir, Profi? Okay, konnte man doch. Sasha sah auf Juliens Nachricht und vergaß, wie er Ally das Gefühl erklären wollte, auf Watte zu gehen. Auf regennasser, sonnenwarmer Watte, sprachlos, blind für jede Gefahr. So war das nämlich, wenn Julien den richtigen Moment abpasste und Sasha gar nicht erst darauf warten musste.

Ja, die haben hier sogar Tee. Bin gerettet. Er lächelte.

Eskalier nicht zu hart. Julien lachte schon wieder, und Sasha bereute, dass er verpasste, wie das heute klang. Jeden Tag anders, weicher, wenn er mit Julien allein war, rauer, wenn er mehr als mehr als zwei Flaschen Bier getrunken hatte, länger, wenn Sasha ihn dabei ansah.

«Sasha?» Ally zog ihn am Arm. «Phil und Patrick kommen auch mit. Wenn wir einen Vierertisch erwischen wollen, müssen wir uns beeilen. Die Idee hat nämlich gerade ungefähr jeder.» Sie wedelte hektisch mit der Hand in Richtung der Beschilderung den Gang hinunter. *Food Court*. Als ob das etwas daran ändern konnte, dass es stickig, laut und viel, *viel* zu voll sein würde.

«Okay.»

Ich würde lieber gehen, schrieb Sasha zurück. **Aber keine Chance**. Es war beinahe gruselig, wie bedingungslos sie aufeinander fixiert waren. Als hätten sie ihre Synapsen miteinander verschweißt und könnten ohne den anderen nur eine begrenzte Zeit lang klar denken. Irgendwann hörte es dann auf, und sie schickten sich mitten in der Nacht Nachrichten, die Sasha kaum lesen konnte, so angestrengt versuchte er, Julien nicht zu verraten, dass er längst rettungslos verliebt in ihn war. Und er war noch nie verliebt gewesen.

Zieh's durch, dann kann ich bei Miguel damit angeben, was für schlaue Freunde ich abgreifen konnte.

Freunde. Sasha passte der Ausdruck nicht. Der zwinkernde Smiley auch nicht. Nein, er *störte* ihn. So massiv, dass er Allys spöttische Bemerkung – «Das ist übrigens Sasha. Er redet nicht gern mit Fremden.» – ignorierte und trotzig drauf los tippte. Dann hatte er Ally wenigstens was zu erzählen, wenn sie fragte, wie es so lief.

Mal sehen. Wenn Sasha schon zu feige war, die Wahrheit zu sagen, konnte er sein Unvermögen wenigstens mit geheucheltem Desinteresse tarnen. Wie ein Profi.

Okay. Julien ließ sich beim Tippen einer weiteren Nachricht so viel Zeit, dass Sasha das Handy schon wegstecken wollte und Ally mit den beiden Jungs im Schlepptau den Flur hinunter folgte, als es erneut summte.

Ich denk an dich, Profi. Kein Herz, kein Lächeln, nichts. Er meinte das todernst. Sasha wäre beinahe in Ally hineingestolpert, die sich gerade nach ihm umsah.

«Was ist los, wie schaust du denn?», fragte sie fast erschrocken und senkte die Stimme; Phil und Patrick drängelten sich an einer Gruppe kichernder Mädchen vorbei und winkten ihr kurz zu. *Bis gleich.*

«Ich...» Jetzt fing es schon wieder an. Diese elende Verzweiflung. Sasha hielt ihr stumm das Display hin und Ally scannte mit fachmännischem Blick die letzten drei Nachrichten.

«Verstehe», sagte sie dann. «Du wolltest ihm eins auswischen und er hat dich durchschaut. Kluger Junge, weiß gar nicht, was er mit *angeben* meint.» Ihr Grinsen machte Sasha langsam sauer. Sie sollte ihm helfen, nicht bestätigen, was er selbst längst wusste.

«Was soll ich antworten?» Er sah von Ally auf sein Handy. Julien war noch online. *Noch.*

«Meine Güte, Sasha.» Sie klopfte ihm mitleidig dreinschauend auf die Schulter. «Sag, was du denkst. Diese Spielchen sind doch albern. Jetzt komm, bevor wir hier festwachsen.»

Sasha ließ sich von Ally in die überfüllte Mensahalle ziehen, vorbei an Tischkanten und Ellenbogen und Tellern voller Buttercroissants mit Zuckerstreuseln.

Ich vermiss dich, Jules. Und das meinte er ebenfalls todernst, egal, ob sie sich erst gestern gesehen hatten, wie nachgiebig und wenig das nach ihm selbst klang. Sasha hätte normalerweise niemals riskiert, noch mehr Unheil heraufzubeschwören. Zuhause, in Philadelphia, wo er unsichtbar werden wollte und kein Teil von jemandem, der ihn nur zurückweisen konnte. Würde.

Ich dich auch. Bescheuert, oder? Nicht würde.

Scheiß auf bescheuert.

Damit kann ich arbeiten. Sondern lachte und ein Herz schickte. Zwei. *Drei, vier.*

«Wir sind eigentlich Biologen, aber Ally war zu überzeugend bei der letzten Wohnheimparty.» Phil brachte gerade ein Tablett mit vier dampfenden Tassen an den Tisch, den Ally sich erkämpft hatte, und sah kurz zu Sasha. Sein Lächeln war nett, unbedarft, vollkommen harmlos. Sasha versuchte sich zu entspannen, und Ally trat mit ihrem geblümten Stoffschuh spielerisch nach Phils Schienbein.

«Wehe du verlierst *ein* Wort darüber», warnte sie ihn. «Dann wird das hier eine astreine Selbsthilfegruppe für Geheimnisse, die man im Rausch ausgeplaudert hat.» Sie grinste Sasha vielsagend von der Seite an.

«Ich will's gar nicht wissen», murmelte er und las die Beschriftung auf dem Teebeutel. Kamille.

«Ich war mir nicht sicher, was du magst, sorry.» Phil deutete auf Sashas Tasse. Patrick hatte seinen Laptop ausgepackt und ließ ein Video laufen, dessen Ton man im Stimmengewirr kaum verstand. «Kamille ist so ein Allrounder, passt immer, dachte ich.»

«Passt.» Sechs Minuten musste der Tee ziehen. Sasha drehte sich kurz zu der riesigen Wanduhr neben dem Eingang um.

«Wirklich?» Ally sah ihn an, und er wusste, dass sie nicht Phils gut gemeinte Geste meinte. Er nickte, lächelte, ganz normal.

«Und kommst du von hier?», wollte Phil an Sasha gewandt wissen. «Oder bist du...?»

«Nein. Aus Philadelphia.»

«Ach, echt?» Ally strahlte schon wieder. «Da war ich schon, die haben großartige Sandwichläden und den besten Club in ganz...» – «Wie witzig wäre das, wenn ich sagen könnte: Hi, ich bin Phil aus Philly?» Phil lachte in die Runde, Ally verdrehte grinsend die Augen und Patrick rieb sich konzentriert die Stirn, den Blick noch immer auf sein Video gerichtet. Sasha hätte vielleicht mitlachen oder irgendetwas Witziges erwidern sollen, doch es war, als würde die Fülle an Informationen, die um nicht einmal halb elf bereits auf ihn eingeprasselt waren, irgendwo in seinem Hirn steckenbleiben. Wie ein Highway, auf dem zu viele Autos gleichzeitig in eine Richtung wollten. Irgendwohin.

«Hast du Samstag schon was vor, Al?»

«Hmm.» Ally zog den Laut künstlich in die Länge, stützte das Kinn auf ihre Hand und blinzelte Phil sekundenlang an. «Lass mich nachdenken, ich… Oh, ich fürchte, ich muss dringend Wäsche waschen und…» – «Ach, komm schon.» Phil lehnte sich zurück, legte den Kopf schief und lächelte, irgendwie gönnerhaft. Ally schien das okay zu finden, denn sie lachte. Ihre Fingerspitzen trommelten auf der Tischplatte, Patrick schob seinen Stuhl zurück und begann, auf den Metallfüßen zu schaukeln.

«Vielleicht habe ich nachmittags Zeit und könnte…» – «Hast du, Ally. Du hast Zeit. Du tust nur so, aber ich durchschaue dich.» *Er hat dich durchschaut.*

«Nein, nein, ich… Oh, doch, jetzt fällt's mir ein. Ich *hab* Zeit. Natürlich.»

Sasha kam nicht mehr mit. Wer hatte Zeit? Wofür? Woher kam die scheppernde Musik? Patrick ließ seinen Stuhl wieder nach vorn fallen und stieß die Luft aus. Es klapperte und klimperte, weil Ally in ihrer riesigen Umhängetasche wühlte und den Schlüsselbund neben ihre Kaffeetasse legte, der Anhänger am Schulterriemen, ein Glöckchen, nein, ein Ring mit Sicherheitsnadeln.

Sasha tastete instinktiv nach seinen Kopfhörern.

«Hey, sag mal…» Ally tippte ihm auf den Handrücken, mit ihren lackierten Nägeln, hellrosa, wie die seiner Mutter. «Wenn es gut läuft, ich meine… Du hast mir noch nicht gesagt, wie viele Dates ihr schon hattet.»

«Was?» Sasha sprach zu leise und Ally beugte sich zu ihm, sodass ihre Haare gegen seinen nackten Oberarm fielen. Die Jacke. Ihre Haare. Er hätte sie nicht ausziehen dürfen. Lauter sprechen sollen.

«Ally ist Expertin auf dem Gebiet.» Phil hob die Augenbrauen und Ally trat erneut nach ihm, sodass der Tisch ein Stück nach hinten rutschte.

«Könnt ihr mal ruhig sein?», fragte Patrick lauter. «Genau», wollte Sasha sagen. Genau das wäre wirklich nötig gewesen. Der Stau in

seinem Kopf wurde so dicht, dass von irgendwoher ein Hupen ertönte. Ein Alarmton. Allys Handy klingelte, ein Lied, vom letzten Jahr, wochenlang auf Platz eins der Charts, und sie ließ seine Hand los.
«Ja? Jen? Nein, ich...»
Sasha versuchte es mit Zählen, doch nirgendwo war mehr Platz. Zu viele rauschende, rasende Fahrzeuge. Phil musterte ihn, als würde er auf eine Antwort warten, dessen Frage Sasha in all dem Lärm nicht gehört hatte. Patrick lachte plötzlich laut auf. «Mann, ich werd irre. Der Typ hier...» Phil sah nach links, Ally telefonierte, Sashas Handy summte erneut auf. *Jules*, dachte er nur. *Es ist gleich was.*

Darling, denk bitte an die Unterlagen. Wie lange wird es dauern?

Welche Unterlagen? *Ach ja.* Sasha sah hilfesuchend zu Ally, doch die diskutierte noch immer mit irgendeiner Jen. Auf dem Tisch war ein nasser Kaffeefleck, und Patrick schloss seinen Computer gerade am Strom an. Das Kabel zog er zwischen den Tassen hindurch, und Sasha starrte auf die winzige freie Fläche vor sich.

Ich kann grad nicht, fing Sasha an zu tippen und versuchte angestrengt, sich auf die Buchstaben im Nachrichtenfeld zu konzentrieren. *Ich kann nicht, Mom. Ich will nicht, Mom.*

Hinter ihm und Ally drängelten sich plötzlich zwei Gruppen durch die Tischreihen, die vorhin noch am Fenster gesessen hatten. Hatten sie, todsicher hatten sie das, und jetzt waren sie hinter Sasha, rempelten gegen seine Stuhllehne, trugen Tabletts mit umherrutschendem Geschirr, jemand fluchte. *Stau*, dachte Sasha. Hinter ihm. Nein, in ihm. *Jules, es ist was.*

Er drückte auf die Löschtaste, sah die Buchstaben verschwinden, immer schneller, sah den Status seiner Mutter anklagend leuchten, fühlte ein Zittern, im Kopf, direkt hinter seiner Stirn.

Es knallte.

«Oh, shit.» Ally fuhr herum, Phil sah an Sasha vorbei, durch ihn hindurch, als ob er sich gerade auflöste, tat er doch, wollte er auch, jetzt, *jetzt*.

«Tut mir leid, ich hab...» – «Warte, wir müssen...» – «Könntet ihr...»

Ein Unfall. Jetzt. Hinter Sasha. In Sasha. Alles lag in Scherben.

«Geht mal weg, ich wische das auf. Weg da.» Ein Mopp stieß gegen Sashas Stuhlbeine, immer wieder, und wieder, und wieder. Erschütterte alles, schob die Gedanken enger zusammen, sodass sie zerdrückt wurden, sich verformten, kein Sauerstoff mehr durchdrang.

«Sasha?» Ally beugte sich wieder vor. Ihre Haare, ihre verfluchten Haare an seinem Arm. «Alles okay?»

Er tastete blind nach seiner Jacke. «Sasha.» Ihre Worte waren wie Autos, die auf den Unfall auffuhren, immer mehr, und der Berg wuchs und wuchs und Sasha zog den Arm weg. «Warte, hey.» Ally griff nach ihm.

«Nein.» – «Sasha...»

Phil starrte. *Nein, nicht.* Sasha bekam kein Wort raus. Sein Hals war trocken, seine Brust tat weh, in seinen Fingern begann es zu kribbeln. Die Jacke. Ihre Haare. Patricks Video lief noch immer.

«Weg da hab ich gesagt, nicht reintreten.»

Sasha stand auf, und sein Blickfeld kippte, bis der gesamte Saal schiefhing. *Shit.*

«Sasha...» Ally erhob sich ebenfalls. *Nicht.* Ihr Stuhl quietschte.

«Nicht.» Er zuckte zurück, drehte sich um, stieß gegen die Mitarbeiterin, die noch immer Scherben von Tellern zusammenfegte.

«Ich hab doch gesagt, *nicht* reintreten!», schrie sie Sasha so unvermittelt an, dass Ally empört den Mund öffnete, doch Sasha wurde schlagartig taub. Weg. Raus. Sonst würde es ihn begraben, all die Worte, Stühle, Beine, Kabel, Autos. Allys. Phils. *Weg da.*

Der Ausgang war vollgestopft mit Menschen, doch Sasha schob sich blind hindurch, spürte sie atmen, drücken, immer enger. Er bekam keine Luft mehr, verfluchte, er musste, *musste* hier raus.

Den Flur hinunter, an der Wand entlang, zurück zu den Hörsälen. Zwei Türen weiter waren die Toiletten, und Sasha stürzte hinein, es rauschte, flackerte von oben, an den Waschbecken, in den Rohren, Tür zu, atmen.

Es ging nicht. Sein Handy summte. Er konnte nicht. Er verreckte hier einfach, zitternd, ließ seinen scheißteuren Rucksack mit dem scheißteuren *MacBook* fallen und presste sich die Hände aufs Gesicht, zählte bis eins, *eins, eins, eins*. Nichts mehr, er kam nicht weiter. Es reichte. Allys beschissene Haare reichten. Patricks Video reichte. Kamillentee. *Jules, ich sterbe.*

Julien

Mittlerweile trug Julien sein Smartphone wie einen Talisman mit sich herum, obwohl es damals zweihundert Dollar im Angebot gekostet hatte und dazu neigte, sich einfach abzuschalten, wenn der Akku unter vierzig Prozent fiel.

Deshalb schloss er es an die Steckdose an, legte es auf den Hocker neben sich und begann, die Tonleiter rauf und runter zu spielen. Nur zur Übung, falls Sasha noch einmal fragte und Julien ihm etwas anderes als Moms Lieblingslied vorspielen wollte. Irgendwo hatte er auch noch Noten, vielleicht in dem Ordner, in dem auch sein katastrophal schlechtes Abschlusszeugnis steckte.

Julien stand wieder auf, suchte nach seinen Kopfhörern und steckte sich einen ins Ohr, dann ließ er wahllos eine Playlist durchlaufen. Die ersten Akkorde von Adeles *Hello* schaffte er durch bloßes Hören nachzuspielen, beim Übergang zum Refrain musste er innehalten. Nochmal auf die Tonfolge warten, den Part durchlaufen lassen. Mom hatte nie Noten gebraucht, zumindest nicht, wenn Julien mit ihr geübt hatte.

«Spielst du wieder?» Miguel schien die Geisternummer ebenso gut zu beherrschen wie Sasha, denn er stand so plötzlich neben Julien, dass er zusammenfuhr.

«Mann, kannst du nicht anklopfen?»

«Sorry.» *Bitte was?* Hatte er sich gerade entschuldigt? Bei *ihm*? Julien starrte zu Miguel hoch, doch der sah nur auf die Tasten, und seine Augen schienen die angefangene Melodie aufsaugen zu wollen.

«Ja», murmelte Julien irritiert und begann von vorn. «Ich dachte… Vielleicht wäre das cool.»

«Ist es.» Miguel zog sein Jackett glatt und fuhr sich über die zurückgekämmten Haare. «Dafür hab ich dich immer bewundert.»

«Für was?», fragte Julien. Der Übergang stolperte noch immer über die C-Note und seine ungeübten Finger.

«Für dein Talent. Guck nicht so, ich bin nicht ganz auf der Höhe heute.»

«Du darfst mein Groupie sein.» Julien grinste und fing nochmal von vorne an. Einleitung, Strophe. Das musste sitzen, wenn Sasha morgen wieder herkam. Würde er, ganz sicher. «Bist du deswegen noch hier?», fragte er dann und sah auf Miguels polierte Lederschuhe. Normalerweise verließ sein Bruder um sieben Uhr morgens die Wohnung, jetzt war es fast Mittag.

«Ich hab gleich ein Meeting und fang danach an. Könnte ich mich glatt dran gewöhnen, aber ewig kann ich das wohl nicht durchziehen», erwiderte Miguel. Als er lächelte und Julien kurz vor dem Refrain frustriert auf die Tasten schlug, wurde seine fast schwarze Iris etwas heller.

«Gib nicht immer gleich auf, Jules.»
«Mach ich nicht, aber das Lied fuckt mich ab.»
«Dann nimm ein anderes.»
«Ich will aber *das*.» Denn Sasha würde das gefallen, todsicher. Er mochte ruhige Klänge, Dunkelheit und den schweren, billigen Rotwein, den Julien Miguel auf den Einkaufszettel geschrieben hatte. Einen besseren Zusammenhang als zwischen Adele und diesem Geschmack konnte Julien nicht herstellen.

«Dann streng dich an. Meinen Segen hast du.» Miguel grinste, kniff ihm kurz in den Nacken, und Julien boxte spielerisch gegen sein Bein.

«Hau ab, ich bin beschäftigt.»
«Zwei Dinge noch», fing Miguel an, bevor er sich zur Tür wandte. «Denkst du an unseren Termin übernächste Woche?»

«Welcher Termin?» Julien lauschte gerade zum dreizehnten Mal dem Refrain in seinem Ohr und hatte keine Ahnung, was Miguel meinte.

«Jules. Das letzte Wochenende im Monat.» *Ach ja.* Julien hätte gern so getan, als hätte er seinen Bruder nicht gehört, doch das würde nur Diskussionen geben. Er wollte nicht zum Friedhof. Nein, Julien *hasste* Friedhöfe. Diese toten Steine, leeren Kerzenbehälter, die eisige Stille.

Aber Miguel bestand darauf, dass Julien ihn begleitete, seit er hier eingezogen war, ein Teil der Miete sozusagen, und es wirkte jedes Mal, als hätte man die Zeit um zehn Jahre zurückgedreht. Da hatte Julien gerade angefangen, seiner Lehrerin ein Stuhlbein gegen die Knie zu rammen, wenn er grundlos wütend wurde.

«Jaja», murmelte er gegen die Tonfolge an, während er erneut zu spielen begann. Vielleicht vergaß Miguel es ja einfach. Oder Julien. Er hatte ja jetzt etwas anderes, das ihn nachts wachhielt, sein Hirn vereinnahmte, egal, ob er unter der Dusche stand oder Bekahs Nudeln aß.

«Denk dran», wiederholte Miguel.
«Was noch?»
«Ach ja, dieser Sasha.»
Juliens Stichwort. Sasha war offenbar Programm auf allen Kanälen.
«Was ist mit dem?»
«Seid ihr gut befreundet? Ich mein, du hast sonst nie Besuch,

außer...» – «Wird das hier ein Verhör?»

«Ganz ruhig, Jules.» Miguel grinste wieder, fast ein wenig spöttisch. «Ich war nur neugierig.»

«Schlecht getarnt!», rief Julien ihm nach und konnte nur hoffen, dass er das selbst besser hinbekam.

Nach einer Stunde beherrschte er wenigstens seine Finger so weit, dass er die Grundakkorde des Refrains fehlerfrei hintereinander spielen konnte. Um halb vier stellte er sich ein Fertiggericht in die Mikrowelle, um kurz nach fünf hatte Sasha sich noch immer nicht gemeldet. Musste er ja auch nicht, schließlich waren sie nicht zusammen oder sonst irgendwas. Julien scrollte wieder einmal zu Sashas Bild auf seinem Handy, lehnte an der Küchentheke und betrachtete die Falte auf seiner Wange.

Freunde aber auch nicht. Die weichten einem nicht das Hirn auf, verursachten kein nervöses Flattern im Magen und schickten sich erst recht keine *Ich denk an dich*-Nachrichten. Aber wenn es doch nun einmal so war? Julien hatte sich längst damit abgefunden, diesen inneren Dialog nicht gewinnen zu können.

Er war einfach verliebt. Er vermisste Sasha, wenn er nur eine halbe Stunde lang nicht bei ihm war. Er lag nachts wach und stellte sich vor, wie es wäre, ihn zu küssen, so intensiv, langsam, und völlig verloren, dass Julien Gänsehaut bekam. Auch jetzt.

Die Mikrowelle piepte, doch er starrte weiter auf Sashas Lächeln. Dachte an das Glitzern in seinen Augen, überlegte, was er tun musste, damit Sasha ihm das, was da unter all dem Blau begraben lag, von alleine zeigte. An welchen Stellen Julien ihn berühren musste, wie lange, wie fest, wie sich das anfühlte.

«Fuck», murmelte Julien und ließ das Handy sinken. Wenn er sich an den Sex mit Amy erinnerte, war sein Kopf wie leergefegt, wenn er nur daran *dachte*, nach Sashas *Hilfiger*-Gürtel zu greifen, begann sein Herzschlag zu flimmern.

Ich will dich, und nur das wollte Julien ihm schreiben, doch Sasha war in der Uni, und Julien wusste ja nicht einmal, ob er das auch wollte. Nichts konnte er einschätzen, keinen Augenaufschlag deuten, keine zufällige Berührung erwidern, ohne sich dabei zu fragen, ob das richtig lief. Wie auch? Julien war ja noch nie verliebt gewesen, hatte niemanden begehrt, sich nach nichts gesehnt, sondern immer nur versucht, kein allzu großes Arschloch zu sein.

Das Broccoli-Gratin mit Käse schmeckte nicht, und Julien warf es in den Mülleimer, dann schrieb Bekah ihm, dass Earl gegen halb sechs zum Essen kommen würde. Ob er auch was wollte.

Ja, schrieb er zurück. Mehr als er imstande war, ihr anzuvertrauen.

12

Julien

«Hättest dir ja mal was Ordentliches anziehen können.» Bekah sah auf den Bund von Juliens Jogginghose und verzog das Gesicht, doch ihre Augen leuchteten wie Flutlichtstrahler. «Willst du was trinken?»

Julien schloss Bekahs Wohnungstür hinter sich. «Hast du was Richtiges da?», wollte er wissen. Wie scheinheilig. Nur, damit es aufhörte, in seinen Lenden zu ziehen und die Vorstellung von Sashas schmalen Hüften in engen Shorts aus seinem Kopf verschwand.

«Sorry, hab ich allein getrunken.» Bekah grinste und stolzierte zurück in die Küche. Sie trug ein dunkelrotes Kleid aus fließendem Stoff, das knapp über ihren Knien endete, und es roch nach Basilikum und Wasserdampf.

«War klar.» Julien ließ sich aufs Sofa fallen und griff nach der noch ungeöffneten Weinflasche auf dem Tisch. Dann trank er eben zehn Gläser davon.

«Halt dich zurück, okay? Der war teuer», erklärte Bekah durch die offene Küchentür und schnitt Zucchini und Champignons auf einem Holzbrett in winzige Stückchen.

«Für den Lord nur das Beste, was?» Hätte Julien zugegebenermaßen nicht anders gemacht, würde es ein einziges Mal in seinem Leben so normal wie möglich ablaufen. Stattdessen reichte schon Billigwein, um Sasha zum Lachen zu bringen.

Julien registrierte die glänzende Glasplatte des Couchtisches, die aufgeschüttelten Kissen neben sich und gab es auf. So war er nicht. Bekah eigentlich auch nicht, also musste es was Ernstes sein mit diesem Lord.

«War er schon mal hier?», fragte er in ihre Richtung und trank das erste Glas in einem Zug leer. Bekah schüttete das Gemüse gerade in einen der Töpfe auf dem Herd.

«Ja, einmal.»

«Machst du jedes Mal so einen Aufriss?»

«Ich will, dass er sich wohlfühlt», antwortete sie schlicht. «Seine Wohnung ist so groß wie deine und meine zusammen. Da muss es wenigstens sauber sein.»

«Wenn er dich danach beurteilt, kannst du ihn gleich abschießen.» Als ob es Julien gleichgültig war, was Sasha in seiner Markenkleidung von dem Chaos in seinem Zimmer hielt. Nur, dass Julien auch ihn schon ohne Tarnung gesehen hatte. Wen kümmerte da ein Haufen Kleidung zu viel?

«Ich schieß ihn nicht ab.» Bekah stellte den Deckel schräg auf den Topf und drehte die Gasflamme niedriger. «Dafür mag ich ihn zu sehr. Earl ist ein echter Gentleman.»

«Seit wann stehst du auf Klischees?»

«Und seit wann bist du eigentlich so eifersüchtig?», fragte sie zurück, kam ins Wohnzimmer und füllte ihr eigenes Glas ebenfalls mit Wein.

«Was?» Julien langte nach ihrem nackten Bein. «Ich frag mich nur, wo meine Beeks abgeblieben ist. Wie siehst du eigentlich aus?»

«Nicht gut?» Bekah zupfte sofort an ihrem Kleid und ließ sich gleichzeitig von Julien auf seinen Schoß ziehen. War ja nur Beeks.

«Im Gegenteil», murmelte er und vergrub seine Nase in ihrem Haar. Ihr Duft beruhigte seine Nerven mehr als der Alkohol. «Das sieht total scharf aus.»

«Sowas hast du noch nie gesagt.» Bekah drehte sich um und lachte kurz. «Wo ist mein Jules abgeblieben?»

«So hast du halt noch nie ausgesehen», erwiderte er und drückte Bekah an sich. Eigentlich hätte er es ihr jetzt sagen müssen. Nicht, dass sie in diesem Kleid scharf aussah, das hätte er ja jeder Frau sagen können. Sondern das mit Sasha.

«Beeks?»

«Hm?»

«Letztens im Aufzug, weißt du noch?»

«Wenn ich betrunken war, tut es mir leid. Egal, was es ist, es kommt nicht wieder vor.»

Sie lachten gleichzeitig los. «Nein, ich meine...» Julien goss sich mit der freien Hand ein weiteres Glas ein und kämpfte damit das nervöse Summen in sich nieder. «Als ich dich gefragt habe, ob du in den Lord verliebt bist.»

«Ach ja», kam es nur zurück.

«Ja. Ich...» Die Türklingel ließ sie aufspringen und hektisch ihren Ausschnitt zurechtziehen.

«Das ist er. Sehen meine Brüste gut aus?», fragte sie flüsternd. *Okay*, dann nicht. War vielleicht besser so.

«Kann ich so nicht beurteilen, zeig mal ohne Kleid.»

Bekah grinste und erwischte Juliens Schläfe, als sie leicht nach ihm schlug, dann lief sie in den Flur.

«Hi, Babe.» Ihre Stimme veränderte sich, wurde weicher, fast wie ein Zirpen.

«Hi», hörte Julien eine leise Männerstimme sagen. «Du siehst toll aus. Ich hab dir was mitgebracht, magst du…?» – «Oh, shit.» Das klang schon eher nach Bekah. «Ich liebe Blumen, woher wusstest du…»

Earl flüsterte irgendetwas, sie lachte leise, dann kam sie zurück ins Wohnzimmer getrippelt und hielt einen riesigen Strauß weißer Lilien im Arm. «Das ist Julien, ich hab dir von ihm erzählt», erklärte sie an Earl gewandt und lief wieder in die Küche. «Sei nett», formten ihre Lippen, als sie kurz zu ihm sah.

«Hi.» Julien stand auf und ließ sich die Hand schütteln.

«Hi, hab schon viel von dir gehört.» Bekah hatte Recht. Earl, der Lord höchstpersönlich, sah wirklich gut aus mit seinen schwarzen Haaren, dem Dreitagebart und seinem lässig geknöpften Hemd. Und er lächelte wie aus einer Zahnpastareklame.

«Klar, ich bin ja auch ihr Schatten.» *Und wenn du ihr wehtust, brech ich dir die perfekte Nase.* Sashas Nase sah übrigens besser aus. Sasha sah überhaupt viel besser aus als dieser wahrgewordene Hochglanzcover-Traum von einem Mann.

Earl lachte ein bisschen verhalten. «Und, wie geht's dir so, Julien?», fragte er und setzte sich auf Bekahs Sessel, der schräg gegenüber vom Sofa stand.

«Nimm dir Wein, wenn du magst!», rief Bekah aus der Küche. «Essen ist gleich fertig.»

«Gut.» Julien griff nach der Flasche, bevor nichts mehr übrig war, um diese verkrampfte Konversation mit dem Schönling da zu ertragen. «Soll ich voll machen?»

«Nein, bitte nur halb. Für den Geschmack.» Zahnpastalächeln. Julien musste sich zwingen, nicht die Augen zu verdrehen. Scheiß auf Geschmack, er wollte sich betrinken, wie sie es immer taten, wenn er bei Bekah war. Aber die hatte sich offenbar neu erfunden und kam gerade mit drei Tellern hereinspaziert, die sie auf der geputzten Tischplatte verteilte. Miguel wäre begeistert gewesen. So viel also zum Wohnungstausch.

«Gehst du aufs College?» Earl nippte an seinem Wein. «Bekah meinte, ich soll dich selbst fragen. Für den Überraschungseffekt.»

«Genau.» Bekah strich Earl im Vorbeigehen zärtlich mit den Fingerspitzen über die Schulter, und er legte kurz seine Hand an ihre Hüfte. So funktionierte das also. Anfassen, anlächeln, wie ein Idiot hinterhergrinsen. Und das Schlimmste war noch, dass Julien glaubte, sich bei Sasha nicht minder bescheuert aufzuführen.

Er trank sein Glas so weit leer, dass er mit Earl gleichauf war. «Ich arbeite bei 'ner Spedition.»

«Ah.»

«Umzüge und sowas.»

«Neben dem Studium?»

Bekah brachte einen riesigen Topf Reis mit Sauce und Gemüsebeilage. Hätte sie einfach Nudeln mit Käse bestreut, hätte Julien sich womöglich dazu hinreißen lassen, die Wahrheit zu sagen. Dann hätte diese Nummer noch halbwegs authentisch geendet. Aber so nicht.

«Ja», erwiderte er nur. Auf Bekahs Stirn erschien eine winzige Falte, die jedoch sofort wieder verschwand, als Earl ihr seinen Teller hinhielt.

«Das sieht fantastisch aus, Bee.» *Bee?* «Und was studierst du, wenn ich fragen darf?» Durfte er nicht, doch Julien sah trotzig an Bekah vorbei, die ihn warnend anstarrte, während sie Earl Reis auflud. Wie einem Pascha.

«Medizin.» Okay, das fühlte sich wirklich komplett daneben an. Doch langsam verstand Julien, warum Sasha sich dafür entschieden hatte, den Leuten Scheiße für Gold zu verkaufen, denn Earl machte ein beeindrucktes Gesicht. Und fragte nicht weiter nach. Genau das, was Julien bezweckt hatte.

Sie hatten sich absolut nichts zu sagen, egal, wie sehr Bekah sich bemühte, ein Gesprächsthema zwischen ihm und dem Lord zu vermitteln, und Julien hoffte schon, nach dem Essen einfach abhauen zu können, doch dann drehte Bekah sich unvermittelt zu ihm.

«Jules», sagte sie und lächelte dabei ganz komisch. Ganz anders. «Du wolltest mir vorhin was erzählen, weißt du noch?»

Sie war wütend, eindeutig. «Ist egal», murmelte Julien und wollte noch einmal nach der Flasche greifen, doch Bekah war schneller und stellte sie weiter weg.

«Finde ich nicht, erzähl's uns. Ich meine, du studierst Medizin, wie könnte dein Leben uninteressant sein?»

Dass Julien genauso angepisst war, weil der Lord seine Beeks mit einer verliebten Idiotin ausgetauscht hatte, würde er jetzt nicht sagen. Dann erwürgte sie ihn gleich hier auf dem Sofa. Earl tupfte sich gerade den Mund mit einem Taschentuch ab.

«War nichts Wichtiges.»

«Doch, ich denke schon. Es ging ums verliebt sein, hab ich recht?»

«Bekah», sagte Julien tonlos und starrte sie an. «Lass das.» Sie dachte überhaupt nicht daran.

«Wolltest du mir sagen, dass du dich verliebt hast? In wen denn, Jules? Hast du sie im Studium kennengelernt? Du hättest sie doch heute mitbringen können, dann...» – «Bee.»

Earl beugte sich vor und legte ihr die Hand aufs Knie; er lächelte. «Lass ihn mal.»

Ausgerechnet *der* wollte Julien helfen.

«Nein, warum denn? Er ist doch sonst nicht so zurückhaltend. Na los, Jules.» Bekah rückte ein Stück von ihm weg und starrte auffordernd zurück. «Studiert sie auch Medizin? Oder etwas anderes? Raumfahrttechnik? Wird sie der nächste Einstein?»

Bekah musste sich während des Essens einen derartig ausgefeilten Plan zurechtgelegt haben, wie sie Julien die Lüge gegenüber ihrem goldenen Prinzen heimzahlen konnte, dass er keine Chance mehr hatte. Für eine solche Taktik fehlte ihm die passende Tarnung.

«Ich hau jetzt ab», sagte Julien leise und fühlte, wie der Unwille in seiner Brust zu glühen begann. Sich zusammenzureißen erforderte mehr Kraft, als den Leuten eine Notlüge aufzutischen. «Wir reden da ein anderes Mal drüber.»

Als er aufstand und Bekah ihn mit zwei Schritten an der Wohnungstür eingeholt hatte, hörte er Earls Stimme vermischt mit einem leisen Rauschen nach ihr rufen.

«Was soll das?», zischte sie und schlug Julien unsanft gegen die Schulter. Gegen die kaputte. «Warum lügst du?»

«Weil du tust, als wäre er ein Gott», schnappte Julien zurück und schob Bekah von sich weg. «Dabei ist er nur irgendein Kerl, der dir das Hirn aufweicht.»

«Gönnst du mir das nicht?» Sie funkelte Julien an. «Dass ich auch mal glücklich bin?»

«Wenn das Glück sein soll, hätte ich gern die abgefuckte Beeks zurück.» Es bebte, nur kurz, weil sie Abstand hielt. «Keine unechte *Bee.*»

«Du bist eifersüchtig, verfluchte Scheiße, Jules. Das ist...» – «Muss ich nicht», fuhr Julien Bekah an, und es war ihm egal, ob Earl das hören konnte. Sollte er doch. «Ich bin ja schon verliebt, stimmt's?»
«Jules...» – «Fass mich nicht an.» Julien zog den Arm weg, nach dem sie greifen wollte und flüchtete in den Hausflur, bevor es auch Bekah treffen würde. Es wäre das erste und letzte Mal gewesen, dass jemand verstanden hätte, wie seltsam, neu und anders sich das anfühlte.

Sasha

Sasha wusste nicht mehr, wie er es nach Hause geschafft hatte, doch er hatte. Es war, als stünde er unter Drogen, so laut hatte die Musik unter seinen Kopfhörern zu rauschen begonnen. Im Bus, dem dritten, der leer genug war. Im Aufzug, in Pams Flur, in dem Sasha über eine Stunde lang auf dem Boden gesessen und lautlos geheult hatte. Weil es so wehtat, wenn man keine Luft mehr bekam und die Angst, tatsächlich genau hier zu sterben, wie Nadelstiche auf der Haut brannte. Weil er so abgefuckt war, so schwach, kein Mann, kein Profi.

Irgendwann war er aufgestanden und hatte es gerade noch ins Badezimmer geschafft, wo er sich übergeben musste, bis nichts mehr da war, Sasha leer war, und dann hatte er sich ins Bett gelegt, mit seinen Kopfhörern, zugezogenen Vorhängen, begraben unter Decken.

Er wollte nicht mehr aufstehen, nie wieder. Nie wieder dorthin gehen. Die dritte Folge der ersten Staffel *Friends* lief seit Stunden auf Wiederholung, und Sasha fühlte nur eisige Leere in seinem Kopf. Wäre Pam hier gewesen, hätte sie sich vielleicht einfach zu ihm gelegt. Mitgeheult. Ihm Tee gekocht, keinen beschissenen Kamillentee, sondern persischen Granatapfel.

Sasha schob seine linke Hand unter der Decke hervor und tastete nach seinem Handy, das neben seinem Laptop lag. Das Freizeichen ertönte, als er die Nummer seiner Mutter anrief, zwei Mal, drei Mal, und wenn sein Vater abhob, wäre es auch egal gewesen. Sasha war ohnehin fertig, was wollte er mit einer formlosen Hülle schon machen?

«Sasha?»

«Hi», murmelte er nur. Die Haut an seiner Wange, die auf dem Kissen lag, war trocken, und seine Stimme fühlte sich an wie Schleifpapier.

«Darling, ist alles in Ordnung? Ich bin gerade am Kochen, dein Vater ist...» – «Ich geh nicht mehr hin, Mom», flüsterte Sasha und blinzelte gegen die Dunkelheit unter dem Laken an.

«Wohin? Was meinst du?»

«Zur Uni. Ich geh da nicht mehr hin.»

«Warum denn nicht?» Es klang alarmiert, aber beherrscht, fast plaudernd. Bloß nichts anmerken lassen. Sasha schluckte gegen die erneut aufsteigende Übelkeit an.

«Ich kann das nicht. Ich hasse es dort.»

«Sasha, Darling...» seine Mutter verfiel in einen sanften Singsang. «Ich weiß, es ist ungewohnt und fremd, aber du...» – «Es ist nicht fremd, es ist beschissen», unterbrach Sasha sie rau. «Ich hab's versucht, Mom. Aber ich schaff's nicht.» *Schaffst du.*

Nein, dachte er müde. Egal, wie sehr er sich bemühte.

«Aber was soll ich...» Sie atmete kurz ein und aus. «Was soll ich denn deinem Vater sagen? Um Himmels Willen, Sasha. Weißt du, was ihn das gekostet hat?»

«Ich kann's nicht», murmelte er. Ändern, retten, gut machen. «Ich will nicht mehr.»

«Kannst du es von zuhause aus machen? Musst du hingehen? Bitte, Sasha...» Seine Mutter ließ den Satz in der Luft hängen, und Sasha drückte sein Gesicht tiefer in das Kissen.

«Dann werden es keine Einsen», flüsterte er nur zurück. Sie atmete wieder, diesmal lauter.

«Hast du die Unterlagen?», wollte sie dann gedämpft wissen. Taktisch vorgehen, nicht aufregen, *ganz in Ruhe*. «Vielleicht kann ich ihm sagen, dass ihr die nicht rausgeben dürft, dann fragt er nicht mehr.»

«Nur von heute», antwortete Sasha tonlos. «Sonst nichts.»

«Das wird reichen. Ganz bestimmt.» Würde es nicht. Ganz bestimmt nicht. Sasha fühlte sich mit einem Mal so hilflos und aufgeliefert, dass ihm schon wieder die Augen brannten. Konnte er nicht doch einfach sterben? Oder sein Vater? Dann hörte das endlich auf.

«Ich schick sie dir gleich», brachte er nur heraus. Seine Mutter schien sich plötzlich mit schnellen Schritten zu bewegen, denn der Takt ihrer Atmung wurde kürzer.

«Ist gut, mein Liebling. Ich melde mich wieder bei dir.»

«Ist er da?», fragte Sasha erstickt. «Ist er...» – «Ich liebe dich», flüsterte sie schnell, dann war die Verbindung unterbrochen.

Wie beschissen es ihm wirklich ging, merkte Sasha erst, als er sich aufsetzte, die Decke wegzog und zu Pams Schreibtisch sah, auf dem sein Rucksack lag. Alles drehte sich, ihm war übel, seine Handgelenke fühlten sich taub an. Mittlerweile war es fast dunkel. Kurz nach zehn. Sasha blätterte schwankend in seinem Notizblock, fand die Mitschriften, die er anschließend abfotografierte und seiner Mutter mitsamt den heruntergeladenen Folien auf ihre E-Mail-Adresse schickte.

Dann riss er das Fenster auf, versuchte zu atmen, irgendwie. Vielleicht hatte sie ja Recht und es würde tatsächlich reichen. Wenigstens für die nächsten zwei Wochen, bis wieder jemand nach dem tollen Vorzeigesohn fragte. Sasha war es so leid.

Er wollte sich gut fühlen, einfach neunzehn sein, falsche Entscheidungen treffen, verliebt sein, ohne Angst, ohne nackte Panik vor den Konsequenzen. Selbst hier, bei Pam, holte ihn das ein.

Sasha fühlte die nächste Welle auf sich zurollen, bevor er begriff, dass sich das nie ändern würde, wenn er jetzt nichts tat. Irgendwas. Irgendetwas anderes. Im Bett liegen zu bleiben würde ihn nur noch starrer machen, die Leere würde ihn auffressen und auskotzen, wieder und wieder und wieder. Was blieb dann noch übrig, das Julien toll finden konnte? Ein Haufen Dreck, sonst nichts.

Sasha zitterte, als er in den Wohnraum ging, vor Kälte, wie er sich einredete, und im Flur seine Chucks anzog. Vielleicht war Julien ja schon wieder da. Wenn nicht, würde Sasha zurückgehen, alle Lichter einschalten und heiß duschen. Und es danach noch einmal versuchen. Wieder und wieder und wieder.

Julien

Miguel hatte sich in einem Zimmer eingeschlossen und führte eine Telefonkonferenz. Um halb elf. Kein Wunder, dass er Tabletten brauchte, um runterzukommen.

Julien überlegte gerade, ob er ihm beim nächsten Mal einen Joint anbieten sollte, einfach aus Witz und um Miguels Gesichtszüge in all ihren Einzelteilen bewundern zu können, als die Türklingel ertönte.

Vermutlich Bekah, die sich entschuldigen wollte. Julien stand vom Sofa auf und legte sich die Worte zurecht, die er ihr schon seit Tagen möglichst beiläufig sagen wollte. *Weißt du noch, der Neue von nebenan? Er heißt Sasha. Ja, er ist jung. Ja, er ist hübsch. Ja, ich steh auf ihn.*

«Seit wann?», würde sie fragen. «Seit wann stehst du auf Männer?» Und Julien würde nur mit den Schultern zucken können. Was wusste er schon?

Sasha war leichenblass, als Julien die Tür öffnete und alles, was er gerade noch gedacht hatte, auseinanderfiel. Wie Miguels Gesicht, wenn er ihm einen Joint anbieten würde.

«Hi, Profi», setzte er an, dann sah er das Beben, den trüben Schleier über dem Himmelblau und kein Glitzern. Nirgendwo.

«Neun», flüsterte Sasha nur, und Julien vergaß, dass es ja heute eigentlich nichts wurde mit dem Treffen. Wegen einem Uni-Notfall. Und jetzt war der Notfall hier.

Julien zog Sasha in den Flur und schloss leise die Tür, dann machte er einen Schritt auf ihn zu und stützte die Hände links und rechts von ihm an der Wand ab.

«Was ist los, Profi?», fragte er leise. Wieder dieses Zittern, immer wieder. Sasha lehnte steif wie ein Brett an der Wand und starrte Julien an; sein Blick schien zu flimmern.

«Darf ich heute hierbleiben?», fragte er heiser und atmete kaum, presste die Lippen aufeinander, als hätte er Angst, sich selbst zu verschlucken.

«Klar darfst du.» Und wie er das durfte. Vor allem jetzt, wo seine Iris unter dem Schleier gefährlich zu schwimmen begann. «Komm, ich glaub, du brauchst 'nen Drink.» Julien griff behutsam nach Sashas nackten Oberarmen und konnte die Gänsehaut unter seinen Fingern pulsieren fühlen, als er ihn vor sich her zur Küche schob.

Im Kühlschrank stand noch immer die halbleere Flasche Whiskey, und Julien nahm zwei Gläser aus dem Schrank, die er bis zum Rand füllte. «Trink das», wies er Sasha an und gab ihm das größere von beiden. «Auf Ex.»

Er zitterte so stark, dass die Flüssigkeit überschwappte, auf den Boden tropfte und in den Ritzen der Holzdielen versickerte.

«Sorry, ich...» – «Scheiß drauf, ist egal.»

Sasha gehorchte und verzog nach dem ersten Schluck das Gesicht, doch Julien schüttelte den Kopf. «Scheiß drauf», wiederholte er nur. Wenn man das nur oft genug tat, hörte es irgendwann auf.

«Fuck.» Sasha fuhr sich mit dem Arm über die Augen. Warum klang das nur so verflucht anziehend, wenn er fluchte, selbst jetzt?

«Noch eins?»

«Wenn es hilft.»

«Für's erste», antwortete Julien nur, kippte den restlichen Whiskey in Sashas Glas und trank sein eigenes leer, dann stellte er die leere Flasche zurück in den Kühlschrank. Miguel würde sich furchtbar aufregen. *Egal.*

Eine Weile standen sie einfach nur da, und Sasha hielt sich an seinem Glas fest, starrte blicklos auf einen der Barhocker, blinzelte gegen das Flimmern und Schwimmen an.

«Das muss so beschissen anstrengend sein», murmelte Julien schließlich, als er sich vergewissert hatte, dass Sashas flache Atemzüge langsam ruhiger wurden. Er nickte nur.

«Erzählst du jetzt, was los ist?»

«Ich...» Julien nahm ihm das Glas weg und stellte es zu seinem ins Spülbecken. «Ich war in der Uni und... Da war es so... So voll und laut und Ally mit ihren Haaren und diesen Typen, die... Das ist so bescheuert.» Sasha griff haltsuchend mit beiden Händen um die Kante der Küchentheke hinter sich.

«Haben die was gemacht?» Diese Typen? Welche auch immer? Julien würde sie umbringen, jeden einzelnen.

«Nein.» Sasha hob den Kopf und ließ ihn gleich wieder sinken. «Das waren irgendwelche Biologen, keine Ahnung. Keiner hat irgendwas gemacht, das ist es ja. Shit, das ist wirklich bescheuert. Und peinlich und...» – «Ist es nicht, Profi.»

«Doch, weil es keinen Grund gibt», hielt Sasha leise dagegen. Es klang nicht danach, als würde er überhaupt versuchen, sich selbst zu verteidigen. Eher nach etwas Auswendiggelerntem, das nicht mehr passte, weil es zu klein geworden war für das, was hier *wirklich* lief.

«Sasha.» Julien spürte, wie ihm die Kante durch die Jogginghose in die Hüfte schnitt, als er sich seitlich neben ihn lehnte. «Das ist überhaupt nicht bescheuert und niemand braucht einen Grund. Es fuckt dich ab und das reicht.»

Sashas Fingerknöchel waren weiß vor Spannung, doch er schwieg.

«Du solltest doch sagen, wenn was ist.»

«Und dann?» Er hob erneut den Kopf, und als er Julien ansah, schwappte das Blau direkt in seine Brust. Dabei war er längst voll davon, und noch immer war es nicht genug.

«Dann wäre ich hergekommen», antwortete Julien leise. Sashas Brustkorb hob und senkte sich kurz.

«Um was zu tun?», fragte er dann leise.

War das nicht mittlerweile klar? Juliens Herzschlag vibrierte kurz, ein Zeichen, dass es wieder losging, pumpte sich durch seine Fingerspitzen und zurück in seinen Herzmuskel, als er behutsam um Sasha herumgriff und sich vor ihn schob.

Sein Daumen lag direkt neben Sashas kleinem Finger, und Julien dachte kurz an Bekahs Hand auf Earls Schulter. «Um dir den Rücken freizuhalten, Profi», flüsterte er und berührte elendig zögernd Sashas verspannten Knöchel. Sasha sah ihn noch immer an, aus grabentiefem Eiswasser heraus, und zuckte nicht zurück, schob stattdessen seinen Finger unter Juliens Daumen, ließ ihn dort liegen.

«Ich wollte nicht, dass du...» Der Satz brach nicht ab, er löste sich einfach auf. Julien hörte nur seinen Puls, ein Rauschen, ein Schlagen.

«Ich finde dich toll, Profi», antwortete er tonlos und lehnte seine Stirn an Sashas. Da, da unten war das Glitzern, ganz schwach und dunkel. «Ich finde dich so... so verflucht toll.» *Fuck*, sein Herz. «Mit allem. Mit dem hier. Dass du hier bist. Dass du so... anders bist.» So vieles, was Julien nicht kannte. Was er dennoch wollte, nicht deswegen, sondern weil es einfach Sasha war.

Sasha blinzelte, schloss die Augen, rieb seinen Nasenflügel an Juliens, und die kleinen Silberringe jagten ihm eine Gänsehaut über den Rücken. Nur leicht, ganz leicht glitt seine Oberlippe über Juliens, an seinem Mundwinkel vorbei, seiner Wange, bis in die Kuhle zwischen Hals und Schulter, wo es anfing zu kribbeln, nicht mehr wehtat. Das erste Mal seit vierzehn Jahren.

Julien wusste nicht, wie lange sie so dastanden. Vielleicht zehn Minuten, fünfzehn, oder eine Stunde, in der Sasha das Gesicht an seiner Halsbeuge vergraben hatte und Julien seinen Geruch atmete, diese Mischung aus Duschgel und warmer Haut und Aftershave.

In der ihm alles egal war. Bekah, Miguel, die Narben, seine Wut.

«Welche Zahl, Profi?», fragte Julien irgendwann lautlos an Sashas Ohr; seine Stimme gab nach wie aufgeweichtes Papier.

Sasha atmete lautlos. «Vier», flüsterte er.

Vier, dachte Julien, war mehr als okay. Mit vier konnte er arbeiten.

«Willst du 'ne Serie schauen oder sowas? Für 'ne Eins?»

Sasha hob den Kopf, nickte kurz, und das Licht der gedimmten Stehlampe neben dem Fernseher flackerte in seinen Augen. Als Julien sich von ihm löste, wurde sein Oberkörper schlagartig kalt, doch Sashas kleiner Finger blieb mit seinem Daumen verhakt, als er Julien zum Sofa folgte.

Julien schaltete planlos durch die Auswahl, bevor er bei *The Big Bang Theory* hängenblieb. Irgendetwas Seichtes, das nichts aufwühlen und nichts kaputtmachen konnte, so fragil fühlte sich diese Sache noch immer an. Ob das jemals besser wurde? *Noch* besser?

Sasha schloss die Augen wieder, sobald der Vorspann über den Bildschirm flimmerte, und nach einer Viertelstunde sank sein Kopf leicht zur Seite, direkt an Juliens Schulter, die kaputte, in der sich sein Herzschlag bündelte.

«Sorry», murmelte Sasha, als er kurz darauf wieder hochzuckte. Julien schaffte es kaum, den Kopf zu schütteln, so sehr hatte er sich darauf konzentriert, keine unkontrollierte Bewegung zu machen.

«Ist okay», flüsterte er nur zurück. Mehr als das. Das war so richtig, so normal. Sasha ließ sich wieder zurücksinken, rieb seine Wange beinahe zärtlich an der vernarbten Haut unter dem T-Shirt, und Julien fühlte ihn atmen, an seinem Arm, seiner Brust, seiner Hand und wollte so sehr, dass das niemals wieder aufhörte.

Nach drei Folgen, von denen Julien kein Wort verstand, hatte Sasha sich leicht zur Seite gedreht und dabei sein angewinkeltes Bein auf Juliens gelegt, und er schob todesmutig seine Hand auf Sashas Oberschenkel. Einfach nur hinlegen, fühlen, wie das war, wie warm der Jeansstoff unter seinen Fingern wurde, ob es irgendeine Grenze gab.

«Ich mag das», flüsterte Sasha undeutlich an Juliens Schlüsselbein, und da wusste er, es gab einfach keine. Julien wollte auch überhaupt keine. Hätte ohnehin nichts geändert, sondern nur hinausgezögert.

Zur Antwort drückte er seine Fingerkuppen behutsam in Sashas Bein, fuhr mit dem Daumen über sein Knie und spürte, wie Sasha im nächsten Moment um sein Handgelenk griff. *Bleib hier.*

Wenn Miguel jetzt aus seinem Zimmer kam, musste er wenigstens nichts mehr erklären. Das, was hier lief, hätte sogar ein beziehungsunfähiges Arbeitstier wie sein Bruder kapiert.

Julien fühlte sich irgendwann zur Seite kippen, weil Sashas Gewicht an seinem Oberkörper lehnte wie eine warme Decke, die ihn langsam wegdämmern ließ. Sasha blinzelte, richtete sich kurz auf, doch Julien tastete blind nach ihm. Der Fernseher lief immer noch.

Sie sanken einfach ineinander, als Julien sich auf den Rücken legte und Sasha wortlos auf sich zog. Seine Unterarme schmiegten sich angenehm schwer an Juliens Brust, und er vergrub das Gesicht erneut an seinem Hals.

Und Julien mochte das, genau das und nur das. Wenn Sashas Gewicht auf ihm lag, ihn in die Polster drückte, er einfach unter ihm nachgab. Julien schob seinen linken Arm an der Rückenlehne um Sashas Nacken und griff in seine Haare.

«Ich liebe wie du riechst», murmelte er an seiner Schläfe, taub vor so viel Nähe, und schloss die Augen. Sasha legte statt einer Erwiderung nur behutsam seine Lippen an die Sehne unter Juliens Ohr, lange, viel zu lange, und Julien konnte das Beben, das daraufhin durch ihn hindurchfloss, nicht unterdrücken.

«Wenn du besser drauf bist, Profi», flüsterte er und ließ seine Finger blind über Sashas Rücken bis zu seinem Gürtel gleiten, «und das nochmal machst, vergess ich mich.»

Sasha schmiegte seinen Nasenrücken an Juliens Kieferknochen. «Deal?», fragte er tonlos.

Julien nickte, war wie betäubt und griff haltsuchend um das glatte Leder. «Kannst du drauf wetten.»

13

Sasha

Es war gleichzeitig die beste und unvernünftigste Entscheidung, die er je getroffen hatte. Sasha lag noch immer halb auf Julien, als er das erste Mal unter dem leisen Schließen einer Tür aufwachte. Beim zweiten Mal war es wegen Julien, der sich auf die Seite drehte und die Arme um ihn schlang.

«Jules», murmelte Sasha an seinem Schlüsselbein. Er war todmüde und seine Lider schwer wie Blei, dennoch blinzelte er.

Julien atmete leise aus. «Was denn, Profi?», fragte er; es klang rau. Sasha mochte das. Er wollte nicht weg, nie wieder.

«Ich glaub, dein Bruder war eben hier.» Er nahm seine Hand von Juliens Brust und legte sie auf seinen Rücken, tastete seine Wirbelsäule entlang, über die Schulterblätter, griff nach seinem Halsausschnitt im Nacken. Julien atmete erneut aus, und da war wieder ein Laut, ein anderer, tieferer, der Sashas Herzschlag zum Zittern brachte. Anders als gestern, nicht ängstlich. Kein bisschen.

«Scheiß drauf», murmelte Julien nur zurück. Offenbar war es in diesem Haushalt egal, wen er bei sich schlafen ließ. Sasha schob sich ein Stück hoch, sodass sein Gesicht direkt vor Juliens auf der Armlehne lag. Er blinzelte, und da war nur dieses Schwarz, das sich unvermittelt durch Sashas Blick glühte. *Heilige Scheiße.*

«Ich steh auf deine Augen, Jules», flüsterte Sasha ohne nachzudenken. «Die sind wie Lavasand unter einem Haufen warmer Erde.»

Juliens Mundwinkel verzog sich zu einem schiefen Lächeln, und auch das mochte Sasha. «Deine sind wie Wasser», flüsterte er zurück. «Wie arktisches, verflucht tiefes Whirlpoolwasser im Hochsommer.»

«Das klingt echt cool.» Sasha musste lachen, auch wenn es sich ungewohnt anfühlte, nachdem er gestern über Stunden zwischen Heulen und stummer Todesangst hin und her geschwankt war.

«Ist es, Profi. Die sind richtig krass.» Julien legte sachte Zeige- und Mittelfinger an seine Wange. «Hatte ich noch nie.»

«Was?» Sasha ließ seine Finger ebenfalls zurück über die schlanken Stränge von Juliens Rückenmuskeln, über seine Rippen, die sanfte Wölbung seiner Brust bis zum Hals gleiten, dorthin, wo sich die Sehne bis unter sein Ohr zog.

«Das hier», antwortete Julien tonlos und zeichnete beinahe andächtig Sashas Kieferknochen nach. «Dich.»

Sasha hätte sich am liebsten in diesem Haufen Lavasand und Erde vergraben, doch Juliens Blick tastete so konzentriert über sein Gesicht, dass er ihn nicht unterbrechen wollte. Vielleicht fand er dort ja etwas, das Sasha selbst noch nicht kannte. Ein Gefühl, eine Regung, etwas, das Julien besser verstand als er selbst.

Sasha zog den Ausschnitt von Juliens Shirt ein Stück zur Seite, und als er vorsichtig über sein Schlüsselbein fuhr, konnte er die Gänsehaut unter seinen Fingerspitzen fühlen.

«Das ist so krass», murmelte Julien wieder, schloss die Augen und ließ seine Hand in Sashas Nacken liegen. «Keine Ahnung, wie du das machst, Profi.»

«So wie du», gab Sasha leise zurück und spürte wieder dieses Ziehen. *Nicht jetzt*, dachte er nur. Jetzt wollte er nur schauen, *was* er da so begehrte. Was er sah, wenn Julien einfach nur dalag und unter seiner Berührung kaum merklich zu vibrieren begann.

Als er Juliens linke Schulter erreichte und sich langsam unter den Stoff tastete, verspannte sich die Haut unter seinen Fingern plötzlich, und Julien zog die Hand weg.

«Nicht», flüsterte er nur; die Lava kühlte beinahe sofort ab. Sasha verharrte in seiner Bewegung. Da war eine winzige Unebenheit, direkt am Übergang zwischen Schulter und Brustansatz.

«Warum nicht?», fragte er tonlos, gleichzeitig verkrampfte sich ein winziger Muskel in seinem Arm. Wenn es das jetzt war, wenn Julien es sich anders überlegt hatte, aufstand, wegging, Sasha fortschickte, würde er nie wiederkommen. Nie.

Julien starrte ihn nur an, prüfend, ein wenig misstrauisch vielleicht. Nein, ängstlich. Sasha kannte diesen Blick, er musste bloß in den Spiegel schauen.

«Weil du mich dann nicht mehr toll findest.» Mehr sagte er nicht. Und endlich begriff Sasha, wie unüberlegt diese Aussage eigentlich war. Wie absurd, zutiefst kindlich.

«Glaubst du», fing er an und rückte so nah an Julien heran, dass ihre Nasenflügel erneut aneinander lagen, «ich fahr nur auf das ab, was ich sehen kann?» Julien senkte kurz den Blick, sah auf Sashas Finger und dann wieder zu ihm.

«Dein Ernst, Profi?», fragte er nur. Sasha nickte. Sein voller Ernst.

«Dann mach», flüsterte Julien und fixierte ihn reglos. «Bevor mein Hirn wieder funktioniert.»

Sasha schob den Stoff erneut ein Stück zur Seite und Julien drehte sich gleichzeitig auf den Rücken, dann griff er um Sashas Handgelenk auf seiner Brust, als wollte er ihn festhalten, wenn er zu weit ging. Oder sich selbst.

Feines Narbengewebe, verästelt wie dünne Zweige, zog sich unterhalb von Juliens linkem Schlüsselbein entlang. Sasha fuhr behutsam die Linien und winzigen Knoten nach, die zur Schulter hin dicker wurden, unebener. Julien atmete nicht, Sasha auch nicht. Weil er nicht wollte, dass Julien eine unachtsame Bewegung die Haut womöglich noch weiter aufriss. Dass es Sasha war, der noch mehr Stoff zur Seite zog und durch den Anblick von Juliens definiertem Übergang zwischen Schulter und Nacken doch noch die Beherrschung verlor. Es wäre das erste Mal gewesen.

«Wie ein Baum», flüsterte Sasha, schluckte gegen das Brennen in seinem Unterleib an und begann wieder von vorn. Jede Linie, jeden Ast, jede Windung. «Und das hier…», er ließ seine Finger mit vorsichtigem Druck über den Stoff und eine breitere Wölbung, die bis an Juliens Oberarm reichte, gleiten, «ist der Stamm. Das ist echt cool.»

«Bist du high, Profi?» Julien wandte den Kopf zu ihm und lächelte nicht, doch in seinen Augen begann es erneut zu schwelen. Sasha musste blinzeln, so schwindelig wurde ihm, selbst im Liegen.

«Mein Ernst, Jules», erwiderte er leise. Julien brauchte keine Tarnung. Im Gegenteil, denn Sasha verstand immer weniger, weshalb er glaubte, dass ihn Narbengewebe abstoßen könnte. Je mehr er sah, desto penetranter wurde das Ziehen. Eigentlich hätten sie jetzt damit aufhören müssen, doch Julien betrachtete Sasha so eingehend, dass er sich nicht rühren konnte, mit der Hand auf Juliens Brust, direkt über seinem pumpenden Herzschlag.

«Fühlst du das?», fragte Sasha dann. «Wenn ich das anfasse?»

«Sieht so aus, was?» Julien zog das rechte Bein an und legte sein Knie auf Sashas. *Verdammt*, er sah so elendig gut aus, wenn sich sein Mundwinkel verzog und nicht nur die Augen lächelten. Wenn seine Lider halb geschlossen waren, er Sasha anschaute, als wäre seine bloße Anwesenheit der einzige Grund dafür.

«Tut das weh?»

«Manchmal», antwortete Julien leiser. «Wenn es kalt wird. Oder ich's auf der Arbeit übertreibe. Dann spannt es.»

«Verstehe.» *Wer war das?* Oder was? Würde Sasha sein Studium nicht nur auf dem Papier durchziehen, hätte er vielleicht ein Mittel erfinden können, das diesen Umstand leichter machte.

«Jules», murmelte er, weil Julien erneut schwieg. «Ich steh generell auf Schultern.» Schon immer, Sasha fand die Form unter der straff gespannte Haut nämlich elendig scharf. Aber vor allem Juliens. Alles an ihm.

«Auch auf kaputte?» Er hielt noch immer Sashas Hand fest, und sein Herz, sein Herz schien förmlich um sich zu schlagen, panisch, *shit*, natürlich tat es das.

«Auf die steh ich nicht», erwiderte Sasha lautlos, und endlich verstand er, was Julien mit *sich selbst vergessen* gemeint hatte. Es kündigte sich an, immerhin. «Auf die fahr ich richtig ab.»

Julien

Was auch immer in ihm passierte, als Julien sprachlos und am gesamten Körper taub die Arme um Sasha schlang und das Gesicht an seinen Hals presste, es wirkte wie Brennspiritus. Er wurde wahnsinnig. Er wollte Sasha. Er wollte ihn küssen, ihm das T-Shirt vom Leib reißen, seinen Gürtel wegziehen und an den Bund seiner Shorts greifen, Julien wollte das alles *so* sehr. So bedingungslos, dass es ihm noch mehr Angst machte als das Hochkochen von überhitzter Wut.

Deswegen lag er nur da, unter Sasha, fühlte ein Pochen in seinem Unterleib und Sashas warme Atemzüge an seiner Schulter und konnte nichts, überhaupt gar nichts mehr sagen.

Es war Sasha, der ihn rettete. «Jules», flüsterte er wieder. Es klang dunkler, tiefer als sonst. «Ich geh jetzt rüber.» Keiner von ihnen rührte sich.

«Warum?», fragte Julien rau und blinzelte an die Zimmerdecke. Warum war das alles so neu, dass man immer wieder anhalten musste, um nicht völlig überzuschnappen? Wo hatte Sasha gelernt, wie das ging? Jeden Wunsch, jeden noch so drängenden Impuls zu kontrollieren?

«Weil ich eine echt kalte Dusche brauche», erwiderte er undeutlich. «Deswegen.»

Und weil Julien nichts Besseres einfiel, nickte er nur. *Okay.* Dann riss er sich eben zusammen.

«Darf ich dich was fragen?», wollte Sasha leise wissen, als sie im Flur standen und er bereits eine Hand am Türknauf hatte. *Kluger Junge*, so behielt er wenigstens die bei sich.

«Wenn du wüsstest, was du alles darfst, Profi», antwortete Julien tonlos. Sasha blinzelte kurz, himmelblau, kilometertief. *Hör auf damit*, betete Julien stumm. Seine verfluchten Hände waren überhaupt nicht nötig. Kein bisschen.

«Bekomm ich eine neue Jacke von dir?» Sasha lächelte, so halb, und Julien hätte ihm in diesem Moment auch seinen gesamten Besitz gegeben, um es ganz zu machen. «Ich lieb nämlich auch wie du riechst.»

Julien suchte in seinem Zimmer nach dem schwarzen Hoodie, den er gestern getragen hatte, und als er ihn Sasha gab, ließ dieser doch die Tür los.

«Danke», flüsterte er, zog sich die Kapuze in die Stirn, dann neigte er sich leicht vor, nur den Kopf, keine Hände, die es vielleicht erträglicher gemacht hätten, und ließ seine Oberlippe federleicht über Juliens gleiten. Wie gestern.

«Fuck», murmelte Julien und schloss die Augen. Eine der Brandbomben in seinem Innern ging hoch und riss dabei fast sein Rückgrat auseinander, sodass das Nachbeben ungehindert durch seine Muskeln strömen konnte. Noch eine, und er war nicht nur im Arsch, sondern völlig verloren. «Fuck, Sasha.»

«Bis später, Jules.» Sasha lächelte noch immer. Ganz.

Juliens Gemüt lag in Trümmern, als er daraufhin ebenfalls duschen ging, eiskalt, eine halbe Stunde lang und am gesamten Körper zitternd, doch das kam nicht davon, das wäre sowas von gelogen gewesen, sich das einzureden. Er überlegte, dem Druck einfach nachzugeben, genau hier, wo ihn niemand beobachtete, und sich dabei vorzustellen, wie Sasha aussah, wenn *er* die Kontrolle verlor.

Es reichte vom Kopf bis in die Lenden, dieses für Julien höchstpersönlich perfekte Bild von einem Mann, und kurz, sehr kurz ließ er es zu, bevor er es wegschob und gar nichts dachte. Es trotzdem tat, weil, *verflucht nochmal*, er musste ja irgendwie von diesem Trip runterkommen.

Danach saß er wieder auf dem Sofa, das nach Sasha roch, schaute die restliche Staffel von gestern Abend zu Ende, schob sich eine Tiefkühlpizza in den Ofen, schaute auch die zweite und dritte Staffel, und als er kurz wieder einschlief, träumte er davon. Von allem.

Was genau dafür nun der Auslöser gewesen war, hätte Julien gern Miguel gefragt, der um kurz vor sechs nach Hause kam, denn der hatte das ja gesehen. Der wusste doch alles, mehr, als Julien je wissen würde.

«Hi.» Sein Bruder hatte zwei Tüten dabei, eine davon mit dem Aufdruck eines Lieferdienstes, und stellte sie auf den Tresen. «Hab was zu essen mitgebracht», verkündete er zeitgleich und klang dabei fast ein bisschen stolz. «Chinesisch, es gab drei für zwei Gerichte im Angebot.» War ja klar. Julien grinste, bevor er aufstand und begann, die Lebensmittel auf der Tischplatte zu verteilen und nach Größe zu sortieren. Vielleicht sprach Miguel es ja von alleine an. Im Fernsehen lief die Nummer mit dem Outing immer so bühnenreif ab, endete entweder in Geschrei oder Applaus. Julien wollte nichts davon. Er wusste ja nicht einmal, wann das überhaupt angefangen hatte.

Miguel öffnete den Kühlschrank, um seinen Proteinpudding und Juliens Energydrinks einzuräumen, dann entdeckte er die leere Flasche Whiskey und atmete sehr langsam, sehr laut aus.

«Dein Ernst, Jules?» Ja, sein voller Ernst.

«Sorry, war ein Notfall.»

«Dein ganzes Leben kommt mir manchmal wie ein Notfall vor.» Es klang weniger sauer als befürchtet, nur einigermaßen zynisch. So war Miguel auch nicht immer gewesen. Julien schwieg und schob eine Packung Haferflocken auf dem Tresen hin und her. Stimmte ja irgendwie auch.

«Sorry, das war dumm.» Miguel schloss den Kühlschrank wieder. «Meinte ich nicht so.»

Was war mit ihm? Seit wann entschuldigte er sich so oft bei Julien?

«Es war wirklich einer», erklärte er leiser und schaffte es nicht, Miguel dabei anzusehen. Und seit wann war er eigentlich so feige? Aber was, wenn sein Bruder ihn nicht ernst nahm? Diesmal nicht wie alle anderen Male davor, wenn er mit irgendeiner neuen Hiobsbotschaft um die Ecke gekommen war. *Ich hab Sozialstunden wegen Kiffen im Schulflur bekommen. Ich hab dem Arschloch eine reingehauen. Ich geh nicht mehr zum Friedhof.*

«Reichte der Wein nicht?» Miguel machte plötzlich ein komisches Gesicht. Ganz anders, wie Bekah. Julien verspannte sich.

«Dafür nicht, nein», gab er trotzig zurück und kämpfte den Unwillen, der warnend an seinem Herzmuskel zupfte, nieder. Das würde nicht helfen, im Gegenteil.

Miguel schien kurz nachzudenken, starrte blicklos auf die Haferflocken in Juliens Händen, dann sah er ihn direkt an. Nicht mehr ganz so komisch, immerhin.

«Willst du, dass ich frage, Jules?» Julien hätte es wissen müssen. So schlau, wie Miguel war, hatte er ihn garantiert schon beim Reinkommen durchschaut.

Ja und *Bitte* war alles, was er dachte, als er seinem Bruder wortlos in die Augen starrte. Auch das funktionierte in der Regel problemlos. Miguel kam zum Tresen, zog einen der Barhocker beiseite und schob sich halb darauf, legte die Unterarme auf die Tischplatte. Zwischen ekelhafte Reiscracker und einem Kanister Bio-Milch.

«Läuft da was?», fragte er schlicht. «Mit Sasha?»

«Nein», murmelte Julien. «Noch nicht.»

«Verstehe.» Klang nicht so. Wie auch? Julien verstand ja selbst kein einziges Wort. «Und bist du...» Miguel schien sich sichtlich unwohl zu fühlen. Solche Konversationen lernte man wohl nicht auf dem College, ein weiterer Grund, warum Julien auch im nächsten Jahr weiter Möbel schleppen würde. Da reichte es, dem Kollegen eine reinzuhauen, wenn er ihn *Schwuchtel* nannte.

«Schwul? Bisexuell?», präzisierte Miguel weiter. «Ich meine... Gab's da nicht mal eine Freundin?»

«Die du scharf gefunden hast, ja.»

«Hässlich war sie nicht.»

«Sasha auch nicht.»

Miguel musterte Julien prüfend. «Also bist du...»

Er gab sich wirklich, *wirklich* Mühe, so, wie sein Bruder sich immer Mühe gab, Julien zu verstehen. Einen Namen für das zu finden, was ihn aufregte, glücklich, alles besser oder noch schlimmer machte. Julien dachte kurz, ganz kurz nur, an Mom, die Miguel viel länger hatte um sich haben dürfen als er. Vielleicht war er dadurch ein bisschen wie sie, denn dann *würde* er es verstehen. Todsicher.

«Verliebt», beendete Julien den Satz leise. Sie sahen sich an, und Julien stellte sich vor, wie er einen riesigen Haufen Erde und Lavasand in Miguels schwarze Augen kippte, die niemals überliefen. Auch jetzt nicht.

«Gut», erwiderte Miguel leise. Es war okay, denn er lächelte, endlich, schon wieder irgendwie stolz und nicht nur ein bisschen. Wie Mom. «Reicht doch.»

Sasha

«Du siehst müde aus», begrüßte Pam ihn, als sie eine Stunde, nachdem Sasha geduscht, Tee gekocht und den Film mit Juliens Klavierstück geschaut hatte, hereingeschneit kam. «Dann war die Party gut, was?» Sie zwinkerte und zog sich die Pumps aus, die sie einfach auf dem Weg ins Badezimmer liegen ließ.

Hörte man das noch immer? Das Summen von dunklen Tönen, aus winzigen Lautsprecherboxen heraus, ein wenig rau, genau richtig. Sasha klappte seinen Laptop zu, mit dem er auf Pams Sofa gesessen hatte, und lächelte.

«Die Party nicht.» Wenn man seine Panikattacken als allwöchentlich dröhnende Großveranstaltung betrachtete, ließ sich das Gefühl von Todesangst vielleicht auf das reduzieren, was es war: unnötig. «Aber die Nacht danach war okay.»

«Ah.» Pam wackelte mit den Augenbrauen, kam zu Sasha und drehte sich um, dabei deutete sie auf den Reißverschluss ihres Kleids. «Hilfst du mir mal? Ich wollte mich schon am Flughafen umziehen, aber hab es nicht hinbekommen. Und einen wildfremden Schönling...», sie lachte kurz, und Sasha musste ebenfalls grinsen, «wollte ich dann doch nicht fragen. Wer weiß, was der gedacht hätte.»

«Dass du ziemlich cool bist.» Er stand auf und zog vorsichtig an dem kleinen Zipper. «Und es sich lohnen würde.» Tat es auch. Keine Entscheidung, die Julien betraf, hatte Sasha bisher bereut.

«Ich glaube, es schreckt die Männer ab, wenn sie hören, dass ich keine Lust auf Haus und Kinder habe», erwiderte Pam, sah dabei jedoch kein bisschen unglücklich aus. Eher erleichtert, dass sie niemandem Rechenschaft dafür schuldig war, mit offenem Kleid durch ihre eigene Wohnung zu laufen und dabei Bruce Springsteen-Lieder zu singen, ohne, dass es jemanden gestört hätte. Sasha am wenigsten.

Er fragte sich gerade, ob seine Mutter ihre Entscheidungen bereute und ob er und Julien den Rest des Tages nutzen und vielleicht zu einem der Strände fahren sollten, als sein Handy zu summen begann. Pam hatte das Küchenradio eingeschaltet und klapperte mit Töpfen und Geschirr, während Sasha auf die Nummer seines Vaters starrte, die er nur unter *Jerome* eingespeichert hatte.

Bevor er ihn *Dad* nennen konnte, hätte er sich erst einmal wie einer verhalten müssen.

«Willst du nicht rangehen?» Seine Tante sah kurz über die Schulter.

Sasha nickte nur, ging in sein Zimmer und wartete, bis das stumme Klingeln abbrach.

Sein Herz schlug schneller, doch er hatte es im Griff. Noch. Was wollte der?

Prompt begann es erneut zu summen, und Sasha wäre jetzt gern wütend geworden. Weil er nie Ruhe hatte, nie einfach nur auf dem Sofa sitzen und Mikrowellenpopcorn aus der falschen Schüssel essen durfte. Sich nie nackte Schultern vorstellen und schon gar nicht anfassen konnte, ohne Angst haben zu müssen, dass sein Vater seine Gedanken lesen und ihn dafür windelweich schlagen würde. Dass er nie einfach nur Sasha sein konnte. Außer bei Julien.

Er rief schon wieder an, und in Sashas Magen glomm keine Wut, sondern nackte Panik. Nochmal würde er das nicht überleben. Dann war es sein Vater, der endlich ungestört Zimmertüren eintreten, Handys kontrollieren und über die Uhrzeiten bestimmen konnte, an denen man ins Bad durfte.

Kannst du rüberkommen? Ich brauch einen Orkan.

Es dauerte keine Minute, bis Julien antwortete.

Welche Zahl, Profi?

Im Ernstfall Zehn gegen Hundert.

Ich kann zehn Mal Hundert.

Als Sasha ihm die Tür öffnete und Julien zur Begrüßung nicht mehr die Fingerknöchel seiner Faust an Sashas schlug, sondern nach ihr griff und Sashas Arm an seine Brust drückte, pendelte sein Herzschlag zwischen zwei und drei.

«Ich weiß, ich bin eine Null», flüsterte Sasha. Julien lehnte die Stirn an seine und lächelte schief.

«Halt's Maul, Profi.»

«Ist doch so.» Er konnte nichts mehr ohne Julien. Nein, er *wollte* nichts mehr ohne Julien.

«Ist nicht so. Du bist 'ne verfluchte Zehn.»

«Aber...» – «*Meine* Zehn», unterbrach er Sashas Reflex, sich selbst an einem Maßstab zu bewerten, der unaufhörlich in seiner Jeanstasche summte. «Okay?»

«Okay.»

«Wem soll ich jetzt eine runterhauen?» Sie grinsten sich an.

«Nicht hier.» Sasha fühlte Juliens Finger automatisch zwischen seine gleiten, als er nach seiner Hand griff und ihn mit sich zog.

Pam stand am Herd, trug mittlerweile einen ihrer Hausanzüge aus

Frotteestoff und sah kurz auf. «Hi», begrüßte sie Julien und freute sich mindestens so sehr wie Sasha, dass er hier war, denn ihre Augen begannen zu leuchten.

«Das ist meine Tante, sie ist ziemlich cool», murmelte Sasha und hoffte, sie würde genau das sein, jetzt, wo sie es sah. Dass er Juliens Hand nicht losließ, dass er hier einfach nur Sasha war.

«Hi», sagte Julien; er lächelte noch immer.

«Möchtest du später mitessen? Es gibt Ofenkartoffeln mit...» Pam sah kurz auf das Rezept, das mit zerknickten Ecken neben ihr auf der Anrichte lag. «Roter Beete. Sasha isst ja kein Fleisch, da muss ich etwas improvisieren.»

«Sorry, ich hatte grad drei für zwei Portionen Chinesisch. Mein Bruder isst nur Sonderangebote.»

«Okay, aber du hast Hunger?», fragte Pam an Sasha gewandt. Er nickte nur.

«Schön, gib mir und der roten Beete eine Stunde.» Sie zwinkerte, und als Sasha seine Zimmertür hinter sich und Julien schloss, schlangen sie beinahe gleichzeitig die Arme umeinander.

«Hattest recht», murmelte Julien und rieb seine Nase an Sashas Halsbeuge, während sie einfach nur dastanden und sich festhielten, als hätten sie sich wochenlang nicht gesehen. «Coole Tante.»

«Und dein Bruder?», flüsterte Sasha. Juliens Haare kitzelten an seinem Ohr.

«Mindestens genauso cool», flüsterte er zurück, dann nahm er die Arme von Sashas Rücken und sah auf das vibrierende Handy in seiner Tasche. «Was is'n los, Profi?»

Sasha zog das Smartphone hervor und hielt Julien stumm das Display hin. Er runzelte die Stirn.

«Mein Vater», sagte Sasha deshalb leise. Wie zum Teufel sollte er Julien erklären, dass er in diesem Pool voller Geld beinahe ertrunken war? Dass es zuhause kein bisschen cool, sondern nur beschissen war und Sasha noch vor drei Wochen wieder dorthin zurückgewollt hatte? Aus Angst. Aus Schwäche. Er merkte erst jetzt, dass seine Hände schon wieder zitterten.

«Und was will der?» Julien griff danach und federte es damit ein wenig ab.

«Ich weiß nicht», flüsterte Sasha, als könnte er ihn bis hierhin hören. «Er ruft sonst nie an. Immer nur meine Mutter.»

«Wegen der Uni?»

«Ich hab's ihr gesagt.» Sasha starrte auf den Namen seines Vaters und hätte ihn am liebsten aus dem Fenster hinter sich geworfen, dreizehn Stockwerke tief. «Dass ich nicht mehr hingehen werde.»

«Und?» Ja, wo war das Scheißproblem? Genau hier, in diesem Zimmer, und wollte alles hinschmeißen.

«Er will Ergebnisse sehen. Deswegen war ich gestern da», erklärte Sasha tonlos. «Und morgen schreiben wir ein Testat und ich hab nichts gelernt und nur zehn Seiten der letzten Sitzung und Ally ist...» Garantiert sauer, weil er einfach so abgehauen war. Ohne Erklärung, denn dafür hatten ihre freundlichen Bemühungen dann doch nicht gereicht.

«Wer ist Ally?»

«Eine aus meinem Kurs», murmelte Sasha zur Antwort. «Sie wollte mir ihre Mitschriften geben aber... Ich konnte gestern nicht...» Jetzt rief seine Mutter an.

Julien sah ebenfalls auf den Bildschirm, kniff die Augen zusammen und rieb sich anschließend das Gesicht, als würde er nachdenken.

«Geh ran», sagte er dann.

«Aber...» – «Wird nicht besser, wenn du's ignorierst, oder?» Sasha schüttelte den Kopf. Im Leben nicht. Eher schlimmer.

«Siehst du.» Juliens Mundwinkel zuckten. «Bei dir hab ich's deswegen gar nicht erst versucht.»

«Ich hab Schiss», flüsterte Sasha, weil sich Juliens Worte mit aller Macht gegen das Panikgefühl stemmten und ihm die Luft abdrückten. So konnte es nicht größer werden, wenn er darüber sprach. «Ich hab so Schiss, Jules.»

«Wovor?» *Dass sie weint. Dass er ausrastet.* Dass Sasha hier wegmusste, sofort. «Ich bin doch da, Profi. Hey.» Die Ärmel von Juliens Hoodie lagen warm an Sashas Wangen, als er behutsam mit beiden Händen um sein Gesicht griff. Sasha presste die Lippen aufeinander, um nicht wieder einfach loszuheulen. Er wollte zwischen drei und vier bleiben, eine Zehn sein, *Juliens* Zehn.

«Du musst nichts sagen», murmelte er. «Hör's dir erstmal nur an. Und wenn sie Blödsinn reden, legst du auf. Deal?»

Wenn es doch so einfach gewesen wäre. Prompt wechselte die Nummer; wieder sein Vater.

«Bleib hier», war alles, was Sasha erwidern konnte, bevor er seine Finger um Juliens Handgelenk legte und endlich abnahm.

«Warum gehst du nicht an dein verdammtes Telefon?!», schrie sein Vater beinahe sofort, und Juliens Augen wurden dunkel, nicht wie heiße

Lava, sondern wie kalte. Eisig kalte, harte Brocken. Sasha atmete gegen das Zittern an.

«Ich war unterwegs», sagte er nur.

«Du sollst rangehen, wenn ich dich anrufe, hast du verstanden?! Verfluchte Scheiße, wie blöd bist du eigentlich?!»

Juliens Blick zuckte kurz von Sasha weg, zu der Wand neben ihnen, und seine Daumen drückten sich kaum merklich an Sashas Kieferknochen.

«Tut mir leid», murmelte Sasha, mehr zu ihm als zu seinem Vater, denn den stachelte das nur noch mehr auf.

«Ich will sämtliche Unterlagen der letzten drei Wochen von dir.» Er schäumte vor Wut, Sasha konnte sein verzerrtes Gesicht förmlich vor sich sehen. «Nicht nur die paar lächerlichen Zettel da. Was sollen die aussagen? Dass du zugehört hast? Das kann jeder, ich zahle kein Geld, damit du genauso erbärmlich wirst, wie der Rest.»

«Bin ich doch schon», flüsterte Sasha ohne nachzudenken. *Shit.* Julien starrte ihn wieder an, eine Mischung aus stummer Abscheu und verwaschenen Erdschichten im Blick.

«Du bist nicht erbärmlich, du bist Dreck!», donnerte Sashas Vater zurück. «Und du nutzt das bisschen Intelligenz, was du hast, gefälligst, um der Familie nicht noch mehr Schande zu bereiten! Was glaubst du, warum deine Mutter dauernd flennt? Wegen dir, weil du nichts als Dreck bist!»

«Sasha», formten Juliens Lippen. Mittlerweile zitterten sie beide.

«Hast du mich verstanden? Die Unterlagen sind bis heute Abend hier, sonst...» – «Ich hab morgen ein Testat», würgte Sasha hervor. «Die Ergebnisse sind erst in zwei Wochen verfügbar.»

«Unterbrich mich nicht!»

«Sasha», wiederholte Julien lautlos.

«Um wie viel Uhr ist der Scheißtest?»

«Morgen früh», flüsterte Sasha wie fremdgesteuert. Julien zog ihn näher zu sich.

«Stell dir vor, wir knutschen jetzt rum», murmelte er, ohne dabei einen Laut von sich zu geben. «Stell's dir vor.»

Während sein Vater etwas von Punkt elf Uhr übernächste Woche Dienstag brüllte. Sasha hätte das Handy einfach losgelassen, an Juliens Jacke gegriffen, sich festgehalten, wäre trotzdem in die Knie gegangen, und explodiert, in tausend, *tausend Teile.*

«Okay», sagte er nur, egal zu was, es war okay.

«Punkt elf, kapiert? Sonst lernst du mich kennen.»

«Okay.»

Als das Gespräch unterbrochen wurde, rutschte Sasha wirklich das Telefon aus den Fingern, weil er *wirklich* nach Juliens Jacke griff, und Julien legte erneut die Arme um ihn, sodass Sasha sich überhaupt nicht festhalten musste. Er war einfach nur da.

«Was für'n Wichser», murmelte Julien irgendwann an seiner Wange. «Ist der immer so?»

Sasha nickte.

«Fuck, echt.» Er trat einen Schritt zurück und zog Sasha mit sich, hin zum Bett, und Sasha fühlte Julien unter sich atmen, als er sich einfach nach vorn fallen ließ. Wie gestern, ohne einen Funken Angst vor irgendwas. *Fuck, echt*. Sasha war fast ein bisschen neidisch, aber noch mehr faszinierte ihn die Tatsache, dass Julien ausgerechnet *ihn* für einen Profi hielt.

«Das ist übrigens richtig toll», sagte Julien leise, seine Finger in Sashas Haar am Hinterkopf vergraben. «Wenn du so auf mir liegst.»

«Ja», murmelte Sasha und schloss die Augen.

«So wie du, Profi. Lass dir nichts einreden.»

«Zu spät.»

«Dachte ich mir.» Julien rollte sich auf die Seite und hielt Sashas Arm fest, wie vorhin. «Warum machst du das mit? Scheiß doch auf den.»

«Kann ich nicht.»

«Warum nicht?»

«Weil er dreißigtausend Dollar dafür bezahlt hat, dass ich hier sein kann», erwiderte Sasha leise. Und Julien ging beinahe jeden Tag Möbel schleppen und war in den Augen seines Vaters nichts als ein *erbärmliches* Stück Dreck.

«Wäre nur gerecht, wenn er die Kohle verliert», gab Julien zurück, neigte den Kopf und legte seine Lippen kurz an Sashas Fingerknöchel. «Der Wichser. Würde der so mit mir reden, würd ich ihm seinen verdammten Schwanz abreißen und ihm damit das Maul stopfen.»

«Selbst dann würde er noch glauben, mehr Mann als ich zu sein», flüsterte Sasha. Jetzt war es raus. Wenn es überhaupt jemals deutlicher ausgesprochen werden musste.

Julien betrachtete ihn einen Moment lang schweigend. «Weiß er das?», fragte er dann schlicht. «Dass du auf Schultern stehst?» Seine Mundwinkel zuckten, und Sasha erging sich in dieser winzigen Bewegung. So klang es fast wie etwas, für das *ihm* nicht der Schwanz abgerissen werden würde, wenn es rauskam. Einfach ganz normal.

«Nein», erwiderte er lautlos, als könnte er ihn noch immer hören. «Wenn er das merkt...» Der Gedanke brach einfach ab. Als wollte er Sashas Hirn davor schützen, dass all die Szenarien, die es sich unter zu viel Druck und Panik ausmalte, Wirklichkeit werden könnten. Wie so vieles schon Wirklichkeit geworden war und vor dem Sasha sich mehr fürchtete als vor dem Tod. Den würde das Ganze nämlich ankündigen, aber nicht zulassen.

«Was ist dann?» Julien sah ihn unverwandt an. Er brauchte ja keine Angst haben, dachte Sasha. Zum Glück. Sein Bruder war nicht komplett ausgetickt und hatte ihn nachts an den Haaren vom Sofa gezerrt, weder, weil er mit einem fremden Kerl dort lag, noch, weil es keine Regel gab, nach der niemand auf dem Sofa schlafen durfte.

«Dann...» Er konnte nicht. *Konnte*, nicht wollte, er wollte wirklich, denn wenn Sasha Julien erzählt hätte, was zuhause alles passiert war und noch passieren würde, hätte Juliens Orkanstärke gereicht, um auch das wieder gut zu machen. Irgendwie. Keine Ahnung wie.

«Sasha.» Julien rutschte näher an ihn heran und schlang ein Bein um seines. Wie gestern, und auch da war es wieder gut geworden. «Was ist dann? Was tut der Wichser?»

Alles, dachte Sasha. Alles, was wehtun würde, überall. «Wenn ich das erzähle», setzte er an, und wieder, wieder zitterte es, überall, «ist es wieder eine Neun.»

Julien legte jetzt auch die andere Hand um Sashas Faust, strich sachte mit dem Daumen über die Knöchel, die er eben noch mit dem Mund berührt hatte. «Oder wir schaffen es, dass du bei acht anhältst», gab er leise zurück. *Wir*. Sasha kannte kein *wir*, nur ein *die* und *ich*.

Aber jetzt war Julien da, und Sasha seine Zehn.

«Mit vierzehn», fing er tonlos an, «hab ich eine Matheklausur versaut. Keine Eins, es war eine Vier. Ich hatte wieder...»

«Angst?», beendete Julien den Satz, und Sasha nickte, bevor er seine Finger ausstreckte und Juliens erneut einfach dazwischen glitten, lang und schmal und warm. «Um mit der Scheiße noch 'ne Vier schreiben zu können, muss man schon ein krasser Profi sein.»

Sasha lächelte, ein bisschen, gegen die Erinnerung. «Ich kam nach Hause und...» Gekotzt hatte er vor Angst. «Sie waren da, alle beide. Er weiß immer, wann er mit Ergebnissen rechnen muss.» Es hatte Hähnchen gegeben an diesem Tag. Irgendein Gewürz fehlte, und seine

Mutter hatte in den kommenden Tagen so viel Make-Up getragen, dass ihr Gesicht ganz starr geworden war. Sasha kannte das, diese Schutzhüllen, die vor nichts schützten.

Julien sah ihn an. «Welche Zahl?», fragte er nur.

«Vier», flüsterte Sasha zurück. «Er fragte nach der Klausur. Und ich sagte, wir hätten sie noch nicht zurück.» *Shit.* Seine Muskeln zogen sich so plötzlich zusammen, dass Julien mit der freien Hand über die Tätowierung fuhr, wie zur Beruhigung. *Alles okay.* Er war ja hier.

«Er...»

«Atmen, Profi.» *Ach ja.*

«Er hat in der Schule angerufen und nachgefragt», erzählte Sasha weiter; sein Brustkorb begann zu schmerzen. «Fünf», flüsterte er daraufhin. Julien nahm die Hand von seinem Arm und legte wieder zwei Finger an seine Wange.

«Stell dir nochmal vor, wie wir rummachen», flüsterte er zurück. «Egal, wie bescheuert das grad klingt.»

Tat es nicht. Sasha starrte auf Juliens Lippen. «Ich hab gehört, wie er das Telefon durchs Wohnzimmer geworfen hat. Wie er meine Mutter angeschrien hat, obwohl sie ja nichts wusste. Dann...» Julien konnte todsicher so gut küssen, dass es allein dadurch in den Lenden zu brennen begann. «Dann hab ich mich im Bad eingeschlossen und gehofft, er denkt, ich wäre abgehauen. Sechs», schob Sasha tonlos hinterher. Gerade brannte nur sein Hals.

«Schaffst du», murmelte Julien und legte seinen Mund wieder an Sashas Finger. Er war so warm, wie Regen im Sommer.

«Er... Er hat rumgeschrien. Dass ich rauskommen soll. Gegen die Tür geschlagen. Ich wollte...» *Komm sofort raus, du jämmerliches Stück Scheiße! Glaubst du, du könntest mich verarschen?* «Ich wollte durchs Fenster klettern, aber ich konnte nicht... Ich war so...» So kalt. Ganz starr, wie tot. «Sieben.» Sashas Kehle zog sich zusammen, und Juliens Blick veränderte sich, wurde wieder dunkel, fast schwarz. Wie ein toter Vulkan. Er griff in Sashas Nacken, drückte die Lippen fester an seine Hand und zog ihn so nah zu sich, dass seine Stirn an Sashas lag. «Er ist nicht hier, Profi», sagte er leise. «Ich bin hier.»

«Ich... Er hat die Tür eingetreten.» *Acht.* «Und mich gepackt und...» *Eine Vier? Und dann diese Lüge?* «Der Spiegelschrank hing links und er hat meinen Kopf...» *Dafür sollte ich dich rausschmeißen, in die Gosse, wo du hingehörst!* «Ich hab zurückgeschrien», flüsterte Sasha, doch die Worte kamen nur bruchstückhaft hervor, zerbröselten, was war das schon wert, wer hörte ihn schon, wenn er sich wehrte? «Dass er mich doch rausschmeißen soll, dann wäre ich wenigstens nicht mehr dort.»

In Juliens Augen brach etwas auf, etwas anderes als das, was Sasha so anzog. Etwas, das er eigentlich hätte fürchten sollen und schon die ganze Zeit dagewesen war. Er rührte sich nicht, keiner von ihnen.

«Dann hat er mich nochmal...» *Bist du jetzt ruhig? Hältst du jetzt deine vorlaute Schnauze?* «Und nochmal mit dem Kopf gegen den Spiegel... Neun.» Sasha zitterte so stark, dass es auf Juliens Arme übersprang. *Nein*, dachte er diffus, als er kurz die Augen schloss. Er zitterte auch, schon wieder.

«Ich... Dann war alles... schwarz. Ich... Ich war...» – «Sasha?» Juliens Stimme klang so rau, dass es die Luft zwischen ihnen aufriss und der Sauerstoff knapp wurde. «Ich lass dich jetzt ganz kurz los... Nur zwei Sekunden, ich...»

Julien zog so abrupt seine Hände weg, dass Sasha diese innere Kälte bis in die Knochen fuhr. Er rührte sich nicht, blinzelte gegen das Flimmern an, während Julien sich auf den Rücken drehte und die Handflächen auf sein Gesicht presste. «Warte», murmelte er undeutlich.

«Jules...» Was war mit ihm?

«Warte, ich...»

«Es tut mir leid», flüsterte Sasha, obwohl er sich selbst nicht mehr hörte. «Ich wollte nicht... Ich bin eine Null, ich...» – «Mann, Sasha!» Julien nahm die Hände wieder weg, drehte den Kopf zu ihm und starrte ihn an. Sasha wollte die Tränen wegschlucken, doch bei einer Neun reichte das nicht mehr. Da konnte er nur noch flüchten.

14

Julien

Als Sasha sich langsam von der Matratze hochstemmte und schwankend aufstand, hatte Julien sich gerade dafür entschieden, innerlich einfach auszubrennen. Seine Wut auf diesen Wichser war greifbarer als ein Wort oder ein Tütchen Gras und ließ sich dort bündeln, wo es am wenigsten Schaden anrichten konnte, doch das dauerte, und ausgerechnet jetzt wollte Sasha abhauen.

«Sasha, warte.» Ein Rest, ein kleiner Rest schwelte noch, doch das war nichts, was Julien nicht mit einem Joint am Abend bezwingen konnte.

«Bleib hier, Profi, komm her.» Er zog Sasha von der Tür weg, bevor seine coole Tante auf die Idee kommen konnte, dass es Julien war, der ihn dermaßen fertig machte. Und das war einfach nur absurd, das würde er nie, niemals tun.

«Komm her, ich bin nicht sauer.» Julien schlang die Arme um Sashas Schultern, und er fiel einfach gegen ihn, als wäre er nur noch eine leere Hülle. Dieser verfluchte Hurensohn von einem Vater.

«Alles okay, Profi», flüsterte Julien und drückte seine Lippen an Sashas Ohr. «Ich hatte nur…» Ob es der Spiegel war oder die Vorstellung, dass jemand etwas so Makeloses und geisterhaft Schönes wie Sasha zerstören wollte, Julien begriff nichts davon.

«Ich musste kurz runterkommen. Nichts gegen dich. Du bist toll, du bist immer toll.» Er heulte, *verdammt*, Sasha heulte und Julien war schuld. In ihm krampfte sich alles zusammen.

«Dein Vater ist ein armseliger Wichser», murmelte Julien und spürte, wie Sasha zögernd nach seiner Taille griff, am ganzen Körper zitternd, flach atmend und unfähig, etwas zu sagen. «Ich schwöre dir, ich bring ihn um, wenn er es wagt, hierherzukommen. Dann schlag ich *seinen* Kopf gegen alle Spiegel, die ich finden kann.» Das konnte er ja so gut. *Verdammt*, Julien war so wütend und hilflos, dass ihm übel wurde. Durch Sashas T-Shirt hindurch konnte er jeden Muskel, jede Sehne fühlen, die vor Spannung vibrierte, und er fuhr sachte mit den Fingerspitzen darüber.

«Egal, was du tust», brachte Sasha daraufhin erstickt heraus, «er wäre noch immer mehr Mann als ich.»

Bullshit. So ein abgefuckter Bullshit. Hatte er mal in den Spiegel geschaut? «Sasha, du bist... Du bist so klug. Und wenn du auf mir liegst, kann ich besser schlafen und dein Lächeln...» *Atmen, Jules.* «Dein Lächeln ist so 'ne krasse Mischung aus heiß und unschuldig, und wenn du *Jules* sagst und diesen... diesen Augenaufschlag rausholst, geht mir die Pumpe, jedes Mal. Jedes verfluchte Mal.»

Dass der Laut, der zwischen Heulen und Lachen hervorbrach, so tief und rau und ganz sein konnte, hatte Julien auch noch nicht gewusst. Überhaupt wusste er nichts von Verliebtheit und beschissenen Vätern und wie es war, auf Schultern zu stehen, doch es war einfach so egal. Dafür hatte er ja Sasha.

«Du bist der tollste Mann, den ich je getroffen hab, Profi», flüsterte Julien und drückte ihn fester an sich. «Der beste von allen.»

«Aber nicht der, den er haben will», flüsterte Sasha, das Gesicht an Juliens Hals vergraben, und er liebte das so sehr.

«Aber der, den ich haben will», flüsterte Julien zurück und musste die Augen schließen, weil er so etwas noch nie zu irgendjemandem gesagt hatte. Weil das so riesig war, sich so weich anfühlte, als wäre er voll mit Watte.

«Scheiße, Jules.» Wieder dieses verheulte Lachen. «Das hat mir noch nie jemand gesagt.»

«Irgendwas muss ich ja besser können als du.» Julien fand sein Lächeln irgendwo auf Sashas Wange wieder, als er seine Lippen an die warme Haut legte. Es schmeckte salzig, herb, nach *Ja* und *Bitte*.

«Ich werd diesen Test morgen so versauen», murmelte Sasha daraufhin, und Julien spürte seine Wimpern an seinem Kieferknochen flattern, als er blinzelte.

«Du willst das echt durchziehen, oder?»

«Dann gibt er Ruhe.» Sasha hob langsam die Stirn von Juliens Schulter. Das Blau schimmerte nicht grau, wie gestern, sondern tiefdunkel, wie ein Nachthimmel voller Eiskristalle.

«Wie lange?» Julien suchte nach dem Glitzern.

«Bis zum nächsten Test.»

«Wann ist der?»

«Keine Ahnung.» Sie mussten gleichzeitig grinsen, und da war es wieder. Julien legte seinen Mund an die kleinen Silberringe in Sashas Nase, dann fuhr er aus einem Impuls heraus mit der Zunge darüber.

«Jules!» Sasha drückte ihm die Hand aufs Gesicht und Julien lachte, damit Sasha auch lachte, die einzige Formel, die er sich merken konnte.

«Das ist ekelig, wenn du das da machst.» Es war, als würde das Eis von innen angestrahlt werden, so hell wurde es plötzlich.

«Wo soll ich's denn machen?» Julien grinste wieder und Sasha fuhr sich mit dem Handrücken kurz über die Augen, dann sah er auf seinen Hals.

«Zeig ich dir», erwiderte er leise, rau, tief, dunkel, *heilige Scheiße, Sasha*. Ja, es glitzerte plötzlich, wie verrückt.

«Wann?»

«Wenn dieser *Scheißtest* durch ist.» Sashas rechter Mundwinkel verzog sich.

«Und bis dahin soll ich das hier machen?» Julien langte mit beiden Händen nach seinem Gesicht und presste seinen Mund erneut an Sashas Nasenflügel. Sie lachten wieder, alle beide, und Sasha wand sich in einer fließenden Bewegung aus Juliens Griff, drehte ihm den Rücken zu und lehnte sich in Juliens Umarmung hinein.

«Danke», murmelte er dann, legte den Kopf zurück und wollte Juliens Hals küssen, doch das hätte ihn endgültig schwach gemacht, und Sasha wusste das, weil Julien den Mund nicht halten konnte.

«Wag es nicht, Profi.» Er lächelte gegen Sashas Schulter. «Wir spielen fair.»

«Wie du willst, Jules.» Der letzte Rest Eis taute ab, als er lächelte, wieder vollkommen ganz. «Ich muss jetzt eh lernen.»

«Ich hab 'ne Idee.» Julien musste sich zwingen, nicht die Hand unter Sashas Halsausschnitt zu schieben. «Ich bring dich morgen hin, dann fuckt dich die Busfahrt nicht so ab. Du ziehst diesen Test durch und danach rauchen wir einen, bestellen Pizza und schauen schlechte Filme. Deal?»

«Dein Ernst, Jules?» Sasha wandte sich wieder zu ihm um, legte die Unterarme gegen Juliens Brust und sah ihm so lange in die Augen, bis nicht nur Juliens Hirn, sondern jeder Knochen in ihm weich war.

«Mein voller Ernst, Profi.»

«Okay.» Sashas Blick glitt in jeden Winkel seines Gesichts, als er ihn betrachtete, minutenlang, wie immer.

«Machst du das nochmal?», fragte Julien leise, damit auch er diesen Test irgendwie überstand.

«Das?» Natürlich wusste Sasha, was er dachte, als er sich vorbeugte und seine Oberlippe kaum merklich über Juliens gleiten ließ, länger als die Male davor. Julien fühlte Stromstöße, tausend winzige Nadelstiche, schloss die Augen, griff um Sasha herum und umfasste seinen Gürtel.

«Ich hab dir übrigens schon am ersten Tag auf den Arsch geschaut, Profi», murmelte er rau und spürte Sashas Mundwinkel neben seinem lächeln.

«Ich auf deine Schultern», flüsterte Sasha zurück, dann nahm er langsam die Arme nach hinten und schob seine Finger zwischen Juliens. «Und weil ich sie anfassen durfte….» Sashas Jeans war nicht so eng, dass Julien die Form seines Hinterns sofort ertasten konnte. Erst als Sasha seine Hände tiefer zog und um die leichte Rundung legte. «Darfst du das auch.»

Dieser Laut, den sie fast gleichzeitig machten, war nur ein stummer, zitternder Atemzug. Julien drückte seine Finger tiefer in den Jeansstoff, zog Sasha zu sich und fühlte eine weitere Brandbombe hochgehen. Sein Becken war kaum schmaler als Juliens, passte genau in seine Hände, drückte sich an ihn, und genau *so* wollte Julien das.

«Ich hau jetzt ab», probierte er Sashas Worte nachzusprechen, und nichts war ihm jemals schwerer gefallen, als er ihn ein allerletztes Mal losließ, ohne das Glitzern einfach an sich zu reißen und endlich etwas zu haben, was ihn wieder ganz machen würde.

Sasha

Seine Augen brannten noch immer, vom vielen Heulen und Blinzeln gegen all die verschwommenen Bilder, die Sasha bewusst nie wieder hatte sehen wollen. Doch sein Herz schlug, ruhiger und kräftiger als sonst, die Haut an seinen Armen kribbelte wie unter Strom, und die Gänsehaut auf seinem Rücken war nicht kalt, sondern angenehm warm.

Pams Ofenkartoffeln waren das Beste, was Sasha seit den überzuckerten Blätterteigtaschen, die es in der Vorschule gab, gegessen hatte, und als er um kurz nach Mitternacht seinen Laptop zuklappte, konnte er sogar den Aufbau des Rückenmarkskanals fehlerfrei aufsagen.

Schlaf gut, Jules, schrieb Sasha und schickte einen Kusssmiley, bevor er die vierte Staffel *Friends* einschaltete und sich in einem Berg aus Kissen eingrub.

Du auch, Profi. Treib's nicht zu wild heute Nacht. Julien schob ein

Zwinkern hinterher und Sasha musste grinsen.

Du bist ja nicht hier, antwortete er. Und solange nichts passiert war, verbot er sich jegliche Fantasien, damit es sich weiterhin wie ein ziemlich realistischer Traum anfühlen konnte.

Und wenn? Julien schickte einen Emoji mit Heiligenschein. Von wegen. So, wie er Sasha seit Tagen ansah, würde er ihm auch unaufgefordert zeigen, was er mit seiner Zunge alles machen konnte, wenn Sasha es ihm erlaubte. Und er würde das erlauben, *heilige Scheiße*, wie er das würde.

Dann hätten wir ein Problem, weil meine coole Tante mich morgen fragen würde, ob sie beim nächsten Mal weghören soll.

Julien lachte. **Mann, Profi, jetzt muss ich mir das vorstellen.**

Was? Sasha lächelte. Es gefiel ihm, wenn Juliens ungefilterte Antworten bis in seine Fingerspitzen pulsierten.

Alles. Sasha kaute auf seiner Unterlippe, weil Julien weitertippte. **Dich.** Pause. **Nackt.**

Oh, shit. Sasha hielt die Luft an, damit das Pochen in seinem Unterleib blieb, wo es war und sich nicht ausbreitete. Es half nicht, natürlich nicht.

Wie laut ich deinen Ton spielen kann. Sodass er nicht mehr nach *nichts* klang.

Sasha wollte nicht nachgeben, deswegen hielt er sich weiter an seinem Smartphone fest, doch das verhinderte nicht, dass die Erregung ihn wie ein quälend langsamer, glühender Stromstoß durchzog, sich aufstaute, ihn hart werden ließ.

Sasha starrte sekundenlang auf Juliens Nachricht. Ertrug das Gefühl, wartete, bis es wieder abklang, wie immer, doch diesmal war es anders. Diesmal hatte er keinerlei Schuldbewusstsein, keine Angst, nur den Wunsch, dass es wiederkam.

So laut du willst, Jules, schrieb er deswegen. Denn dass Julien das *konnte*, wusste Sasha, seit er ihn auf der Rampe unter einem Haufen Lavasand begraben hatte.

Erst am nächsten Morgen fiel ihm auf, dass er mit dem Handy in der Hand eingeschlafen war und er vergessen hatte, den Laptop am Strom anzuschließen. Er hatte sich ausgeschaltet und Sasha war dennoch kein einziges Mal aufgewacht.

Er las Pams Zettel – *Bin über Nacht weg, treib's nicht zu wild, Kuss* – der ihm am Ende einen schönen Tag wünschte und überlegte, während er sich anzog und Zähne putzte, wann genau er aufgehört hatte, so zu tun, als sei er überhaupt nicht da. Sondern vielmehr den Eindruck vermittelte, jemand ganz anderes als der zu sein, den alle kannten.

Julien sah übernächtigt aus, als die Wohnungstür geräuschvoll hinter ihm ins Schloss fiel und er Sasha beinahe sofort am Arm zu sich zog. «Hi, Profi», murmelte er und drückte seine Lippen an Sashas Schläfe.

«Hi, Jules.» Sasha schlang die Arme um Juliens Taille und schob die Nase unter die Kapuze von Juliens Hoodie in seine Haare. Er roch nach Shampoo und Müdigkeit und Julien. «Gut geschlafen?»

«Halt's Maul.» Julien vergrub das Gesicht an Sashas Hals. «Wegen dir musste ich nochmal kalt duschen.»

«Tut mir irgendwie nicht leid.» Sasha grinste und Juliens Augen waren dunkel wie Holzkohle, als er um sein Gesicht griff.

«Deinen Welpenbonus kannst du nachher sowas von vergessen, Profi», flüsterte er. Sasha starrte auf Juliens zuckende Mundwinkel, überlegte, ob er doch noch auf den Test pfeifen sollte, während zeitgleich weiter hinten im Flur eine weitere Tür aufging. Zwei kleine Mädchen, keine acht Jahre alt und einander wie aus dem Gesicht geschnitten, riefen ein «Bye, Mom!» in die offene Wohnung und rannten mit ihren pinken Rucksäcken an Julien und Sasha vorbei in Richtung Fahrstuhl.

Eines von ihnen stoppte auf dem Absatz und drehte sich kurz um. «Seid ihr verliebt?», fragte es und sah mit großen Augen auf Juliens Hände. Sein Blick wanderte von Sasha zu der Kleinen und wieder zurück. Und lächelte, *Gott*, wie er lächelte, mit den Augen, mit allem. Als hätte er gerade etwas von unermesslichem Wert gefunden.

«Sowas von», antwortete Julien leise. Die Kohle glühte von innen heraus. «Oder?»

Sasha nickte, unfähig, auch nur ein Wort zu sagen. Ja, er war furchtbar, wahnsinnig und *wirklich* verliebt in Julien.

Das dachte er noch, als sie im Bus standen und er sich zwischen Juliens Armen so sicher fühlte, dass er sich unter seinen Kopfhörern in ihm vergrub, Julien atmen spürte, nicht zitterte, keine Angst hatte. Sasha dachte es, als Julien den kleinen Finger in seinen hakte und nicht losließ, egal, wie viele Menschen sich neben ihnen durch die Gänge zwängten, und er dachte es, als sie den Hörsaal erreichten und er doch noch nervös wurde.

«Zieh das durch, Profi», murmelte Julien, legte seine Ärmel an Sashas Wangen und rieb seinen Nasenflügel an den Silberringen. «Schaffst du.»

«Und wenn nicht?» *Wenn, wenn, wenn.* Immer wieder und wieder. Hörte das je auf?

«Dann kann sich dein Alter selbst ficken, fertig.»

Okay. Sasha schloss die Augen und lehnte seine Stirn gegen Juliens. «Wartest du hier?», fragte er leiser und gab es auf, mit sich selbst zu kämpfen. Entweder bestand er den *Scheißtest* oder er versaute ihn. Was danach kam, würde er übernächste Woche wissen. Aber nicht heute.

«Klar warte ich. Auch wenn hier alles voller College-Hipster ist.» Julien sah sich kurz um und musterte die Gruppe Mädchen, die gerade durch die Tür des Hörsaals trippelte, abschätzig.

«Sorry.»

«Kommt davon, wenn man nur noch Matsch im Hirn ist.» Julien grinste, drückte seinen Mund

an Sashas Piercings, und Sasha fühlte schon wieder seine Zungenspitze an seiner Nase. *Shit*, sogar in diese völlig bescheuerte Geste war er verliebt. «Jetzt hau rein, Profi, bis später.»

Julien

Julien wurde nach einer Dreiviertelstunde so langweilig, dass er sein Handy hervorholte, sich auf eine der Fensterbänke auf der anderen Seite des Ganges setzte und zehn Spiele installierte. Nach dem dritten ging sein Datenvolumen endgültig in die Knie, dann tauchte Bekahs Name in dem kleinen Nachrichtenfenster am oberen Bildschirmrand auf.

Ich warte übrigens noch immer auf eine Entschuldigung.

Ach ja. Fast kam Julien sich etwas schäbig vor, weil er das Kennenlernen mit Earl schon wieder vergessen hatte. Hätte Bekah aber auch, wenn der Typ so eine doppelte Zehn wie Sasha gewesen wäre. Da vergaß man ja sogar zu atmen.

Für's Lügen oder für's Abhauen?, fragte Julien zurück und stellte sich dumm. Natürlich für beides. Und für die fehlende Entschuldigung wäre auch noch eine fällig.

Für alles. Ich seh dich kaum noch, du erzählst mir nichts mehr, zählte Bekah auf. **Vor allem nicht, dass du jemanden kennengelernt hast.**

Solange er mit Sasha in einer Art Parallelwelt aus Filmabenden, Ausflügen zum See und nächtlichen Geständnissen lebte, sah Julien in seinem Schweigen kein Problem. Kompliziert wurde es erst, wenn sich jemand einmischen wollte. Sashas Eltern zum Beispiel. Oder Bekah, der Julien ja eigentlich blind vertraute.

Ich wollte es dir ja sagen, schrieb er zurück. **Bevor dein Lord auf der Matte stand.**

Und warum erzählst du stattdessen diese Scheiße von einem Studium?

Gute Frage. **Weil der so ein Bonze ist und ich auch mal cool sein wollte?** Dass das mit dem Lügen eine Scheißidee war, hätte Julien sich ja denken können, wenn er dazu in der Lage gewesen wäre. Also versuchte er es einfach mit der Wahrheit. Bekah tippte einen Moment lang.

Mann, Jules. Du bist doch immer cool. Sie schickte ein Herz. Und noch eins.

Der hasst mich jetzt, oder? Julien sah auf die Uhr. Noch fünfundvierzig Minuten. In seinem Magen flatterte es schwach. Hoffentlich packte wenigstens Sasha diesen Scheiß von einem Studium.

Schön, dass du dir darüber Gedanken machst, was er von dir hält. Bekah verdrehte die Augen. **Natürlich nicht, er hat dich sogar verteidigt.**

Guter Typ. Julien grinste auf das Display. **Okay, eine Chance kriegt er noch.**

Wie gnädig. Und ich warte immer noch. Julien auch. Seit knapp fünfzig Minuten.

Sorry, dass ich mich noch cooler gemacht habe.

Bekah schickte einen Mittelfinger und einen Kuss zur Antwort. **Das Mädchen, das es mit dir aushält, muss echt harten Scheiß rauchen. Wann lerne ich sie kennen?**

Julien war versucht, ihr auch diesen Trugschluss möglichst cool und in Herzform gepresst als die ultimative Wahrheit zu verkaufen, aber so beiläufig, so zwischen Fenster und Hörsaal, würde er Sasha nicht gerecht werden. Der wollte hier gerade seinen eigenen schönen Arsch retten und Julien bekam es nicht mal hin, einen Mittelweg zwischen Schweigen und blindem Herausschreien zu finden.

Mal sehen, schrieb er zurück. Die Zwei-Wochen-Frist war ja kein Argument mehr.

Ist sie hübsch? Aber mitspielen konnte Julien wenigstens, damit er nicht schon wieder lügen musste.

Fuck, ja.

Wie sieht sie aus?

Blond. Richtig krasse blaue Augen. Und diese Falte auf Sashas Wange, *Mann, Jules.* **Arktische Whirlpool-Wasser-Augen sind das. Okay, dich hat's echt übel erwischt.** Bekah grinste breit. **Hast du mich deswegen letztens gefragt, ob ich verliebt bin?
Ja.
Und? Bist du's?** Warum fragten das alle? War das nicht offensichtlich? Was musste Julien denn noch tun, damit es auch der Letzte kapierte?
Da kannst du aber drauf wetten.
Aus der Nummer kam er nicht mehr raus. Julien lehnte seine Schläfe gegen den Fensterrahmen und setzte sich stumm eine neue, einwöchige Frist, in der er Bekah erklären würde, wie das genau abgelaufen war. Im Fahrstuhl zu stehen und diesen Knoten im Magen zu fühlen. Bei der Frage nach Sashas Nummer vor Stress fast draufzugehen, sich nicht zu trauen, ihn anzufassen, ihn dann doch anzufassen, möglichst beiläufig. Dass das alles neu, aber er ja sowieso noch nie verliebt war. Dann spielte es ja keine Rolle, ob Mann oder Frau, dann wäre es einfach das erste und hoffentlich letzte Mal.

Sasha

Es war illusorisch gewesen, zu glauben, er könnte an einem Abend die entstandene Lücke von fast drei Wochen mit auswendiggelernten Fachbegriffen füllen. Sasha hatte es versaut, und zwar richtig.

Er schob sich zwischen den anderen aus dem Hörsaal, um Ally, die dankbarerweise zwei Reihen vor ihm gesessen hatte, nicht über den Weg zu laufen. Bestimmt war sie wütend auf ihn. Sasha hätte das verstanden. Auch jetzt wollte er nur noch weg.

Julien rutschte von der Fensterbank, als Sasha auf ihn zukam, steckte sein Handy ein und merkte es sofort. «Müssen wir deinem Alten jetzt zeigen, wie man sich selbst fickt?», fragte er, und Sasha lief einfach in Julien hinein.

«Er wird mich umbringen», flüsterte er und spürte, wie Julien die Arme um ihn legte. Sollte es doch jeder sehen, *scheiß drauf.* Sasha war ohnehin geliefert.

«Solange ich da bin, bringt der sich höchstens selbst um», flüsterte Julien zurück. «Ich werd den so fertig machen, dass er sich wünscht, nie geboren worden zu sein.»

Es war so tröstlich, dieser aufrichtige Aktionismus, mit dem Julien ihn verteidigen wollte. Er versuchte es wenigstens, anders als Sashas Mutter, deren Gesicht vom vielen Lächeln über die Jahre immer starrer geworden war. Nie hätte sie es gewagt, seinem Vater offen zu sagen, dass «er sich selbst ficken sollte, fertig.

«Sasha?» Allys Stimme vermischte sich mit dem Klingeln des Glöckchens an ihrer Tasche. Er hob die Stirn von Juliens Schulter. Der Gang hinter ihnen leerte sich langsam, und Ally lächelte, trotz allem.

«Hi, ich bin Ally», sagte sie an Julien gewandt. «Dann wäre meine Frage, wie viele Dates ihr schon hattet, ja beantwortet.» Was genau amüsierte sie gerade so? Dass Juliens Blick unstet zwischen ihm und Ally hin und her zuckte? Dass Sasha plötzlich panische Angst bekam, auch Julien könnte jetzt wütend werden?

«Hau ab», wollte er Ally sagen und endlich, *endlich* gehen, doch er wurde schon wieder starr, wie ein Lächeln unter Schmerzen.

«Ich wette», fing Julien an, und Sasha starrte komplett verspannt auf seine zuckenden Mundwinkel, «dass du mitgezählt hast, Profi.»

«Mit gestern fünfundzwanzig», flüsterte er, weil er das tatsächlich hatte und diese Zahl niemals wieder vergessen würde. «Sorry, ich…»
– «Sag ich doch.» Juliens Augen lächelten, bevor er den Mund verzog und die Hände an Sashas Wangen legte, schon wieder, vor Ally, die sie wie eine winzige Sonne anstrahlte.

«Weiß sie auch meinen Namen?», fragte Julien grinsend. Sasha schüttelte wortlos den Kopf und Ally stieß ihm mit dem Ellenbogen freundschaftlich in die Seite.

«Bis ich seinen wusste, hat's auch etwas gedauert», erwiderte sie, und Sasha wurde gleichzeitig klar, dass ihm hier niemand böse war, wegen nichts und niemandem. Und dass er das nicht wie den Aufbau eines Rückenmarkkanals an einem Abend lernen konnte.

«Ich bin Julien, hi.»

«Hi, Julien.» Konnten sie jetzt gehen? *Bitte?* «Sasha, übrigens…» Keine Chance. Ally legte gerade erst los. «Heute Abend schmeißt unser Wohnheim die erste offizielle Party des Semesters. Ich dachte gerade, dass es doch cool wäre, wenn du auch kommst. Du natürlich auch», schob sie schnell an Julien gewandt hinterher. «Das wird sicher nett. Es gibt Freibier und eine Torte.»

Nein, danke. Sasha wollte auf keine Party mit lauter Musik und drängelnden Menschen gehen. Er wollte mit Julien auf dem Sofa liegen, billigen Wein trinken und endlich, *endlich* rumknutschen. Nichts anderes.

Julien musterte Sasha abwartend. «Was denkst du?», fragte er tonlos. «Party mit den College-Bonzen oder zuhause chillen?»

Wenn Sasha sich jetzt sträubte, wäre er wieder uncool. Ein Langweiler, der sich nicht mal den kleinen Finger schmutzig machen durfte. «Von mir aus», murmelte er nur.

Julien öffnete den Mund, um etwas zu erwidern, doch Ally fuchtelte bereits mit ihrem Handy vor Sashas Gesicht herum. «Find ich super, dann lernst du auch mal meine Mitbewohner kennen. Die sind so witzig, versprochen. Gib mir deine Nummer, damit ich weiß, wann ihr kommt.»

Sasha hatte ein ums andere Mal das Gefühl, nur noch zu funktionieren, als er nach Allys Telefon griff. Er hasste Partys. Er mochte kein Bier. Er wollte doch Julien, heute, an ihrem sechsundzwanzigsten Date.

«Also, dann bis nachher.» Ally schulterte ihre Tasche, drehte sich im Laufen noch einmal um, winkte, strahlte, und Sasha hielt die Luft an, bis das Klingeln leiser wurde.

«Wir müssen das nicht machen, Profi», sagte Julien leise, als sie wieder an der Bushaltestelle standen. Sasha hatte sich die Kopfhörer aufgesetzt, hörte jedoch nichts außer einem drückenden Summen hinter seiner Stirn. Test versaut, eine Party, die er nicht wollte, kein Wein, kein Knutschen, nichts. *Shit*.

«Schon okay», erwiderte er und blinzelte gegen die Sonne. Julien schob seine Finger in Sashas, zog ihn zu sich und ließ den Daumen behutsam über seinen Handrücken gleiten.

«Im Ernst», fuhr er fort. «Wenn du keinen Bock hast, darfst du auch nein sagen.»

«Dann gibt sie nie Ruhe», murmelte Sasha; er fühlte sich plötzlich furchtbar müde. All diese Erwartungen, die er erfüllen wollte, bis er irgendwann nicht mehr *konnte* und sich anschließend für seine eigene Inkonsequenz hasste.

«Pass auf, Profi.» Julien legte Sashas Hände an seine Hüften. «Wir gehen da nachher hin, gucken uns das an und wenn's dich abfuckt, verschwinden wir wieder. Deal?»

«Ich…» Sasha bemühte sich vergeblich um eine Erklärung, doch sein Kopf summte immer lauter. «Wenn da so viele Menschen auf einmal… Und alle sind fremd und… es ist laut…»

«Ich weiß», flüsterte Julien. «Deswegen machen wir nur das, worauf du klar kommst. Außerdem…» Seine Augen begannen wieder zu lächeln, und Sasha starrte direkt hinein, in dieses warme, sandige Erdbraun. Darunter, nur eine Schicht tiefer, lagen das Glühen und die Funken. «Werd ich betrunken dauerscharf.» Jetzt grinste er, und Sasha dachte an die Nachrichten, die er ihm vergangene Nacht geschickt hatte.

«War das eine Aufforderung?», fragte er tonlos zurück. Das Summen verstummte plötzlich, als würde es wittern, dass noch ein anderes, nicht minder intensives Gefühl darauf lauerte, sich mit ihm anzulegen.

«War es.» Juliens Augen verdunkelten sich, ganz kurz, doch Sasha hatte genug gesehen.

«Okay, Jules», murmelte er, die Oberlippe an seiner, weil die Erde dann soweit aufriss, dass Sasha sich nur noch hineinstürzen musste. «Deal.»

15

Julien

Der Joint, den Julien Sasha gab, bevor sie ins Haus gingen, tat den verspannten Sehnen auf seinem Unterarm gut, und nach einer Viertelstunde lehnte Sasha sich leicht gegen ihn und drückte wortlos seine Lippen an Juliens Schulter. Die Metallstangen des Geländers unter ihnen waren warm von der schwülen Luft, und am östlichen Horizont türmten sich Gewitterwolken über dem Lake Michigan auf.

«Wird wohl nichts mit Sternen heute Nacht», dachte Julien laut. Sasha wandte den Kopf, sodass sein Kinn über Juliens Hoodie rieb, und folgte seinem Blick.

«Ich steh auf Sterne», murmelte er. Julien spürte ihn lächeln. Ja, ein bisschen Gras wirkte wahre Wunder bei Sasha.

«Dachte ich mir.»

«Ziemlich unmännlich.»

«Ist Pissen im Sitzen auch unmännlich? Oder ein Nachtlicht?»

Sasha lachte kurz. «Ein Nachtlicht ist cool. Durfte ich nie haben.»

«Ich hab eins.» Julien legte seine Hand auf Sashas Oberschenkel, als er näher an ihn heranrückte. «Bin wohl auch ziemlich unmännlich.»

«Finde ich nicht.» Sasha hob die Hand und strich mit den Fingerspitzen über die Sehne an Juliens Hals, dabei glitzerte das Blau in seinen Augen, als würden winzige Goldpartikel auf der Wasseroberfläche schwimmen. Obwohl Julien ja noch nicht wirklich viel dafür getan hatte. «Ich steh auf diese Stelle», flüsterte Sasha. «Die ist nämlich verflucht männlich.»

Julien brannte schon wieder, überall, und sein Herz, sein verfluchtes Herz schlug Kerben in sein Brustbein. «Wie schaffst du's eigentlich, dass ich dauernd küssen will, Profi?», flüsterte er zurück. Sasha blinzelte, und auf einmal war das Blau dunkel, kilometertief und totenstill. *Mach.*

«Dann tu's doch, Jules.» Er bewegte nur die Lippen. *Okay.* Julien neigte den Kopf zur Seite, beugte sich vor, legte die Hände an Sashas Hals und zog ihn zu sich. *Scheiß drauf.*

«Weißt du, was wirklich unmännlich ist?» *Fuck.* «Lügen.» Bekah stand starr wie eine Statue im Hauseingang. Und das Grün ihrer Augen war überhaupt nicht mehr Grün, sondern blassgrau, war es immer, kurz, bevor sie losheulte oder mit Gläsern um sich warf.

Sasha war zurückgezuckt und hatte Juliens Handgelenk losgelassen, als hätte er sich verbrannt.

«Beeks.» Julien rutschte vom Geländer und drückte kurz seine Finger in Sashas Bein. *Bitte bleib.* «Ich wollte…» – «Fick dich, Julien.» Bekah griff fester um die Riemen ihres Rucksacks, als müsse sie sich an sich selbst festhalten, und war mit wenigen Schritten an ihnen vorbei.

«Mann, Bekah!» *Verflucht,* so viel zur Wahrheit. Das würde sie ihm nie verzeihen, niemals. Sie lief einfach weg, über den Parkplatz, in Richtung ihres Wagens.

«Geh ihr nach.» Sasha stand plötzlich direkt neben ihm, wie der Geist, den er so viel besser spielen konnte als Julien. Dann wäre das nämlich gar nicht erst passiert, wenn er sich einfach verflucht nochmal hätte zurückhalten können.

Julien sah wieder zu Bekah, die gerade ihre Autotür aufschloss. «Mach.» Sasha berührte kurz seinen Handrücken.

«Aber sie hasst mich jetzt.» Er war so ein Kleinkind, unfähig, zu erkennen, was er tun sollte, um es wieder gut zu machen.

«Sie ist verletzt. Wärst du auch, oder?» Es klang nicht, als würde Sasha über ihn urteilen, sondern einfach nur logisch. «Geh und erklär's ihr. Ist nicht so schwer, frag Ally.» Die Falte war wieder da, Juliens einzige Sicherheit.

Bekah wollte schon einsteigen, als Julien sie erreichte und am Arm vom Fahrersitz wieder nach draußen zog. «Bekah, warte.»

«Fass mich nicht an!» Jetzt schrie sie wirklich, und Julien spürte, dass sie sich losreißen wollte, doch seine Hand war wie eine Schlinge, die sich bei jeglicher Gegenwehr nur noch fester zuzog. Er wusste ja noch nicht einmal, wie sich der andere Knoten gelöst hatte. Nur, wodurch.

«Komm runter, Mann!», schrie er zurück, als Bekah nach ihm trat. «Ich wollte es dir ja sagen, aber ich wusste nicht…» – «Eben!» Sie schlug Julien mit der Faust gegen die Brust, in der es beinahe sofort zu brodeln begann. «Eben hättest du's mir sagen können! Stattdessen lässt du mich glauben, du würdest…» Sie heulte los. «Scheiße, du lässt mich wie die letzte Idiotin aussehen!»

Atmen, Jules. Weil Bekah noch immer ihren Arm zurückriss und das unruhige Zucken kochendes Wasser in Juliens Adern schwappen ließ, drehte er sie um, schlang die Arme um ihren Oberkörper und presste sie mit dem Rücken an sich.

«Hör auf», flüsterte er blind. «Bitte.»

Ein Schluchzen erschütterte ihre Schultern, und es klang so unglücklich, so viel schlimmer als all die Male davor. Doch sie hörte auf, Gott sei Dank hörte sie auf, stand einfach nur da und weinte, weil Julien selbst ohne jemandem die Nase zu brechen ein Arschloch war. Er hätte am liebsten mitgeheult.

«Es tut mir leid, Beeks.» Bekah schüttelte nur den Kopf. «Es tut mir wirklich leid. Ich... ich hab dir nichts verschwiegen, ich wusste das nicht, ich...» – «Wie lange läuft das schon? Seit wann...» – «Drei Wochen», antwortete Julien leise. Drei verfluchte Wochen lang.

«Oh Gott.» Bekah senkte den Kopf, presste sich die Handflächen aufs Gesicht und schluchzte erneut auf. «Warum hast du mir nicht gesagt, dass du...» – «Weil ich es nicht *wusste*!»

«Aber man *merkt* doch, wenn man verliebt ist, hast du selbst gesagt!», schrie sie zurück, und Julien ließ sie im selben Moment los. Er brauchte Abstand, sofort. Bekah fuhr sofort zu ihm herum und ihre Augen bestanden nur noch aus Tränen. Verwaschenes, graublasses Blattgrün.

«Ich...» *Erklär's ihr.* «Ich nicht. Ich hab ihn im Aufzug gesehen und... Als ich dir gesagt hab, dass nebenan ein Neuer wohnt. Da hab ich ihn gesehen. Und das war einfach...» Selbst Miguel hatte keine genaue Aufschlüsselung der Fakten gebraucht, um es verflucht nochmal einfach hinzunehmen. Warum ausgerechnet Bekah? Seine Beeks?

«Fuck, Jules.» Wenigstens nannte sie ihn nicht mehr Julien. «Es geht mir doch überhaupt nicht darum...», sie schluckte und noch mehr Tränen sammelten sich in ihren Augenwinkeln, «mit wem du zusammen bist oder wen du liebst, da scheiß ich doch drauf, solange es kein Arschloch ist.» So wie er. «Ich dachte nur... dass wir uns alles anvertrauen. Du hättest mir das sagen können, verstehst du? Dass du keine Ahnung hast, was da gerade läuft. Ich hätte mir das angehört. Verdammt, Jules, ich hätte *alles* getan, damit du glücklich wirst.»

«Ich weiß.» In Juliens Kehle begann es unvermittelt zu brennen und er trat instinktiv einen weiteren Schritt zurück, noch weiter weg von ihr. Der Druck auf seiner Brust wurde langsam unerträglich, als würde er gleich platzen, wenn er nicht einfach blind drauf los rannte.

«Hass mich nicht», war alles, was er herausbekam. *Bitte.* Niemand würde Bekah ersetzen können. Die Nische, die ihre winzige Wohnung bildete, war gerade groß genug, um das zerstörte Gemüt eines traumatisierten, heulenden, fünfjährigen Waisenkindes wieder zusammenzusetzen, immer wieder.

«Ich hasse dich doch nicht.» Bekah wischte sich über die Augen, dabei verschmierte ihre Mascara. «Ich bin nur...» *Verletzt.* «Ich muss jetzt zur Arbeit.»

Julien konnte nur nicken. Da stand er jetzt, zwischen seiner besten Freundin, der er ohne eine einzige Berührung wehgetan hatte, und Sasha, den Julien so sehr mochte, dass er keine Worte dafür fand, nur Berührungen.

Bekah sah ihn kurz an, bevor sie wieder ins Auto stieg. «Bis dann, Jules», sagte sie leiser. Als sie vom Parkplatz fuhr, hätte Julien der plötzliche Druckabfall beinahe von den Füßen gerissen, hätte Sasha nicht im richtigen Moment die Arme um ihn gelegt.

«Gib ihr Zeit», flüsterte er nur. Julien schluckte gegen das Brennen an und legte sein Gesicht an Sashas warmen Hals. Dieser Geruch nach Sonne und regenschwerer Luft, die Falte, Sashas leiser Herzschlag. *Reicht doch.*

«Gut, dass wir uns nachher betrinken können», murmelte er rau. Denn er würde keinen Tag länger warten, egal, wie schlecht er drauf war.

Sasha

Der Dealer aus dem dritten Stock verkaufte offensichtlich nicht nur Gras, sondern auch Schnaps, der brannte wie Feuer, wenn man keine Ahnung hatte, wie man sich richtig betrank. So wie Sasha, der nach den Drinks vor zwei Tagen noch nie harten Alkohol getrunken hatte. Vielleicht würde Julien ihn ja retten. Der beherrschte das nämlich wie ein Profi, als er nach einer halben Flasche Wein – die andere Hälfte waberte wie überzuckerter Nebel durch Sashas Blutkreislauf – anfing, den Schnaps mit Cola zu mischen.

Bereits nach dem zweiten Glas merkte Sasha, dass er anhänglich wurde. Und Julien anfassen wollte, die ganze Zeit, dass er ihm hinterherlief, wenn er aufstand, sich an ihn schmiegte, die Hände unter sein T-Shirt schieben wollte, den Bund seiner Shorts fühlte.

«Sasha...» Sein Name klang schwer, wie eine einzige Silbe, als Julien ihn im Fahrstuhl auf dem Weg nach unten schief grinsend behutsam von sich wegdrückte. «Wenn du so weitermachst, kommen wir da gar nicht erst an.»

«Aber ich will das», murmelte Sasha, griff um Juliens Arm, zog seine Hand nach hinten und drückte sich erneut an ihn, weil sich sein T-Shirt leicht über der Brust spannte und Sasha das *wollte*.

«Ich sollte dich öfter abfüllen.» Julien lachte leise und griff kurz um Sashas Hintern. Ja, sollte er wirklich. «Wo ist deine Beherrschung jetzt, Profi?», flüsterte er, legte Sashas Handfläche auf sein Brustbein, ließ sie tiefer gleiten, und Sasha fühlte die Ansätze seiner gespannten Bauchmuskeln. Ein Beben, ein Atemzug, er wusste nicht, was zuerst kam.

«Gefällt dir das?» Der Aufzug stoppte gerade im Erdgeschoss, und Sasha starrte auf Juliens Lippen, auf die lautlosen Worte, und es zog und pochte und Juliens Augen waren so verflucht schwarz. Er nickte, zitterte. Konnten sie nicht einfach wieder hochfahren?

«Weißt du mal, wie das ist.» Julien lächelte wieder, doch Sasha wusste nur, er war nicht bloß anhänglich, er war dauerscharf.

Sie nahmen den Bus um halb zehn, und vor dem Hauptgebäude der Fakultät liefen und redeten so viele Menschen durcheinander, dass Sasha schwindelig wurde. Er schob haltsuchend seine Finger zwischen Juliens, mit der anderen Hand tastete er nach seinem Handy. **Sind da**, tippte er in Allys Nachrichtenfenster, und es dauerte keine Minute, bis sie antwortete.

Hinter der Uni die Straße runter, das braune Gebäude auf der rechten Seite.

«Benimm dich, Profi», flüsterte Julien, als sie unter haushohen Bäumen Allys Wegbeschreibung folgten und Sasha seine Hände ums Verrecken nicht bei sich lassen konnte. Er *konnte* nicht, selbst, wenn er gewollt hätte.

«Sonst was?» Seine Stimme klang ganz anders, dunkler, ein bisschen mehr wie Juliens.

«Sonst lass ich dich hier stehen und du findest nie wieder zurück.» Er grinste, als Sasha ihm daraufhin an den Bund seiner Jeans griff und nicht mehr losließ, bis Ally sie bereits im Treppenhaus abfing.

«Hi, schön, dass ihr da seid.» Sie fiel erst Sasha und dann Julien um den Hals; in der Hand hielt sie einen vollen Plastikbecher.

«Das Kleid steht dir», murmelte Sasha und fand Allys Haare plötzlich gar nicht mehr nervig, sondern genauso weich und duftend wie Pams Bettwäsche.

«Wow, wenigstens einer, der mir hier Komplimente macht.» Sie lachte. «Ist Phil nicht da?» Und konnte ihr das sagen? Das verdiente sie doch. Ohne Ally wäre Sasha nicht in die Mensa gegangen, hätte keinen Nervenzusammenbruch erlitten, wäre nicht mitten in der Nacht bei Julien aufgetaucht und niemals auf ihm eingeschlafen. Sie verdiente mehr als nur ein Kompliment.

«Der ist… Nein, der muss lernen», antwortete Ally, und ihr Lächeln flackerte für den Bruchteil einer Sekunde. «Aber Patrick ist da. Wollt ihr was trinken?» Sie zog Sasha kurzerhand hinter sich her, der noch immer Juliens Gürtel festhielt.

«Ich glaub, er hat erstmal genug», sagte Julien lächelnd und nahm Ally beide Becher ab, die sie ihnen brachte. Das Appartement war voller Leute, und Sasha konnte sich kaum zu ihm umdrehen.

«Weißt du doch gar nicht», behauptete er, obwohl er ziemlich sicher längst so viel hatte, dass er morgen früh kotzend über der Toilette hängen würde. Und wenn schon, *scheiß drauf*.

«Doch, weiß ich, Profi.» Julien beugte sich zu Sasha, um ihn auf die Wange zu küssen, doch er wandte den Kopf ab.

«Du bist nicht mein Babysitter, Jules.»

«Hey.» Julien trank den ersten Becher in einem Zug leer, steckte den übrigen Vollen hinein, dann zog er Sasha an der Hüfte zu sich. «Ich will heute noch was von dir haben, das wird nichts, wenn du dich abschießt. Vertrau mir mal.»

«Wann?» Wann wollte er was genau von Sasha haben?

«Ich würde sagen…» Julien sah kurz zu Ally hinüber, die ihnen mit den Händen bedeutete, herzukommen, und grinste wieder. «Wenn wir deiner Zwergenfreundin ein bisschen Gesellschaft geleistet haben.»

Dass Julien keinerlei Hemmungen hatte, Kontakt zu wildfremden Menschen herzustellen, hätte Sasha wissen müssen, als er zum ersten Mal seine Kopfhörer aufgesetzt hatte. Er war nicht darauf angewiesen, dass die einzige Person, die er kannte, ihm nicht von der Seite wich, im Gegenteil.

Nach nicht mal einer Stunde ließ Julien sich von einer Gruppe Mädchen eine Zigarette andrehen, und Sashas Unwillen wurde zäh wie ein Pfropf, als eine von ihnen anfing, Julien genau alle eineinhalb Minuten bemüht unauffällig am Arm zu berühren. Das war doch scheiße so. Sasha hatte es gewusst. Partys waren Gift für sein Gemüt, mit Bier ließ sich der wachsende Knoten in seiner Brust auch nicht runterspülen und die Musik war so schlecht, dass sich sein Trommelfell im Takt der Bässe schmerzhaft zusammenzog. Wenigstens Ally ließ ihn nicht hängen, als sie sich irgendwann gegen Mitternacht zu ihm neben die Badezimmertür stellte und seinem Blick auf den Balkon folgte.

«Würde mich auch abfucken», sagte sie leise, nippte an ihrem Bier und lehnte ihre Schulter gegen Sashas Ellenbogen. Sie war wirklich winzig. Ein winzig kleiner Trost.

«Du bist toll», antwortete er deshalb.

«Oh, naja... Weißt du, das hat Phil auch gesagt. Und dann», noch ein Schluck, «erfahre ich, dass er es mit allen drei Mitbewohnerinnen gleichzeitig treibt.»

«Gleichzeitig?»

«Ja. Ohne Scheiß.» Ally lachte kurz und freudlos, bevor sie wieder lächelte. Ihre Tarnung war perfekt, ganz im Gegensatz zu Sashas. Er strich sich die Haare aus der Stirn, bevor er den Arm um sie legte und die Nase in ihre eigenen gar nicht mehr so nervigen Haare drückte.

«Vergiss den besser», murmelte er. «Sich nicht entscheiden zu können ist ziemlich unmännlich.»

«Ach.» Ally winkte ab, doch in ihren dunklen Augen schimmerte es verdächtig. «Ich betrink mich hier einfach und nächste Woche hab ich die Sache vergessen.»

«Wir haben uns noch nicht geküsst», sagte Sasha daraufhin einfach. War ja auch so. Nur deshalb war er hier. Damit Julien sich nicht langweile und Sasha ihm Bescheid sagen konnte, wenn ihn alles abfuckte. Lief also auch nicht wie geplant.

«Wie jetzt?» Ally griff nach Sashas Hand über ihrer linken Schulter und sah zu ihm hoch. «Ihr habt noch nicht...?»

«Nein.»

«Oh.» Sie hielt Sasha den Becher hin. «Verstehe.»

Das Bier schmeckte wirklich zum Kotzen. «Hast du was Härteres?», fragte er und starrte erneut zu Julien und diesem saublöden Mädchen, das ihre verfluchte Hand mittlerweile gar nicht mehr von seinem Ellenbogen nahm und gerade über irgendetwas lachte, was er gesagt hatte.

«Moment.» Ally machte sich los und verschwand in der Küche, kurz darauf kam sie mit einem neuen Becher zurück, in dem eine goldbraune Flüssigkeit schwamm. «Trink das, das macht's leichter. Ich weiß, wovon ich spreche.» Sie zwinkerte und Sasha wartete gar nicht erst, bis sich der Geschmack in seinem Mund festsetzen konnte, sondern kippte alles auf einmal hinunter. *Gott*, war das ekelig.

«Was hast du jetzt vor?», fragte Ally und lehnte sich mit dem Rücken gegen Sashas Oberkörper.

«Weiß nicht», gab er zurück.

«Du solltest ihm die Hölle heiß machen. Ich meine, was soll das? Er hängt mit allen rum, außer mit dir.» Akkurate Analyse. Sasha legte sein Kinn auf Allys Scheitel.

«Wenn du ein Kerl wärst», fing er an, «würde ich jetzt mit dir rummachen.» Einfach so. Zum Spaß. Wie Julien, der schon wieder rauchte und Sasha damit abfuckte.

Ally lachte. «Es wäre mir eine Ehre, jemanden mit einem so hübschen Mann wie dir eifersüchtig zu machen.»

«Ist mein Ernst, Ally.»

«Meiner auch, Sasha.» Sie legte den Kopf zurück, grinste und sah ihn an. «Übrigens ist die, die sich da so peinlich an deinen Crush hängt, eine von Phils Mitbewohnerinnen.»

«Ohne Scheiß?»

«Ohne Scheiß.» *Okay*. Jetzt erst recht. Der Alkohol begann langsam zu wirken, und Sasha schlang kurz die Arme um Ally.

«Danke für's besser machen», flüsterte er, küsste sie auf die Schläfe, dann schob er sie sachte zur Seite. Irgendein Fuß stand ihm im Weg, doch Sasha stieg einfach darüber, drückte Rücken und Schultern weg, bis er die Balkontür erreicht hatte und nach Julien griff, der gerade seine Kippe auf einem Pappteller ausdrückte.

«Komm mit.»

«Hey, Profi.»

Sasha wartete nicht mehr. Auf nichts. Seine Beherrschung konnte ihn mal, sein Vater auch, vor allem der. Der Wichser, der ihm das Leben ruinieren wollte. Er zog Julien grober als beabsichtigt von dem Mädchen weg, das ihm einen irritierten Blick zuwarf, doch die war wirklich der allerletzte Mensch, um den Sasha sich scherte.

«Was ist los?» Julien wollte sein Handgelenk aus Sashas Fingern befreien, doch Sasha hatte ziemlich genau zugesehen, wie er das bei seiner Freundin gemacht hatte. Was Julien konnte, konnte er schon lange. Von wegen *genug*. Er fing gerade erst an, Sasha zu sein.

«Sasha, lass das. Ich mein's ernst.» Sie hatten fast die Wohnungstür erreicht, die sperrangelweit offenstand. «Was ist mit dir? Willst du jetzt Stress machen?»

Und raus, den Gang runter, bis zum Treppenabsatz.

«Mann, spar dir den Scheiß, das ist...» Sasha ließ Julien los, *eins*, griff um sein Gesicht, *zwei*, dann setzte sein Herzschlag aus. Er presste seinen Mund auf Juliens, grub die Finger in seinen Nacken, drängte seine Lippen auseinander, fühlte Juliens Hände nach seinen Unterarmen tasten. *Ja,* dachte Sasha nur, jetzt konnte er mal *fühlen,* wie das war, wenn man absolut dringend Halt brauchte, ohne zu wissen, wann man ihn bekam. Und wie lange.

Julien gab einen Laut von sich, der Funken in Sashas Unterleib schlug, als er mit der Zunge nach Juliens tastete, und Sasha schmeckte einen Rest Wein, Zigaretten und etwas, das ihn an Kaugummi erinnerte.

Er neigte den Kopf, spürte, wie Juliens Lippen sich seinen Bewegungen anpassten, er sich in Sasha hineinlehnte, und genau dann ließ er ihn los. Stieß ihn beinahe von sich. Sollte Julien doch zusehen, wie er nach Hause kam. Und mit *wem.*

«Jetzt», flüsterte Sasha noch, bevor er sich umdrehte, «hab ich genug.»

Julien

Julien hatte keine Ahnung gehabt, *wie* weich er wirklich in jedem verfluchten Knochen seines Körpers werden konnte. Seine Knie gaben fast nach, als er blindlings hinter Sasha die Treppe hinunterstürzte, und seine Hände bekamen das Geländer nicht zu fassen, weil er zitterte, als würde er nackt durch einen Blizzard rennen. Durch eisblaues Wasser voller Packeis waten. Darin eintauchen, gerade lang genug, um nie wieder zu vergessen, was hier gerade passiert war.

«Sasha!» Er würde jetzt nicht abhauen, nicht so, nicht ohne Julien, und wenn er darum betteln musste. «Fuck, warte!»

Er hatte ihn doch nur kurz bei Ally gelassen. Oder? Er wollte doch nur runterkommen, damit genau *das* hier nicht einfach aufhörte, bevor es angefangen hatte. Damit er alles planen, sich vorbereiten konnte, nur ein einziges Mal. Er hatte doch nur ein bisschen von diesem verfluchten Abstand gebraucht. Und Sasha dabei völlig unterschätzt. Nicht sich, sondern *ihn* vergessen.

«Geh weg.» Sasha zog seinen Arm aus Juliens Griff, als er ihn zwanzig Meter die Straße runter eingeholt hatte. «Geh zu deinen neuen Freundinnen, ich brauch keinen scheiß Babysitter.»

Darum ging es also. Wie absurd. Wie vollkommen beschissen und absurd das hier gerade lief.

«Bist du eifersüchtig?» Wie Bekah, die genauso bescheuerte Fragen stellte. «Sasha, bist du...» – «Ja.» Sasha ging einfach weiter. «Bin ich.

Ich weiß ja nicht, wie ernst du's meinst. Vielleicht brauchst du nur jemanden zum drauf Aufpassen.»

Okay, es reichte. Er sollte den Mund halten, weil das Bullshit war.

«Sasha.» Juliens Körper warf alles durcheinander. Unwillen, Verlangen, Euphorie, Angst. «Bleib stehen. Bitte.» Deswegen zitterte er auch so. Er war übervoll und würde einfach in die Luft fliegen, wenn er nicht anfing, sich zu sortieren. «*Bitte.*» Wenn er jetzt noch einmal flehen musste und Sasha ihn ignorierte, konnte er ihn mal. Aber so richtig.

Als ob er Julien denken hörte, denn Sasha wurde langsamer, und Julien taten vor Spannung die Beine weh, als er ihn überholte und sich ihm im Schatten zwischen zwei Straßenlaternen in den Weg stellte. «Was?», fragte Sasha, doch er tat nur so, als würde ihn das nicht interessieren, was er gerade gemacht hatte, Julien sah das. Wie er unstet in seine Richtung schwankte, nicht verhindern konnte, dass sein Blick an Juliens Lippen hängenblieb, immer wieder.

«Mach doch», flüsterte er. «Mach's nochmal. Los.»

«Warum machst du's nicht?» Julien kam einen Schritt auf Sasha zu, noch einen, sein Herz, Sashas Tarnung, diese lächerliche Eisschicht. Die schmolz doch, wenn Julien nur mit Finger schnippte.

«Glaubst du, ich mein das nicht ernst?», fragte er tonlos, zitternd, weil Sashas Augen ihn abtasteten. Von wegen Fingerschnippen, der hatte ja diesen Scannerblick, der ihn gleichzeitig nackt ausziehen und in einen Schneesturm stellen konnte. «Glaubst du, ich muss auf *das* hier», er griff mit einer Hand um Sashas Gesicht und fuhr mit dem Daumen über seine Unterlippe, «aufpassen? Scheiße, nein, das muss ich nicht.» Julien hob das Kinn, zog Sasha zu sich, *oh, fuck, verflucht*, war sein Mund weich, weicher als jeder, den Julien je gespürt hatte, auch, wenn das nicht so viele gewesen waren. «Sasha», brachte Julien noch heraus, bevor er auch die andere Hand in seinen Nacken legte und Sashas Lippen unter seinen nachgaben, sich öffneten und alles, wirklich *alles* unter Strom stand, pulsierte, kribbelte. Er verreckte, *Herrgott*, Julien verreckte fast unter diesem Nachthimmel, und nichts war besser, niemand, nur das, er, *endlich*.

«Pam ist nicht da», flüsterte Sasha, als Julien kurz Luft holte, dann ließ er seine Zunge in Juliens Mund gleiten, umspielte seine, er war so geschickt damit, so behutsam, viel ruhiger als Julien.

«Das war 'ne Aufforderung, oder?» Er bekam keinen Ton raus, schmeckte nur diesen Rest Skittles mit zu viel Alkohol. Gin, richtig guten sogar, *verdammt*, woher hatte Sasha den?

«Ja.»

«Okay.»

Sasha biss Julien in die Unterlippe, nicht hektisch, nicht so ausgehungert. Kein Wunder, es war ja auch sein Wasser, in dem sie gerade absoffen. «Ich bestell ein Uber», murmelte Julien blind, tastete nach seinem Handy und gleichzeitig nach Sashas Hintern, hielt ihn fest, bekam nichts mehr auf die Reihe, nicht mal das.

«Schaffst du's?» Sasha lächelte direkt in Julien hinein, blinzelte, seine Augen, *shit*, was war mit denen? Wann hatte das angefangen? Diese glasige Tiefe, sodass Julien bis auf den Grund sehen konnte? «Oder soll ich helfen?»

«Fuck, Sasha, halt's Maul.» Sashas Lachen schmeckte noch besser als Gin, und Julien drückte blind auf irgendeinen Button, küsste ihn nochmal, und nochmal, tiefer, länger, minutenlang, die ganze Fahrt über, auf dem Weg zum Eingang, im Treppenhaus, im Aufzug.

«Ich will dich», brachte Julien atemlos heraus, als sich die Türen schlossen und sie niemand mehr hören konnte. «Ich will dich, verflucht, komm her.»

Diesmal musste er Sasha nicht zeigen, wohin er fassen sollte, ihn nicht fragen, ob ihm das gefiel, als Sasha seine Hände erneut über Juliens Brust gleiten ließ, seine Finger in den Stoff grub, ihn hochzog, denn das tat es, weil er nicht aufhörte, mit nichts, nicht mehr. Julien stöhnte unterdrückt auf und rang nach Luft. *Gott*, wie hatte er nur so lange warten können?

«Das ist besser, als ich's mir vorgestellt habe, Jules», flüsterte Sasha an Juliens Lippen; sein Blick war dunkel wie Tiefseenächte, ohne Anfang und Ende.

«Hast du?» *Verflucht*, Julien würde verbrennen, er würde explodieren, jeder Millimeter, den Sasha berührte.

«Wie du nackt aussiehst. Wie du klingst...», Sashas Daumen fuhr federleicht über den Bund von Juliens Shorts, bevor der Fahrstuhl anhielt, «wenn ich das hier mache.» Seine Hand glitt unter den Jeansbund, griff nach Juliens Puls, während er gleichzeitig den Mund auf seinen legte und damit das Stöhnen erstickte, das erneut in Julien aufstieg.

Heilige Scheiße, er hatte ihn wirklich sowas von unterschätzt. Julien fühlte den Boden unter seinen Füßen nicht mehr, als er Sasha blind durch den Flur zerrte, ihm den Schlüssel aus den Fingern riss und ihn drinnen gegen die Tür presste.

«Du machst mich fertig, Profi», brachte er rau heraus, blind vor Erregung, und wartete nicht, bevor sie es durch die dunkle Wohnung bis in Sashas Zimmer geschafft hatten. Er wollte das auch, *jetzt*, keine Sekunde später. Als er sein Becken gegen Sashas drückte, unter sein T-Shirt fasste, seinen straffen, sehnigen Oberkörper an seiner Brust spürte, wie hart Sasha in seiner Jeans war, brach das Glitzern endlich, *endlich* an die Oberfläche. Seine Augen waren voll davon, Julien war voll davon, von winzigen, glühenden Goldpartikeln.

Sasha stöhnte leise, und sein Körper wurde ganz weich, ganz nachgiebig unter Juliens Griff. «Jules…» Das war kein Laut, das war nur ein Atmen, ein zitternder, gelöster Atemzug.

Julien zog ihn mit sich, damit das noch besser wurde, noch lauter, wie ein ganzes Lied aus hellen und dunklen Tönen, fiel über Sasha auf die Matratze, drängte seine Lippen auseinander, rieb sich an ihm, dann zog er Sashas Gürtelschnalle auf.

«Zieh das aus», flüsterte Sasha, schob Juliens T-Shirt am Rücken hoch, und Julien hatte gerade seine eigene Jeans geöffnet, sein Herzmuskel spannte unter dem Druck, es schlug und pumpte in seinem Unterleib, er wollte, er *wollte*. So sehr, wirklich, *verflucht nochmal*. Und trotzdem, obwohl er so erschreckend bedingungslos nach Sasha verlangte, riss ihn etwas zurück. Viel zu abrupt, sodass seine linke Körperhälfte schlagartig kalt wurde, wieder wehtat, wie damals, unter Schnee und Splittern und diesem Nachthimmel, der schon einmal explodiert war. Über ihm, mit ihm, mit allem.

Sasha

Er konnte kaum atmen, unter all dem Sand, all der Lava, die in ihn hineinstürzte, ungebremst, weil Sasha das nicht verhindern konnte, *nein, wollte*, weil er keinen Widerstand mehr brauchte. Er war ja jetzt Sasha, nur Sasha, den Julien endlich aus seiner Starre gelöst hatte.

Doch Julien war plötzlich zurückgezuckt, genau in dem Moment, als Sasha ihn ansehen wollte, alles, diese Muskeln, diese glatte Haut, jeden Schatten, jede Wölbung.

«Jules…» Er saß auf Sashas Oberschenkeln, am ganzen Körper zitternd, flach atmend, und starrte ihn nur an. Sasha richtete sich langsam auf. Es drehte sich alles, sein Unterleib pulsierte und ihm war so verflucht warm in seiner Jeans. «Was ist los?»

Julien presste die Lippen zusammen und senkte den Blick. Diese geschwungenen Mundwinkel, diese schwarzglühenden Augen. «Ich...» Es klang brüchig, endete, bevor es angefangen hatte. *Nein, nicht deswegen. Oder?*

Sasha hob die Hand und schob seine Finger vorsichtig unter Juliens Halsausschnitt, griff in seinen Nacken und küsste ihn, eine Minute, *zwei, drei.* Der Zigarettengeschmack war fort, da war nur noch Julien, genau so, wie Sasha ihn wollte.

«Jules», flüsterte er. «Ich begehre... jeden einzelnen Zentimeter an dir.» Juliens Brustkorb hob und senkte sich stockend. «Jeden einzelnen. Alles.»

«Du bist so perfekt, Profi», erwiderte er rau, dabei legte er die Hand auf Sashas Unterarm, auf die Tätowierung, die Sasha früher oder später wortwörtlich das Genick brechen würde. Das bekam man nämlich auch nicht weg, indem man es ignorierte. «Immer. Und ich hab diesen Scheiß, diese...» – «Das ist kein Scheiß, Jules.» Sasha küsste ihn wieder, fuhr mit der Zunge leicht über Juliens Unterlippe und Julien bebte kurz. Die Reaktion gefiel ihm besser, viel besser. «Das ist wie ein Baum und ich steh auf Bäume. Auf alle. Keiner davon ist perfekt. Ich auch nicht.»

«Für mich bist du das.» Julien lehnte sich ihm entgegen und Sasha küsste seine Mundwinkel, seinen Kieferknochen, unter dem Ohrläppchen und an der Sehne entlang, die ihn so anzog.

«Ich liebe diese Stelle», murmelte er, hielt sich in Juliens Nacken fest und legte die Lippen an seinen Hals, zeichnete die sanfte Vertiefung mit der Zunge nach, die andere Hand schob er wieder unter Juliens T-Shirt.

«Oh, fuck...» Juliens Stöhnen war wie ein leises Donnergrollen, ein Gewitter, das sich ankündigte. Seine Finger griffen fester um Sashas Arm. «Wo hast du das gelernt, Profi?»

«Hab ich nicht», flüsterte Sasha blind und tastete sich tiefer, schob seinen Daumen unter den Gummizug von Juliens Shorts. «Du bist der erste.»

Julien zitterte, stöhnte wieder, als Sasha die glatt rasierte Haut unter dem Stoff ertastete.

«Heute spielst du ausnahmsweise mal wie'n Profi», brachte Julien noch heraus, bevor er ihn zurück aufs Bett stieß und sich in einer einzigen Bewegung das T-Shirt über den Kopf zog.

«Du bist so schön», war alles, was Sasha flüstern konnte, weil Julien sich im nächsten Moment über ihn schob, seinen Bauch anspannte, die Schultern, nach denen Sasha griff, in die Haut direkt über seinem Herzschlag.

Julien war so hart, dass Sasha seine Form durch die offene Jeans und seine eigene Shorts hindurch spüren konnte, als er sich gegen ihn drückte, seine rechte Hand in Sashas schob, sie auf das Laken presste und atemlos nach ihm griff. Sasha stöhnte auf, weil es plötzlich brannte ohne wehzutun, wie ein Feuerwerk, das in seinem Unterleib hochging und in jede einzelne Pore funkte.

«Du», murmelte Julien an Sashas Lippen, bevor er anfing ihn zu massieren, mit der Zunge in seinen Mund glitt und ihn so lange küsste, bis Sasha schwarz vor Augen wurde, er keine Luft mehr bekam und nie, niemals geglaubt hätte, dass ihm dieses Gefühl einmal dermaßen gefallen würde.

«Du bist schön», flüsterte Julien weiter und löste sich von Sasha, damit er wieder atmen und einen einzigen, langgezogenen Ton von sich geben konnte, der ihm in der Kehle vibrierte. «*Das* ist schön. Wie du klingst.» Er küsste ihn nochmal, griff um Sashas Kinn, öffnete seinen Mund, wurde fordernder, unbeherrschter, *Gott*, war das gut.

Julien grub seine Finger in Sashas Haar, zog seinen Kopf zur Seite und Sasha stöhnte wieder, als Juliens Zunge über seinen Hals glitt. «Wie du schmeckst», fuhr er tonlos fort. «Wie du *bist*.»

Das hier war mehr als nur Rummachen, dachte Sasha halbblind und drückte sich instinktiv Juliens Hand entgegen. Mehr als bloßes Anfassen, nicht nur ein Vorspiel. Das war wie Gewitter, Regen auf trockener Erde, in der er versinken konnte.

«Jules», flüsterte Sasha erstickt, als Juliens Griff um ihn fester wurde und er gleichzeitig an Sashas Shorts zog. «Nicht…» Aber er wollte. Er *könnte*. «Nicht betrunken. Ich will…» Das hatte nichts mit Angst zu tun, wovor auch? Doch nicht vor Julien. «Ich will nichts vergessen», flüsterte Sasha, schloss kurz die Augen, legte den Kopf in den Nacken und leckte erneut über Juliens Unterlippe, hörte ihn leise stöhnen.

Julien verharrte über ihm, und auf seinen Schultern glänzte ein dünner Schweißfilm. «Sicher?», fragte er rau. Sasha nickte, bevor sein Widerstand unter Juliens schwarzglühendem Blick einfach wegbrechen würde.

Als er sich daraufhin auf ihn rollte, die Finger an der Wölbung seiner Brust, den feingliedrigen Unebenheiten neben seinem Schlüsselbein entlang und bis an die dunklen Härchen unter seinem Bauchnabel gleiten ließ, begann die Erde leise zu beben, zu schwanken, doch Sasha konnte das, machte es langsam, *ganz in Ruhe*.

«Wie ein Orkan», flüsterte er und fühlte die unkontrollierten Atemzüge unter seiner Handfläche zittern, bevor er den Kopf zu Julien neigte.

Er stöhnte auf, flimmerte, vibrierte unter ihm, presste Sashas Lippen gegen seinen Hals und griff haltsuchend mit beiden Händen in seine Haare, als Sasha wieder über die Sehne leckte, diesmal länger, sich festsaugte und anschließend mit der Zunge über die gerötete Stelle fuhr. Um es auszukosten, jeden Zentimeter, nach dem sein Körper verlangte.

«Wie Meerwasser», fuhr er tonlos fort. Wie ein Sturm, der die Wellen aufpeitschte. Julien war einfach alles, was Sasha liebte.

«Fass mich an», forderte Julien erstickt und bäumte sich Sashas Fingern entgegen. «Mach das nochmal... Ich will...» – «Beherrsch dich, Jules», murmelte Sasha nur, ließ die Hand über Juliens Becken schweben und küsste seine Schulter, das verästelte Narbengewebe darauf, diese geschwungenen Formen. Er war so maßlos, so hinreißend ungeduldig.

«Hör nicht auf», stöhnte Julien unter ihm, und das Donnergrollen reichte bis in Sashas Brust, als er seinen Mund auf Juliens legte und behutsam die Finger um ihn schloss.

«Wie Gewitter», flüsterte er gegen Juliens Lippen, die sich bereitwillig öffneten und Sashas Zunge hineingleiten ließen, ihn küssten, als müsste er verdursten, wenn Sasha jemals wieder damit aufhörte. Würde er nicht. *Nie.* «Du klingst wie Sommergewitter.»

Und all das, der Orkan, das Meer, das Gewitter, die Lava, diese Naturgewalten, die Sasha so faszinierten, gehorchten ihm plötzlich. Gaben nach, wenn er nach Julien griff, wanden sich unter ihm, wenn er ihn langsam und bedächtig massierte, wurden lauter, wenn Sasha Luft holte, wurden still, wenn er Julien erneut küsste.

Das, dachte Sasha nur, als Julien mit zurückgelegtem Kopf um sein Becken fasste, sich gegen ihn drückte, im selben Takt an ihm bewegte, stöhnte und alle ihre Töne ineinanderflossen. Das war *sein* Lieblingslied.

16

Julien

Julien war froh, dass Sasha auf ihm lag, sonst hätte sich sein Magen von innen nach außen gestülpt. Er schlief unruhig, wenn er zu viel getrunken hatte, und als er blinzelte, färbte sich der Himmel gerade hellblau. Whirlpoolwasserblau.

Sashas tiefe Atemzüge wirkten wie Schmerztabletten, sodass Julien wieder wegdämmerte, todmüde, ausgebrannt von der Überdosis an erfüllten Wünschen. In seinen Lenden schwelte es noch immer, und dass Sashas Bein direkt dagegen drückte, machte es nicht besser. Aber er war da, Julien fühlte es, überall.

Es waren keine zehn Minuten vergangen, höchstens fünf, er hätte es schwören können, als ihn das Summen eines Telefons irgendwo auf dem Boden wieder hochriss. *Verflucht nochmal.*

Sasha bewegte sich kurz, murmelte etwas Undeutliches und vergrub sein Gesicht tiefer in der Kuhle zwischen Kissen und Juliens Hals. Das Geräusch verstummte auch dann nicht, als Julien die Arme um Sashas nackten Oberkörper schlang und den Geruch seiner warmen Haut atmete, die sich wie ein Schutzfilm um Juliens trockene Kehle legte.

«Mach's aus», murmelte Sasha daraufhin; es klang heiser, dabei war er doch gar nicht so laut gewesen. Nicht laut genug, wenn es nach Julien ging. Darauf, dass sich das steigern ließ, wollte er tatsächlich wetten, ignorierte das penetrante Vibrieren deshalb und griff von hinten in Sashas Shorts.

Calvin Klein war gerade gut genug für diesen kleinen, festen Arsch, der genau in Juliens Hände passte. *Fuck,* wann hatte er zuletzt jemanden *so* begehrt?

Nie, dachte Julien wie benebelt, weil sich das Dröhnen in seinem Kopf mit den Erinnerungen von gestern Nacht vermischten. Mit Sashas dunkel glitzernden, halb geschlossenen Augen, seinem kehligen Stöhnen, dem Glänzen seiner nackten Haut, über die Julien geleckt hatte.

Er war schon wieder scharf, oder immer noch, denn Sasha hatte sich ja so verflucht vornehm zurückgehalten. Es nicht auf die Spitze getrieben. Aber Julien hätte, *verflucht*, wie er das hätte. Die ganze Nacht lang.

Der Restalkohol reichte aus, um ihn wieder hart werden zu lassen, Sashas Becken auf seines zu ziehen und träge seinen Hintern zu kneten. «Ich würd dir jetzt echt gern einen runterholen, Profi», murmelte Julien an seiner Schläfe. Sasha nahm daraufhin ohne den Kopf zu heben die Arme nach hinten, schob wortlos seine Finger zwischen Juliens, grub sie tiefer in die weiche Haut und ließ zu, dass Julien begann, sich an ihm zu reiben, dabei stöhnte er leise.

«Ich will dich», flüsterte Julien und spürte Sashas Puls gegen seine Lenden schlagen. «Jetzt.»

«Mach erst das Handy aus», murmelte Sasha, doch Julien hatte bereits den Gummizug seiner Shorts am Rücken runtergezogen. Nackt sah dieser Arsch nämlich noch viel besser aus. So straff und halbrund, dass Julien ihm einen leichten Schlag versetzte und die Vibrationen durch Sashas Haut bis in Juliens Unterleib flossen.

«Jules...» Sashas leises Stöhnen an seiner Schulter war rau, eigentlich viel zu müde, doch das reizte Julien nur noch mehr. Er ertastete die Grübchen unterhalb von Sashas Wirbelsäule, griff von hinten um seine Oberschenkel, dann drückte er sie mit seinem eigenen Bein leicht auseinander. «Könntest du bitte...» – «Hab grad keine Hand frei, sorry.» Julien wandte den Kopf, glitt mit der Zunge über Sashas Hals und schob gleichzeitig zwei Finger direkt unter dem Hüftknochen in die enge Shorts. Ein Beben durchzuckte Sashas Körper, bevor er sein Gesicht in das Laken presste und erstickt aufstöhnte.

«Das kannst du besser, Profi», flüsterte Julien und ertastete Sashas Schaft mit Zeige- und Mittelfinger. «Wollen wir wetten?»

Mussten sie gar nicht, denn der Laut, den Sasha von sich gab, als Julien anfing, ihn zu massieren, übertönte das Summen und Vibrieren endlich. Er ließ Julien los, stützte sich auf die Unterarme und drückte das Becken Juliens Hand entgegen, bewegte sich zwischen seinen Fingern vor und zurück, erst langsam, dann immer schneller, und *fuck*, wie Julien das anmachte, wie viel mehr er davon wollte, *jetzt*, immer.

«Wusst ich's doch», murmelte er und fühlte sich in den Rhythmus hinein, wie Sashas harter Puls an seinem rieb, wie er zitterte, wie er stöhnte, wie gestern.

«Jules...» Sasha sah jetzt doch auf, und kochendes, aufgewühltes Eiswasser schwappte in Juliens Brust. «Wenn du dieses verfluchte Geräusch nicht abstellst, fass ich dich nie wieder an.»

«Das bringst du nicht», flüsterte Julien atemlos zurück, denn Sashas Bewegungen gerieten langsam aus dem Takt und seine Lider flatterten.

«Ich schwör's dir, Jules», brachte er heraus, ließ die Stirn wieder auf Juliens Schulter sinken und zuckte erneut, als Julien tiefer unter den Stoff griff. «Ich will so nicht…»

«Aber du könntest.» Julien legte den Kopf zurück und schloss kurz die Augen. Wenigstens dieser eine Moment, in dem er Sasha in der Hand hatte und zusehen durfte, wie sich seine Tarnung unter all diesen Blautönen langsam auflöste. Nur noch ein bisschen, nur noch eine Minute, weil es nichts Besseres gab.

Er fühlte sich warm an, seltsam vertraut, fast wie Julien selbst, nur die Reaktion auf diesen Reiz war viel interessanter, denn Sasha griff dabei fast grob in Juliens Haar, stöhnte seinen Namen, *Jules*, bog seinen Kopf weiter nach hinten, presste das Gesicht an seinen Hals, *Jules*, und dieser Ton, dieses raue Stöhnen, *hör nicht auf*, dieser schlanke Körper über Juliens, diese vollkommene Kontrolle, *Jules, hör nicht auf.*

«Sasha…» Julien musste wegsehen. Abstand kriegen, *jetzt*. Sonst war sein Moment vorbei, und mit ihm Sashas Urvertrauen, dass Julien sich im Griff hatte. «Sasha, warte… Bleib so.»

Julien hörte, wie Sasha die Luft anhielt und in seiner Bewegung verharrte. Sie zitterten, schon wieder, immer noch. So schön und abgefuckt und erregt. Er glitt behutsam mit dem Daumen über Sashas Länge hinauf, bevor er ihn losließ und auf dem Boden nach dem Smartphone tastete, das noch in seiner Jeans steckte. Seine Muskeln brannten vor Anspannung.

Jeff musste die Wahlwiederholung gedrückt haben, denn der Anruf war seit Minuten nicht abgebrochen. «Mist», murmelte Julien. Wenn er den noch länger ignorierte, brauchte er überhaupt nicht mehr kommen. «Was?», fragte er, als er abnahm, sich zurück auf den Rücken rollte und erneut Sashas rechten Oberschenkel umfasste. Sasha hatte die Augen geschlossen, und seine Unterlippe schimmerte im gedämpften Licht, das durch die Vorhänge fiel.

«Um halb neun geht's los, ihr seid heute zu zweit», leierte Jeff ins Telefon. «Jesse fährt, der hat's im Kreuz.»

«Ich auch», wollte Julien antworten, doch er riss sich zusammen. «Muss ich?», fragte er stattdessen, schmeckte einen Rest abgestandenes Bier und prompt schlug ihm der Schmerz unvermittelt von innen gegen die Schläfen. Instinktiv legte er zwei Finger an Sashas Lippen und fuhr sachte darüber. Wenn er den Reiz weiter überlagerte, konnte er sich den Kater vielleicht sparen.

«Du musst nicht», antwortete Jeff gelangweilt. «Dann wirst du aber ausnahmsweise nicht Mitarbeiter des Monats.» Sashas Zunge fuhr zeitgleich wie zufällig über Juliens Fingerkuppen.

«Im Ernst, ich hab gestern gesoffen.» Besser, *viel* besser. Julien starrte Sasha direkt in die Augen, der den Mund öffnete, langsam den Kopf neigte und Juliens Zeige- und Mittelfinger, die es vorhin fast bis auf die Spitze getrieben hätten, hineingleiten ließ. *Oh, fuck.*

«Im Ernst, das interessiert mich einen Scheißdreck. Halb neun oder du fliegst.»

Es fühlte sich an, als hätte man eine der Brandbomben direkt in seinem Unterleib platziert, als Sashas Lippen sich um Juliens Finger schlossen, er mit der Zunge daran entlangfuhr und Julien dabei nicht aus den Augen ließ. Julien rutschte das Handy aus der Hand, als die Verbindung abbrach. *Verflucht*, er hatte nur *einen* Moment nicht aufgepasst. Jetzt hatte Sasha sich etwas Neues ausgedacht, das ihn in den Wahnsinn treiben konnte.

«Was?», fragte Sasha leise, als er den Kopf zurücknahm und erneut mit der Zungenspitze über Juliens Fingerspitzen glitt. «Was denkst du, Jules?» Er war noch immer hart, registrierte Julien und fühlte es pochen, glühen, drängen. Das konnte nicht Jeffs beschissener Ernst sein. Er *konnte* hier nicht weg.

«Das weißt du sowas von verflucht genau, Profi», flüsterte Julien und griff reflexartig mit beiden Händen um Sashas nackten Hintern. Sashas rechter Mundwinkel verzog sich, während er weiter an Juliens Fingerknöcheln entlangleckte und ein auforderndes Glitzern in seine Augen trat.

«Ich muss zur Arbeit», brachte Julien gequält heraus. So eine verfluchte Scheiße.

«Ich weiß.» Sasha saugte kurz an seinen Fingern, senkte den Blick, blinzelte, sah wieder auf.

Von wegen. Die Unschuldsnummer nahm Julien ihm nicht mehr ab, nicht in diesem Leben.

«Hör auf.» Er stöhnte und legte sich den Arm über die Augen. Wenn er noch länger mitansehen musste, was Sasha da mit seiner geschickten Zunge veranstaltete, wäre er tatsächlich ab heute arbeitslos. Aber befriedigt. Und pleite. In Sashas Bett. Ohne einen Cent, um Miguels blöden Staubsauger zu bezahlen. «Nein, hör nicht auf.»

Wenn Julien sich vorstellte, wie Sasha es ihm mit dem Mund besorgte und genau *das* tat, was er da gerade mit seinem Mittelfinger tat...

«Fuck, echt. Das machst du mit Absicht.»

«Nicht weniger als du, Jules.» Sasha neigte sich zu ihm, küsste ihn kurz auf den Mund, in die Kuhle zwischen Kieferknochen und Ohrläppchen, dann blieb sein Blick an Juliens Hals hängen. «Steht dir», bemerkte Sasha und strich über die Stelle, die seine Lippen gestern immer wieder bearbeitet hatten, so hingebungsvoll, so lange, bis Julien taub und schwindelig und willenlos war.

«Auf dein unverschämtes Lächeln fall ich nicht mehr rein, Profi.» Julien stemmte sich schwerfällig hoch und fischte seine Jeans vom Boden, während Sasha seine Shorts zurecht zog. Sein Blick, dachte Julien, als er aufstand und nach seinem T-Shirt suchte. Dieser Blick war mehr wert als jeder Cent, den er je verdienen würde.

«Was macht dein hübscher Kopf?», fragte Julien und merkte erst jetzt, dass sie sich schon wieder anstarrten. Wie küssen, dachte er, und ihm wurde ganz warm im Bauch. Nur mit den Augen. Sasha strich sich das Haar aus der Stirn. «Der ist Matsch, schätze ich», antwortete er und lächelte schief, so halb, zum Niederknien. Seine Stimme klang aufgeraut, doch Julien gefiel der Ton, weil es nur Sashas war. Wie die Cis-Note über der C-Taste.

«Krass getarnt, wie immer.» Julien lächelte und Sasha stand daraufhin ebenfalls auf, ging zu ihm und lehnte sich wortlos gegen ihn, die Unterarme gegen seine Brust gedrückt, wie ein nach Deo und Sommerregen duftender Geist. Julien schlang die Arme um ihn.

«Gut, dass ich dich hab, Profi», murmelte er und rieb seine Nase an Sashas Hals. «Fühlt sich an wie nach Hause kommen.» Wie Ankommen an einem Ort, wo er nichts falsch machen konnte, wo es richtig war, Julien Kent zu sein.

Sasha betrachtete ihn schweigend, legte einen sommerhimmelwarmen Blaufilter über Juliens Gesicht, bevor auch die andere Seite lächelte. Zwei Falten, für jeden eine.

«Ich lieb dich, Jules», formten seine Lippen, nur ein tonloses Ausatmen, als könnte es noch lauter werden, wenn Julien nur lang genug hinhören würde. Und er würde. Nein, er *tat* es längst.

«Sasha», murmelte Julien, weil es plötzlich überall warm war, in den Händen, im Kopf, in seiner Kehle, unter der Haut, die einmal unter eisiger Nachtkälte aufgerissen war. «Fuck, Sasha.» Und jetzt, *jetzt* war er wieder ganz. «Ich dich auch.»

Sasha

Nachdem Julien mit einer von Pams Aspirin-Tabletten die Wohnung verlassen hatte und Sasha die zweite Zahnbürste im Bad unter seine legte, weil sie das ja auch immer so machten, stieg er unter die Dusche. Er hatte sich noch nie so zerstört und gleichzeitig so gut gefühlt.

Sein Kopf dröhnte, als wäre er mit voller Wucht auf Asphalt geschlagen, sein Magen begann nach zehn Minuten unter dem heißen Wasserstrahl zu rebellieren, doch sein Herz, dachte Sasha nur. Sein Herz schlug einfach weiter, schneller, immer wieder.

Er seifte sich bereits zum dritten Mal ein, weil es sich ein wenig so anfühlte, als wären es Juliens Hände, der ihn überall dort berührt hatten, wo das Wasser hinfloss. Sasha stellte sich daraufhin die schlanken Brustmuskeln, das Gewicht von Juliens Oberschenkel in seinem Schritt, seinen fordernden, festen Griff dorthin vor, und Sasha hielt sein Gesicht direkt in den Strahl. Julien würde ihm jetzt ohne zu zögern endlich, *endlich* einen runterholen.

Und Sasha war absolut nicht mehr dazu in der Lage, noch irgendeinen Grund dafür zu finden, warum er das nicht tun sollte. Warum er selbst das nicht für Julien übernehmen sollte. Jetzt war ja was passiert, nicht nur *was*, sondern *wie*.

Wie ein Orkan, dachte Sasha, schloss die Augen und fühlte sich in die Erinnerung von Juliens warmem Mund auf seinem hinein, bevor er dem Druck in seinen Lenden nachgab, der dort seit Tagen schwelte. Scheiß auf den Wetterbericht, scheiß auf den versauten Test, seine Eltern, die Schuldgefühle, die Angst, *scheiß drauf.*

Danach brühte Sasha sich eine ganze Kanne Bio-Fenchel-Tee auf, ließ Videos mit Klaviermusik im Hintergrund laufen und fand eine Packung Zwieback im Küchenschrank. Sashas Mutter hatte ihm geschrieben, dass sein Vater sich beruhigt hätte, Sasha sollte sich keine Sorgen machen, worüber auch? Es war ohnehin all das eingetreten, wovor sich der feine Herr Immobilienfirmenbesitzer mit dem Haus voller Geld am meisten fürchtete. Sein einziger Sohn hatte es gewagt, der zu sein, der er war. Der sich Julien ausgesucht hatte, keine Frau. Der auf Schultern stand, nicht auf Brüste. Der Angst vor seinem Vater hatte, anstatt ihn zu bewundern. Der nicht mehr nach Hause wollte, nie wieder.

Ally hatte ihm ebenfalls eine Nachricht geschickt, und Sasha musste lächeln, als er sie aufrief. **Wie lief's??? Hast du dich getraut? Du musst mir ALLES erzählen!** Sie war so überzeugt von ihm, dass der

Chat vor Herzen und hochgereckten Daumen fast über den gesamten Bildschirm reichte.

Hab ich, schrieb Sasha zurück, trank einen Schluck von seiner mittlerweile dritten Tasse Bio-Fenchel-Tee und wartete.

Oh mein Gott, Sasha! Ally bombardierte ihn keine zehn Sekunden später mit Emojis, die ihre Augen aufrissen. **Und??? Wie hat er reagiert?**

Wie ein Orkan, dachte Sasha. **Ziemlich gut**, antwortete er. Der Zwieback schmeckte staubtrocken, doch der Zuckerüberschuss in Pams tiefgekühlten Pancakes würde ihm endgültig den Magen umdrehen.

Was heißt das? Was es eben hieß. Julien war Sashas erster offizieller Freund und Sasha war so furchtbar verliebt in ihn, dass es fast schon wehtat. *Ich dich auch.*

Ich glaub, wir sind jetzt zusammen. Lieber noch nicht zu laut darüber sprechen. Vielleicht träumte er ja auch nur und wachte innerhalb der nächsten zehn Sekunden in seinem schattigen Kinderzimmer auf.

Wirklich???

Ja. Sasha lächelte noch immer. Nein, er träumte nicht. **Wirklich.**

Du hast keine Ahnung, wie sehr ich mich gerade für dich freue. Diesmal schickte Ally nur ein Herz, ein einziges. **Du hast es so verdient.**

Findest du? Vielmehr wertete Sasha es als etwas, für das er sich viel zu wenig angestrengt hatte. Es war so einfach gewesen, hatte keine vier Wochen gedauert, war zu schön, zu toll, zu groß, um es zu begreifen. Nur zu fühlen.

Ja. Ally lächelte. **Du bist ja so scheu und ängstlich. Und als du letztens abgehauen bist, hab ich mich gefragt, was dir passiert sein muss. Ich hätte dir gern geholfen.**

Und Sasha hätte sie mit seiner Todesangst vermutlich komplett verstört. Dann hätte es keine Einladung gegeben, keinen Kuss, keinen Orkan.

Ich krieg Panik in vollen Räumen, tippte er, um es zu erklären. Damit Ally etwas zurückbekam für das, was sie bereits für ihn getan hatte, obwohl sie sich doch eigentlich fremd sein sollten. **Und bei lauten Geräuschen.** Und nachts im Bett, wenn es zu still wurde, in engen Straßen, hohen Gebäuden, Bussen, Klassenräumen, sogar im Schlaf bekam Sasha manchmal keine Luft mehr und schlug panisch um sich.

Das muss sehr schlimm sein. Seit wann hast du das?, wollte Ally wissen. Sie war jetzt vollkommen ernst. Kein Emoji mehr, der all das ins Unendliche steigern konnte.

Schon lange, schrieb er zurück. Sie verdiente das, und es gab nichts, womit sie Sasha wehtun konnte. Wollte. Würde.
Helfen dir deine Eltern nicht?
Sasha hätte beinahe aufgelacht. **Die sind der Grund**, tippte er und wartete einige Sekunden, bevor er es löschte, noch einmal tippte und schließlich abschickte. War doch so. Sashas Vater hatte ihm beigebracht, *wovor* er Angst haben sollte, seine Mutter *wie*.
Scheiße.
Ja.
Aber Julien hilft dir, oder? Julien. Jules. Sashas Mundwinkel begannen zu kribbeln, seine Handflächen wurden warm, und sein Herz schlug *eins, zwei*, und wieder von vorn.
Julien glaubt, ich kann mir selbst helfen, antwortete er. Ally lächelte wieder.
Glaubst du das auch?, fragte sie dann. Sasha dachte an gestern. An vorgestern. An alles, was er innerhalb der wenigen Wochen in Chicago getan hatte, um Juliens Profi zu bleiben und der beschissenen Angst die Stirn zu bieten.
Ja. Um Sasha zu sein. Und wenn es ihn seinen Studienplatz, sämtliche Kreditkarten und das Erbe kosten würde. **Jetzt schon.**

Julien

Sie schliefen in den kommenden Tagen nicht ein einziges Mal getrennt voneinander. Sashas Bett war riesig, seine Tante noch weniger zuhause als Miguel, doch Sasha mochte Juliens Klavierübungen, besonders Adele, *war klar*, *Profi*, also wechselten sie sich ab. Wenn Julien Sashas Gewicht auf seiner Brust spürte und statt dem Nachtlicht eine Folge *Friends* in der Dunkelheit flimmerte, wenn Sasha ihm die Dialoge auswendig ins Ohr flüsterte, war er ganz.
«Ganz ist das neue Wort für glücklich», verriet Julien Sasha, als sie mit dem Bus spät abends vom Oakwood Beach zurückfuhren. Mondaufgänge beobachten war zwar mindestens genauso unmännlich wie Sternenhimmel und roségoldene Sonnenbrillen, doch Sasha stand die Farbe.
«Das hast du dir grad ausgedacht», antwortete Sasha leise, lehnte sich mit dem Rücken gegen Juliens Brust und vergrub die Nase in seinen Haaren. Obwohl der Bus um kurz vor halb elf so gut wie leer

war, saß er in der Sitzreihe ganz hinten auf Juliens Schoß.

«Gut erkannt», murmelte Julien, bevor er die Hand von hinten um Sashas Kinn legte, behutsam seinen Mund öffnete und ihn küsste, sekundenlang, minutenlang. Sasha griff währenddessen nach Juliens Hand, die auf seinem Oberschenkel lag, zog sie höher, bis in seinen Schritt, und lächelte gegen Juliens Lippen.

Wie oft das schon passiert war, ohne, dass Julien ihn bisher noch einmal soweit hatte wie am Morgen nach der Party. «Nachher schon was vor?», fragte Sasha lautlos, küsste Julien nochmal, senkte den Blick, blinzelte, sah ihn wieder an.

«Du bist so'n Luder, ohne Scheiß.» Julien griff fester zwischen Sashas Beine und grinste. Es pulsierte leise zwischen ihnen, dieses kopflose, fieberhafte Verlangen zweier verknallter Teenager, aber genau das waren sie ja auch. Komplett verknallt. Kopflos. Neunzehn war doch ein verflucht gutes Alter. «Ich liebe das.»

«Du hast meine Frage nicht beantwortet», erwiderte Sasha scheinbar ungerührt, doch der Tiefseegraben in seinen Augen wurde dunkel. Julien neigte den Kopf zur Seite, legte den Daumen an Sashas Unterlippe und fuhr mit der Zunge leicht darüber. «Hab ich nicht», flüsterte er, und sein Herzschlag flatterte kurz, aufgescheucht von dieser unmissverständlichen Botschaft. Er wollte Sasha ja auch nicht drängen oder überfordern. Diesen unschuldigen, verruchten Zauber, mit dem er Julien beinahe um den Verstand brachte, kaputt machen. Nicht den, nicht Sasha.

Im Aufzug hielten sie sich wieder einfach nur aneinander fest, vielleicht, weil sie das Beben ansonsten von den Füßen gerissen hätte, Julien wusste es nicht. War ihm auch egal. Er *wollte* diesen Kerl. «Zu mir oder zu dir?», fragte er tonlos, und Sasha lächelte wieder.

«Zu dir», flüsterte er zurück. «Ich würd dich gern Klavier spielen hören.»

«Nackt?» Julien legte die Hände an Sashas Wangen und drückte die Lippen auf seinen rechten Mundwinkel. Er schmeckte nach diesem knallroten Wassereis, das sie heute Mittag im Supermarkt gekauft hatten.

Sasha lachte leise, während der Fahrstuhl gerade im dritten Stock anhielt. «Nackt und laut.»

«Deal.» Julien musste wie ein Idiot gegrinst haben, denn Bekahs Gesichtsausdruck, als sie sich durch die Türen schob, war beinahe feindselig, aber noch schlimmer war diese sprachlose Enttäuschung, die sie mit sich brachte. Er hatte sie seit ihrem Streit auf dem Parkplatz weder gesehen, noch mit ihr geredet.

Sasha sah Julien kurz an, und sie kommunizierten stumm, durch bloßen Blickkontakt, wie immer.

Geh zu ihr.
Sicher?
Ich warte.
Versprochen?
Jules. Sashas Mundwinkel zuckte kurz. «Bis gleich», sagte Julien tonlos und küsste ihn auf den Mund, bevor er ausstieg. Bekah starrte stur an Julien vorbei an die Metallwand hinter ihm.

«Hast du Nachschub besorgt?», fragte er, als sich der Fahrstuhl wieder in Bewegung setzte. Sie ignorierte ihn, doch ihre Augen, dachte er. Ihre Augen schimmerten schon wieder wie aufgeweichtes Moos. Was war er eigentlich für ein Arschloch?

«Bekah.» Julien machte einen Schritt auf sie zu, doch Bekah hob beinahe sofort die Hand. *Bleib weg.*

«Es tut mir leid.»

«Das sagtest du bereits.» Sie klang müde. Vermutlich hatte sie wieder eine Doppelschicht schieben müssen. Deshalb auch das Gras. Zum Runterkommen, wenn man so müde war, dass es nicht mehr zum Schlafen reichte. Julien kannte das.

«Ich will, dass es wieder gut ist», sagte er leise, während der Aufzug erneut stoppte. Bekah hob ihren Rucksack auf und sah ihn kurz an.

«Ich glaub, dafür musst du ein bisschen mehr tun, als deinen Hundeblick aufzusetzen, Jules», gab sie zurück. Julien folgte ihr einfach den Flur hinunter. Wie ein getretener Hund, passte ja.

«Was muss ich denn tun? Sag's mir und ich mach's. Alles.»

Bekah schloss ihre Wohnungstür auf. «Weißt du», fing sie an und trat sich die Sandalen von den Füßen. Offenbar hatte sie nicht mal die Kraft, Julien wieder rauszuschmeißen, wenn er sich in der Situation festbiss. «Wir kennen uns jetzt wie lange? Ein Jahr? Das ist nicht lange, ist mir auch klar. Aber lange genug.»

In der Küche öffnete sie den Kühlschrank und starrte einfach hinein, als wüsste sie, dass sie dort nicht das finden würde, was sie suchte. Einen Hinweis. Irgendein Anzeichen dafür, dass Julien schon damals, als er eingezogen war, den Männern im Haus hinterhergeschaut hatte. Hatte er ja aber nicht. Nie. Niemandem.

«Bist du eifersüchtig?», fragte er deshalb leise und gab sich alle

Mühe, nicht wie ein beschissener Therapeut zu klingen. Bekah schloss die Kühlschranktür wieder; es klirrte leise. All der Wein, mit dem sie sich so viele Abende in der Woche gegenseitig in den Schlaf gewiegt hatten. Das tat Julien jetzt mit Sasha. Er würde auch heulen, wenn er Bekah wäre. Die hatte ja nur ihren Lord, dem sie nicht zeigen wollte, wie toll sie wirklich war.

«Jules.» Bekah drehte sich zu ihm um, und ja, sie heulte. Sie war traurig, enttäuscht, *verletzt*, nur viel leiser als sonst. Das hätte Julien eigentlich Angst machen müssen, wenn er diese stillen Gefühlsausbrüche nicht neuerdings jede Nacht neben sich atmen spüren konnte.

«Ja, vielleicht bin ich das.» Weil sie niemanden mehr zum drauf Aufpassen hatte? Julien stellte sich vor Bekah, stützte die Arme links und rechts von ihr am Küchentresen ab und sah sie an.

«Wir hatten was», erinnerte er sie dann leise, und Bekah presste die Lippen aufeinander. «Und in dem Moment war's richtig.»

«Ich...» Sie hob die Hände, sah aus, als wollte sie Julien von sich wegschieben, doch dann legte sie sie nur auf seine Brust, fast ängstlich. Das stand ihr nicht, das war nicht Bekah. Oder? «Ich hatte dir ja gesagt, dass ich mich nicht in dich verlieben konnte. Hab ich auch nicht», schob Bekah schnell hinterher, doch Julien war sich da nicht so sicher. «Es ist nur so... dass ich das, glaube ich, immer noch *will*.»

So eine abgefuckte Scheiße. Echt. «Was ist mit Earl?»

Bekah hob die Schultern, dabei streifte ihr Arm Juliens Handgelenk. «In den bin ich wohl ziemlich verknallt. Aber...» *Was?* «Ob es mehr wird, weiß ich nicht.» Bekah hob den Kopf. «Und du?», fragte sie und blinzelte gegen den Tränenfilm an. Das war diese Sasha-Nummer, dachte Julien irritiert. Konnte er das auch? Dieses Blinzeln und Schauen?

«Was?»

«Liebst du ihn?»

Ein Flattern unter seinem Brustbein, ein Ziehen in seinem Magen, ein Chaos aus Blautönen, überall. Julien wollte nicht wegsehen, wenn er Bekah das erklären musste, also starrte er einfach zurück. «Sasha», antwortete er leise. «Ich lieb Sasha.»

Bekah senkte den Blick, als würde sie sich schämen, das nicht schon viel eher bemerkt zu haben, und nickte leicht.

«Verstehe», murmelte sie dann und wischte sich mit dem kleinen Finger unter den Augen herum, doch auch das glaubte Julien nicht. Er verstand es ja selbst kaum.

«Er ist wie du», flüsterte er deshalb, weil er ja nichts anderes kannte.

«Wenn ich bei ihm bin, fühl ich mich richtig. Dann fehlt nichts mehr. Wie Zuhause.» Aus Reflex hob er den Arm und zog den Ausschnitt seines T-Shirts zur Seite.

Bekah hielt die Luft an, sah auf das Narbengewebe. «Hast du es ihm erzählt?», fragte sie leise. «Weiß er das?»

Julien schüttelte den Kopf. Nein, wusste Sasha nicht. Noch nicht. «Nächste Woche muss ich mit Miguel zum Friedhof», erklärte er tonlos. «Dann.» In drei Tagen. Vielleicht. Lieber nicht, weil Sasha ihn dann so sehen würde, wie Julien sich selbst: Völlig zerstört.

«Okay.» Bekah atmete geräuschvoll aus und fuhr sich durch die Haare. «Bin ich jetzt abgeschrieben?», wollte sie dann wissen. Julien konnte ein kurzes Lachen nicht unterdrücken. Das war doch echt bescheuert.

«Was? Wieso?»

«Naja, wenn du jetzt auf Männer stehst und Sasha auch noch besser im Bett ist und...» – «Bekah. Nicht.» Sie konnte zwischenmenschliche Verhältnisse mindestens so nachhaltig ruinieren wie Julien, wenn nicht noch besser.

«Ist doch so.»

«Ist nicht so. Und darum geht's auch gar nicht. Ich kann mehr als einen Menschen lieben. Dich lieb ich auch, aber als Bekah. Mit dir kann ich wenigstens 'nen Film gucken, ohne, dass mir einer abgeht, wenn du das hier machst.» Julien legte seine linke Hand auf Bekahs an seiner Brust, ließ sie bis an seinen Bauchnabel gleiten und grinste.

«Oh, sehr schmeichelhaft, Jules.» Sie schob ihn von sich weg, aber lächelte, wenigstens ein bisschen. Und nicht so, dass es Juliens Herzschlag aus dem Takt brachte, nur wie Bekah. «Aber warum...» Weil sie nicht weitersprach, machte Julien wieder einen Schritt nach vorn.

«Was?»

«Warum warst du dann mit Amy zusammen?» Bekahs verschwommene Iris nahm langsam wieder Kontur an, während sie Julien betrachtete.

«Weiß nicht.» Er legte einen Daumen an ihren Wangenknochen und wischte einen Rest Mascara weg. «Sie war eben nett.»

«Aber nicht so nett wie Sasha, was?»

«Sasha ist nicht nett.» Julien lächelte noch immer. «Sasha ist einfach...»

«Toll?», half Bekah nach. *Ja.* «Der Eine?» *Vielleicht.* «*Dein Mann?*»

«Das klingt echt krass.» Sie lachten gleichzeitig los und Julien war sich endlich sicher. So, wie es war, war es okay, war alles gut.

«Shit, ich brauch 'nen Drink.» Bekah wandte sich wieder zum Kühlschrank und nahm eine angebrochene Flasche *Jack Daniels* heraus. «Willst du auch?»

«Einen.» Julien lehnte sich mit dem Rücken gegen den Tresen. *Fuck*, er war so erleichtert. «Hab gleich noch ein Date.»

«Was macht ihr?» Bekah goss ihnen zwei Gläser ein.

«Klavierstunde», antwortete Julien und grinste erneut. «Nackt.»

«Also habt ihr schon…»

«Nicht richtig.»

«Willst du?» Okay, vielleicht brauchte er für dieses Thema doch zwei Drinks. Oder drei.

«Klar. Aber irgendwie will ich ihn nicht *wirklich* ficken, ich will…» *Hilf mir*, flehte Julien stumm und sah Bekah über den Rand seines Glases hinweg an.

«Dass er sich fühlt, als hättest du ihn gefickt, obwohl du es nicht getan hast?» *Danke.*

«Ja.»

«Aber macht man das nicht so? Ich meine…» Bekah versuchte, möglichst beiläufig zu klingen, als sie weitersprach. «Wie soll man es sonst tun?»

«Mann.» Julien trank den Whiskey in drei Schlucken aus und hielt ihr das Glas hin. *Hilf mir nochmal*. Wenn sie Fragen hatte, musste er die wohl beantworten. Ausgerechnet Julien, der seit Wochen blind durch diesen Schwebezustand stolperte und einfach das tat, was sich richtig anfühlte. Bekah goss ihm nach. «Es gibt ja noch andere Sachen, oder?» *Oder?*

«Stimmt», sagte Bekah.

«Gut», erwiderte Julien.

«Einen Blowjob zum Beispiel.»

«Ja.»

«Oder sich gegenseitig einen runterholen.» Bekah wusste offenbar Bescheid. «Das mochtest du damals auch.»

«Was?» Julien hätte sich beinahe verschluckt.

«Weißt du das nicht mehr?» Sie grinste ihn an, ein beinahe spöttisches Funkeln in den Augen. «Du hast ewig in mir herumgestochert. Ich dachte, es lag am Alkohol. Hab's dir dann mit der Hand besorgt und…» Sie machte eine kurze Handbewegung. «Zack – nach zwei Minuten fertig.»

Julien kippte den Rest seines Drinks hinunter, dann nahm er Bekah das Glas weg und schlang die Arme um sie, hielt sie einfach nur fest.

«Sorry, dass ich's nicht besser konnte», murmelte er. Wenigstens das hätte er an diesem Tag richtig machen können. Bekah lehnte sich gegen ihn und wurde ganz weich, atmete lautlos, ein bisschen wie Sasha. Aber eben nur ein bisschen.

«Kein Problem, Babe», flüsterte sie zurück. «Ich wusste mir schon zu helfen.»

Sie lachten wieder, leiser, sodass es genau in diese Nische zwischen ihnen passte.

«Er hat übrigens diesen Fick mich-Blick.» Diesen verhangenen, nachthimmelblauen Augenaufschlag, der unten auf Julien wartete.

«Ich hätt's wissen müssen», erwiderte Bekah kaum hörbar. «Dass meiner bei dir nicht wirkt.»

«Weil du einen Lord brauchst.» Julien drückte sie fester an sich. «Und ich einen Geist.»

17

Sasha

In einer Woche musste er seinem Vater das Ergebnis des Testats zuschicken, einen Nachweis, dass er mehr als nur zugehört hatte. Besser war als der Rest. War er aber nicht.

Sasha wurde genauso schwach wie jeder andere, der von einem so hinreißend fürsorglichen und attraktiven Mann wie Julien angefasst wurde. Er machte dieselben Fehler, weil er in seinem verliebten Kopf an nichts anderes denken konnte, er war überdreht und fast schon beängstigend glücklich, so sehr, dass er es Ally erzählen musste.

Heute ist unser fünfundsiebzigstes Date, schrieb Sasha, obwohl er sie eigentlich nochmal nach den Mitschriften fragen wollte. Die interessierten ihn allerdings einen Scheißdreck, und außerdem gab es noch andere Themen als Lernen und Leistung.

Sasha wollte ja einfach nur normal sein. Über seine Eltern herziehen, beschreiben, wie sich das anfühlte, wenn Juliens fordernde Zunge über seinen Hals wanderte, seinen Knutschfleck herzeigen, mit Ally einen Tee trinken gehen, aber nur dort, wo es ruhig war. Nicht zu viele Menschen. Nur die, die Sasha wollte. Er hatte ein verfluchtes Recht darauf.

Ein Jubiläum!, freute sich Ally und schickte ein Herz hinterher. Sasha wartete einen Moment lang, zog an den Kordeln seiner Jogginghose und dachte zum dreiundneunzigsten Mal innerhalb einer Stunde an Julien. Hoffentlich konnte er die Sache klären. Jetzt, wo Bekah keine Konkurrenz mehr darstellte, wollte Sasha nur noch, dass Julien ganz war. Ganz blieb. Und sie gehörte nun einmal zu Juliens Gesamtkonstrukt, das Sasha so gern hatte. Genau wie Ally.

Kannst du mir einen Gefallen tun?, fragte er sie deshalb endlich. **Kriegst auch eine Belohnung.**

Wenn du so fragst, jeden. Sie lachte.

Sendest du mir die Unterlagen aller Seminare zu, die wir zusammen haben? Wenn Sasha denn hingehen würde. Aber er hörte Julien lieber beim Klavierspielen zu, ließ sich von ihm im Bus oder auf der

McDonald's-Toilette befummeln und bestellte Pam online neue Teesorten, direkt aus Indien importiert, mit Biosiegel. Handverlesen.
Soll ich sie dir per E-Mail schicken? Ally fragte nicht einmal, weshalb. Nur wie. Sasha lächelte.
Ja, danke. Du bist toll.
Gern. Sie schickte einen Kusssmiley.
Dafür hast du zehn Wünsche frei. Zumindest die, die er mit Geld bezahlen konnte. Alle anderen musste er sorgfältig planen. Wenigstens das hatte er zuhause gelernt.

Ally wollte allerdings kein Jahresabonnement für die Kaffeebar oder ein neues Paar Schuhe, sondern nur wissen, ob Sasha den Paketboten, den sie vorgestern nach seiner Nummer gefragt und bei Facebook ausfindig gemacht hatte, genauso hübsch fand wie sie. Ja, fand Sasha auch, dann ertönte die Türklingel.

Mit dem Hübschesten hab ich jetzt ein Date, schrieb er, schickte Ally ein Zwinkern und legte das Handy weg.

«Hi, Profi.» Diese raue Stimme, dieses Lächeln, Juliens warmer Mund, wie er Sashas Gesicht festhielt, während er ihn küsste. «Hab dich vermisst.»

Ich dich auch, Jules. Sasha wollte am liebsten zerspringen vor Glück, als Julien seine Hand nicht losließ und ihn die wenigen Meter durch den Hausflur bis in das Appartement seines Bruders zog. Und er wollte sich in Julien vergraben, in diesen Erdschichten, als sie die letzte Folge der Serie schauten, Sasha mit dem Kopf auf Juliens Schoß und Juliens Finger auf seiner Brust, in seinem Haar, überall.

«Habt ihr euch wieder vertragen?», wollte Sasha wissen, als sie um kurz nach halb zwei am Morgen im Bad standen und sich die Zähne putzten. Julien nickte, den Mund voller Schaum, griff mit der freien Hand an Sashas Hintern und hielt ihn fest. «Alles gut», erwiderte er undeutlich. «Sie hat nur...», Julien spuckte die Zahnpastareste ins Waschbecken und spülte sich den Mund aus, «Angst, dass ich Frauen jetzt total uncool finde und nur noch was mit dir mache.»

Er gab Sasha einen leichten Klaps, bevor er als erster das Bad verließ.

«Ist das berechtigt?» Sasha folgte Julien in sein Zimmer und beobachtete ihn, während er sich das T-Shirt auszog, es achtlos auf den Boden fallen ließ und ein frisches vom Stapel auf dem Schreibtisch nahm.

«Vergiss es, Frauen sind toll.» Julien grinste und warf Sasha ebenfalls ein T-Shirt zu. «Vor allem Bekah. Sie hat als erste rausgefunden, dass ich auf Handjobs stehe, als wir...» Er musste bemerkt haben, dass Sasha sich urplötzlich versteifte, als er dieses *wir* aussprach. «Okay, shit, das hätte ich nicht sagen sollen.»

Großartig. Sie hatten also was miteinander. Hätte Sasha ja wissen müssen. Als ob nur er Juliens Mundwinkeln und seinem Charme erlegen wäre.

«Hey.» Julien kam auf ihn zu und Sasha drehte sich instinktiv ein Stück zur Seite, Juliens T-Shirt an seine Brust gedrückt. Er hätte ja auch einfach drüberstehen können, aber nein, Sasha verhielt sich genau so, wie er es immer tat: unsicher, irritiert, passiv. «Sasha. So war das nicht gemeint.»

«Wie denn?» Dann war seine Angst vor Allys Konkurrentin also doch berechtigt. Und Julien wollte vielleicht nur mal ausprobieren, wie es war, mit einem Kerl rumzumachen. Dass dieser Gedanke unfair war, wusste Sasha selbst. Doch er *konnte* gerade nicht anders.

«Mann, ich war total dicht an dem Abend. Mir ging's schlecht, ihr ging's schlecht, wir kannten uns nicht.» Als ob es das besser machte. Im Gegenteil. Betrunken hatte man sich ja noch weniger im Griff. «Hey, Profi.» In Juliens Augen flackerte etwas. Etwas Unstetes, fast Ängstliches. «Das war 'ne einmalige Sache. Funktioniert hat's auch nicht, deswegen hat sie mir das überhaupt erst erzählt, weil ich... Und selbst wenn...» – «Was, wenn das alles hier nur eine Phase ist?»

Es brach einfach aus Sasha heraus, losgetreten durch ein kurzes Zucken seines Herzmuskels. Erst diese Party, jetzt das. «Wenn es einfach nur gut ist, solange es neu ist?»

«Müssen wir das jetzt nochmal ausdiskutieren oder können wir zu dem Teil vorspulen, wo ich sage, dass ich dich will und es mir ehrlich gesagt scheißegal ist, was da unten ist?»

Mit Julien zu streiten war nichts, was Sasha können wollte. Er wollte überhaupt nicht streiten, mit niemandem, nie wieder. Aber diese Angst, diese verfluchte Urangst, nur benutzt zu werden, um sich besser zu fühlen. Das war die einzige Naturgewalt, vor der Sasha sich fürchtete.

«Du verstehst es nicht», murmelte er deshalb. Julien starrte ihn an. «Du musst dich nicht verstecken. Jeder akzeptiert dich. Wer du bist, wen du liebst, was du tust. Ich muss immer aufpassen. Auf alles.»

«Denkst du das wirklich?» Das Flackern wurde dunkler und Juliens Haltung irgendwie anders. Irgendwie fremd. Sashas Muskeln verspannten sich, begannen zu brennen. *Doch nicht vor Julien*, redete er sich ein, doch es half nicht. Doch, auch vor Julien.

«Denkst du, ich hab nicht genug Mist durch, um sowas abzuziehen? Nur, weil ich's dir nicht sofort erzählt habe? Denkst du, das hier...», Julien hob die Faust, und Sasha hasste sich dafür, dass er reflexartig einen Schritt zurückwich, «akzeptiert mein Bruder? Denkst du, es ist toll, das arme, bemitleidenswerte Pflegekind zu sein? Das nie irgendwas auf die Reihe bekommt und alles kaputtmacht?» Jetzt zitterte er, dachte Sasha und starrte auf Juliens Hände, doch er fuhr gleichzeitig herum, war mit zwei Schritten beim Kleiderschrank und riss den Hoodie herunter, der über der Tür gehangen hatte.

«Das...», Julien deutete auf den gesplitterten Spiegel, «war ich. Wie dein beschissener Vater. Kein Stück besser.»

Sasha wollte sich am liebsten umdrehen und gehen, doch seine Füße waren wie festgewachsen, und sein Herz, sein Puls, alles schlug in Juliens Richtung, obwohl er doch so verfluchte Angst hatte.

«Warum?», flüsterte Sasha, um einen Mittelweg zu finden. Einen Fluchtweg, raus aus dieser Situation, die er ausgelöst und Julien damit wütend gemacht hatte.

«Mann, weil ich diese beschissenen Flashbacks habe, weil ich immer wieder sehe, wie... Fuck, nein.» Es war Julien, der sich wegdrehte. Nicht Sasha. «Nein, vergiss es.»

Nein. Sasha würde hier nicht umsonst stehen, zwischen sechs und sieben hin und her pendeln und dann einfach gehen. «Erzähl's mir doch», sagte er leise, doch seine Stimme brach die Worte, jedes einzelne, in der Mitte auseinander, sodass er sich selbst kaum verstand. *Egal. Scheiß drauf.* Er musste sich selbst helfen, Julien konnte und wollte gerade nicht, nichts von allem. Nicht schon wieder.

Er stand mit dem Rücken zu Sasha, die Schultern verkrampft, schweigend, doch Sasha hörte es trotzdem. Dieses Atmen, diesen einen, kurzen Laut, wenn er Luft holte.

Geh hin, beschwor Sasha sich, doch seine Beine waren wie Blei. Was, wenn Julien ihn wegstieß? Wenn er ihn anschrie? Um sich schlug?

«Jules», flüsterte er. *Ich hab Schiss.* «Welche Zahl?»

Julien hob den Kopf, wandte sich halb zur Seite, doch er sah Sasha nicht an, nur auf sein Bett, zum Fenster, irgendwohin. «Sieben.» Es klang rau.

«Ich auch.» Sasha hielt sich noch immer an Juliens T-Shirt fest. «Du kannst es mir trotzdem sagen.»

Julien schüttelte nach kurzem Zögern den Kopf. «Nein, Profi», murmelte er. «Dann wird's 'ne Zehn.»

«Ich kann sieben Mal zehn», flüsterte Sasha zurück. Keine Hundert, kein Orkan, aber ein leiser Ton, ein kurzer Regenschauer, der Julien vielleicht beruhigen würde. Und Sasha. Sasha liebte Regen.

«Nein», wiederholte Julien leise. «Das packst du nicht. Keiner von uns.»

«Aber...» – «Glaub mir.»

«Nein.» Dann wurde eben wieder alles schwarz. Aber dieses Schwarz kannte Sasha wenigstens gut genug, um zu wissen, dass er daran nicht ersticken würde. Doch nicht an Julien. «Erzähl bis acht. Nur bis acht.» Vielleicht konnte Sasha sich den Rest selbst beibringen. Julien blinzelte, schluckte, dann drehte er sich doch um und sah ihn wieder an. «Bleib da», bat er tonlos. «Komm nicht her. Versprich es.»

Warum denn nicht? Wäre jedes Mal, wenn Sasha das Herz aus der Brust fiel, jemand dagewesen, der ihn festgehalten hätte, hätte er vielleicht weniger Angst vor sich selbst gehabt.

«Okay.»

Julien öffnete den Mund, wollte etwas sagen, doch bevor er Luft holen konnte, brach die Erde auf. Nachtschwarze, verbrannte, tiefgefrorene Erde. Warum sah Sasha das jetzt erst? Wie tief lag diese Schicht, wenn Lava doch eigentlich den Kern bildete?

«Sie sind tot», flüsterte Julien, blinzelte wieder, und der Schatten, den das warf, war scharfkantig, wie Scherben. Spiegelscherben. Wundränder. Hautrisse. «Mom und Dad sind tot und...» Das fehlte. Das war die Lücke, durch die Sasha gerade bis auf den Grund sehen konnte. «Miguel und ich waren...» Wenn sie noch weiter aufbrach, war es vorbei. Dann waren es keine tausend, sondern Millionen winzige Teilchen, die in der Lunge brannten. Sasha ließ das T-Shirt fallen, bevor er *einen, zwei* Schritte machte und die Arme um Julien schlang.

«Hör auf, Jules», flüsterte er und fühlte, wie Julien mit einer Hand nach ihm griff, mit der anderen wollte er Sasha von sich wegdrücken. «Ich kann das.»

«Geh weg», brachte er heraus, und es klang angestrengt, fast so, als würde ihm jedes weitere Wort das Genick brechen. Sasha kannte das. So, *so* gut. «Geh weg, ich will nicht...» – «Aber ich.» Sasha griff nach Juliens Arm, den er gegen Sashas Brust stemmte, und spürte den Widerstand zwischen seinen Fingern nachgeben. Er brach einfach durch. Eine hauchdünne Schicht gefrorener Erde.

«Sasha, ich...» Dann sagte Julien nichts mehr. Griff beinahe grob um Sashas Gesicht, zog ihn an sich, presste den Mund auf seinen. Wie ein Ertrinkender, dachte Sasha, bevor er in ihn hineinfiel und den Mund öffnete, Juliens Zunge fühlte, seine fieberhaften, ausgehungerten Bewegungen. Er konnte also auch nicht schwimmen.

«Zieh das aus», flüsterte Julien rau und zerrte an Sashas T-Shirt. «Zieh das aus, fuck, zieh das aus.»

Sasha schloss die Augen und spürte, wie Juliens Finger sich in seine nackte Brust gruben, als er ihm und sich selbst den Stoff vom Leib riss, spürte den Vulkan ausbrechen, den Sturm, der durch den Regen peitschte, und stand mittendrin, im Epizentrum, vor diesem Erdrutsch.

«Jules», flüsterte er, während Julien nach ihm griff, ihn aufs Bett drückte und unter sich begrub, küsste, sich gegen ihn presste, zitterte. Nicht vor Wut, weniger vor Verlangen. Nur vor Angst.

Sasha tastete sich durch Juliens hektische Bewegungen hindurch, fand seine Schulter, die verspannte, vernarbte Haut, legte die Hand an die warmen Bruchkanten.

«Kommt das daher?», fragte er tonlos und versuchte, Juliens unstet zuckenden Blick einzufangen. «Ist das passiert als…» – «Sei still.» Der pechschwarze Himmel stürzte über Sasha ein, als Julien daraufhin um Sashas Kinn griff, seine Finger in seinen Kieferknochen drückte, ihn festhielt, mit diesen Widerhaken, dieser Angst. Das war keine Wut, ganz sicher. Worauf denn?

«Sei still, hör auf, ich…» Sasha nickte nur. Ja, er war still. Und wartete, sah Julien nur an, minutenlang, *ganz in Ruhe. Sechs*, zählte Sasha stumm nach unten. *Fünf. Vier.*

«Ich lieb dich», flüsterte er, als er bei drei angekommen war und Julien tiefer atmete, nicht mehr ganz so flach. «Ich lieb dich, Jules. Alles. Auch das.»

Julien schwieg, blinzelte, die Augen voll kalter Lava, die sich langsam durch den Riss in den Erdschichten wälzte. Sasha hob den Kopf und küsste ihn, nur ganz leicht, seine Unterlippe, wie Regen, Sommerregen, der in winzigen, flachen Wellen dagegen brandete.

«Wenn ich könnte», flüsterte Sasha weiter, fühlte Juliens Mund auf seinem, legte die Finger um sein Gesicht, «würde ich meine Eltern gegen deine tauschen. Dann wären sie weg und deine noch hier. Und du wieder ganz.»

Wieder dieser Laut, als Julien leise ausatmete, die Unterarme links und rechts von Sashas Gesicht abstützte, mit beiden Händen vorsichtig, viel ruhiger, zärtlicher in seine Haare griff, seinen Kopf leicht nach hinten bog und ihn erneut küsste. Langsam, tief, fordernd. *Das war*

Julien, dachte Sasha nur und griff haltsuchend um seine feste Oberarme. Der Julien, der ihn von den Füßen riss und wieder auffing, der ihm zeigte, wie man gleichzeitig fliegen und fallen konnte, und dass es nicht wehtat, nichts davon.

«Sasha», murmelte er rau an seine Lippen, sodass Sasha seinen eigenen Namen schmecken konnte. «Du bist der tollste Mensch, den ich je getroffen hab. Ich will das nicht verlieren.» Und nochmal, noch tiefer; Sasha biss in Juliens Unterlippe. «Ich will, dass du zu mir gehörst. Scheiße, am liebsten würd ich dich jedem zeigen, weil ich noch nie...» Sasha stöhnte leise, weil Juliens Hand an seiner nackten Brust hinabglitt und sich behutsam um seinen Puls unter dem dünnen Stoff der Jogginghose schloss. «Weil ich sowas noch nie hatte. Dass ich so verflucht verliebt bin. In deine Augen, dein Lächeln, deine...»

Sasha hob sein Becken Juliens Fingern entgegen und lächelte. Sein Jules, sein wilder, maßloser, unkontrollierter Jules. Sasha war voll davon, voll mit tausend glühenden, glitzernden Teilen, die zuhause keinen Platz gehabt hatten.

«In deine seltsamen Tagträume, in deine nervigen Fragen, wenn du nicht schlafen kannst, in alles, was du sagst.»

Warum hatte er ihn nicht schon viel eher getroffen? Warum hatte er so lange warten müssen, bis jemand einfach nur Sasha wollte?

«Tut mir leid», flüsterte Sasha zwischen stockenden, stolpernden Herzschlägen, weil Julien ihn währenddessen bedächtig massierte. «Was ich eben gesagt habe. Das war...» Julien griff fester zu, und Sasha stöhnte erneut auf. «Das musst du nicht lieben...» Er konnte kaum atmen. «Diese Angst, dass ich...» Und wenn selbst Sasha nicht mehr wusste, wie er sich selbst erklären sollte, war es immer Julien, der Lavasand oder ein Lachen oder billigen Wein in die Lücken kippte.

«Ich lieb das aber, Profi», flüsterte er und fuhr mit der linken Hand die Innenseite von Sashas Oberschenkel entlang, die andere war noch immer in seinen Haaren vergraben. «Ich lieb *wer* du bist. Nicht *was*. Das ist mir scheißegal. Außerdem...» Er ließ seine Finger erneut über Sashas harten Puls wandern, und seine Augen, seine Mundwinkel, wie er lächelte, *verdammt*, *Jules*.

«Was?» Sasha bebte unter Juliens festem Griff zwischen seine Beine.

«Ist das verflucht praktisch, wenn beide gleich sind.» Seine Zungenspitze umspielte kurz die von Sasha, bevor er ihn küsste und seine Finger unter Sashas Shorts und über sein Schambein glitten. «Denn ich wette, dass du auch drauf stehst, wenn man dir einen runterholt.» Julien löste seine Lippen wieder von ihm. «Und wenn ich mir vorstelle», flüsterte er weiter, «dass ich es bin, der es dir besorgt...»

Juliens Mund verzog sich, und in seinen Augen begann es dunkel zu glitzern. *Oh, verflucht,* wie *er* gerade aussah. «Dann musst du's einfach nur nachmachen und kannst sehen, was ich sehe.»

Sasha wurde schwindelig vor dem Stoß an Erregung, der mit diesen leisen Worten durch seine Muskeln zuckte, und er musste die Augen schließen, atmen, gegen das Brennen und Pulsieren.

«Kannst du, Jules», stöhnte er und bewegte instinktiv sein Becken gegen Juliens Hand. Das würde es nicht besser machen. Nur intensiver. Noch drängender. «Kannst du drauf wetten.»

«War klar, Profi», murmelte Julien, bevor er Sasha erneut küsste und seinen Schaft umfasste. Sie stöhnten gleichzeitig auf, Sasha länger, Julien tiefer.

«Als du mich letztens so scharf gemacht hast...», brachte Sasha heraus, während Julien ihn zwischen Daumen und Zeigefinger nahm. *Hör nicht auf.*

«Was?», fragte er rau und leckte kurz über Sashas Oberlippe. «Was war da?»

«Als du weg warst... Da hab ich mir vorgestellt...» Julien bewegte langsam seine Hand auf und ab. «In der Dusche, ich hab...» *Shit,* was tat Julien da? Das konnte nicht normal sein. Dieses Brennen, das nicht wehtat, von dem Sasha immer mehr wollte. «Ich hab mir vorgestellt wie du mich ansiehst, wenn ich...» Juliens Augen wurden schlagartig schwarz. Nicht kaltschwarz und starr, sondern grabentief, nachgiebig, gewitterwolkenschwer verhangen.

«Wenn du was?», fragte er tonlos. Er wollte das hören. *Jetzt.* Sasha atmete zitternd aus, wieder ein, hob erneut den Kopf und küsste Juliens Mundwinkel, erst den linken, dann den rechten, diesen Schwung darin. «Wenn ich's mir besorge», flüsterte er. «Ich hab mir vorgestellt, wie du mir dabei zusiehst, wenn ich's mir besorge. Und...» Er schmeckte es, das Donnergrollen. «Wie hart du dabei wirst und... wie du dich anfasst. Wie das klingt. Wenn du kommst...» Ja, das hatte er sich vorgestellt. Inmitten von Meerwasserdampf und Waldbodenduft. *Herrgott,* war das gut gewesen.

«Das ist scharf, Sasha. Fuck, das ist richtig scharf.» Julien senkte den Kopf und hielt in seinen Bewegungen inne, küsste ihn, lange, dann zog er die Hand weg. «Mach», flüsterte er, mehr nicht. Das Wort floss in Sashas Blutbahn, ließ ihn die Augen schließen, zwischen seine Beine greifen.

«Schau hin», bat er Julien tonlos, bevor er begann, sich unter der Shorts selbst zu massieren und dieser Fantasie blind hinzugeben, einfach hineinfiel, fühlte, wie Julien sich langsam aufrichtete und sein Gewicht gegen Sashas Becken drückte.

«Du auch», verlangte er rau, und Sasha blinzelte. Julien starrte ihn an, ließ seinen Blick über Sashas nackten Oberkörper wandern, tastete jeden Winkel ab, versenkte sich in den Bund seiner Shorts. «Zieh das aus.» *Mach.*

Sasha reagierte instinktiv und schob mit der freien Hand den Gummizug ein Stück nach unten. Julien griff beinahe sofort an seine nackte Hüfte, drückte den Daumen in die weiche Haut, betrachtete ihn, wie ein Schatten, ein nachtschwarzer, feinkörniger Schatten, in dem Sasha all das tun konnte, was er nie zu denken gewagt hatte, dann schob Julien ebenfalls die Hand in seine Shorts.

«Zeig mir das», brachte Sasha heraus, weil sich die Wärme wie ein riesiger Teppich in ihm ausbreitete, zu kribbeln begann, unter diesem Blick, diesen Augen, diesem ausdrücklichen Verlangen. «Wie das aussieht…» Wie sehr er Sasha wollte.

Julien zog seine Jogginghose mitsamt der Shorts über seine Hüften, dann griff er danach, nach diesem Puls, der auch in Sasha schlug, im Takt, genau gleich, genau jetzt. Und er war so schön, *Gott*, war Julien schön, wenn er sich selbst vergaß.

Wenn er die Augen schloss, sich verspannte, stoßweise ausatmete, ihm das Haar ins Gesicht fiel, seine Schultern bebten, er Gänsehaut bekam. Und wie er stöhnte, wie ein Gewitter klang, sich an Sasha festhielt, das Becken kaum merklich vor und zurück bewegte. Genau das, genau *ihn* hatte Sasha sich vorgestellt. Genau so. So maßlos und verloren und vor Schweiß glänzend.

Sasha wurde schlagartig heiß. Brennend, kochend heiß. Gleich, *sofort.*

«Jules…» Er griff mit der freien Hand nach Juliens Arm. «Komm», flüsterte er. «Ich will das sehen.» Wenn die Erde bebte. Wenn sie schwankten, wenn sie fielen.

Julien kniete im nächsten Moment über ihm, *sofort*, bewegte seine Hand, immer schneller, legte seinen Mund auf Sashas, und das Stöhnen, dieses tiefe Grollen in Sashas Brust, *Jules*, und Blitze, es funkte, schlug ein, er fiel, Julien fiel, nein, sie flogen, *Sasha, fuck, ich…* Jetzt. *Jetzt.*

Sasha legte den Kopf zurück und war sich todsicher, noch nie, niemals einen solchen Ton gehört zu haben wie den, der fast zeitgleich aus ihnen herausbrach. Genau gleich lang, genau gleich tief, dunkel, unbeherrscht.

Wie sich das anfühlte, *verflucht*, wie gut sich das anfühlte, wie nichts, was Sasha je gefühlt hatte. Wie Schwimmen in glitzerndem Meerwasser. Wie Aufschlagen ohne Widerstand, wie ein Orkan in seinen Lungen, wo plötzlich so, *so* viel Platz war.

Julien atmete schwer, stützte sich mit zitternden Armen über Sasha ab, blinzelte und sah ihn an, aus tausend schwelenden Brauntönen heraus. Sasha schmeckte den salzigen Film auf seiner Haut, als er seine Lippen an Juliens vernarbte Schulter legte. «Kannst du das nachspielen?», fragte er heiser und spürte sein Herz gegen Juliens Brust schlagen. «Uns?»

«Hab ich doch gesagt, Profi.» Er klang so fertig. So rau, erschöpft und so unglaublich ganz, als er seine Stirn auf Sashas sinken ließ und die Lippen an die Ringe in seiner Nase legte. «So oft du willst.»

Julien

Er war wie euphorisiert, als stünde er dauerhaft unter aufputschenden Drogen oder würde täglich aufs Neue erfahren, dass er gerade eine Million Dollar gewonnen hatte. Miguel ging das auf die Nerven, vor allem, weil Julien immer glücklicher wurde und sein Bruder immer stiller, je näher der Tag rückte, an dem sie die hundertfünfzig Meilen nach Madison fahren würden.

Selbst am Abend vorher, an dem Miguel keine zwei Sätze sprach, fühlte Julien nichts als diese tiefe, dunstige Zufriedenheit, weil Sasha pünktlich nach seinem Feierabend vor der Tür gestanden hatte und anschließend zu Julien unter die Dusche gestiegen war. Sie hatten sich einfach nur geküsst, ohne sich anzufassen, weil das wieder so ein unfaires, viel zu kluges Spiel war, das Sasha sich ausgedacht hatte.

Zwanzig Minuten lang, vielleicht auch fünfundzwanzig, denn irgendwann hatte Miguel an die Tür gehämmert und gedroht, das warme Wasser abzustellen, wenn Julien nicht sofort mit dieser *verfluchten* Verschwendung aufhören würde. Das war teuer. So viel Miete könnte Julien gar nicht bezahlen, um das wieder auszugleichen. Dann war er abgezogen, während Sasha in Juliens Unterlippe gebissen und ihn damit fast zum Verlierer des Abends gemacht hätte. Aber nur fast.

«Weißt du, was dir stehen würde?», fragte Sasha, als sie nach dem Zähneputzen nebeneinander am Klavier saßen und Julien den Refrain von Mike Oldfields *Moonlight Shadow* gerade zum dritten Mal in Folge spielte. Es saß noch nicht, weil er nicht diszipliniert genug übte, doch Sasha betrachtete ihn trotzdem mit einer Ehrfurcht, die Julien in den Fingerspitzen summte, während er spielte.

«Was denn, Profi?» Er setzte zum vierten Mal an.

«Wenn du dir den gesamten Arm tätowieren lassen würdest. Das wäre echt heiß.»

«Kann man das unter Narkose machen lassen? Ich verreck sonst vor Schmerz.» Oder an dem Stress, den sein Gedächtnis mit diesem Gefühl verknüpfte. Wenn seine Haut aufriss. Wenn er Blut sah. Und zum fünften Mal, *carried away by a moonlight shadow*.

«Ich fürchte nicht.» Sasha lächelte ihn von der Seite an und fuhr dabei mit den Fingern über die Härchen an Juliens rechtem Unterarm. Okay, das war besser, und Julien vergaß das Blut wieder.

«Ich wüsste nicht, was ich mir stechen lassen soll», erwiderte Julien dann. Der Übergang, der beide Refrains verknüpfte, endete in einem kläglichen Übereinanderstolpern von Tönen.

«Dann solltest du's lassen», gab Sasha leise zurück und bemerkte seinen Unwillen sofort. «Das braucht Zeit.»

«Ich hasse Warten. Und Üben.»

«Ich weiß.» Sasha grinste, hob die Hand und fuhr Julien durch die Haare, ließ sie in seinem Nacken liegen, dann zog er ihn zu sich.

«Und das lieb ich», murmelte Julien gegen Sashas Lippen, bevor er den Mund öffnete und mit der Zunge gegen Sashas stieß. *Verflucht*, er konnte so gut küssen wie er aussah. «Das ist nicht normal. Echt nicht.»

«Du meinst küssen?» Die Falte auf Sashas Wange vertiefte sich, und Julien war schon wieder scharf. Nein, das war nicht normal. Das war grandios. «Klar ist das normal. Küssen ist toll, jeder mag das.»

«Glaub ich nicht.»

«Die, die's nicht tun, machen's falsch.» Sie lachten, beide, fast gleichzeitig, und Sasha legte anschließend den Daumen an Juliens Kinn und tat es schon wieder. Diese unschuldige Nummer mit dem Vortasten, die mindestens zwei Minuten dauerte, bis sie Juliens Lenden erreicht hatte.

Weil er sich immer genau dann zurückzog, wenn er hörte, dass es in

Julien zu Rauschen begann. Und wieder von vorn, immer wieder, *heilige Scheiße*. Das hatte er nicht verdient. Sowas abgefuckt Himmlisches wie ihn.

«Ich lieb dich», murmelte Julien rau. Sasha lächelte, immer noch, küsste ihn, nur leicht, immer wieder.

«Ich dich auch, Jules», flüsterte er zurück, und es war, als könnte er Julien denken hören. Natürlich konnte er das. Er war ja Sasha. «Immer.»

In der Nacht träumte Julien, dass er durch einen Wald ging, und jeder Baum, jede Wurzel auf dem Boden, jeder moosbewachsene Stein war mit glitzernden Staubpartikeln bedeckt. Der Himmel leuchtete durch die Blätter, riesige, weiche Blätter, wie Decken, und ein Zirpen, das aus jeder Faser herausströmte. Ihn einwickelte, fest und warm und sicher, sodass ihm nichts passieren konnte. Glaubte Julien. Wirklich.

Bis ihm wie aus dem Nichts ein Ast im Weg war, scharfkantig und spitz wie ein Dolch, und der Baum lebte plötzlich, schob sich vor ihn, schnitt ihm das Zirpen vom Leib, und Julien wehrte sich, wollte es festhalten, das war doch seins, sein Ton, sein Schutzschild.

Und dann war es fort. Und dann schoss der Ast nach vorn. Und durchbohrte ihn, genau über dem Herzen, nur wenige Millimeter tiefer, und er wäre tot gewesen, und er splitterte, zerfiel, *Jules, Jules, sieh nicht hin*. Und er schrie nur noch. Sonst nichts.

«Jules.» Sasha hatte die Hand auf Juliens tobenden Herzschlag gelegt und verhinderte damit, dass er herausfiel. Er hörte ihn kaum, alles bebte, das Bett, der Boden, die Wände, Julien selbst. Und wieder: «Jules.»

Seine Schulter tat weh. Dabei war es fast schon stickig warm hier drin, weil das letzte Gewitter nicht ausgereicht hatte, um die Luft reinzuwaschen. Fast reflexartig schob Julien Sashas Hand weg, *geh weg*, bis ihm klar wurde, dass es dadurch noch schlimmer wurde.

«Sorry», flüsterte er sofort, doch er bekam schlecht Luft, sodass es nach nichts klang.

«Alles okay», murmelte Sasha und legte seine kühlen Finger behutsam um Juliens nackten Oberarm. «Er ist jetzt weg.» Der Traum. Natürlich war es nur ein Traum. Julien drehte sich auf die Seite, legte sich auf den Schmerz und fiel dabei gegen Sasha. Sein Schutzschild. Das einzige.

«Ich will da nicht hin», flüsterte er und wollte sich wie ein Kleinkind zusammenrollen. Heulen würde Julien ohnehin früh genug. Spätestens auf der Rückfahrt, wenn er Miguel so lange provoziert hatte, bis der ihn anschrie, Julien Miguel anschrie, sie anhielten und Julien erst kotzen und anschließend in Tränen ausbrechen musste. Miguel heulte nie. Der war wie ein Stein, und alle bewunderten die glattgeschliffene Oberfläche. An Julien schnitten sie sich nur die Haut auf.

«Ich weiß.» Sasha legte die Fingerknöchel an Juliens Wange. Nein, wusste er nicht. Nur, dass es einen Friedhof gab, und ein Grab, und zwei Waisenkinder. Zwei Steine. Einer war schockgefrostet, der andere glühend heiß.

«Ich hasse es dort», brachte Julien stockend heraus und schluckte den aufsteigenden Heulkrampf hinunter. *Nicht.* Sasha fuhr mit dem Daumen federleicht über Juliens Wangenknochen und betrachtete ihn schweigend. *Ja, bitte,* dachte Julien nur. Sollte er ihm das Hirn aufweichen. Ihn weich machen, neu formen.

«Soll ich mitkommen?», wollte Sasha dann leise wissen. *Ja, bitte.* Julien wollte lächeln, doch das wurde gerade nichts. Nicht morgens um vier, mit dem Nachtlicht im Rücken, das *Friends* vor einigen Stunden abgelöst hatte.

«Das erlaubt Miguel nicht», erwiderte Julien tonlos. «Dann könnte ja noch jemand sehen, dass er auch nur ein Mensch ist.»

«Okay.» Sasha rieb seine Nase an Juliens, dann legte er den Mund auf seinen, und sie verharrten in dieser Position, sekundenlang, minutenlang, mit geschlossenen Augen, ruhig atmend. «Schaffst du das?», fragte Sasha, als sie sich gleichzeitig voneinander lösten und der Schmerz in Juliens Schulter nur noch ein schwaches Echo zurückwarf.

Julien nickte. Musste er ja. Auch, wenn er glaubte, dass er mit jedem Mal weniger wurde. Langsam mitstarb.

«Ich warte auf dich», flüsterte Sasha. «Danach kannst du mein Bett haben. Das ist wie eine geheime Höhle, in der dich niemand findet. Die Decken sind die Wände, die sich anpassen, egal, was du tust. Und die Matratze ist der Boden, in dem du verschwinden kannst, wenn du willst.»

Verflucht nochmal, Julien liebte diese kindliche Fantasie. «Und was bist du?», fragte er tonlos, griff nach Sashas Arm und zog ihn an seine Brust. Sasha hakte die Finger in Juliens Halsausschnitt, malte winzige Kreise auf seiner Haut, sah ihn an. Und das sollte für immer so bleiben. *Immer.*

«Ich bin dein Schutzgeist», flüsterte Sasha zur Antwort. «Ich such dich, wenn du verloren gehst. Und bring dich wieder nach Hause.»

«Immer?» Julien hatte plötzlich Angst. So eine drückende, unglaublich große Angst davor, irgendwann nicht mehr da zu sein.

«Immer, Jules.» Sasha lächelte. *Für jeden eine.* «Ich find dich immer wieder.»

18

Sasha

Julien hatte genau zwei Sorten Tee im Haus: abgelaufenen Kräutertee und Waldfrucht. Sasha beobachtete gerade, wie sich die Blasen unter der blauen Beleuchtung des Wasserkochers bildeten, als Miguel in Hemd und Jeans ein «Morgen» in seine Richtung murmelte. «Jules», sagte er dann durch die geschlossene Badezimmertür. Das Wasser begann zu brodeln, sich aufzutürmen, und die Luftbläschen platzten nacheinander auf. «In einer halben Stunde fahren wir.»

«Er duscht noch», erklärte Sasha leise und sah über die Schulter zu Miguel, der seltsam verspannt von einem Bein aufs andere trat.

«Ihr habt gestern Abend erst geduscht. Fast dreißig Minuten lang.»

«Tut mir leid.» Bei Miguel schienen Sashas reflexartige Entschuldigungen wenigstens noch zu wirken, denn er winkte ab.

«Ist ja nicht deine Schuld, wenn er auf die Regeln scheißt.»

«Aber ich hab doch mitgemacht», wollte Sasha erwidern und sich am liebsten noch einmal entschuldigen, weil Miguel so übermüdet und gestresst und kein bisschen wütend wirkte. Aus Dankbarkeit vielleicht, dafür, dass er Sasha nicht anschrie oder ihn einfach als Dauergast akzeptierte. Aber er schwieg, weil es ohnehin schon viel zu laut war vor lauter unausgesprochenen Antworten.

Julien kam fünf Minuten später in zerrissenen Jeans und nur mit einem Hoodie über seinem nackten Oberkörper aus dem Bad, und als er hinter Sasha an den Küchentresen trat, roch er nach Duschgel und zu wenig Schlaf.

«Ich hab Tee gekocht», murmelte Sasha und fühlte Juliens Kinn auf seiner Schulter. «Willst du auch einen?» Julien nickte nur und drückte seine Lippen an Sashas Nacken, während Sasha im Schrank nach Tassen suchte. «Er muss sechs Minuten ziehen», informierte er Julien dann und drehte sich zu ihm um. Die Erde war rissig. Als hätte der letzte warme Regenschauer nicht ausgereicht, um auch die oberste Schicht aufzuweichen. Gerade die hätte ihn doch schützen, flexibel bleiben sollen.

«Denk an was Schönes», flüsterte Sasha und legte seine Hände behutsam um Juliens Gesicht.

«An was denn, Profi?», fragte er tonlos zurück, doch lehnte sich beinahe sofort gegen ihn.

«An die Höhle.» Juliens Hände tasteten haltsuchend um Sashas Hüften. Er war so anders, dachte Sasha und strich zärtlich mit der Oberlippe über seine. So scheu, fast ängstlich. «An alles, was du darin tun willst.»

«Schlafen», murmelte Julien, und die Zweige und Verästelungen auf der Haut an seiner Schulter spannten sich. «Nicht träumen, nur schlafen. Neben dir liegen. Unter dir, hundert Jahre lang. Und das hier.» Er zog sich näher an Sasha heran, neigte den Kopf und legte den Mund auf seinen. Der Tee überbrühte gerade. *Egal.* Sasha schlang die Arme um Juliens Hals, obwohl Miguels Zimmertür nur angelehnt war und er dieses Atmen hören würde, diesen Laut, wenn sie sich küssten, der nie leiser wurde.

Julien griff mit beiden Händen um Sashas Hintern, drückte ihn kurz an sich, dann hob er ihn in einer kurzen Bewegung ein Stück hoch und schob ihn auf den Tresen. Er schmeckte nach Zahnpasta, *marokkanische Minze*, und drückte seine Finger durch den Jeansstoff in Sashas Oberschenkel.

Sasha hatte *das hier* immer gewollt. Davon geträumt. Seit er sich mit elf das erste Mal Hals über Kopf in einen Mitschüler verliebt hatte, der allerdings zwei Jahre später mit Marisol aus der Stufe über ihm Händchen hielt. Sasha hatte es nie jemandem gesagt, nie darüber gesprochen, nur stumm am gedeckten Mahagonitisch gesessen, wenn sein Vater einen Vortrag über die *Schwanzlutscher* in der Politik hielt.

Und jetzt saß er hier, mit neunzehn, auf einem Küchentresen voller Kerben, und küsste einen Mann mit Augen voller Erdwärme. Mit Klavierspielerhänden.

«Zieh dir was an, wir müssen los.» Miguels Stimme war kein lähmender Blitzeinschlag wie die von Sashas Vater. Deshalb fuhren sie auch nicht auseinander, sondern Julien verharrte nur mit Sashas Unterlippe zwischen seinen Zähnen. Sie blinzelten sich an.

«Hier», sagte Julien dann, zog seinen Hoodie aus und gab ihn Sasha. «Damit er nach Zuhause riecht.» Er küsste Sasha noch einmal kurz auf den Mund und umfasste dabei seinen Gürtel, als bräuchte er noch mehr Gewissheit, dass Sasha ganz sicher bei ihm blieb. «Nicht nach Tod.»

Julien

Sashas Playlist war voller elektronischer Beats, die mit Klaviertönen und Synthesizern unterlegt waren. Er hatte Julien seine Kopfhörer gegeben, das einzige Mittel gegen die Angst vor Geistern und nachtschwarzen Bildern, wenn niemand da war, der sich schützend vor ihn stellen konnte. Miguel war nämlich keine Hilfe, heute nicht. Morgen vermutlich auch nicht. Er saß wie ein steifer Soldat hinter dem Steuer seines Mietwagens, starrte stur auf die Fahrbahn vor sich und schaltete alle zehn Minuten auf einen anderen Radiosender. Immer dann, wenn Nachrichten kamen.

Julien hatte keine Ahnung, wie er das im Büro oder beim Einkaufen machte, aber in Miguels Gegenwart durfte keine Nachrichtenansage laufen. Kein Wetterbericht, keine Staumeldungen, nicht mal ein Interview mit dem demokratischen Senator von Illinois, obwohl Miguel den Typen abgöttisch bewunderte.

Julien hatte ihn nie danach gefragt, warum das so war. Er selbst konnte sich an kein Geräusch erinnern, auch nicht an die Stunden, bevor es passiert war. Nur an Farben, schwarz, rot, weiß. An Schemen, wie Nebel. Frostige Nachtluft in seinen Lungen.

«Ich warte im Auto», murmelte Julien, als Miguel auf den Parkplatz des großzügig angelegten Friedhofgeländes auffuhr. In Chicago hatte wenigstens die Sonne geschienen und die Stimmung damit nicht endgültig ins Bodenlose kippen lassen.

Miguel schnallte sich ab und tat, als hätte er Julien nicht gehört. Es fing schon wieder an, dachte Julien und fühlte ein Stechen zwischen den Rippen. Nie nahm sein Bruder ihn ernst. Stieg einfach aus, ging um den Wagen herum, öffnete die Beifahrertür und starrte ihn mit ausdruckslosem Gesicht an.

Komm.
Nein.
Jules.

«Ich hab gesagt, ich bleib hier.» Julien fixierte trotzig die einzelnen Regentropfen an der Windschutzscheibe.

«Hör auf mit dem Theater», erwiderte Miguel; er klang fremd, desinteressiert, fast wie die Nachrichtensprecher, die er so hasste. «Dich einmal im Monat zusammenzureißen ist wohl nicht zu viel verlangt.»

«Weißt du was? Fick dich.» Die Wut kündigte sich an wie ein Tsunami. Erst zog sich alles in Julien zusammen, sodass völlige Leere in ihm herrschte, um zu irgendeinem diffusen Zeitpunkt zurückzuschnellen und nichts als Verwüstung zu hinterlassen.

«Julien.» Als ob Miguel autoritär klingen könnte. Sein blöder Bruder mit dem Markenstaubsauger, der sogar seine Handtücher bügelte. «Es geht hier ausnahmsweise mal nicht um dich.»

«Doch!» *Okay*, sie war zurück. *Hi, Jules.* «Es geht um mich, weil du mir was aufzwingst, das *ich* nicht will!» Julien riss den Gurt weg und stand so plötzlich auf, dass ihm schwindelig wurde. Miguel starrte ihm scheinbar vollkommen unbeeindruckt immer weiter in die Augen, immer länger, immer wieder, einmal im Monat.

«Glaubst du, Mom und Dad würden diesen Zirkus, den du hier veranstaltest, gut finden?», fragte er ruhig. So eine Scheiße, so eine abgefuckte, verfluchte Scheiße, wie er da stand, in seinem blöden Hemd, in völliger Starre. Würden sie *das* gut finden?

Julien griff an Miguels Kragen und zog ihn unsanft ein Stück zu sich. Es sollte reißen. Es sollte aufplatzen, wie er gerade, wie Konfetti. Miguel sollte ihn anschreien, damit Julien nicht allein in diesem Strudel aus Bildern absoff. «Fick dich», presste er hervor. «Fick dich mit deinen Moralpredigten und Regeln, du schreibst mir nicht vor, wie ich…» – «Lass mich los, Julien.» Julien stieß seinen Bruder abrupt von sich, ließ ihn jedoch nicht los, und der erste Knopf gab unter seinen verkrampften Fingern nach. «Halt dein scheiß Maul!», schrie er. Es regnete, es brannte, *fuck, heul doch*. «Du schreibst mir nicht vor, wie ich zu trauern habe!»

«Du benimmst dich jetzt.» Miguel griff mit der rechten Hand um Juliens Arm und wollte ihn wegziehen. *Keine Chance*. «Wie ein Erwachsener, nicht wie ein trotziges Kleinkind, kapiert?»

Aber das war er doch. Fünf Jahre alt. Um sich schlagend, wortlos, leer, übervoll. Julien Faust traf Miguel so schnell und zielgerichtet am Oberarm, dass Julien nicht mehr mitkam. Nicht mehr mitbekam, was er tat. Er ertrank gerade, wie sollte er auch?

«Du bist nichts Besseres!», fauchte Julien, fühlte, wie er nach Miguels Nacken griff, ihn herumriss und mit seinem Gewicht gegen die hintere Wagentür drückte. Er sollte heulen, er sollte etwas *sein*. «Du bist nicht mehr Dads Liebling, keinen interessiert dein affektiertes Getue noch, *kapiert*?»

Er zitterte. Julien zitterte. Sie prallten aufeinander, doch Miguel besaß ja kaum Gegengewicht. Der war ja nichts mehr, genau wie Julien, niemand beachtete, was er tat. Niemand lobte das. Niemand kritisierte das. Niemand war stolz auf irgendwen. «Ob du das kapiert hast?!» Julien drückte Miguel den Ellenbogen zwischen die Schulterblätter, immer tiefer. Er würde zerbrechen. Würde er. Beide.

«Ich bin...»

«Was?» *Hör auf, Jules.*

«Ich bin dich so leid», flüsterte Miguel mit zusammengebissenen Zähnen und schwarzen, lichtlosen Augen. «Ich bin diesen Mist mit dir so leid, und jetzt *lass* mich los.» Er stemmte sich mit beiden Handflächen gegen die Scheibe, mit beiden, mit diesem kaputten, aufgerissenen Arm, der auf sein Lieblings-T-Shirt geblutet hatte, auf seine Jeans, den Sitz, den Türgriff, Julien, Mom, Dad, *sieh nicht hin, Jules.*

Woher Miguel so viel Kraft aus Schrauben und Drähten und knappen siebzig Kilo nahm, wusste Julien nicht. Nur, dass es reichte, um ihn wegzudrücken, weil er gerade woanders hinsah, doch hinsah, überallhin.

«Glaub nicht», setzte Miguel leise an, doch er atmete kaum, als er sich das beschissene Hemd glattzog und Julien von seinem Blick einfach aufgesaugt wurde, «dass ich das für dich tue. Dass du bei mir wohnen darfst. Das mach ich nur für Mom und Dad. Wenn's nach mir ginge, wärst du längst weg und könntest dir einen anderen Irren suchen, der dich alimentiert. Der dich *erträgt.*»

Julien wollte etwas erwidern. Etwas viel Größeres, Schlimmeres, das Miguel genauso wehtun würde, doch er war wie eingefroren in kalter, eisiger Luft, bewegungsunfähig, fast tot.

«Ich geh da jetzt hin», fuhr Miguel leise fort, und diese Wut, die er Julien gerade präsentierte, war zäh wie Bekahs Enttäuschung, unbiegsam, und Juliens Brandbomben hatten dagegen keine, *keine Chance.* Sie würden verpuffen. Er könnte Miguel auf der Stelle von den Füßen reißen, es würde nichts nützen. «Und danach fahr ich zurück, alleine. Ist mir scheißegal, wie du nach Hause kommst, aber ich will dich heute nicht mehr sehen. Ach ja...» Er drehte sich nicht mal mehr um, als er sich starr und aufrecht, *wie ein Soldat,* in Richtung der Grünanlage wandte, wo alles voller Grabsteine und feuchter Erde war. «Solltest du es noch ein einziges Mal wagen, mich so anzufassen, hast du ein größeres Problem als meinen Staubsauger. Und das ist keine von deinen kindischen Drohungen. Versprochen.»

Der Regen wurde stärker, Miguels Schritte immer leiser, Julien immer weniger. Er wollte schreien, das half, er wollte heulen, das tat zwar auch weh, aber machte ihn müde, doch er *konnte* nicht. Nichts.

Nur dastehen, mit brennenden Handflächen, einem Puls, der ins Leere schlug und dem Wunsch, wieder fünf zu sein. Sie noch einmal zu sehen, sich diesen letzten Tag besser einzuprägen, was er gehört hatte, bevor sie in Dads altes Auto gestiegen waren, was Mom gesagt hatte, wie Dad gelächelt hatte, wie warm die Heizung gewesen war.

Miguels Stimme, bevor sie so tonlos klang wie jetzt. Seine Familie.

Ein ganzer, großer Kosmos, voll von allem, was Julien liebte, aufgerissen durch Äste, *wie ein Baum*, durch Splitter, *wie ein Orkan*, durch totes Laub, hartes Moos, Eiskristalle, Herzschläge, und dann tat es weh.

Und das ist der Stamm. Und dann rannte er doch.

Sasha

Pam stand gerade unter der Dusche und Sasha sortierte ihre Gläser im Küchenschrank nach Form und Größe, als es an der Tür klingelte. Mit Julien rechnete er nicht, trotzdem zog er kurz das Handy aus der Jeanstasche. Nein, nichts.

«Wenn es der UPS-Bote ist, sag ihm, das Paket geht zurück!», rief Pam durch das rauschende Wasser und die angelehnte Tür hindurch. Hier versteckte niemand etwas vor dem anderen. Erst gestern war Sashas Tante vor dem Fernseher in Tränen ausgebrochen, weil sie es nicht ertragen konnte, dass im Jemen noch immer Kinder an Unterernährung starben. Und Sasha hatte sich einfach danebengesetzt und sie umarmt. So war das hier.

«Hi, du musst mitkommen», platzte es sofort aus Bekah heraus; ihr Gesicht war gerötet, als stünde sie unter Stress. «Sofort.»

«Warum?» Sasha hatte noch nie ein Wort mit ihr gesprochen. Und ihre grünen Augen erinnerten ihn an scharfkantige Glasscherben, an denen man sich die Fußsohlen aufschnitt, wenn man ihnen zu nahe kam.

«Jules.» Mehr sagte sie nicht. Sasha wurde plötzlich kalt.

«Okay», erwiderte er nur, bevor er nach seiner Jacke griff und sich von Bekah im Laufschritt zum Fahrstuhl ziehen ließ. Ihr Griff um sein Handgelenk war warm und ein bisschen zu fest, aber Jules. *Jules.*

Auf dem Parkplatz angekommen, riss Bekah die Türen ihres Wagens auf. «Steig ein, los.»

«Was ist denn?» Sasha fühlte seine Stimme alarmiert durch sein rechtes Ohr rauschen und seine Arme verspannten sich, als Bekah den Motor startete.

«Er hat mich vorhin angerufen», fing sie an, als sie mit völlig überhöhtem Tempo die Hauptstraße entlang in Richtung Highway fuhr. «Und es klang so...» *So.* Sasha wusste sofort, was sie meinte. Irgendetwas war schiefgelaufen, trotz Kopfhörern, die er jetzt auch gebraucht hätte, weil sich sein Herzschlag parallel zum Tacho beschleunigte. Trotz des Hoodies, den Sasha trug, die Kapuze wie ein Dach über seinem Kopf, denn das hier war nicht nur Juliens Zuhause. Und auch die Höhle hatte er vorhin noch frisch bezogen, mit zwei Laken, die übereinanderlagen, damit sie noch weicher wurde, noch besser roch, noch sicherer war.

Kaum waren sie auf der Schnellstraße, drückte Bekah das Gaspedal durch, griff gleichzeitig nach ihrem Smartphone, das auf der Mittelkonsole lag und gab es Sasha. «Schalt mal die Navigation ein, die Adresse ist eingespeichert», wies sie ihn an.

«Neunundneunzig Meilen auf der Interstate Neunzig», las Sasha stockend von der Anzeige ab.

«Gut, dann machen wir das.»

«Was hat Julien denn gesagt?» Er tastete gleichzeitig nach seinem eigenen Handy und Bekah warf ihm einen kurzen Seitenblick zu. «Kann ich ihn anrufen?»

«Was fragst du mich das? Seid ihr nicht zusammen?»

«Ja, aber erst seit einer Woche», wollte Sasha antworten, doch sie klang wirklich gestresst, also schwieg er und starrte auf das Nachrichtenfenster. Julien war nicht online.

«Okay, ruf ihn an.» Bekah sah wieder auf die Straße. «Mach, vielleicht kommt er dann runter.» War er denn nicht da, wo er sein sollte? Bekah musste Sashas zitternde Hände bemerkt haben, als er Juliens Nummer antippte und mit zusammengepressten Lippen auf das Freizeichen wartete, denn sie nahm eine Hand vom Lenkrad und hielt Sashas Schulter fest. Die Mailbox sprang nach zwei Sekunden an, und jetzt brauchte er *wirklich* seine Kopfhörer. Oder einen Drink. Oder Juliens Schatten. Aber hier war nur Juliens beste Freundin, der Sasha den Platz streitig gemacht hatte. Sie *konnte* ihn doch eigentlich nur hassen.

«Bleib ruhig, wenn du auch noch abdrehst, werf ich mich vors nächste Auto», proklamierte Bekah fast genervt, drückte jedoch ihre Finger kurz in den Stoff von Sashas Jacke. «Jules ist vermutlich nur... Er wird... ach, fuck.»

«Sein Handy ist aus.» *Fünf.* Sasha versuchte, in den Bauch zu atmen, um wenigstens dabei zu bleiben.

«Ja», sagte Bekah. «Schöne Scheiße.»

«Es ist nie aus.»
«Ich weiß.»
«Er musste doch mit Miguel...» – «Ich *weiß*, Herrgott, Sasha. Ich weiß das alles. Wirklich alles.» Ihr Blick zuckte erneut zu ihm herüber. «Du auch?»
«Sie sind tot», wiederholte Sasha Juliens Worte. Mehr nicht. Mehr hatte er nicht gesagt, weil es sonst eine Zehn geworden wäre, und danach war es ja wieder gut gewesen, wenigstens für einen kurzen Moment.
«Also weißt du's nicht?» *Was denn?* Sasha probierte den Kopf zu schütteln. Hätte er ihn doch nicht gehen lassen. Aber es brauchte offenbar keine Blitzeinschläge oder eingetretene Türen. Nur diesen einen Schwachpunkt. Einen letzten Rest Familie.
«Ich werd dir die Geschichte nicht erzählen, das würde er nicht wollen», murmelte Bekah und überholte einen Truck, dabei schnitt sie den hinter ihr fahrenden Ford. Das Geräusch der Hupe fuhr Sasha bis in die Knochen. «Er soll's dir selbst sagen.»
«Aber er kann das nicht», antwortete Sasha viel zu schnell. *Egal.* «Er ist dann...» – «Total im Arsch? Willkommen in Juliens Welt.» Sie klang wie eine viel zu junge Therapeutin, die gerade unbedingt ihre finale Prüfung bestehen musste. «Julien ist immer im Arsch, auch, wenn es nicht danach aussieht. Und manchmal tut er Dinge, die er später bereut. Eigentlich sofort», fügte Bekah noch hinzu, und Sasha dachte an den Spiegel. An das Geld für den Staubsauger, die wunden Fingerknöchel, den Fleck an seinem linken Wangenknochen.
«Aber er ist nicht wie mein Vater.» Kein Arschloch, kein machthungriger Wichser und erst recht kein Tyrann. Bekah warf einen prüfenden Blick in den Rückspiegel, bevor sie erneut beschleunigte.
«Er will dich beschützen, oder?», fragte sie dann. «Meistens tut er dumme Dinge immer dann, wenn er jemanden beschützen will.» Sasha würde jetzt keine Schuldgefühle bekommen, dafür war weder in Chicago, noch in Bekahs Wagen genug Platz. Er kaute auf seiner Unterlippe herum.
«Und jetzt?», fragte er nach mehrminütigem Schweigen zurück. Wen wollte Julien jetzt schützen? Allein mit Miguel in Madison, auf einem Friedhof, der ihm Angst machte.
«Sich selbst», erwiderte Bekah nur. Ihre Fingerknöchel am Lenkrad waren weiß vor Anspannung, und die wirren Locken über ihren Schläfen bebten bei jeder Unebenheit im Asphalt. Sasha probierte es noch einmal auf Juliens Handy, *bitte versuchen Sie es später noch einmal,*

dann starrte er aus dem Fenster und wartete. Auf später, auf sofort. Auf den Zeitpunkt, an dem er Julien sagen konnte, dass er nichts mehr bereuen musste, weil Sasha ihn doch liebte und keine Angst vor ihm hatte. Weil er kein Arschloch war, sondern sein Jules.

Bekahs unkontrollierter Fahrstil gehörte viel eher zu den Dingen, die Sasha hätten abschrecken müssen, doch als die Zeit ihrer Ankunft sich kurz vor Janesville bereits um mehr als zehn Minuten verringert hatte, war auch das kein Thema mehr. Sasha stellte sich stattdessen vor, wie er in einer Ecke seines Hirns nach Ängsten kramte, die ihm noch nie etwas genützt hatten. Wie er sie aus dem Fenster auf die Straße warf, sie unter die Räder kamen und aufplatzten, auseinanderstoben und vom Starkregen, der vor einer halben Stunde eingesetzt hatte, weggewaschen wurden.

Seine Angst vor Hunden zum Beispiel. Die meisten interessierten sich überhaupt nicht für Sasha, wenn er einem davon begegnete. Oder die Furcht davor, irgendjemanden anzurufen, egal, ob es der Arzt war, den Sasha schon seit Jahren kannte, oder nur seine Mutter. Als ob sich irgendjemand merken würde, was er ihnen erzählte.

Angst war ein körperlicher Instinkt, resümierte Sasha stumm und zählte die Regentropfen auf der Frontscheibe vor sich. Sie sollte ihn vor Gefahren schützen, wie damals, als Menschen noch in richtigen Höhlen lebten, ohne Decken und Kissen und Alarmanlagen. Sashas Hirn hatte nur irgendwann beschlossen, ihn selbst vorm Überleben schützen zu wollen.

«Zwanzig Meilen noch», informierte er Bekah; sie lehnte sich in ihrem Sitz zurück.

«Hoffentlich baut er keinen Scheiß», erwiderte sie nur. Sashas Kehle wurde trocken.

«Was für Scheiß?»

«Den üblichen Julien-Scheiß eben.» Bekah machte eine resignierte Handbewegung. «Letztens hat er sich mit einem Kollegen geprügelt, weil er ihn angeblich beleidigt hat.» Der Fleck in Juliens Gesicht, *ach ja.*

«Vielleicht war das ja so.»

«Ja, vielleicht war das so. Deshalb muss man aber niemandem gleich aufs Maul hauen», gab Bekah zurück und klang irgendwie müde, als ob sie das schon viel zu oft gesagt hätte. «Jules ist in solchen Situationen einfach wie ein Kleinkind, das seine Wut nicht kontrollieren kann.»

«Ich lieb ihn trotzdem», murmelte Sasha und wusste, wie trotzig das klang. Julien tat wenigstens nicht so, als wäre das etwas besonders Tolles, an das der Rest der Welt einfach nur nicht heranreichte.

«Ich auch.» Bekah warf Sasha einen kurzen Seitenblick zu. «Und genau das braucht er jetzt.»

«Er würde nicht...» *Nein. Oder?*

«Was?»

Sasha sah auf Bekahs Telefon. Noch dreizehn Meilen. «Er würde uns nichts tun, oder?» Nie, niemals würde er das. Julien konnte so fordernd und dabei gleichzeitig so zärtlich sein, so ungestüm und behutsam, so wie er eben war. Nur Jules.

Jetzt war es Bekah, die auf ihrer Unterlippe kaute und nervös mit dem Daumen über die Lenkradverkleidung rieb. «Nein», antwortete sie dann. «Mir hat er noch nie etwas getan. Man sollte nur wissen, wann es besser ist, abzuhauen. Damit er von seinem Trip runterkommen kann. Danach ist er ein heulendes Bündel Elend, das sich tagelang entschuldigt.»

«Mein Vater entschuldigt sich nie.» *Nie.* In neunzehn Jahren hatte er Sasha oder seine Mutter nicht ein einziges Mal um Verzeihung gebeten.

«Dein Vater klingt nach einem ziemlichen Wichser, sorry.»

«Schon okay. Sagt Julien auch.»

«Wusst ich's doch.»

Sie lächelten sich an, nervös, irgendwie angespannt, aber einer Meinung. Julien war kein Arschloch. Kein Wichser. Kein schlechter Mensch, den man nicht lieben konnte, denn dann wäre Sasha nicht als erster aus dem Auto gestiegen, als sie auf dem Parkplatz vor der Friedhofsanlage hielten. Er wäre gar nicht erst mitgekommen. Nirgendwohin, nicht zum Supermarkt, zu den Anlegern, zum Skatepark, auf die Party.

«Shit, wo ist er?» Bekah lief einige Meter den Weg hinunter, dabei weichten ihre Locken vom Regen innerhalb weniger Minuten auf. Sasha zog seine Jacke aus und hielt sie Bekah hin, als sie zurückkam, doch sie ignorierte ihn. «Ich hab ihm gesagt, er soll hier warten. So eine Scheiße, echt.»

Sasha lauschte dem Vibrieren in seinem Herzmuskel, sah nach links, rechts, drehte sich um, dann wurde ihm klar, dass Julien niemals freiwillig in diesen Park voller Gräber gegangen wäre. Madison war im Gegensatz zu Chicago winzig, etwas über zweihundertfünfzigtausend Einwohner, Sasha hatte es recherchiert, vorhin erst. Und wenn Julien sich selbst unter zwei Millionen Einwohnern scheinbar blind zurechtfand, konnten sie hier lange nach ihm suchen. Vielleicht Tage, aber wenn es sein musste, war es eben so. Sasha erschrak beinahe vor seiner eigenen Ruhe, doch dann fiel ihm ein, dass er ja einen Großteil seiner Furcht aus dem fahrenden Auto geworfen hatte.

«Wo ist Miguel?», fragte er an Bekah gewandt. Sie hob die Hände und ließ sie sofort wieder fallen.

«Hat Julien mir nicht gesagt.»

«Und sonst?»

«Nichts. Nur gefragt, ob ich herkommen kann. Und dass ich dich mitbringen soll.»

«Okay.» Weit würde er nicht gelaufen sein. Vielleicht nur die Straße runter.

«Okay? Ich finde das alles andere als okay, erst holt er mich von der Arbeit weg und jetzt ist er wer weiß wo, ohne sein Handy...» – «Komm mit.» Sasha wartete nicht, bis Bekah, die mittlerweile vollkommen durchnässt war, ihren Satz beendet hatte, sondern lief einfach los.

Die Bürgersteigplatten waren schief, an den Seiten aufgebrochen, und zwischen den Kanten wucherte trockener Löwenzahn. Der Wind war nicht kalt, eher wie ein lauwarmer Fön, der Sasha die Regentropfen ins Gesicht wehte, *eins*, *zwei*, während er die wenigen Fußgänger nach Juliens dunkelrotem Hoodie scannte.

Den Schwarzen trug Sasha ja selbst, und die Feuchtigkeit klebte ihm die Kapuze an die Schläfen, doch er stellte sich vor, dass Juliens Geruch dadurch in seine Haut sickerte, sodass er ein bisschen mehr wie Julien wurde. Dass sie zusammenschmolzen und Julien den Graben in sich nicht mehr mit Wut füllen musste, dass er lernte, die Leere darin zu ertragen. Wie Sasha. Dass es reichte, wenn sich der jeweils andere einfach hineinlegte.

«Er könnte doch überall sein.» Bekahs lange Beine hatten keine Mühe, mit Sasha Schritt zu halten. «Er ist so ein verfluchter Idiot. Sobald er wieder im Auto sitzt, schrei ich ihn an.»

«Okay.» Die Fünf schlug warnend gegen Sashas Brustkorb. Was, wenn sie Julien nicht fanden? Wenn *er* sich statt Bekah vor einen der Trucks oder Pick-ups geworfen hatte? Wenn er tot war? Was wäre dann noch von Sasha übrig? *Sechs*. Bekah rannte vorweg und ließ ihn einige Meter zurückfallen. Dann wäre er nichts mehr außer Sasha, dachte er und fühlte seine Schritte plötzlich schwerer werden. Nur Sasha, ohne Julien. *Sieben*. Ohne Schatten, nichts als ein Geist. *Acht*. In den Wolkenbergen begann es zu grollen und Sasha sah instinktiv zum Himmel, dabei rutschte ihm die Kapuze vom Kopf, und er starrte direkt in den Regen, in den Sturm, und alles war schwarz und kein bisschen leer, sondern voll, übervoll mit seiner größten Angst.

Julien

Er hätte vielleicht dort bleiben sollen, dachte Julien müde. Bei den ganzen toten, verrottenden Körpern, bei Miguel, dem Granitstein, an dem er sich irgendwann die Pulsadern aufreißen würde. Sein Körper war taub, die Jeans und der Hoodie klebten ihm auf der Haut und die schwere Feuchtigkeit darin drückte ihm beinahe die Luft ab.

Doch selbst das war besser als zu fürchten, jeden Moment unter dem Druck, losschreien zu müssen, zu zerbersten. Also stand Julien weiter neben einer Bushaltestelle im strömenden Regen und fühlte nichts, keine Kälte, keine Hitze, keine Todesangst, überhaupt gar nichts.

Bis er Bekah hörte. Und Sasha sah. «Jules», sagte sie nur, kam langsam näher und wischte sich die klatschnassen Haare aus dem Gesicht. «Wir sind da.» Sie drehte sich kurz um.

Sasha war blass wie beschlagenes Fensterglas, und Julien spürte jetzt doch etwas. Schuld, dass er der Grund war, dass er ihm Angst machte, dass Bekahs Chef sie vielleicht kündigen würde, dass Miguel ihn nicht mehr sehen, nicht mehr haben wollte.

«Warum hast du nicht am Friedhof auf uns gewartet?» Bekah klang nicht sauer. Nur ratlos. Sie verstand es eben nicht.

«Ich wollte nicht», erwiderte Julien tonlos und sah wieder zu Sasha, der zurückstarrte, doch heute half das nicht. Er sollte herkommen. *Bitte.*

«Willst du was essen? Da hinten ist ein Coffee-Shop, ich zahl auch», setzte Bekah an, doch Julien wollte gerade weder essen noch trinken, weder schlafen noch atmen.

«Sorry», flüsterte er, und als er die Hand hob und nach einer von Bekahs nassen Haarsträhnen griff, schlug ihm der Schmerz pulssynchron gegen den Schulterknochen.

«Schon okay. Außer, du willst noch länger hier stehen, dann krieg ich wirklich schlechte Laune.» Sie lächelte und Julien wollte nur noch heulen. «Kommst du mit zurück? Darfst auch vorne sitzen.»

Als er nickte und Bekah einen Schritt nach hinten trat, war Sasha plötzlich da, vollkommen geräuschlos, blinzelte, *darf ich?* Julien nickte wieder, *ja, bitte*, und Sasha legte die Arme um ihn, um seine Schultern, um den verfluchten Phantomschmerz, denn es war ja längst verheilt. Längst weg. War es nicht. Nichts.

Juliens Blickfeld begann zu flimmern, als er um Sashas nasse Jacke griff und diesen Geruch atmete, der ihn vor Wochen beinahe von den Füßen gerissen hätte. Seine Kehle brannte, seine Lungen implodierten, aber er war da, *fuck*, Sasha war da. «Sag nichts», flüsterte er an Juliens Ohr, weil er gemerkt hatte, dass Julien nach Luft und Worten und Fassung rang und nichts davon wiederfand. «Heul einfach.»

Aber dann würde Sasha glauben, Julien wäre nicht stark genug, um den Dreck, den er mit sich herumtrug, von ihm fernzuhalten. Dann würde er sehen, wie kaputt und verletzlich und abgefuckt er sein konnte, dass er kein Orkan, sondern ein bodenloses Loch voller Brackwasser war. *Verflucht nochmal.*

«Ich…», brachte er nur heraus, dann fühlte er Bekahs Arme, dünner, weicher, aber nicht weniger fest von hinten um seinen Rücken und an Sashas Taille greifen, wie sie sich an ihn drückte. «Schon okay, Jules», wiederholte sie leise, küsste ihn in den Nacken und legte ihre Wange an seine Wirbelsäule.

Wenn er jetzt zusammenbrach, dachte Julien noch, bevor er sein Gesicht in Sashas Kapuze vergrub und nicht einmal mehr blinzeln brauchte. Ja, was war dann? Miguel war ja weg. Stinkwütend. *Verletzt.* Den juckte das nicht mehr, wenn sein kleiner Bruder erst um sich schlug und anschließend an seiner eigenen Scham erstickte. Julien heulte stumm in Sashas Umarmung hinein, vier Arme, die ihn aufrechthielten, kein einziger kaputter, den er immer wieder wegschlug, denn was konnte Miguel damit noch festhalten, außer sich selbst?

Sasha legte behutsam eine Hand um Juliens Hinterkopf und schob die Nase unter seinen Hoodie, legte seine Lippen an Juliens kaltes, regennasses Gesicht, wie ein Schutzgeist, der ihn heimgesucht, gefunden hatte, *überall*.

«Ich lieb dich», flüsterte Julien erstickt, dabei spürte er Bekahs warme Finger zwischen seinen, Sashas Herzschlag an seiner Brust, und wusste nicht, wen er zuerst meinte, wo er anfing und wo das aufhörte. Ob es jemals aufhörte.

«Wir dich auch, Jules», flüsterte Bekah zurück, direkt in Juliens Rückgrat, und atmete das Zittern darin einfach weg. «Immer.»

19

Julien

Bekah drehte die Heizung auf, als sie endlich das Auto erreicht hatten, und fand im Kofferraum eine alte Decke, in die sie sich einwickelte, obwohl sie nach Hund roch. Ihre Mom hatte mal einen Hund, erinnerte Julien sich dumpf, während er an seinem Joint zog und beobachtete, wie der Rauch durch den winzigen Spalt des geöffneten Fensters nach draußen waberte.

Bekah starrte vom Fahrersitz fast neidisch hinterher, weshalb Julien ihn ihr wortlos hinhielt. «Vergiss es, ich muss noch fahren», gab sie nur zurück, doch Sasha schüttelte daraufhin den Kopf.

«Ich kann auch fahren.»

«Im Ernst?»

«Klar.» Sashas Hand auf Juliens Oberschenkel schickte winzige Wärmeimpulse durch seine Adern, die sich mit dem THC mischten und seinen tauben Herzmuskel damit alle dreißig Sekunden wiederbelebten. «Du bist doch schon hingefahren.»

«Jules, du darfst ihn hiermit offiziell heiraten.» Bekah griff nach dem Joint und Sasha lächelte, nur so halb. «Danke, Lover-Boy.»

«Ich sag doch, er ist toll.» Julien tat das Sprechen weh, so rau und brüchig klang seine Stimme, doch es musste sein. Weil es dann zwei Falten wurden. So wie jetzt. Er neigte den Kopf zu Sasha und schmeckte einen Rest Tee von heute Morgen, als er ihn küsste und Sasha sich ihm entgegenlehnte. Da war noch alles gut gewesen. Wenigstens ein bisschen.

«Gott, ihr seid so ekelhaft süß zusammen.» Bekah ließ Rauchschwaden aus ihrem Mund quellen und grinste kurz nach hinten, dabei zog sie die Decke enger um sich. «Geht's dir jetzt besser?», fragte sie dann an Julien gewandt. «Und erzählst du uns, was los war? Wo dein werter Herr Bruder abgeblieben ist zum Beispiel?»

Julien legte den Hinterkopf an die Lehne und fühlte Sashas Finger zwischen seine gleiten. «Ich wollte nicht mit zum Grab», sagte er dann leise zu irgendjemandem, weil er weder Sasha noch Bekah dabei ansehen konnte. «Bin ausgerastet und Miguel ist alleine hin.» Er nahm Bekah den Joint wieder ab und inhalierte den Rauch in seine Lungen. «Er hasst mich jetzt.»

«Hör auf mit der Nummer, Jules. Niemand hasst dich.» Sie fuhr sich durch die feuchten Haare und sah auf die Batterieanzeige des Tachos. «Du musst einfach nur mal drüber sprechen. Über alles.»

Ihr Blick zuckte kurz zu Sasha. Sie hatte es ihm also nicht erzählt. Eigentlich hätte Julien Bekah für ihre Loyalität danken müssen, doch selbst das stärkste THC konnte nicht verhindern, dass ihm der Unwille im Magen brannte. «Wenn du Miguel erklärt hättest, dass es dich belastet...» – «Dann hätte es ihn nicht interessiert.» Der Joint war fast aufgeraucht. «Für den zählt nur Pflichterfüllung, auf alles andere scheißt er.»

«Wie du meinst.» Bekah zuckte nur die Schultern, nahm einen letzten Zug, dann öffnete sie die Fahrertür ein Stück und warf den glimmenden Rest auf den Parkplatz. Sasha schwieg, zog ein Bein an und schob den Fußknöchel unter seine Kniekehle, dabei lehnte er sich leicht gegen Julien.

«Bevor du gleich fährst, Profi», murmelte Julien daraufhin und konzentrierte sich auf seinen betäubten Puls, «zwei Sachen noch.»

«Was?», fragte Sasha tonlos zurück. Julien sah auf seine Lippen und hörte Bekah im Hintergrund das Radio einschalten und leise drehen. Vielleicht zur Beruhigung für das, was jetzt kommen würde. Sie wusste ja immer, wann es losging.

«Ich werd dir jetzt erzählen, was mit... Was mit Mom und Dad ist», erwiderte Julien, ohne ein vollständiges Wort herauszubringen. «Damit jeder fünf kriegt, wenn's ne Zehn wird. Bekah kann auch sieben, wenn du drei nimmst.» Sein Herz, *fuck*. Julien hatte so furchtbare Angst, aber auch das musste sein. Damit es ganz wurde zwischen ihnen. Bekah blinzelte und legte ihr Kinn auf die Rückenlehne ihres Sitzes. *Schon okay, Jules.*

«Okay.» Sasha betrachtete ihn, ließ ihn weich werden, warm, zog eine Schutzmauer aus dunstigem Sommernebel und Eisplatten in Julien hoch. «Und das Zweite?» Juliens Hirn konnte sich zwischen Hingabe für diese verflucht blauen Augen und blinder Panik nicht entscheiden, sprang hin und her, schoss Wärme durch seine rechte Körperhälfte und Kälte durch seine linke Schulter.

«Bitte», flüsterte er. «Sieh nicht weg, wenn ich...» Wenn er Julien

Kent war. Fünf Jahre alt. Eingeklemmt, mit Miguels Hand an seiner blutenden Schulter.

Und Sasha sah ihn an, jetzt schon; sein Mundwinkel zuckte. *Jules. Bitte.*

Versprochen.

Der Nachrichtensprecher verkündete gerade das Wetter. Gewitter, zwei Tage lang, und Julien hörte etwas. Ein Lachen. Mom. Und ein Wort. *Glatteis.*

«Wir waren im Urlaub», fing Julien tonlos an und dachte an Miguel. «Skifahren.» Mehr wusste er nicht mehr. *Ach ja.* «Mom hatte Geburtstag, eine Woche nach Weihnachten. Ich hab ihr...» *Was denn?* «Einen Schal geschenkt. Miguel hat mir was von seinem Taschengeld dazugegeben. Ich war fünf.» *Sechs, sieben, acht,* es ging viel zu schnell, und Julien zog instinktiv seine Hand aus Sashas. Sein Herzschlag stürzte einfach drauflos, als wäre er auf der Flucht. Weg von hier. Nach Hause, aber er war genau dazwischen. Zwischen Chicago und Sasha und Bekah und Madison. «Sie hat ihn getragen bis... Bis wir zurückgefahren sind.»

Bekah kannte den Schal genauso wenig wie Sasha, und plötzlich schien alle Luft aus dem Wagen zu entweichen, ein Vakuum, *atmen, Jules,* in dem nichts mehr war.

«Ich...» Und Miguel. «Ich hab hinten gesessen. Neben Miguel. Dad ist gefahren.» Seine Kehle brannte schon wieder und war gleichzeitig zu eng, um Platz für noch mehr Tränen und noch weniger Worte zu lassen. «Mom saß vor mir, immer. Sie hat...» Gesungen. Sie hatte mitgesungen. Das Radio.

«Mach das aus.» Julien holte zitternd Luft, richtete sich ein Stück auf und sah auf Bekahs altes Autoradio. «Mach das aus, bitte.» Bekah zog beinahe sofort den Schlüssel aus der Zündung, das Gedudel erstarb und Sasha neben ihm rührte sich nicht, sah ihn nur an, *versprochen, versprochen, versprochen, fuck,* Julien wollte hier weg. Raus aus diesem Auto.

«Es war dunkel», brach es trotzdem weiter aus ihm heraus. Schwarz, nachtschwarz. «Und kalt. Es hat geschneit.» Wie verrückt geschneit. «Und Dad ist total langsam gefahren. Ich...» Irgendetwas war gewesen. Irgendetwas mit ihm. «Ich hatte Fieber oder... Irgendwas.»

Fieber, mitten in der Kälte. «Ich wollte nach Hause.» Juliens Brustkorb fing urplötzlich an zu dröhnen, vor Angst, weil es gleich passierte und Dad nicht mehr langsam fuhr und Mom aufhörte zu singen und Miguel nach Julien griff. «Ich wollte nach Hause, und...»

Das Auto. Das war hinten weggerutscht, Julien fühlte die Vibrationen in jedem Knochen, das Schleudern.

«Dad wollte zurück auf die Straße lenken», flüsterte er. «Aber es war wie in 'nem Karussell, es drehte sich und drehte und Miguel hat...»

Ihn festgehalten. «Und Mom...» Geschrien. «Und Dad ist...»

Nicht. «Es ging bergab.» Julien konnte nicht mehr atmen. «Total tief und schnell und die Scheiben gingen kaputt.»

Splitter. Bekahs Augen waren nicht mehr blattgrün, sondern dunkel wie Moos. Wie klatschnasses, weiches Moos. «Und...» Er würde sterben, er würde jetzt sterben. «Mom hat sich umgedreht und abgeschnallt und wollte uns festhalten und Miguel hat...»

Geschrien. Alle hatten geschrien. Namen, wild durcheinander, wie Geschosse, die einschlugen, Äste, die zu tief hingen, die sich durch die Windschutzscheibe bohrten, Mom, die aus Miguels Griff gerissen wurde, die gegen die Scheibe schlug.

Julien merkte erst jetzt, dass er schon wieder heulte, sich nicht bewegen konnte, nicht mal das. «Da waren... überall Bäume. Und einer davon hat... Der Ast kam von vorn und...»

Dann schrie niemand mehr. «Und der Baumstamm lag auf der Vorderseite, alles war eingedrückt und meine... Der Ast war hier drin...» Julien wollte es zeigen, sich die nasse Kleidung vom Leib reißen, weil sie brannte und Blasen auf seiner Haut schlug, doch er *konnte* nicht, aber er *wollte* doch. «Und es tat so... so beschissen weh, weil der Ast...» Dieser verfluchte Scheißast. «In meiner Schulter... Und Miguels Arm... Und Moms Schal...»

Der war nicht mehr cremeweiß mit lila Veilchen. «Und Dad war... Er hat noch geatmet, er wollte was sagen, aber ich hab... nichts gehört.»

Raus. Raus hier. *Mom.* Sofort. *Jules. Jules, sieh nicht hin.*

Julien riss die Tür auf und stürzte direkt in den Regen hinein, wollte wieder rennen, hundert Meilen, tausend Meilen, doch er kam vielleicht drei, vielleicht auch vier Schritte weit. Was wusste er schon? Was wusste er denn von diesem Abend, von Miguel, der sich gemerkt hatte, dass die Nachrichten liefen, der Mom gesehen hatte, weil er nicht hinter ihr saß, der Julien davor bewahren wollte, zu Stein zu werden. Der ihn gerettet hatte, obwohl sein Arm genauso kaputt war wie Juliens Schulter, voller Glassplitter, nichts war mehr ganz an ihm, an keinem von ihnen.

Und Julien konnte nichts tun. Nichts gut machen. Nur schlimmer. Nur noch schreien.

Sasha

Wie ein Baum. Sasha spürte seine Beine nicht mehr, seine Arme auch nicht, nicht mal sein Herz. *Ich liebe Bäume.* Bekah hatte den dünnen Tränenfilm weggeblinzelt und war ebenfalls ausgestiegen, ging langsam über den Parkplatz, zu Julien, der sich wie unter Schmerzen zusammenkrümmte und auf die Knie gesunken war. Und dieser Ton, dieser langgezogene, dunkle, ohrenbetäubende Laut.

«Geh weg!», schrie er und stieß Bekah von sich, die sich neben ihn hockte und die Arme um ihn legen wollte. «Geh weg, verpiss dich!»

Sein Jules. Sie wollte doch nur verhindern, dass er auseinanderbrach. Die Teile, die gerade vom Regen aufgeweicht wurden, einsammeln, und Sasha würde sie wieder zusammensetzen. Mit purer Willenskraft. Sonst hatte er ja nichts, außer einer Skala von eins bis zehn und Angst vor Hunden, Telefonaten und seinem Vater. Vor allem vor dem.

Sasha fühlte plötzlich etwas, das er viel zu selten und noch weniger dann fühlte, wenn er es brauchte: Diese Wut. Dieses Brennen und Kochen und Schlagen gegen die Ungerechtigkeit, dass sein Vater noch lebte und allen anderen das Leben schwer machen durfte, dass seine Mutter nicht einmal im Traum daran dachte, sich vor ihn zu stellen und dabei ihre eigene Haut zu riskieren. Lieber fiel sie ihm in den Rücken, wenn das selbsternannte Familienoberhaupt nur laut genug brüllte.

Sasha konnte hier nicht sitzen bleiben. Scheiß doch auf die Zehn. Scheiß auf die Skala. *Scheiß verflucht nochmal drauf.*

Der Regen kühlte sein vor Scham und Trotz glühendes Gesicht, als er mit wenigen Schritten bei Bekah und Julien war. Bekah saß noch immer neben ihm auf dem nassen Asphalt, direkt in einer Pfütze. Sie heulte, genau wie Julien, und Sasha ließ sich einfach neben ihm auf die Knie fallen.

«Jules», sagte er leise, ohne ihn dabei zu berühren. Wenn er die Hände nicht vom Gesicht nehmen wollte, würde Sasha ihn nicht dazu zwingen. Tat Julien ja auch nicht. Aber reden konnte er, in seinem Tempo, in seiner Tonhöhe, so lange, bis alles wieder ineinanderfloss. Trotz ihrer Angst. Gerade *wegen* ihrer Angst. «Jules. Ich weiß, dass du kein Mitleid willst.»

«Geht weg», flüsterte Julien erstickt. «Alle.» Bekah wischte sich mit dem Handrücken über die nasse Wange und schüttelte nur stumm den Kopf. Natürlich nicht. Keiner von ihnen.

«Es tut mir trotzdem leid», flüsterte Sasha weiter. «Und wenn ich könnte», ja, wenn er nur *könnte*, «würde ich mit dir tauschen. Sofort. Aber ich kann nicht zaubern, Jules.» Sasha legte seine Fingerspitzen ganz leicht, ganz vorsichtig an Juliens verspannten Unterarm. «Ich kann dir nur Höhlen bauen und dein Hirn aufweichen und Tee kochen und dir erzählen, was Rachel und Ross in Staffel zwei, Folge zehn gesagt haben.» *Bitte sieh hin.* «Wenn das auch reicht.»

Julien atmete, *eins*, *zwei*, ließ die Hände sinken. «Scheiße, Sasha», sagte er leise. Es klang so rissig, so zertreten und nachgiebig. «Das reicht mir immer.»

Sasha fuhr sachte mit dem Daumen über die weiche Haut an Juliens Pulsadern. «Ich würd dich jetzt echt gern nach Hause bringen, Jules», flüsterte er dann. «Wenn ich darf.»

Julien blinzelte, hob den Blick, *endlich*, und der Graben lag nackt und schutzlos, wie eine offene Wunde vor Sasha. Doch sie blutete nicht mehr, sie war einfach nur da und ging nicht mehr weg. Wie Sasha.

«Darfst du, Profi», antwortete Julien rau, sah zu Bekah, hilfesuchend, wie ein Kind, wie damals. Sie zitterte ein wenig, vielleicht vor Kälte, deshalb konnte Sasha nicht erkennen, ob sie lächelte oder noch immer weinte.

«Ja», sagte sie leise. «Er ist dein Mann.»

Nach nicht einmal dreißig Meilen Fahrt war Bekah auf der Rückbank eingeschlafen, unangeschnallt, unter ihrer Decke vergraben und leise atmend. Sasha mochte ihren alten Wagen. Die Geräusche, die die Kupplung machte, wenn er vom ersten in den zweiten Gang schaltete. Das abgegriffene Lederlenkrad und den winzigen Traumfänger, der am Rückspiegel hing.

Julien griff immer wieder nach Sashas Hand auf dem Schalthebel, legte sie an seine Lippen, sah ihn an, und der Schatten in seinem Blick floss über Sashas Unterarme bis in sein Herz, das diese Mischung aus Traurigkeit und bedingungsloser Zuneigung durch ihn hindurchpumpte. Kurz vor Chicago war Sasha so voll davon, dass er nicht mehr wusste, wohin damit.

«Es tut mir übrigens leid», flüsterte er, als er von der Interstate abfuhr. «Was ich über deine Schulter gesagt habe. Ich wusste nicht…»

– «Halt's Maul, Profi.» Es klang rau, als Julien Sashas Kinn umfasste, wartete, bis sie an der letzten Ampel ganz hinten in der Schlange standen und ihn daraufhin zu sich zog.

Sein warmer Mund, seine fordernde Zunge vernebelte Sasha die Sinne, als er sich von Julien küssen ließ, als gäbe es keine schlafende

Bekah, keine Bäume, keine Angst mehr. «Nennt man es Ficken oder Liebe machen?», fragte Julien lautlos an Sashas Lippen. «Wenn wir gleich nackt in deiner Höhle liegen?» Er lächelte, und Sasha fühlte die schwarzen Sandkörner in seiner Brust unter der Bewegung erzittern.

«Tsunami», flüsterte er zurück und schaltete blind in den ersten Gang, um ein Stück vorzufahren. Ein heller Ton, ein Summen im Getriebe, überall. «Man nennt es Tsunami.»

«Was passiert, wenn ich dich anfasse?»

«Dann bist du das Erdbeben», flüsterte Sasha zurück und konnte plötzlich an nichts anderes mehr denken. Hätte das Lächeln nicht Juliens Augen erreicht, hätte er sich auch dafür entschuldigt, weil es keinen schlechteren Zeitpunkt für seine ausufernden Fantasien gab. Vor nicht einmal zwei Stunden wäre Julien an seinem Kummer fast erstickt, wie konnte es da Platz für mehr als nur Trost geben?

«Und wenn du mich anfasst?»

«Dann zieht sich das Wasser zurück», antwortete Sasha tonlos. Sie standen noch immer, oder schon wieder, denn jetzt wollten sie alle nach Hause, eine ganze Stadt, zwei Millionen, zwei Herzschläge pro Sekunde.

«Wann kommt es wieder?», fragte Julien leise, biss Sasha dabei kurz in die Unterlippe, blinzelte, und der Graben füllte sich langsam mit schwarzverrauchten Nebelschwaden. Sasha musste blinzeln, *eins*, *zwei*, drei Mal.

«Wann du willst, Jules», flüsterte er nur. Egal, wann. Egal, wo.

«Das klingt toll, Profi», murmelte Julien an Sashas Lippen und glitt mit den Fingerspitzen an seinem rechten Ohrläppchen entlang, bevor er sich von ihm löste. «Ich glaub, das brauch ich gleich.»

«Okay.»

«Im Ernst.»

«Kein Problem.» Überhaupt keins. Gar keins.

«Wenn du das sagst, klingt das so verflucht unschuldig.» Julien lachte plötzlich, leiser als sonst, aber der kurze Erdstoß brach nicht nur faustgroße Brocken aus Sashas dünnhäutiger Tarnung, sondern ließ ihn einfach mitlachen.

«Sind wir bald mal da?» Bekah hatte das Geräusch aufschrecken lassen, dabei klang es doch so weich und warm und tief. Wie traumloser Schlaf.

«Mach dich locker, hier ist Stau.» Julien lehnte sich zufrieden grinsend in seinem Sitz zurück, doch Sasha hatte Mitleid mit ihr.

«Sorry», entschuldigte er sich deshalb. «Ich beeil mich schon.»

«Und genau das, Jules», Bekah steckte eine Hand zwischen den Kopflehnen hervor und deutete auf Sasha, «meinte ich mit *nett* sein. Er ist richtig nett, viel zu nett für dich.»

«Er ist nicht nett.» Juliens Augen begannen zu glitzern, und Sasha musste ein Lächeln unterdrücken. «Nur verflucht gut getarnt.»

«War Sasha eigentlich dieser spezielle *Kollege*?» Bekah kniff Julien in den Nacken, und ihr spöttisches Grinsen spiegelte sich in der Frontscheibe vor ihnen.

«Beeks.»

«War er, oder?»

«Lass das.»

«Warst du das, mit dem er dauernd geschrieben hat?», fragte Bekah an Sasha gewandt und ignorierte Juliens Aufforderung. Sie schien zunehmend überdreht, Sasha hörte die schrillen Untertöne zwischen den Worten genau. Als hätte er eine Antenne für Stimmungen, die er nicht einfach abschrauben konnte.

«Weiß nicht.» War er?

«Bekah. Lass ihn fahren.»

«Ich versuch nur, die Stimmung aufzulockern.» Sie legte die Arme von hinten um die Kopfstütze und Juliens Hals, und Sasha fühlte einen kurzen Stich in der Magengegend. Julien und die Mädchen. Julien, der mit seinen dunklen Augen und diesem Lächeln, das seine Züge weichzeichnete, bei jedem Geschlecht Eindruck hinterließ. Der Abstand zwischen Misstrauen und Bedingungslosigkeit maß noch zweihundert Meter, *biegen Sie links ab, dann erreichen Sie das Ziel.*

«Die Stimmung war top», erwiderte Julien knapp und musste die Spannung in Sashas Bewegungen bemerkt haben, als er auf den Parkplatz hinter den Hochhausreihen lenkte, denn als sie ausstiegen, griff Julien demonstrativ nach seiner Hand.

«Schon verstanden, Jules.» Bekah warf die Decke in den Kofferraum und knallte die Klappe etwas zu laut zu, sodass es Sasha in den Ohren wehtat. «Ich war zum Herumkutschieren und Anschreien gut, dein Geisterprinz schmeißt jetzt die Aftershowparty.»

Julien zog Sasha wortlos hinter sich her zum Hauseingang und tat, als hätte er sie nicht gehört, dabei hinterließen seine Sneaker nasse Abdrücke auf dem Asphalt. Hier war alles trocken, kein Sturm, nicht mal ein kurzer Regenschauer.

«Jules.» Bekah hatte sie am Fahrstuhl eingeholt. «Julien. Ich mein's ernst. Bin ich nur noch dafür zuständig, die Scheiße hinter dir wegzuräumen?»

«Mann, was willst du jetzt?» Juliens Finger lagen kühl an Sashas Handfläche, als er unsanft den Ellenbogen gegen die Taste in der Wand schlug. *Nicht schon wieder*, betete Sasha stumm. Konnte Bekah es nicht gut sein lassen?

«Du bist genau wie diese Weiber, die nur noch Augen für ihren Freund haben und alles andere dabei vergessen. Freunde zum Beispiel», schoss Bekah ungerührt zurück. Ally wäre nicht so, da war sich Sasha todsicher. Die wusste, wie sie Worte in Watte packen und mit einem strahlenden Lächeln an den Empfänger überreichen musste, damit er sich selbst über ein *Nein* freuen konnte. Bekah nicht. Die machte sogar Sasha wütend.

Julien presste die Lippen zusammen, drehte sich von ihr weg und lehnte stumm an Sashas Brust, als der Aufzug anfuhr. Ja, was wollte sie denn jetzt? Er legte die Arme um Julien und ignorierte Bekahs vernichtenden Blick. Schutzgeister waren ohnehin unsichtbar, da gab es nichts zu sehen.

«Mit *nett* meinte ich nicht, dass du ihn mir wegnimmst», sagte Bekah lauter und starrte Sasha noch immer an. Es funktionierte offenbar nicht, egal, wie sehr er sich anstrengte. Julien holte Luft, wollte sich umdrehen und etwas erwidern, doch Sasha hielt ihn fest. «Nicht», beschwor er ihn tonlos. *Nicht schon wieder.* Julien fixierte Sashas Lippen.

Aber sie hat Unrecht.

Ich weiß.

«Lass mich zufrieden, Beeks», murmelte er daraufhin, und sie hob trotzig das Kinn.

«So einfach ist das, was?»

«Ich pack das gerade nicht, versau mir nicht den Abend.» *Stell dir vor, wir knutschen rum*, dachte Sasha und fühlte den klammen Stoff von Juliens Hoodie unter den Fingern, als er sie behutsam in seine Oberarme drückte. Er war doch so stark. Er brauchte sich nicht einmal wehren, um Widerstand zu bieten.

«*Ich* versaue *dir* den Abend?» Bekah klang fast schon hysterisch, gleichzeitig erschien eine rotleuchtende Dreizehn auf der Anzeige über den Türen.

«Komm», flüsterte Sasha, und jetzt war er es, der Julien mit sich zog.

«Nein!» Bekah griff so plötzlich nach Juliens Ärmel, dass Sasha zusammenzuckte und Julien abrupt zu ihr herumfuhr, direkt auf der Schwelle zwischen Flur und Aufzug. «Ich hab's satt, deinen Babysitter spielen zu müssen!»

«Dann lass es doch!», schrie Julien zurück, und Sasha wollte sich die Ohren zuhalten, weil es so hallte, zurückkam, wie Wasser, eine, *zwei*, *drei* Wellen, doch er ließ nicht los, weil Julien dann abgetrieben werden würde, schon wieder. «Wenn du mir so kommst, scheiß ich auf deine Hilfe!»

«Jules.» *Jules.* Sasha konnte nur flüstern. Wenn er jetzt auch noch laut wurde, vermischten sich die Töne zu einer giftigen Brühe, in der sie alle absaufen würden. «Komm mit.»

«Du musst immer alles kaputtmachen, oder?» Bekah heulte schon wieder einfach los, sodass Sasha sie beinahe dafür bewundert hätte. Bei ihm dauerte das quälend lange Minuten, manchmal Stunden, und bis dahin tat ihm sogar das Blinzeln weh.

«Sagt die, die nicht ertragen kann, wenn jemand glücklicher ist, als sie selbst», fauchte Julien zurück und schien dabei nur von Sashas Griff aufrechtgehalten zu werden. «Wenn's dein toller Lord wirklich bringen würde, würdest du jetzt nicht so ein beschissenes Theater abziehen.»

«Wenigstens hab ich nicht vor deinen Augen mit ihm...» – «Hast du. Wie 'ne verflucht schlechte Schauspielerin. Glaubst du, die Nummer nimmt dir irgendjemand ab? Such dir wen, der dich ganz macht, der dich will, wie du bist. Deinen Billigwein und dein Chaos und dem es scheißegal ist, welche Unterwäsche du trägst. Dann ist es auch *dir* scheißegal, wie glücklich andere sind, weil du an nichts, als dein eigenes verfluchtes Glück denken kannst.»

Sasha merkte erst jetzt, dass Julien ihm gerade eine zu Tode erschöpfte und gleichzeitig unmissverständliche Liebeserklärung gemacht hatte, weil sich das Echo in seinem Herzmuskel bündelte und auf allerhöchster Frequenz zu summen begann. Weil Bekah nur noch lautlos schluchzte. Weil seine Knie weich wurden und sein Puls flatterte und das wie fliegen war, wie schwimmen und atmen gleichzeitig.

«Ich werd das nicht kaputtmachen», murmelte Julien, sah dabei jedoch nicht Bekah an, sondern nur Sasha, sah, wer er war, wer er endlich sein durfte. *Nur deiner*, dachte Sasha und ertastete die Gewissheit in Juliens Blick mit bloßem Auge. Sein einziger. Der beste von allen.

20

Julien

Er hasste es, Bekah schon wieder mit dem Gefühl dort stehengelassen zu haben, nicht mehr einfach nur Jules zu sein. Aber Julien konnte sie doch nicht anlügen. Sie nur in den Arm nehmen, ihr hundert Mal, tausend Mal versprechen, dass sie immer seine beste Freundin sein würde, außer, sie wollte jemand anderes sein.

«Ist sie jetzt wieder verletzt?», fragte Julien müde, als der Abspann einer uralten *Godzilla*-Verfilmung über den alten Flachbildfernseher von Sashas Tante flimmerte. «Oder einfach nur eifersüchtig?»

Die warme Haut an Sashas Unterarm roch nach Duschgel, irgendeine exotische Fruchtmischung, mit der er vorhin auch Julien eingerieben hatte, als sie gemeinsam unter der Dusche gestanden hatten. Zum Glück hatte diese Tante nur einen stummen Zettel hinterlassen. *Bleibe über Nacht weg, habe dir das Mittagessen kaltgestellt. Kuss, Pam.* Würde Miguel nie tun, jetzt erst recht nicht mehr.

«Ich denke, es macht ihr Angst», erwiderte Sasha leise, lehnte den Hinterkopf gegen die Sofalehne und betrachtete Julien von der Seite. «Weil sich etwas verändert hat.»

«Bei mir nicht.» Julien starrte zurück und fing gleichzeitig an, Sashas Gesicht mit den Augen zu fühlen, seinen Hals, seine Brust, seine schlanken Beine in der Jogginghose.

«Ich weiß, Jules.» Und Sasha ließ sich jedes Mal aufs Neue darauf ein, Julien merkte es immer daran, dass das Blau tiefer wurde. «Aber das ist nichts, was du heute noch lösen kannst.» Er lächelte kurz. «Oder brauchst.»

«Sondern?» Julien wartete die Antwort nicht ab, stattdessen lehnte er sich zu Sasha und legte die Lippen auf seinen Mund, der unter der Berührung leicht nachgab, sich öffnete und beinahe sofort an Juliens Bewegungen anpasste. Er gab einen kurzen, rauen Laut von sich, als Julien um seine Oberschenkel griff und ihn näher zu sich zog.

Das war Trost. Richtig guter, reiner Trost in Juliens ganz eigenem, höchstpersönlichem Himmel. In den konnte niemand einfach reinplatzen, stören, Streit anfangen oder nach Fehlern suchen.

«Ich glaub, wir müssen dringend in deine Höhle, Profi», murmelte Julien an Sashas Lippen, weil er dem Drang, ihm gleichzeitig das T-Shirt hochzuziehen und seinen nackten Oberkörper anzufassen, nicht widerstehen konnte, nicht jetzt, jetzt nicht mehr. Warum auch?

«Ja», flüsterte Sasha atemlos zurück, stemmte sich auf die Knie, griff um Juliens Gesicht, küsste ihn tiefer, fordernder als sonst, zog ihn hoch und mit sich. «Jetzt.» Mehr nicht. Nur das. Der Rest funktionierte von ganz allein.

In seinem schwach beleuchteten Zimmer fielen sie gegen die geschlossene Tür, und Julien fühlte Sashas Hände an den Bund seiner Jogginghose greifen, als er sich gegen ihn presste, Sashas Puls an seinen Lenden, seine Finger, die fahrig überallhin tasteten.

«Bist ja richtig wild heute, Profi», flüsterte Julien. «Mag ich.» Liebte er. Sashas Blick wurde dunkel, ein matt glänzendes Dämmerblau voller Goldfäden, als Julien anfing, ihn auszuziehen. Diese helle, warme, unverletzte Haut an seiner Brust, dieser sehnige Muskel unterhalb seiner Schulterblätter, der sich spannte, als Juliens Finger darüber glitten und um seinen Hintern griffen. Und dieser Arsch, *verflucht nochmal*, auf den fuhr Julien besonders ab.

«Was?», fragte Julien rau, als er den Gummibund von Sashas Shorts nach unten schob und Sasha das Becken nach vorn drückte, an Juliens Unterleib, in dem es pulsierte, drängte, *jetzt mach*.

«Nimm das», formten Sashas Lippen nur. *Nimm alles*, vor allem ihn. Und dieses Gold, dachte Julien, als er ihn zum Bett zog, in Sasha hineinfiel, ihn küsste, sein Kinn umfasste, wieder, nochmal, *komm schon*, und sie gleichzeitig aufstöhnten. Dieses glitzernde Gold, das war nichts als Verlangen. Richtig reines, bedingungsloses Verlangen, Partikel aus Wünschen, die nur Julien erfüllen konnte.

Sasha tastete blind mit der freien Hand nach dem Laken, mit der anderen hielt er sich in Juliens Nacken fest, dann zog er den Stoff über Juliens nackten Rücken, über sie beide, wie eine Wand, die keinen Widerstand bot. Er hatte nicht gelogen.

Julien fühlte Sashas Finger auf seinen Oberschenkeln, wie sie haltsuchend darum griffen, als er an seinem Hals zu saugen begann. Wie das Zittern bis in Sashas Hüften reichte, als Julien vorsichtig mit den Zähnen an der Sehne entlangfuhr, hineinbiss. Und wieder dieser raue, erstickte Ton.

«Du bist grad einfach nur Sex», murmelte Julien, vergrub sein Gesicht an Sashas Schulter, leckte über die Stelle an seiner Halsschlagader, die er gerade noch bearbeitet hatte, und rieb sich an ihm, fühlte ihn atmen, hörte das leise Stöhnen und die Herzschläge zwischen ihnen. Diese Art von Sex, für die noch niemand einen Namen gefunden hatte, denn sobald man damit anfing, wurde alles taub, war man blind vor Erregung und fragte nichts mehr, machte nur noch, immer weiter, bis es vorbei war. Danach hatte man alles vergessen, von dem man glaubte, es sei normal, und fing einfach wieder von vorne an.

Sashas Lider flatterten, als Julien sich nackt über ihm aufrichtete und mit den Fingerspitzen über seinen Brustkorb, den Ansatz seiner Rippen, die hellen Härchen an seinem Bauchnabel glitt, eine Kurve zog und seinen Puls nachzeichnete.

Ja, er war purer Sex und gleichzeitig so ein Kunstwerk. Ein Bild von einem Mann, aus geschwungenen Linien, blaugefilterten Augenaufschlägen und glatt rasierter Haut. Julien betrachtete das diffuse Lächeln in Sashas Mundwinkeln, fuhr mit dem Zeigefinger an seinem Schaft entlang, sah, wie Sasha sich auf die Unterlippe biss, dann schloss er die Hand um ihn.

Herrgott, Sasha, wann war dieser kehlige Ton so laut geworden?

«Sieh mich an», flüsterte Julien, beugte sich über Sasha, griff in sein Haar und bog seinen Kopf zurück. Dieses Stöhnen, *fuck*, wieder dieses Stöhnen, das nur Julien hören durfte.

«Jules...» Mehr bekam Sasha nicht raus, fixierte ihn mit diesem fiebrig verhangenen Blick, als Julien ihn langsam unter festem Griff zu massieren begann. Mehr nicht. Musste er auch nicht. Juliens Namen zu stöhnen, sich unter ihm aufzubäumen, seiner Hand entgegen, diese goldglitzernden Erdstöße, die das Eiswasser meterhoch auftürmten, reichten völlig.

Sashas Hände griffen überallhin, an Juliens Schultern, seinen Hals, glitten jedoch immer wieder an ihm ab, so unkontrolliert waren seine Bewegungen. Julien machte das wahnsinnig.

«Beherrsch dich mal, Profi», flüsterte er, bekam Sashas Arm zu fassen und drückte ihn über seinem Kopf in die Matratze. Das raue, kurze Lachen zwischen ihnen vibrierte durch die Matratze hindurch, brachte den Boden zum Schwanken, als Sasha auch den anderen Arm hob und seine Finger unter Juliens schob.

«Lass nicht los», bat er tonlos, während er begann, sein Becken in Juliens Griff fließend auf und ab zu bewegen. «Wenn ich falle.»

«Wenn du fliegst», korrigierte Julien ihn leise, und Sasha lächelte, bevor er die Augen schloss und Julien nichts mehr tun musste, nicht schreien oder um sich schlagen oder wegrennen, um die Kontrolle zu haben. Über arktische Tiefseeströme. Über kilometerdicke Eisschichten, Himmelskörper, Erdbewegungen, Geister. Die bösen und die guten. Vor allem über seinen eigenen, sich selbst.

Sashas Konturen verschmolzen mit Juliens Blick, als er schneller wurde. Wie er das machte, einfach hineinzugleiten in diesen Griff, sich an Julien festzuhalten. Wie gut das aussah und wie warm Julien dabei wurde, wie tief Sashas Stöhnen klang. *Von wegen nichts.*

«Wie richtiger Sex», murmelte Julien, neigte den Kopf und wollte das schmecken, diesen neuen Ton, diesen höheren Sinn zwischen ihnen, öffnete Sashas Mund mit den Lippen und küsste ihn so lange, bis eine einzige Berührung ausgereicht hätte, um ebenfalls in die Luft zu gehen.

«Jules», stöhnte Sasha leise, als Julien sich wieder von ihm löste, und der Klang seines Namens verfing sich in den dünnen Fasern des Lakens. *Jules,* nur das.

Seine Stöße wurden fester, seine Sehnen spannten sich. «Welche Zahl?», fragte Julien tonlos. Wer hatte eigentlich bestimmt, dass diese Skala nicht auch für die guten Dinge im Leben stehen konnte? Für die *wirklich* guten Dinge?

«Acht», brachte Sasha heraus, und der dünne Schweißfilm auf seiner Brust flimmerte in Juliens Augenwinkeln. «Neun… Jules, ich… Oh, fuck…» Er verlor sich, *nein,* er vergaß sich.

Wäre doch schade drum, dachte Julien nur, nahm Daumen und Zeigefinger zusammen, schob ein Bein über Sashas, damit er still hielt, und begann, ihn im Takt ihrer Herzschläge erneut zu massieren. «Ich mach schon, Profi», murmelte er, leckte behutsam über Sashas Unterlippe und legte die Stirn an seine. «Schau mich einfach nur an.» *Genau so.* «Ich will das sehen.»

Das Blau begann zu flackern, sich aufzufasern, als Sasha seinen Blick in Juliens schlug, wurde taghell, fast durchsichtig.

«Komm schon.» Julien küsste ihn sachte, diesen warmen Mund, der sich erneut öffnete, ihn hineinließ. «Zeig mir das.» Wie das aussah, wenn der Himmel aufbrach. Und nochmal. Sasha stöhnte auf, begann zu beben. «Jules…»

Julien wurde schneller, trieb ihn an, wie damals, auf dem Longboard, *keine Angst,* auch jetzt nicht, *komm schon,* er flüsterte, tausend Dinge, die er Sasha sagen musste, *ich will dich, ich brauch dich*, hier, unter ihm, bei ihm, immer.

Zehn. Als das Glitzern in dem Nachtblau explodierte, Funken in die Eiswellen schlug, wurde das Stöhnen in Sashas Kehle so tief und lang und rau, dass Julien jeden Ton fühlen konnte. In seinen Lenden, in seinen Schultern, unter all dem Narbengewebe, wie einen Schutzfilm. Nur so hatte er das heute überlebt, dachte er, als er die Augen schloss, innehielt, kurz stillstand, endlich, zum ersten Mal seit vierzehn Jahren. Und nur so wollte er weiterleben.

Sasha

«Du bist so 'ne verfluchte Schönheit, wenn du kommst», murmelte Julien, fuhr Sasha durch das verschwitzte Haar, rieb seine Nase an den Silberringen und betrachtete ihn. «Das ist echt nicht normal, Profi.»

Sasha blinzelte, versuchte zu lächeln. «Doch», flüsterte er zurück, hob den Kopf, aber war selbst zum Küssen viel zu benebelt, streifte nur kurz Juliens Oberlippe. «Das ist normal, weil die Hormone…» – «Scheiß auf Hormone, Mann.» Julien grinste. «Ich bin einfach nur um's Verrecken scharf auf dich.»

«Verstehe.» Tat Sasha wirklich. War er ja auch, und spätestens morgen früh würde sich der Schleier in seinem Hirn wieder gelichtet haben. Julien neigte den Kopf, leckte kurz über Sashas Brust, und als er wieder aufsah, zog sich ein bräunlich glühender Rand um seine pechschwarze Iris.

«Darf ich das wegmachen?», fragte er leise; das Drängen zwischen den Worten funkte bis in Sashas Herzmuskel. Wie unglaublich selbstsicher Julien seit Wochen in seiner Traumwelt umherwanderte, konnte er noch immer nicht fassen. Und wie sich das anfühlte, wenn Julien Sashas Erwartungen mit der Realität abglich und es keinen Unterschied mehr machte.

«Du musst nicht fragen», erwiderte Sasha tonlos, beobachtete, wie Juliens Zunge unterhalb seines Brustbeins entlangglitt, winzige Kreise bis an seinen Bauchnabel zog, und fuhr ihm dabei mit den Fingern durch die Haare.

«Ich mag das», murmelte Julien dann und blinzelte zu Sasha hoch, irgendwie anders als sonst. Ruhiger, fast ehrfürchtig, als hätte er gerade verstanden, wie es war, auf Schultern zu stehen. Nur auf Schultern.

Sasha griff daraufhin nach Julien und rollte sich auf ihn, dabei spannte das Laken über ihnen wie eine luftdurchlässige Membran. «Jules», murmelte er, stützte die Unterarme auf Juliens Oberkörper und legte den Mund auf seine leicht geöffneten Lippen. Eine Minute, *zwei*, *drei*. Julien war hart und sein Blick voll mit hellen Aschepartikeln, als er den Kopf nach hinten lehnte und Sashas Zunge mit seiner umspielte. Er *wollte*, nein, er *brauchte*. *Jetzt*. Zwischen all den atemlosen Hohlräumen hier drin.

«Ich zeig dir mal was, Jules», murmelte Sasha deshalb, bevor er begann, Juliens Mundwinkel zu küssen, an seinem Kieferknochen entlang und über diese Sehne, diesen verflucht schönen Hals. Julien stöhnte leise und wandte beinahe sofort das Gesicht zur Seite.

«Was, Profi?», fragte er rau, und Sasha atmete seine warme Haut, seinen Geruch nach trockener Erde, nach Sommerwald, sein Aftershave.

«Wird dir gefallen.»

«Verstehe.» Juliens kurzes Lachen zerfaserte sich an den Rändern, als Sasha seitlich um sein Becken griff, den Daumen an die Ader zwischen Hüftknochen und Schambein legte und mit der Zunge über sein Schlüsselbein, seine Schulter, die alten Wundränder glitt, die sich um seinen Herzschlag wanden.

Julien würde ihm nicht glauben, aber Sasha hatte noch nie etwas so ungewollt Ästhetisches wie dieses verästelte, helle Narbengewebe auf gebräunter Haut gesehen. Und diese leichte Wölbung darunter, die sein Brustmuskel bildete. Diesen kräftigen, gleichmäßigen Herzschlag an Sashas Lippen.

«Ich liebe alles an dir», murmelte er und spürte Juliens Finger über seinen Nacken und durch seine Haare gleiten. «Jeden Zentimeter. Besonders die kaputten.» Er hob kurz den Kopf und sah Julien an. «Die machen dich ganz.» Ohne die wäre er längst auseinandergefallen. Dann gäbe es überhaupt keine Schulter mehr, vielleicht nicht einmal ihn selbst.

Julien fuhr mit dem Zeigefinger über Sashas Kieferknochen und ließ ihn auf seiner Wange liegen. «Dein Ernst, Sasha?» Er brachte keinen Ton raus, nur ein Flüstern.

Und wenn er es ihm noch Hunderte, Tausende Male sagen musste, es wurde nicht weniger. Nur mehr. «Ich hab noch nie etwas ernster gemeint, Jules.»

Julien blinzelte Sasha zur Antwort nur aus halbgeschlossenen Lidern heraus an, beobachtete, wie er sich tiefer tastete, und Sasha machte dieser Blick, die Gewissheit, dass Julien ihn dabei ansehen würde, schon wieder scharf. Zumindest im Kopf, denn dort formten sich aus dem Dunst der letzten halben Stunde bereits neue Bilder, flossen Laute und Töne ineinander, ohne einen tieferen Sinn zu ergeben als den, dass alles richtig war, alles den Lauf nahm, den es sollte.

Julien hielt die Luft an, als Sashas Lippen die weiche Haut an den Innenseiten seiner Oberschenkel fanden, doch das Zittern, das ihn daraufhin durchfloss, konnte er damit nicht verhindern. Sasha leckte über die Stelle, die er vorhin noch festgehalten hatte, diese winzige Kuhle zwischen Hüfte und Bauchnabel, dann ließ er seine Oberlippe ganz leicht, federleicht, wie einen Atemzug an Juliens Schaft entlanggleiten.

Nichts daran war ihm fremd, nur neu. Julien ließ den Kopf nach hinten in die Matratze sinken, und sein Stöhnen zog sich wie ein kilometertiefer Graben um seinen nackten Körper. Wie auf einer Insel, dachte Sasha und betrachtete ihn eingehend. Wie Treiben auf offenem Meer, unter dessen Oberfläche es lautlos zu beben begann, als er den Kopf senkte und mit der Zunge diesen unnachgiebigen, drängenden Puls ertastete, ihn behutsam umkreiste, antrieb, *komm schon*, bis ganz nach oben.

«Sasha», brachte Julien noch heraus, bevor er die Lippen um ihn schloss. «Sasha, ich...» Und er endlich, *endlich* wusste, wie man einen Orkan vorhersagen konnte.

Julien

«Oh, fuck...» Dieser warme Mund. Dieses Lächeln, dieses kurze Blinzeln, Sasha, kochendes Wasser in Juliens Adern. Er stöhnte, fühlte seinen Herzschlag nicht mehr, als Sasha die Hände um seine zitternden Beine legte, wie zur Beruhigung, aber *Herrgott*, wie konnte er da ruhig bleiben? Bei diesen Bewegungen? Diesem Gefühl, in all das wogende Himmelblau hineinzugleiten, wieder raus, wieder rein, *verflucht nochmal*.

Julien stöhnte erneut auf und presste sich die Handflächen aufs Gesicht, weil er nicht wusste, wonach er greifen sollte; alles hätte nachgegeben, die Wände, der Boden, Juliens Haut unter Sashas Fingern. Er würde explodieren. Aufplatzen, in die Luft fliegen, diese Brandbomben, sein ganzer Körper. Sasha hatte keine Ahnung, was er da gerade lostrat. Aber was er tat, *wie* er das tat.

«Sasha...» Sein Name schmeckte salzig. Meerwasser. Nicht arktisch, sondern siedend heiß. «Fuck, Sasha...» Und wieder raus, Sashas Hand um Juliens Schaft, er massierte ihn, und wieder rein, *Shit*, das hielt Julien keine fünf Minuten durch. Von wegen Blowjob, dachte er, taub, vollkommen blind vor Erregung, nach Luft schnappend. Das war purer Sex. Sagte er ja.

«Hör nicht auf», stöhnte Julien und versuchte, das Brennen zwischen seinen Beinen in seinen Herzmuskel zu lenken. Von ihm aus könnte das noch ewig dauern. Könnte sich Sashas Zunge noch länger auf und ab tasten, seine rhythmischen Bewegungen noch schneller werden.

Sashas Augen waren mit einem goldflimmernden Film überzogen, als er den Blick hob, erneut um Juliens Puls griff, ihn an seine Lippen legte und anschließend wieder hineingleiten ließ. Langsam. Viel zu langsam. Er wollte ihn wirklich wahnsinnig machen.

«Was tust du da, shit, Sasha...» Julien ließ den Kopf zurückfallen, tastete nach Sashas Nacken und griff mit den Fingern in sein Haar. Dieses Luder, dieser Kerl, *Herrgott*. Von wegen der erste. Das hatte er doch geübt. Niemand konnte das beim ersten Mal *so* verflucht gut.

Aber es war ja Sasha. Der wusste mehr als Julien je wissen würde. Und wieder rein, und tiefer. Julien wurde schwarz vor Augen, er stöhnte, rauer, länger, schmeckte einen Rest von Sasha, ausgerechnet jetzt, und griff auch mit der anderen Hand nach ihm.

«Das kriegst du zurück, Profi», brachte er heraus, und Sasha lächelte schon wieder, öffnete den Mund, bewegte seine Hand um Juliens Schaft. «Das kriegst du sowas von zurück.» Julien verlor langsam aber sicher die Beherrschung. Er drückte Sashas Kopf nach unten, spürte seine warmen Hände, seine weichen Lippen, die plötzlich viel zu viel Widerstand boten, wie ein Ring, der sich immer enger zog, immer schneller wurde.

War er das? Oder Sasha, dieses Geistwesen, sein Lieblingsmensch, sein Mann, der Schönste von allen, der es ihm gerade besser besorgte, als es jedes Traumbild je könnte.

Julien grub die Finger tiefer in Sashas Haare, hörte sich stöhnen, lauter, er wettete, Miguel, der eine Wohnung weiter schlief, würde das hören, aber sollte er doch, *verflucht*, sollte er doch wissen, wie es sich anfühlte, zu vergessen, sich einfach nur noch *gut* zu fühlen. Ganz. In Flammen zu stehen, ohne Schmerzen. Sich an jemandem festzuhalten, in jemandem zu sein, schon wieder, viel zu tief, *oh, Herrgott*.

Julien wusste nicht, wer damit anfing, aber dass es drängender wurde, Sashas Griff um ihn fester, sein Blick dunkler, schwarzblau, dieses Beben, Juliens Becken, das sich Sasha entgegenbäumte, er würde, Julien würde, in ihm, mit ihm, alles, *Sasha, jetzt*.

Jetzt, genau jetzt, *zehn*, nein, *zwölf, hundert, hundert Mal zehn*, und Julien schoss ein heißer Strom durch die Adern, bis in die Fingerspitzen, er brach auseinander, stöhnte auf, *Sasha*, sein Name, sein Mund, Juliens Hände, Sashas Kopf, *lass nicht los, verflucht*, wenn er jetzt losließ.

Sasha ließ nicht los, als Julien in ihm kam. Und Julien ließ nicht los, weil Sasha nicht losließ, sondern noch einen draufsetzte, auf Juliens saublöde Frage, ob er das wegmachen durfte, und dabei nicht mal mit der Wimper zuckte.

Fuck. Fuck einfach. Julien wusste nichts mehr. Hatte alles vergessen, was er jemals war, bog Sashas Kopf zurück, konnte kaum atmen, *nein*, er konnte *nicht* atmen, als Sasha sich mit dem Handrücken über den Mundwinkel fuhr. *Heilige Scheiße*, wie er lächelte, wie er ihn jetzt ansah.

Julien zog ihn hoch, auf sich, und presste die Lippen auf Sashas, schmeckte sich selbst und ihn und dachte an Skittles und dann an nichts mehr. «Du bist'n Traum», murmelte er rau und küsste ihn nochmal. Nochmal. Sashas Lächeln, alles. «So ein scheißguter Traum einfach. Das hab ich nicht verdient.» Hatte er auch nicht. Nicht nach heute Nachmittag und Miguel und Bekah, nach allem, was er je versaut hatte.

«Hast du», flüsterte Sasha, und sein straffer Körper wurde ganz weich, als er auf Julien zusammensank, die Unterarme an seiner Brust, in der es noch immer rauschte und tobte, doch es wurde leiser, genau jetzt, *jetzt*. Sasha vergrub das Gesicht an Juliens Hals. «Mehr als alle anderen.»

Juliens Arme waren tonnenschwer, als er sie um ihn legte, seinen Geruch atmete, wie Sommerregen, Strandtage, Wassereis, Rotwein und Sex. Alles, was neu war, was er liebte, *Gott*, wie Julien *ihn* liebte.

Er träumte noch immer, auch in dieser Nacht, aber anders als sonst. Kein Wald, in dem er sich verlief, kein Schutzschild, das er brauchte. Er ging durch Wasser, nein, er schwamm und atmete das Wasser, und alles war so ruhig und warm und überhaupt nicht mehr kaputt. Er war so ganz, dachte Julien, während er träumte. So unverletzt. Und es regnete, in das Wasser hinein, auf Juliens Haut, Goldpartikel, wie feiner Staub, der ihn unter sich begrub. Den er auch einfach atmen konnte.

«Ich lieb dich, Profi», murmelte er, immer wieder, morgens, abends, nachts, *Profi, Schönheit, Sasha*. Am liebsten wäre er mit ihm verschmolzen. Und vielleicht tat er das ja, vergaß die Angst, dass es wehtun würde,

wenn man sie wieder auseinanderriss. Und wenn er an Mom dachte, an ihren Schal, wollte er noch immer heulen, weil er es ihr nicht erzählen konnte. *Mom*, spann Julien sich den imaginären Dialog zusammen, als er drei Tage später, genau zum Wochenanfang, eine Doppelschicht mit zwei Umzügen schieben musste. *Mom, ich hab jemanden kennengelernt.*
Wirklich? Erzähl mal.
Er heißt Sasha.
Das klingt sehr nett. Passt zu dir. Sie hätte dabei gelacht. *Jules. Wie lange kennt ihr euch schon?*
Ich weiß nicht. Wochen? Jahre? *Fühlt sich an wie'n ganzes Leben.* Ein neues, ganzes Leben.

Sasha

Julien war noch arbeiten, deshalb konnte Sasha nicht genau sagen, ob es eine Sechs oder eine Sieben war, als ihn seine Mutter zehn Minuten, nachdem er ihr das Testergebnis geschickt hatte, anrief. Er war natürlich durchgefallen, egal, wie sehr er gebetet, gehofft, sich gewünscht hatte, dass eine schlechte Note weniger Schaden anrichten würde als ein nicht ausreichendes Ergebnis.

Er hätte Ally fragen können, ob sie ihm ihren Test schicken und er damit seine Eltern ruhigstellen konnte, denn sie hatte beinahe die volle Punktzahl erreicht. Obwohl Phil sie mit seinen Mitbewohnerinnen bescheiss. Aber dann hätte Ally ihn vielleicht für einen Feigling gehalten, und überhaupt rührte Sasha keinen Finger für die Uni, während sie artig in ihren Vorlesungen saß. Das wäre nicht fair gewesen. Fair war es, den Kopf hinzuhalten und die Konsequenzen zu tragen.

«Das kann ich ihm doch nicht geben, Sasha», flüsterte seine Mutter. Es hallte trotzdem nach, also war sie vermutlich im Badezimmer. Hoffentlich war die Tür abgeschlossen. «Seit wann bist du denn so nachlässig geworden?»

Möglicherweise lag es daran, dass Sasha sich hier wie im Urlaub fühlte. Urlaub von seiner Familie, eine jahrelange Auszeit auf Kosten des feinen Hausherrn.

«Ich hab dir gesagt, dass es nicht reicht», murmelte Sasha und zog gleichzeitig die Wohnungstür hinter sich zu. Er brauchte frische Luft, in seinem Zimmer war alles voll mit dunklen Vorahnungen, die erst später, wenn er die Fenster sperrangelweit aufriss, wieder verfliegen würden. Deshalb würde er heute auch bei Julien bleiben. Ihm beim Klavierspielen zuhören und Sushi bestellen, auch, wenn Julien das hasste und Sasha lediglich den Reis wegessen würde. Dann würden sie Sex haben und Sasha konnte diese Spannung loswerden. Und schlafen, traumlos, tief und todsicher, inmitten von Juliens Chaos.

«Aber er wird sich furchtbar aufregen», wisperte seine Mutter in den Lautsprecher. In ihrer Stimme schwang unterschwellige Panik mit, die an den Metallwänden des Aufzugs hinabrann und eine Lache zu Sashas Füßen bildete. Dabei hatte er sich mit dem Gedanken an Juliens perfekt geformten, nackten Hintern neben sich im Bett gerade auf eine Fünf heruntergezwungen.

«Ich hab nichts anderes», versuchte er möglichst sachlich zu erklären, doch sie wussten beide, dass das nicht gut enden würde. Enden *konnte*. Würde es nie.

«Du weißt, dass ich dir nicht helfen kann, Sasha.» Natürlich nicht. Was hätte er auch anderes erwarten sollen? «Auf mich hört er nicht.»

«Er hört auf niemanden.»

«Du musst es doch nicht noch schlimmer machen.» Wenn sie nicht weiterkam, probierte sie es mit Manipulation und dem Einreden von Gewissensbissen. Als ob Sasha derjenige wäre, der etwas falsch machte, nur weil er aufhörte, am laufenden Band Bestnoten abzuliefern. Die Reaktion auf ein falschherum aufgehängtes Handtuch stand schon in keinem Verhältnis zum eigentlichen Vergehen. So blöd, dass er das nicht begriff, war er nicht. Nur zu blöd, um auch danach zu handeln.

«Du weißt ganz genau, dass du Scheiße redest», antwortete Sasha deshalb leise, als er seine Runde um den Parkplatz zog. «Dass er es ist, der sich falsch verhält.»

«Himmel, wie redest du denn?» Ablenkungstaktiken beherrschte seine Mutter wie keine Zweite. «Tu das ja nicht, wenn er in der Nähe ist, hörst du?»

«Mom. Er ist ein Arschloch, sieh's ein.»

«Sasha, bitte...»

«Warum gehst du nicht einfach? Zieh zu deiner Schwester, die in Phoenix.» Selbst bei dieser strenggläubigen Baptistenfamilie wäre es erträglicher als Zuhause.

«Werd nicht unsachlich, Sasha. Du weißt, dass das nicht geht. Unser Haus...» – «Das ist kein Haus», unterbrach Sasha sie trotzig. «Das ist ein Gefängnis.»

«Es ist keine Option.» Ende, aus, fertig. Sie würde für immer dort bleiben. War ja auch bequem, hinter diesen hübsch dekorierten Fenstern zu hocken und jeden Tag eine Maske aus Make-up und Falschheit zu tragen. Einfacher als Heulen, denn das musste man erklären.

Es geht dir doch so gut. Du hast doch alles. Kannst du nicht einfach glücklich sein?

Und so weiter, für jeden Tag des Jahres eine Frage nach dem *Warum* und dem *Weshalb*. «Mom, ich muss dir was sagen.» Und darauf würde es keine Frage geben, die auch nur annähernd erfassen konnte, worum es wirklich ging.

«Etwa noch so eine Hiobsbotschaft?»

«Ja.» Sasha sah zum Himmel; dünne Kondensstreifen, die sich an den Rändern auffaserten wie Bindfäden. Geometrische Formen, ein perfekter Neunziggradwinkel, genau über dem Hochhaus. «Ich hab einen Freund.»

Das Schweigen in der Verbindung war so laut, dass Sasha wusste, seine Mutter hatte vor Schreck nicht einfach aufgelegt. «Was?», fragte sie dann, vermutlich, um so zu tun, als hätte sie ihn nicht verstanden, und Sasha würde gleich etwas ganz anderes sagen. Würde er aber nicht, im Gegenteil.

«Ich hab einen Freund», wiederholte er. «Er heißt Julien und wohnt neben Pam.» So ein Zufall. So ein abgefuckt glücklicher Zufall aber auch. Seine Mutter rang nach Worten, er hörte das, an der Art, wie sie atmete.

«Seit wann?», wollte sie daraufhin wissen; es klang dünn.

«Seit ein paar Wochen.»

«Ist es deswegen?»

«Was?»

«Lenkt dich das ab?»

«Und wenn? Fuck, Mom, ich bin neunzehn.» Sie schnappte nach Luft, *wie redest du denn?*, und im Hintergrund ertönte ein leises Klappern.

«Sasha», flüsterte sie dann, genau deswegen. «Du weißt, dass ich dich liebe, egal, was du tust. Aber dein Vater wird das nie akzeptieren, hörst du? Niemals.»

«Ich weiß.» Musste er das überhaupt? In welchem Jahrhundert lebten sie, dass die Eltern darüber bestimmten, wen das Kind zum Partner auswählte?

«Er darf das nicht erfahren», beschwor seine Mutter ihn fast lautlos. «Nicht das.»

«Mom?»

«Was denn noch?»

«Du hasst ihn auch, oder?» Alles andere wäre doch absurd. Sasha hatte neunzehn Jahre lang Zeit gehabt, darüber nachzudenken, was er übersehen hatte, das man an seinem Vater lieben konnte. Bis heute hatte er nichts gefunden.

«Nein, Sasha. Hass ist das falsche Wort.» Aber was das richtige wäre, verriet sie ihm nicht, weil dieses Wort, das seine Eltern verband, möglicherweise überhaupt nicht existierte. Aber Liebe, dachte Sasha, als er wieder nach oben sah und sich langsam um sich selbst drehte, bis ihm schwindelig wurde. Liebe war etwas ganz anderes.

21

Julien

Sasha war blasser als sonst, als er unten am Geländer vor dem Haus auf ihn wartete, und seine Handflächen an Juliens Wangen waren kalt.

«Was?», fragte Julien nur. Wer wollte jetzt wieder was? Kaputtmachen, hinterfragen, ausdiskutieren. Was auch immer.

«Ich hab meiner Mutter den Test geschickt», murmelte Sasha nur. Er nannte sie nie *Mom*, das war Julien schon vor Wochen aufgefallen. «Vorhin.»

«Und?» Julien zog seine Notfalldose aus der Jackentasche und zählte stumm. Zwei Joints noch. Die mussten für den Rest der Woche reichen, dann zahlte Jeff ihm zum Lohn auch noch die Überstunden aus.

«Vierzehn Punkte.» Das klang nach viel, doch über Sashas Blick hing wieder dieser trübe Schleier. Eine Gewitterfront, die nie ausbrechen würde, weil er zu nett war für dieses Arschloch von Vater.

«Von wie vielen?», fragte Julien, lehnte sich gegen die Metallstangen und legte die Arme um Sashas Schultern. War ja eigentlich scheißegal. Für ihn hätte Sasha auch dann gereicht, wenn er obdachlos und pleite gewesen wäre. Ein bisschen wie er selbst.

«Dreißig.» Die Sehne unter der Tätowierung spannte. «Bin knapp durchgefallen.»

«Und?», wiederholte Julien. Er verstand das nicht. Würde er auch nie. Miguel hätte schon Luftsprünge gemacht, wenn Julien endlich lernte, seine Schuhe ins Regal unter der Garderobe zu stellen. Vielleicht tat er es ja genau deswegen nicht. Damit Miguel merkte, wie sinnentleert und wertlos das war. Doch da sie sich ohnehin seit drei Tagen anschwiegen und nur sahen, wenn einer von ihnen zufällig früher nach Hause kam, hatte sich das auch erledigt.

«Sie wird es ihm verraten», murmelte Sasha und senkte den Kopf, als schämte er sich wirklich für diese vermeintliche Niederlage. So ein

Bullshit. «Oder hat es ihm schon gesagt. Er hat vorhin angerufen.» *Was?* Und Sasha hatte natürlich nichts gesagt. «Was will der?»
«Weiß nicht. Bin nicht drangegangen.»
«Scheiße.»
«Ja.»
Sie hielten sich wortlos aneinander fest, bis in den dreizehnten Stock. Julien dachte kurz an Bekah, die auch nicht mehr mit ihm sprach. Und er war es leid, ihr hinterherzulaufen wie ein geprügelter Hund. Sollte sie doch kommen. Nur, weil ihr Lord nicht mal halb so cool war wie Sasha. Zumindest redete Julien sich ein, dass das der Grund war.

Miguel war nicht da, also schob Julien eine Fertigpizza in den Ofen und ließ den Wasserhahn in der Spüle zu lange laufen, doch Sasha hatte keinen Hunger.

«Willst du hören, was ich gerade übe?» Julien deutete auf das Klavier, als er die Zimmertür hinter ihnen schloss. Sasha nickte nur.

«Hey.» Julien kam auf ihn zu, griff um sein Gesicht, diese kühle Haut, küsste ihn, einmal, zwei Mal. «Profi. Keine Angst, okay? Er kann dir einen Scheiß.»

«Das weißt du nicht», flüsterte Sasha zurück, und erst jetzt bemerkte Julien das Beben unter seinen Fingern, das vielleicht schon die ganze Zeit dagewesen war, das er einfach nicht fühlen wollte, wenn es nicht von ihm ausgelöst wurde. So ein unglaublicher Mist war das alles, was in Sashas Familie abging, wirklich alles. Das einzig Gute, was sie je hervorgebracht hatten, stand direkt vor ihm und würde irgendwann an seiner Panik verrecken, wenn Julien nichts tat.

«Doch», gab er zurück und starrte stur durch den Schleier hindurch. Irgendwie musste er dieses Blau darunter doch wieder zum Glitzern bringen. «Weiß ich. Und ich weiß auch, was wir jetzt machen.»

Sasha blinzelte kurz, doch das machte es fast noch schlimmer. Hätte sein Vater nicht einfach tot umfallen können? «Was?», fragte er tonlos.

«Wir…» Sashas Handy vibrierte plötzlich. Durchdringend. *Sieben*, las Julien stumm von seinen Lippen ab, und als Sasha nach dem Telefon in seiner Jeans tastete, hielt Julien seine Hand fest.

«Nicht. Lass den Wichser doch anrufen. Was will er machen?»

«Es wird nicht besser», gab Sasha leise zurück, doch es klang brüchig; sein Puls unter Juliens Daumen begann zu stolpern. «Hast du selbst gesagt.»

Hatte er wohl, ja. Aber das hatte nichts geändert, also musste eine neue Taktik her. «Scheiß drauf, was ich gesagt habe. Lass ihn einfach, niemanden interessiert, was er will.»

«Doch.» Sasha zog den Arm weg. «Jeden.»

Er presste die Lippen zusammen, und seine Augen wurden grau, fast durchsichtig, als er abnahm und sie zeitgleich erstarrten. Sasha vor Angst, Julien vor Anstrengung, die es kostete, ihm nicht das Handy zu entreißen und aus dem Fenster zu werfen.

«Morgen früh um zehn», erklang es aus dem Lautsprecher, ganz sachlich, als würde Sasha tatsächlich nur an irgendeinen Termin erinnert werden. «Dann sprechen wir über diese Unverschämtheiten, die du dir geleistet hast. Deine Mutter kommt auch mit.»

Doch, dachte Julien, als sich Sashas Augen mit tiefdunklen Wolken füllten. Das Gewitter würde ausbrechen. In Tränen. Und er würde diesem Wichser den Hals umdrehen, irgendwann.

«Es tut mir leid», brachte Sasha heraus, doch es klang abgehackt, zerstückelt, als störte etwas den Empfang. «Du musst nicht herkommen, ich…»

«Morgen früh um zehn bei Pamela.» Julien holte Luft, um etwas zu sagen, etwas sehr, sehr Lautes und Unangebrachtes, doch Sasha hob beinahe sofort die Hand und legte sie ihm auf die Brust. *Nicht. Bitte.* Sein Blick lief langsam über von all dem Flehen, und Julien griff instinktiv nach seinen Fingern, die so kalt waren wie gefrorene Äste. Wie Eiszapfen. Wie damals.

«Ich bin nicht…» – «Willst du wirklich mit mir diskutieren, Sasha?» Sein Vater klang, als amüsierte ihn dieser Mist auch noch. «Willst du?»

«Ich…» *Acht.* Sasha begann zu zittern, und Julien schüttelte den Kopf.

Leg auf. Jetzt.

Und Sasha schüttelte den Kopf. Und Julien starrte ihn an. *Verflucht nochmal*, Sasha konnte das nicht gewinnen. Er war kein Orkan, er war doch nur ein harmloser Schutzgeist, der sich nicht einmal selbst schützen konnte.

«Es tut mir leid», wiederholte er erstickt. «Es war ein Versehen. Ich hatte das Falsche gelernt.» Lügen stand ihm nicht. «Ich dachte…» – «Weißt du, Sasha, es interessiert mich ehrlich gesagt einen Scheißdreck, was du gelernt oder nicht gelernt hast. Ich zahle Geld dafür, dass du tust, was ich erwarte. Und das ist, etwas aus dem jämmerlichen Nichts, was du bist, zu machen. Das bisschen Hirn, was du besitzt, gewinnbringend einzusetzen. Geld zu verdienen. Das Geld, was ich für dich bezahle, wieder reinzuholen. Ich hatte gehofft, du kapierst wenigstens das, aber...», Sashas Vater machte eine theatralische Pause, bevor er weiterschwadronierte, «offensichtlich habe ich mich auch darin getäuscht. Also werde ich jetzt alle Termine absagen, die sowohl meine, als auch deine Existenz sichern, mich in einen dieser dreckigen Billigflieger setzen und überprüfen, ob du überhaupt *irgendetwas* von dem tust, was wir besprochen haben.»

Wie ein Feldwebel. Oder ein frustrierter Lehrer. Ein Richter, der nur durch Korruption im Amt blieb. Scheißegal, was er war, aber es war nichts, was hierhergehörte. Nichts, was hier irgendjemand brauchte, am wenigsten Sasha, der kaum noch atmen konnte, der einen dünnen Tränenfilm wegzublinzeln versuchte und kläglich scheiterte.

«Musst du nicht», flüsterte er gepresst, wie durch einen winzigen Spalt, der entweder Worte oder Luft hindurchließ. «Ich komme.»

Was? Julien wurde kalt. Viel zu kalt. Selbst die Luft im Raum wurde zu Eis. «Nein, Sasha», flüsterte er, doch Sasha drehte sich halb von ihm weg, dabei glitt seine Hand aus Juliens taubem Griff.

«Ich komme, ich nehm den nächsten Flug.»

«Sasha.» *Fuck. Fuck*, jetzt wurde Julien heiß. «Nein.»

«Du kommst?» Sashas Vater lächelte, er hörte es doch, genau jetzt, da, hörte Sasha das nicht? Wie falsch das war? «Wann?»

«Spätestens morgen früh.»

«Wenn du pünktlich bist, kann ich die Konferenz am Nachmittag abhalten.» Als ob sie über das gottverfluchte Wetter sprachen und nicht darüber, dass Sasha geradewegs in sein Verderben stolpern würde.

«Bin ich.»

«Sasha!», fauchte Julien. «Nein!»

Sasha trat einen Schritt zur Seite und hielt das Telefon in Richtung Tür. «Gut», sagte sein Vater. «Du weißt, was passiert, wenn du mich verarschst.»

«Ja.»

«Morgen früh. Ruf an, wenn du am Flughafen bist, deine Mutter wird dich abholen.»

Julien wusste nicht, wer zuerst aufgelegt hatte, als er auf Sasha zustürzte, ihm das Smartphone aus der Hand riss und blindlings von sich schleuderte. An die Wand, direkt über dem Klavier. Winzige Glassplitter stoben über den schwarzen Lack, ein Teil des Bildschirms löste sich und brachte die Tasten zum Klingen.

«Was soll das?!», schrie Julien. «Was? Warum tust du das?!»

Sasha war zurückgezuckt, zwei, drei Schritte, nein, es waren vier.

Ganze verfluchte vier, doch Julien kam nicht mehr weiter, als er vor diese Wand in seinem Innern rannte, immer wieder, sich dagegen warf, damit sie nachgab und er fiel, kilometertief, grabentief, viel zu schnell.

«Warum kuschst du vor dem?!» Er brannte, er sah sich brennen, die eine Hälfte, die nur hilflos danebenstand und zusah, wie es passierte. Wie immer.

Sasha starrte ihn nur an, aus diesen schwimmenden, blassgrauüberzogenen Augen heraus, und blinzelte nicht einmal, nicht ein einziges verfluchtes Mal. Julien war mit zwei Schritten bei ihm, wollte die Arme heben, nach ihm greifen, ihn schütteln, doch etwas, irgendetwas, vielleicht diese Kälte, riss ihn zurück. *Jules. Jules, nicht.* Er flehte sich an, sich selbst, aber es brannte und kochte und brodelte und zerriss ihn doch, was hätte er sonst tun sollen?

«Ich will nicht...» Haarrisse. Direkt unter dem Grau. Dieses Packeis, das auf dem Tiefseewasser schwamm. «Ich will nicht, dass er herkommt», flüsterte Sasha und starrte auf Juliens zitternde Hände, auf seine verspannten Schultern, auf die Stelle, an der er stehengeblieben war. «Er soll es nicht kaputtmachen. Er würde es merken, ich kann nicht... Ich kann hier nicht so sein wie dort.»

«Das ist doch Schwachsinn!» So sehr, dass Julien nicht ruhig bleiben, es wie ein Erwachsener oder auch nur ein normaler Mensch klären konnte. Wenn Sasha ging, wenn er zurück zu seinen Eltern ging, würde ihn niemand beschützen können. Diesen verfluchten Schutzgeist, der sich nicht selbst helfen konnte. «Sag, du kommst nicht.» Julien tastete blind nach seinem eigenen Handy, denn Sashas war ja kaputt, aber er sollte seins nehmen und das rückgängig machen. Julien würde ihm ein Neues kaufen. In einer Woche. «Ruf zurück und sag, du kommst nicht. Sag, dass er sich ficken soll.»

«Jules.»

«Mach!» Julien wollte das. *Jetzt.* Er durfte nicht gehen, er *konnte* nicht. «Sag, dass du hier bleibst, sofort!»

«Es würde aber nichts ändern!» Julien hatte ihn noch nie schreien gehört, niemals, er wusste nicht einmal, dass Geister das konnten, doch offensichtlich hatte er sich geirrt. Nur, dass Sasha sich dabei gerade auflöste. In *Nichts*. Niemand mehr war, nicht mehr Sasha. «Er würde herkommen und alles kaputtmachen! Mich, dich, alles! Er kann das, er tut das, *immer*!»

«Mann, er soll sich ficken!», schrie Julien zurück. «Er ist ein Wichser, der nichts kann, außer Leuten Angst zu machen, kapierst du das nicht?!»

«Das reicht doch.» Sashas Blick begann zu flimmern, seine Stimme brach auseinander, und Julien machte das wütend. Noch viel wütender als Miguel ihn je machen konnte. Diese verfluchte Schwäche, diese Angst.

«Weil du feige bist! Weil du ihm immer wieder in den Arsch kriechst, anstatt ihm zu sagen, wie's ist! Nur deswegen macht er das, weil du ihn lässt!»

«Ich bin nicht wie du, Jules.» Jetzt heulte er, und Julien war zu taub, um es rückgängig zu machen, zu kalt, zu heiß, zu schwach. «Und ich werd auch nie so sein. Ich…» Als er Luft holte, bebte auch das Holz unter ihnen, die Wände schwankten, der Himmel stürzte über ihnen ein. «Ich bin genau so, wie er mich sieht. Wie dieser Ton. Nichts.»

Jules, bitte nicht. Doch es half nichts. Julien griff blind nach dem erstbesten Gegenstand, den er zu fassen bekam, sein Longboard, das hinter ihm lehnte, und schleuderte es gegen die Kommode neben dem Klavier. Scheißboden. Scheißwände. Scheißhimmel. *Scheiß drauf.*

«Dann geh doch!» Er würde explodieren. Er würde verbrennen. Sasha sah das, alles, endlich. «Geh doch zu denen! Geh und spiel den scheißbraven Sohn, lass dich verprügeln, lass dich kaputtschlagen, wenn's dich glücklich macht!»

«Jules…» Aber das half nicht mehr, weil Sasha sich ja entschieden hatte und Julien kein Argument einfiel, um das zu ändern, kein einziges. Er wollte gehen, bitte. Sollte er doch.

«Hau ab!» Weg von ihm.

«Jules, nicht…» Dieses Flüstern, dieser Regen in all dem Blau.

«Verpiss dich, ich brauch dich nicht! Ich brauch keinen Menschen, der mich für solche Wichser sitzenlässt!»

«Ich komm doch wieder… Jules, ich komm…» – «Nein!» Nein, das würde er nicht. Er würde sich seinem blöden Vater vor die Füße werfen und er würde ihn zertreten, so lange, bis nichts mehr übrig war, nur noch Staub, Goldstaub, und Julien, kaputt, zerstört, zu laut, der Orkan, der ihn gerade von sich wegtrieb. Zu weit, *Jules, bitte.*

«Aber ich lieb dich…» Sasha blinzelte und alles, alles verschwamm, seine Konturen, das Blau, der Himmel. «Ich…» – «Tust du nicht!» Hatte er nie. Warum auch? «Dann würdest du bleiben und nicht so einen Müll reden!» Würde er doch. Menschen, die ihn liebten, gingen nicht einfach weg. Die mussten gar nicht erst wiederkommen.

Sasha öffnete den Mund, wollte etwas erwidern, sich dagegenstemmen, gegen diese Wand, die Julien gerade eintrat, die schon Risse hatte und ihm die Handflächen aufschnitt, all diese rauen, ungeschliffenen Kanten.

«*Geh weg!*» *Jetzt.* Und dann hörte es auf. Dann blieb alles stehen, in dem Moment, als Sasha blinzelte und das Eis plötzlich frei lag, zu dick, um einfach dagegen zu schlagen. Kein Grau mehr, kein Himmel, nur das. Er atmete nicht mehr, keiner von ihnen, und Sasha drehte sich um, sah Julien nicht mehr an, wurde durchsichtig, wie ein Geist, der nicht mehr Julien gehörte. Der niemand mehr war, lautlos und unsichtbar und viel zu kalt, noch kälter, noch weiter weg.

Julien bekam keine Luft mehr. *Nein. Doch.* «Sasha!» *Immer*. Immer wieder, wenn es aufhörte, fing es an, wehzutun, überall, in jedem Winkel seines Körpers, in jeder Pore, jedem Atemzug. «Sasha, nicht.» Julien wollte nach Sashas Handgelenk greifen, als er ihn im Wohnungsflur eingeholt hatte, doch Sasha war ganz steif, wich ihm aus, sodass Julien ins Leere griff, an ihm vorbei und nirgendwohin.

«Fass mich nicht an», sagte er nur, ganz ruhig, ganz sachlich, dieser Wetterbericht, *ach ja.*

«Fuck, es tut mir leid.» Und immer dann, wenn es wehtat und alles kaputt war, Julien und alles, was er doch liebte und behalten wollte, wollte er heulen. Um das, was er nicht halten *konnte*. Um die, die weggingen und nicht mehr wiederkamen, die ihn nicht mal hassen würden, weil er so armselig und klein und nichts mehr war. Niemand, den irgendjemand lange genug ertrug, bis Julien sicher sein konnte, dass es reichte. Dass es genug war. Er genug war.

Sasha zog wortlos die Wohnungstür auf, und Julien versuchte es nochmal, griff nach ihm, doch das war's, fertig, weil Sasha nicht mal hinsah, nicht mal wegzuckte.

«Sasha, bitte nicht. Bitte.»

«Ich hab gesagt, du sollst mich nicht anfassen.»

«Bitte bleib hier, ich wollte nicht...» – «Hast du aber.» *Und jetzt die Staunachrichten.*

«Bitte. Fuck, Sasha, *bitte*. Hör auf damit.» So zu sein. So fremd, als würde er Julien nicht kennen, nie gekannt haben.

«Nein.»

«Warum nicht? Ich...» – «Weil ich genug hab.» Sashas Stimme biss sich mit dem Pfeifton in Juliens Ohren. «Hättest du doch merken müssen, *Jules*.»

Als die Tür hinter Sasha zufiel und Julien allein im Flur stand, neben Miguels ordentlich aufgereihten Schuhen, den Jacken, die nach Farbe und Länge sortiert waren, als er nur noch Julien war, dem alles, wirklich *alles* wehtat, war es auch egal.

Alles egal. Jeder hier, niemand, den noch interessierte, dass Julien anfing, sie von den Haken zu reißen, gegen die Wand schlug, mit den Fäusten, mit den Fingerknöcheln, die wieder aufplatzten. Dass er schrie, dass er heulte, mit Tellern warf, sich die Handflächen an den Scherben aufschnitt, seine Lungen implodierten, er seine Schulter gegen die Kante des Küchentresens presste, bis sie taub wurde, und er nichts mehr sein wollte, nicht Julien, nicht Jules, nichts Ganzes mehr.

Und dann kam doch jemand. Noch jemand, der viel zu schwach war. Jemand, der ihn nicht hasste, sondern seit Tagen ignoriert hatte, *Jules*, die Arme, beide, den heilen und den kaputten, von hinten um ihn schlang. «Jules.» Miguels Stimme an seinem Ohr, als er ihn festhielt, als Julien sich wehrte, weil das wehtat, *verdammt nochmal*, war wie ein Mantra. «Jules, ganz ruhig. Alles okay.»

Julien heulte, rang nach Luft, wurde blind vor Schmerz, und seine Knie gaben einfach nach. «Alles ist gut.» Es sollte ihn beruhigen, es sollte einfach nur trösten, doch Sasha war weg, *fuck*, Sasha war weg. Er würde wegfliegen, nie wiederkommen, sterben, wie Mom, wie Dad, *Sasha, nicht*.

Julien krümmte sich zusammen, und der Laut, den er von sich gab, tat ihm weh, alles tat ihm weh, und er dachte, dass Miguel ihn loslassen und auch weggehen würde, weil er ihn doch leid war, dieses Theater, genau das hier. Sah er das nicht? Seine heilige Wohnung. Alles, was er sich aufgebaut hatte, was Julien in Stücke schlug. Ein Teufelskreis, und, *Jules*, er war der Teufel.

«Atmen, Jules.» Die Worte summten ziellos in Juliens Kopf umher, stießen sich gegenseitig ab, ergaben keinen Sinn, und jetzt heulte er nur noch, schrie nicht mehr, wie ein Kleinkind, das seine Mutter verloren hatte. *Ach ja*. Die ihn zu einem guten Menschen gemacht hätte. Zu einem, den man lieben konnte, der sich geliebt fühlte, egal, wie viele Gründe er dafür fand, es nicht zu tun.

Sasha

Pam bemerkte es sofort. Sie stand auf, wollte Sasha wohl umarmen oder einfach nur ansehen, prüfen, ob es ihm noch gut ging, hier, in Chicago, doch er ertrug das nicht. Nichts mehr.

«Sasha, Darling.» Er hob schützend die Arme vor die Brust, ein Reflex aus Kindheitstagen, lief an ihr vorbei, blind vor Tränen, halb erstickt, ein dünner, heller Ton, der verflog. Bekah hatte es ihm erklärt. Wie Julien sein konnte. Wie ein Arschloch, ein trotziges Kind, dem alles, was aus seinem Mund kam, hinterher leid tat, aber wer war Sasha, sich sagen zu lassen, er würde ihn nicht lieben, nur, weil er genau diese Liebe schützen wollte? Diese Bedingungslosigkeit nicht an Bedingungen knüpfen wollte, dieses Zuhause nicht mit ruinösem Verlust an einen Immobilienhai verkaufen würde. Dann war er lieber nicht mehr hier.

Dann blieb es wenigstens, wenigstens das, und Sasha hätte eine Chance gehabt, eine verschwindend geringe zwar, aber eine Chance, zurückzukommen. Jetzt nicht mehr. Weil Julien immer alles kaputtmachen musste, und auch das hatte Bekah prophezeit.

Sasha heulte lautlos, als er seinen Koffer unter dem Bett hervorzog und wahllos Kleidungsstücke hineinwarf. Sein Handy war Elektroschrott. Wenn sein Vater ihn jetzt noch einmal erreichen wollte, blieb ihm nur Pams Nummer, und dann würde sie wissen, was hier los war.

Ein Ticket im Internet zu buchen kostete zu viel Zeit, Kreditkartendaten eingeben, Reiseversicherung abwählen, die richtigen Tasten treffen, all das, was Sasha eigentlich im Schlaf, aber nicht in Panik beherrschte. Ein Taxi, das würde er hinbekommen. Für jetzt, sofort, zehn Minuten, dann war er unten. Sein Rucksack, sein Laptop, seine Kopfhörer, Juliens Hoodie, *bitte, Sasha, geh weg, bleib hier, ich wollte nicht*.

Er auch nicht. Niemals hatte er das gewollt. «Sasha, um Himmels Willen.» Pam hatte offenbar die ganze Zeit vor seiner Tür gestanden, als er wieder aus dem Zimmer kam. Ohne Hoodie. Ohne Julien. «Was ist los, wohin willst du?»

«Ich muss nach Hause.» Er schluckte den nächsten Heulkrampf hinunter, *einmal, zweimal*, doch wen wollte er hier eigentlich verarschen? Sasha konnte das gar nicht. Sonst würde sein Vater nicht so viel Abscheu, Wut, Hass, Ekel ihm gegenüber empfinden. Dann wäre er stolz, weil Sasha war wie er.

«Ist etwas passiert? Sasha, jetzt warte doch mal.» Er wollte aber nicht warten. Er wollte nicht stehenbleiben und sehen, was er alles kopflos und ohne einen Funken Verstand zurückließ, nicht Pams Teetassen, nicht den Badezimmerteppich, nicht ihr riesiges Sofa und schon gar nicht seine geliebte Deckenhöhle.

«Sasha, Darling, rede mit mir.» Sasha riss abrupt die Hand weg, als Pams warme, beringte Finger nach seinen griffen, und zuckte vor seiner eigenen Abwehr zurück.

«Ich muss nach Hause», wiederholte er, und es klang so fremd und gleichzeitig so vertraut, dieser monotone Singsang aus Pflichten und Zustimmung, *ja, nein,* diesem sinnlosen Spiel, das er nicht gewinnen konnte und doch besser beherrschte als irgendein anderes.

Es kotzte ihn an. Nein, es widerte ihn an, wie er war. Wie sein Vater war. Dass er Macht über ihn hatte, egal, was Sasha tat, dass er alles tun durfte und niemand, absolut niemand würde ihn davon abhalten können.

«Sasha. Sasha, Moment.» Pam stellte sich vor die Wohnungstür, wie ein kleiner Soldat, die Wasserschutzpolizei, sein guter Geist, seine Tante, die weder Mann noch Kinder hatte und trotzdem wusste, wie man eine Mom war, die man furchtbar vermissen würde, wenn man sie zurückließ. Oder wenn sie starb, wie Juliens Mom. Direkt vor seinen Augen.

«Du darfst gehen», erklärte sie leise, *gut,* genau das, was sie gesagt hatte, ein und aus, wie er wollte. «Aber bitte sag mir vorher, ob es wegen ihm ist. Wegen deinem Vater. Hat er gesagt, dass du nach Hause kommen sollst?»

Und wenn? Was würde das ändern? «Nein.»

«Hat er etwas damit zu tun?»

«Nein.»

«Warum lügst du mich an? Diese Wohnung hier ist vielleicht nicht so groß und prächtig wie euer Haus, aber wir sind ehrlich zueinander, egal, wer hierherkommt.»

«Weil ich muss», antwortete Sasha tonlos und stand einfach nur da, mit seinem Koffer, dem scheißteuren Rucksack, dem scheißteuren *MacBook.* Der scheißteure Sohn. Dabei wollte er sich Pam einfach nur in die Arme werfen und hören, dass alles gut werden würde. Dass man sich mal streiten konnte, gerade, wenn es noch so frisch war, dass das normal war, dass *er* normal war.

«Bei mir», gab Pam leiser zurück, «musst du gar nichts. Überhaupt gar nichts. Und wenn du dich anders entschieden hast, darfst du jederzeit wiederkommen. Ich möchte, dass du das weißt, Sasha.»

Okay. Danke. Bis dann. In einem anderen Leben hätte Sasha ihr alles erzählt. Von seinem Vater, der seine Mutter schlug, weil sie die Gabeln falsch abspülte. Von dem Spiegel im Badezimmer, in den Sasha nicht mehr schauen konnte. Von Julien, der seine Eltern verloren hatte.

Von den Dingen, die er sagte, wenn er wütend war, von den Lügen, die Sasha auswendig konnte, von dem Schmerz in seiner Brust, der noch nie so stark wie heute und noch nie so klein wie gestern gewesen war.

Aber er konnte doch nicht. Er war doch ihr Bruder. Und Brüder, dachte Sasha, als er die Musik aufdrehte, nicht *ODESZA*, weil er die nur noch mit Julien hörte, eigentlich, jetzt nicht mehr. Brüder waren wie Julien. Brüder konnte man nicht hassen.

Julien

Wie lange hatten sie dort gesessen? Wie viele Tränen konnte Julien noch weinen und wie viel Zeit brauchte ein Mensch, um zu verzeihen?

«Was ist los?», hatte Miguel irgendwann gefragt. «Willst du drüber reden?» Aber er war doch sauer, hatte Julien gedacht und wäre schon wieder fast an sich selbst erstickt. Sein Bruder hasste ihn doch, heimlich, wenn er in seinem Schlafzimmer saß und so tat, als gäbe es Julien nicht mehr.

«Er ist weg», hatte Julien nur herausgebracht. «Er ist weg und ich bin Schuld.»

«Verstehe.» Besser als jeder andere. Miguel bekam ja immer alles ab. Die volle Breitseite. Dabei war er derjenige, der Julien bei sich aufgenommen hatte, weil ihn kein anderer haben wollte. Er kaufte seine Fertigpizza, er ließ Julien Klavier spielen, obwohl *ihn* das zum Heulen brachte, er hatte ihn nicht losgelassen, sogar im Krankenwagen hatte er ihn nicht losgelassen. Nie.

«Es tut mir leid.» Juliens Augen brannten vor Scham und Tränen und zu viel trockener Luft. Kein Regen mehr. Nicht ein einziger Tropfen. «Fuck, es tut mir leid.»

«Ich weiß.» Denselben Dialog hatten sie schon vor Wochen geführt. Wie oft würden sie noch ausschließlich um Julien kreisen? Um Julien und seine Probleme, seine Wut, seine Trauer. Fünf Jahre machten keinen Unterschied. Nur, dass Miguel mit neunzehn keinen großen Bruder gehabt hatte, der ihm ein Zuhause gegeben hatte. Das musste er alles allein machen. Auch jetzt.

«Bitte.» Julien schloss die Augen, würgte einen weiteren, jämmerlichen Laut hinunter und lehnte sich mit dem Rücken an Miguels Oberkörper. «Hilf mir.»

«Wie?» Diese Hemdärmel waren so weich, dass Julien seine blutverschmierten Finger hineingrub, sich festhielt, an diesem letzten Rest Familie. «Wie soll ich dir helfen, Jules? Sag mir, was ich noch nicht versucht habe.»

Er klang ganz ruhig, nicht belehrend, sprach einfach nur die Wahrheit aus.

«Sag mir, wie ich das wieder gut machen kann», flüsterte Julien erstickt. «Das mit Sasha.»

«Was hast du gemacht?»

«Ich... Ich hab ihn angeschrien, dass er abhauen soll. Dass er gehen soll, zu seinen beschissenen Eltern. Sein Vater verprügelt ihn.» Und wieder heulen. Juliens Muskeln krampften vor Abscheu, vor Angst. «Er wollte hierherkommen, weil Sasha... Shit, er hat einfach 'ne schlechte Note geschrieben. Deswegen wollte er herkommen. Aber Sasha hat... Er hat gesagt, er fliegt hin. Ich kapier das nicht, Scheiße, die machen ihn doch kaputt.»

«Und damit sie hier nichts kaputtmachen, geht er. Ist nicht so schwer zu begreifen.»

«Aber ich hätte ihn doch beschützt.» Julien fuhr sich mit dem Handrücken über die Wange, wollte Luft holen, atmen, damit er wieder funktionierte, doch es reichte nur, um nicht vornüberzukippen, als Miguel ihn bei den Schultern nahm und zu sich umdrehte. «Ich hätte dem Wichser eine reingehauen, dann...» – «Jules», sagte Miguel leise. «Das hilft ihm nicht. Niemandem. Wenn du das machst, bist du nicht besser.»

«Doch!», wollte Julien schreien. Doch, er war besser, er vergötterte Sasha, mit allen Fehlern, schlechten Noten, Panikattacken und Heulkrämpfen. Aber er konnte nicht. Weil Miguel viel zu klug war, um ihm Mist zu erzählen. Weil seine schwarzen Augen alles aufsaugten, das Schlechte und das Gute, und er all das in einen vernünftigen, durchdachten Zusammenhang bringen konnte.

Und Julien konnte nur schreien und toben. Wie ein Fünfjähriger. Er war seit diesem Tag im Januar keine Woche älter geworden. Und fünf, dachte er dumpf, war ein denkbar beschissenes Alter, um zu begreifen, dass die Welt sich auch ohne Mom und Dad weiterdrehte.

«Ich will nicht, dass er geht», flüsterte Julien dennoch, wie ein Kind, er flehte fast. «Er macht mich besser. Er macht, dass ich mich nicht mehr ganz so scheiße finde.»

«Dann zeig ihm das.» Miguel ließ sich nach hinten sinken, zog die Knie an und stützte die Arme darauf ab, dabei bildeten seine Beine eine Kuhle, in die Julien gerade so hineinpasste.

«Wie denn?» Er hatte doch schon so viel gesagt. So viel getan. So viele Beweise geliefert, so viel riskiert.

«Lass dir helfen. Nicht von mir, sondern von einem Fachmann. Ich kann das nicht, Jules. Ernsthaft, meine Nerven sind runter. Keine Ahnung, ob dir das klar ist, aber ich schlafe nicht, ich esse nicht und ich krieg auch keinen Urlaub mehr auf der Arbeit, um das auszugleichen. Ich bin einfach fertig. Nicht nur wegen dir. Aber du machst es nicht einfacher.»

Nein, das war ihm nicht klar gewesen. Denn noch weniger als Julien selbst sprach Miguel darüber, wie es ihm ging. Mit allem, nicht nur mit einem zufällig laufenden Radio im Supermarkt.

«Ich weiß es wieder», sagte Julien deshalb tonlos. «Welches Lied lief. Vor den Nachrichten.»

Miguel sah ihn nur an.

«You And Me von Lifehouse», flüsterte er weiter. «Mom hat es gesungen. Und sie trug unseren Schal.»

«Deinen Schal», korrigierte Miguel ihn leise, monoton, doch da war eine Unebenheit, zwischen *deinen* und *Schal*, eine winzig kleine. War die schon immer dagewesen? «Es war dein Geschenk.»

«Und dein Geld.» Wie immer.

«Du wolltest den unbedingt kaufen.»

«Damit sie sich freut.»

«Hat sie.» Dass Schwarz noch dunkler werden konnte, hatte Julien nicht gewusst. Doch es konnte.

«Du hast sie gesehen», sagte er tonlos und es brach einfach aus ihm heraus, diese schwebende Tatsache, über die sie nie gesprochen hatten, niemals. Weil Julien sich fürchtete, vor Miguels Reaktion, vor dem Bild, das er malen, vor der Erinnerung, die Juliens Hirn daraus formen würde. «Du hast gesehen, wie sie gestorben ist.»

Miguel starrte Julien noch immer an, schweigend, aus dieser Dunkelheit heraus. Da war kein Glitzern, nicht mal ein bisschen. Nur tote Materie, Reste eines Sterns, ein leerer Orbit. «Ja», sagte er dann. Mehr nicht. Julien hob instinktiv die Hand, tastete nach Miguels Arm, nach den Sehnen, den Rissen, den Nähten und Schrauben.

Er beklagte sich nie darüber. Er schrie nicht, er heulte nur, wenn es niemand sah, er legte jeden Monat Moms Lieblingsblumen auf das Grab und hatte Dads Angelmagazin abonniert, obwohl er Wasser hasste und nur drei Fischarten kannte. Sasha hätte ihm auswendig eine komplette Liste aufsagen können. Zwei Klugscheißer, um die Julien kreiste wie ein kaputter Satellit auf der Suche nach Antworten. Der blindlings drauf losfeuerte, wenn sie sich nur einen Millimeter weit von ihm entfernten.

«Bist du nie wütend?», fragte Julien leise. «Willst du nie, dass jeder einfach nur sein verfluchtes Maul hält? Dass alle verschwinden sollen, damit du's wenigstens vorher wusstest?»

Miguel verzog den Mund, blinzelte, dann fuhr er sich mit beiden Händen durch die Haare und entzog sich dabei Juliens Griff. Sein Blick war so müde, dachte Julien, und bekam plötzlich Angst, er würde nicht mehr lange hier sein. Noch ein, zwei Mal, noch ein Wutausbruch, ein Stoß gegen die Brust, eine Beleidigung zu viel, und sein Bruder löste sich einfach in Luft auf.

«Ich glaube», erklärte Miguel daraufhin, und es klang schon wieder so rau und verspannt, «dass mir das mittlerweile egal ist. Sollen sie doch gehen, scheiß drauf. Ich leb ja trotzdem weiter. Ob ich will oder nicht.»

«Willst du?» Julien wollte. Immer. Nie hatte er daran gedacht, damit aufzuhören, und wenn es noch so wehtat, weil es das war, was ihm am meisten Angst machte. Wenn man nicht mehr *war*. «Oder nicht?»

Miguel sah kurz zur Seite, eine Hand an seiner Stirn, die andere, die Julien festgehalten hatte, die noch ganz war, hing kraftlos über seinem Knie. «Nein», antwortete er dann kaum hörbar. «Manchmal nicht.»

In Juliens Magen wurde es ganz heiß, ganz eng und fest; es brannte. *Scheiße*, warum war er so blind für alles, was um ihn herum passierte? Warum konnte er nicht wie Sasha sein, der seine Umwelt mit diesem hellblauen Scannerblick erfasste und auf Schwachstellen abtastete? Dann wäre ihm das aufgefallen. Todsicher.

«Aber ich brauch dich», flüsterte er, und es brannte jetzt überall, von oben bis unten, in seinen Augen, in seinen Händen, *hi, Jules*. «Fuck, Miguel...» Keine Wut. Nur Angst. Und die tat jetzt erst richtig weh.

Miguel blinzelte, einmal, sah wieder zu Julien, zwei Mal. «Was glaubst du, warum ich noch hier bin?», fragte er nur, dann sank die Hand bis über seine Augen, diesen kalten, schwarzen Kosmos. Aber der war gar nicht leer, denn Julien zog Miguels Arm weg, den, der keinen Widerstand mehr bot, und er heulte wieder, und Miguel heulte auch, und alles brach zusammen. Diese Ordnung, nach der sie weiterleben sollten, Schuhe im Regal, scheißteurer Kaffee, kein Staubkorn auf den glatten Oberflächen.

«Ich mach 'ne Therapie», brachte Julien heraus, und konnte kaum atmen, weil es ihn zusammenschnürte, zu einem winzigen Bündel. «Du musst das nicht… Du musst mich nicht ertragen, du hast…» Er hatte alles abgefangen. Hingesehen, damit Julien es nicht musste. Dinge gesagt, an die er selbst nicht glaubte, *alles okay*, *alles ist gut*, und Julien so viele Schwächen zugestanden, dass keine mehr für ihn übrig blieb.

Aber jetzt. *Jetzt*. Julien schlang die Arme um seinen Bruder, der nur noch ein Viertel dieses großen Ganzen war, hielt ihn fest, aufrecht, *geh nicht weg*, *ich geh nicht weg*, *bitte*, *versprochen*, ein stummer Dialog zwischen Chaos und Hemdknöpfen.

«Ich ertrag dich nicht, Jules», murmelte Miguel an Juliens kaputter Schulter, und es klang brüchig «Ich liebe dich. Kann ich dir auch schriftlich geben.»

«Ja», flüsterte Julien zurück. Miguel roch nach Moms Waschmittel und durchwachten Nächten. «Bitte.» Damit er das nicht wieder vergaß.

22

Julien

Sashas Tante machte ihm auf, sah sein verheultes Gesicht, seine zusammengepressten Lippen, die Reue, die Julien ihr am liebsten vor die Füße gekotzt hätte.

«Kann ich mit Sasha reden?» Wenn sie klug war, würde sie ihn zum Teufel schicken.

«Oh, Julien. Also...»

«Bitte.» *Bitte, bitte*, scheiß auf Schwäche, scheiß auf Flehen oder Betteln. Er brauchte ihn doch, dieses Traumwesen, das ihn nachts aufweckte, wenn schneeschwere Äste über ihm einbrachen.

«Sasha ist weg», sagte sie leise. Julien wurde ganz kalt. Diese beschissene Kälte, jedes Mal. Und dann kam die Hitze, aber nicht jetzt. Jetzt blieb das so, wenn er nichts tat.

«Was?»

«Tut mir leid.»

«Wohin?»

«Nach Hause.» Sie verzog das Gesicht, irgendwie ungläubig, ein wenig verächtlich. «Ich kann ihn ja nicht einsperren. Das tut mein unfähiger...» – «Wo ist *nach Hause*? Wo?» *Hier. Er.* Julien, nein, Sasha war Juliens Zuhause, nicht Julien seins, gerade nicht. Die Panik kam in Wellen. *Weißt du mal, wie das ist.*

«Nun, ich schätze, er wird zum Flughafen fahren und sich dort einreden, dass er das Richtige tut.»

«Aber das ist falsch!» *Fuck*, das lief alles so furchtbar falsch und beschissen. Julien begann zu zittern, bevor er überhaupt bemerkte, dass ihm etwas Schweres auf den Brustkorb drückte. «Wann ist er... Ich muss...» Er wich zurück, stieß mit dem Rücken gegen die Wand im Flur, seine Schulter tat weh, seine Lungen spannten, und Pam kam geradewegs aus der Tür auf ihn zu. *Nein*, nicht das auch noch, *nicht anfassen, bitte.*

«Beruhige dich, Julien. So kannst du nichts tun, hörst du?» Aber er musste doch, er *musste*.

«Er darf nicht weg!» Julien stiegen schon wieder die Tränen in die Augen, *verdammt*, seit wann war er denn so? So ein Kleinkind? *Ach ja*. «Sasha darf dort nicht hin, er *darf* das nicht! Er wird ihn totschlagen!»

Pam erstarrte in ihrer Bewegung, *Gott sei Dank*, sie blieb stehen, keinen Schritt zu nah. «Wie bitte?»

«Wir müssen… Ich muss… Wir müssen zum Flughafen, jetzt, sofort, ich…» Und Sasha retten. Vor seinem Vater. Vor Julien. Vor Angst.

«Behauptest du gerade, mein Bruder würde den Jungen schlagen?» Pam schien überhaupt keine Ahnung zu haben, *toll gemacht*, *Profi*, bühnenreife Vorstellung, diese gottverfluchte Tarnung aus Blau und Gold. «Ist das dein Ernst? Julien, ist das…» – Natürlich ist das mein Ernst, Scheiße, Mann, er lügt doch nicht!» Nicht wie Julien mit seinem *Geh weg* und *Verpiss dich*. Nur *Ich lieb dich*. «Wir müssen ihn holen, bitte!»

«Aber… Ich hab kein Auto, Julien, sag mir…»

Julien presste sich die Hände aufs Gesicht, drehte sich zur Wand, wieder zurück, musste dieses Bild loswerden, von Sasha und dem Spiegel und dem Blut. Irgendwo ging eine Tür auf. Es rauschte und pfiff. Der Wind. Dieses scheiß Treppenhaus. *Bekah*. Bekah hatte ein Auto. Bekah würde ihn fahren.

Julien rannte blindlings drauflos, wie er es immer tat, drei, vier, fünf Stockwerke hoch, weil der Aufzug zu lange dauern würde, weil das half, gegen diese Kälte in seinen Knochen und überall, die einfach überall hinkam.

«Beeks!» Julien hämmerte auf den nächsten Klingelschalter, auf die *ChicagoBears* ein, blinzelte das Flackern vor seinen Augen weg, wieder und wieder. «Beeks, bitte! Es ist wichtig!»

Die Tür ging auf, einen winzigen Spalt. Bekah sah aus, als hätte Julien sie gerade aus dem Tiefschlaf gerissen, kein Wunder, heute war Dienstag, da hatte sie den ganzen Tag Schicht gehabt.

«Beeks, du musst mir helfen, bitte.» Blinzeln, atmen, nicht heulen. «Ich brauch dein Auto, Sasha ist… Ich hab… Er will nach Hause und…» – «Nein, Jules.»

Sie ließ ihn nicht mal aussprechen oder erklären, dabei war es doch wirklich, *wirklich* wichtig. Sein Glück, sein ganzes verfluchtes Glück aus wochenlangen Bemühungen, Fragen ohne Antworten und blindem Aktionismus hing davon ab.

«Bitte, du musst, du bist die Einzige, die mich fahren kann!»

«Dafür bin ich wieder gut genug, was?» Sie zog die Tür ein Stück weiter auf, und Julien sah, dass sie ein viel zu großes Marken-T-Shirt und keinen BH trug. «Du baust Scheiße, ich darf dich herumkutschieren und das war's. Bis zum nächsten Mal. Vergiss es.»

Sie wollte ihn wieder aussperren, weggehen, vermutlich zu Earl, der nach ihrem Feierabend bei ihr aufgekreuzt war, wie Sasha das bei Julien immer tat, nein, getan *hatte*. Julien stemmte sich gegen den Knauf. «Mann, Bekah! Sasha will nach Hause fliegen und ich hab ihn angeschrien und er hasst mich jetzt und...» – «Das Übliche also.» Es klang beinahe spöttisch, und noch vor einer Stunde hätte Julien ihr vermutlich dafür ins Gesicht schlagen wollen.

Aber so war er nicht. Bekah würde er niemals anrühren, egal, wie deutlich sie die Wahrheit aussprach.

«Beeks.» Und doch heulen. Er konnte nicht mehr. «Ich frag dich nie wieder, ich tu alles, ich schwör's...»

«Alles klar?» Ausgerechnet der. *Fuck*, nicht der. Nicht so.

«Alles bestens, ist nur wieder unser abgedrehter Medizinstudent.» Earl trat neben sie und zog sich das Hemd zurecht. Und sah alles. Das ganze verfluchte Drama. Julien legte sich den Arm über die Augen, als ob das helfen würde, aber ein bisschen, einen winzigen Rest Würde wollte er sich doch bewahren.

«Was ist los?», hörte er den Lord fragen und Bekah die Luft ausstoßen. Garantiert verdrehte sie auch die Augen, damit es möglichst lächerlich wirkte.

«Ich soll wieder sein Taxi spielen, weil er gerade niemand Besseren hat. Ach, doch, seinen Goldjungen, aber den hat er ja auch vergrault.»

«Mann, fick dich!» Julien würgte einen Schwall Wut hervor.

«Wow, ganz ruhig.» Earl hob die Hände, zur Beschwichtigung, nicht zur Abwehr, denn offenbar bot Julien keinen Widerstand mehr. Dieses Bündel Elend, dieser Fünfjährige, dieser *Dreck*. «Ich kann dich fahren, okay?»

Julien zitterte und vor seinen Augen schwamm es so heftig, dass er Earls Gesichtsausdruck nicht richtig erkennen konnte, als er das sagte. Meinte er das gerade ernst?

«Was? Ich hab doch gesagt...» – «Ganz ruhig, Bee», wiederholte Earl. Seine Stimme war wie ein monotoner Singsang, zu glatt, um Eindruck zu hinterlassen, eigentlich. Eigentlich hätte Julien hier aber auch nicht stehen und um Hilfe betteln müssen. Und eigentlich verdiente er auch überhaupt keine Hilfe. «Es ist okay, dass du nicht fahren willst. Deswegen tu ich das für dich. Danach könnt ihr reden.»

«Das ist doch wohl nicht dein Ernst.» Bekah verlor gerade die Fassung, wenigstens etwas, womit Julien nicht alleine dastand. Während die hier herumdiskutierten, stieg Sasha womöglich gerade in den nächsten Flieger nach Philadelphia, *bis dann, Jules*. «Du wirst ihn *nicht* fahren!»

«Ich möchte aber helfen.» Earl sah wieder zu Julien, um ihn einzubeziehen und es nicht so wirken zu lassen, als wäre er überhaupt nicht anwesend.

«Das hilft aber nicht!», schrie Bekah plötzlich, und Earl zuckte nicht mal mit der Wimper. Hatte sie Juliens Rat also doch befolgt. War sie wieder Bekah, nicht Bee, nicht mal Beeks, denn Beeks hätte doch alles getan, um Julien glücklich zu machen. Hatte sie doch gesagt. «Mich kotzt das an! Du bist ein riesiges Arschloch, das immer nur dann kommt, wenn es was will!» Sie funkelte ihn in Grund und Boden, bevor sie ihre Jacke von der Garderobe riss. «Und mein werter *Freund*», sie betonte das Wort, als wäre es etwas Abstoßendes, nichts, wofür es sich lohnte, dabei war er doch so nett, dieser Lord, «lässt sich von deinem Hundeblick beeindrucken, ich fass es einfach nicht!» Sie stürzte ohne ein weiteres Wort zu Earl aus der Tür, griff grob nach Juliens Arm und zerrte ihn mit sich.

Und Julien ließ sie einfach schreien, während sie die Treppen hinunterflogen, zum Auto rannten, Bekah den Schalthebel nach hinten rammte. «Ich bin einfach so blöd, dass ich das mitmache.» Sie spie die Worte fast auf das Armaturenbrett, als sie viel zu schnell auf die Hauptstraße auffuhr. «Ich krieg nie was zurück. Alles tu ich für dich, und zum Dank werde ich belogen, hintergangen und ausgenutzt!» Sie schlug auf das Lenkrad und hupte mehrmals durchdringend.

In Julien war es trotzdem still. Viel zu still, so ruhig, dass er den Sauerstoff in seiner Blutbahn zirkulieren hören konnte. Sie hatte Recht. Sie hatte sowas von verflucht nochmal Recht.

«Ich hab dich vergessen», murmelte er deshalb, mitten in einen Schwall aus Flüchen hinein. «Weil das alles so neu ist. So anders, nicht wie mit Amy.»

«Was?» Bekah lenkte hektisch auf die Interstate und zog an einer Kolonne von Trucks vorbei. «Was bitte? Höre ich da etwa Einsicht?»

«Ja, tust du», antwortete Julien rau. Das nützte doch jetzt auch nichts mehr. Er wollte einfach nur Sasha zurück. «Wenn ich in sie verliebt gewesen wäre, hätte ich mich vermutlich schon früher so mies verhalten. War ich aber nicht.»

«Hast du ihn geschlagen?» Bekah starrte Julien kurz von der Seite an. «Hast du?»

«Nein.» Denn dann hätte Julien doch überlegt, ob es dieses Leben noch wert war. «Ich hab ihm gesagt, er soll sich verpissen, weil er feige ist und vor seinen Eltern den Schwanz einzieht.»

«Charmant wie immer.»

«Hör auf damit.»

«Womit denn?» Bekah war so wütend, dass Julien die Funken, die aus ihrem Blick sprühten, auf der Haut an seinen Unterarmen fühlen konnte. Er hatte es bei ihr wirklich, *wirklich* richtig versaut. Vielleicht für immer.

«Kann ich es wieder gut machen?», fragte er leise. «Mit irgendwas?»

Bekah presste die Lippen aufeinander, ein schmaler Strich, durch den kein Wort zu viel passte. «Weiß ich nicht», erwiderte sie dann. «Scheiße, ich hab dich so lieb, Jules.» Noch ein Blinzeln, und Julien wusste, auch sie würde weinen. Wie alle. Um alles.

«Ich dich auch», gab Julien tonlos zurück. «Mehr als mich selbst. Genau wie Sasha.»

«Und da liegt der Fehler. Da.» Bekah bohrte ihren Finger direkt in die Stelle, die auch der Ast durchstoßen hatte, doch er fühlte den Schmerz ganz woanders brennen. Irgendwo zwischen Brustbein und Lunge, wo er pulsierte wie ein tödliches Krebsgeschwür. «Wie kannst du jemanden lieben, wenn du nicht weißt, was er an *dir* lieben sollte?»

«Was denn?» Julien wandte den Kopf zu ihr und starrte auf die Beschilderung, die sie zum Flughafen leitete. Ihm fiel wirklich nichts ein.

«Mann, du bist… Du bist wie ein Beschützer. Ein ziemlich mieser zwar, aber du bist es. Du bist selbstbewusst und mutig und ehrlich. Und wenn du willst, kannst du *wirklich* verflucht charmant sein und alle um den Finger wickeln. So wie gerade.» Sie lachte nicht, also musste es wohl stimmen. «Mich auch. Wenn du wolltest, Jules, ich schwöre dir…» Bekah beugte sich vor und folgte dem Parkleitfaden, der sie direkt zum Haupteingang führte. «Wenn du wolltest, könntest du mich genau hier auf dem Rücksitz ficken. Genau jetzt. Ich würd's lieben, versprochen. Aber du stehst ja nicht auf Brüste.»

«Mir ist nicht zum Lachen, Beeks.» Im Gegenteil. Je näher Julien seinem Ziel kam, desto ängstlicher wurde er. Was, wenn er auch das versaute, so richtig? So, dass es nicht mehr zu retten war? Wenn auch Sasha nicht wusste, wie Julien das wieder gut machen konnte? Wenn er ihn mit dieser Eisschicht überziehen und erneut stehenlassen würde, allein mit sich und seinen Fehlern? Die konnte Julien nämlich niemals lieben, nie.

«Mir auch nicht, Jules.» Bekah zog abrupt die Handbremse an und löste ihren Gurt. «Vor allem nicht, wenn du weißt, dass du gegen einen beschissenen Geist verloren hast.»

Sasha

Wenn er so tat, als wäre er gar nicht hier, überlegte Sasha und starrte auf die gebohnerten Steinfliesen vor dem Check-In-Schalter. Wenn er sich richtig anstrengte, würde es vielleicht funktionieren und er durfte endlich verschwinden.

Die Musik unter seinen Kopfhörern tat ihm mittlerweile in den Ohren weh, aber wenn er sie leiser drehte, würde er sie lachen hören. Reden, die Trinkgeräusche, wenn sie aus ihren Diät-Cola-Dosen tranken, das Flackern der Lichter über ihm, das Summen der Waage, die das Handgepäck wog. Und Sashas Nerven lagen nicht nur am Boden, sie waren komplett weg. Er hatte nichts mehr in sich, das ihn darauf vorbereiten konnte, wenn es wieder losging, kein Alarmsystem, nicht mal eine Tür. Egal, wer jetzt kam, wenn er wollte, konnte er direkt in ihn hineinlaufen.

Wie er in Julien. In dieses Lachen, wenn die Erde aufriss. Sasha hatte bereits im Treppenhaus angefangen, ihn so schrecklich zu vermissen, dass er sich nicht traute, mehr zu atmen als nötig. Dann würde es nicht einfach nur wehtun, sondern ihn in der Mitte auseinanderbrechen, in tausend Teile.

Die Schlange bewegte sich nur langsam voran, denn offenbar war halb Chicago eingefallen, an einem Dienstagabend kopflos in das nächstbeste Flugzeug nach New Jersey zu steigen, in der Hoffnung, dass es dann aufhörte. Dieses Wehtun und Angst haben und die Ruhe vor dem Sturm. Diesem Orkan.

«Sasha!» Etwas riss an seinem Arm und er zuckte reflexartig einen Schritt zur Seite. Bekah sah aus, als wäre sie gerade einen Marathon gerannt. Allein. Ihre ungezähmten Locken standen in alle Richtungen ab, fielen ihr über die geröteten Wangen, und Sasha dachte kurz, dass sie Julien vielleicht die bessere Partnerin wäre. So schlagfertig und hübsch und kein bisschen schwach. «Sorry, ich...» Sie holte kurz Luft und Sasha schob sich ergeben einen der Kopfhörer vom Ohr. «Julien hat mir erzählt, was passiert ist. Und ich will nicht sagen, dass ich es dir ja gesagt habe, denn das *habe* ich. Aber, Sasha...» Ihr Blick auf seinen Koffer neben ihm sprach Bände.

Tu das nicht. Du machst einen Fehler. Komm nach Hause. Zu Julien. Sasha traute sich nicht, den Blick zu heben, also wusste er nicht, ob er auch hier war. Vermutlich nicht. Warum auch? Sasha war ein elender Feigling ohne Plan und einen Funken Verstand.

«Ich halte das für keine gute Idee», sagte Bekah, vermutlich genau deswegen. «Du solltest mit Julien reden.»

«Er hat doch alles gesagt», gab Sasha leise zurück und sah wieder auf die Fliesen. Noch ein Schritt, *zwei, drei* in Richtung der Stewardessen, die ihm ein scheißteures Ticket verkaufen würden.

«Dass du gehen sollst? Willkommen in meiner Welt.» Es klang beißend, wie Rauch, der in den Augen brannte. «Wenn ich für jedes *Verpiss dich* oder *Geh weg* eine Meile gelaufen wäre, säße ich jetzt auf den Bahamas. Tu ich aber nicht.»

Sasha auch nicht. Ihn erwartete nur dieses steril geputzte Haus, seine heulende Mutter und eine Tracht Prügel. Immer noch besser, als zu riskieren, dass all das hierherkam und die klare Luft, die Sasha so frei atmen ließ, auch noch vergiftete. «Ich kann nicht hierbleiben», murmelte er deshalb.

«Und warum nicht? Weil Julien sich wie ein Baby aufführt? Das ist doch lächerlich, Sasha.» Die beiden Mädchen, keine achtzehn, die vor Sasha standen und wie hypnotisiert auf ihre Smartphones gestarrt hatten, hoben fast zeitgleich die Köpfe. *Na toll*, Publikum hatte er jetzt auch noch. Sasha starrte trotzig geradeaus auf den ausrasierten Stiernacken eines Mannes, der fast einen Kopf größer war als er. «Weil ihm nichts genug ist», erwiderte er dann. «Ich hab alles getan, damit er glücklich ist.»

«Fühlt sich furchtbar an, ich weiß», gab Bekah leise zurück. «Aber es liegt nicht an uns.»

«Ich kann das aber nicht.» Eines der Mädchen drehte sich wie zufällig halb zu ihm um und tat, als suche sie jemanden. *Als ob.* «Dieses Hin und Her. Das macht mich...» *Krank.* Richtig krank machte Sasha das, gerade jetzt, wo er sich fühlte, als hätte er Fieber und Gliederschmerzen und nur noch ein paar Stunden zu leben. «Ich will das so nicht. Kannst du ihm sagen.»

«Mein Gott, sag du es ihm doch.»

«Nein.» Er würde nicht wieder angekrochen kommen. Das tat er ja jetzt schon, in die andere Richtung. Da wusste er wenigstens, was ihn erwartete, denn die Wutausbrüche seines Vaters gehorchten einem Regelwerk, das vermutlich älter war als Sasha selbst und nie überarbeitet werden würde. Ein Grundgesetz der Familie, verfasst vom Diktator höchstpersönlich. Scheiße war das alles, ja, Bekah hatte vollkommen Recht.

«Willst du mit Julien sprechen? Er ist hier, ich hab ihn nur im Auto sitzen gelassen, damit er nicht noch mehr Schaden anrichtet.»

«Genau das meine ich.» Noch zwei Passagiere, inklusive der beiden Mädchen, doch Sasha war längst nicht so gleichgültig und gefühlskalt wie er gerade tat. Alles nur Tarnung, das einzige, was er noch hatte. «Er braucht jemanden, der auf ihn aufpasst. Das kann ich nicht, wenn ich hier bleibe.» Und das *wollte* Sasha auch gar nicht. Er wollte, dass Julien auf sich selbst aufpassen konnte, so, wie er es Sasha gezeigt hatte. Und dann alles kaputtgemacht hatte. Die Mädchen hievten gerade ihre Koffer auf die Waage und zückten ihre Reisepässe. Schweden. Schwedische Nachrichten im Radio, während er auf Juliens Nachricht wartete.

«Okay.» Bekah ließ ihre verschränkten Arme sinken und trat gleichzeitig einen Schritt zurück. «Okay. Dann geh halt. Tu, was er sagt, herzlichen Glückwunsch.» Sie klatschte kurz in die Hände. «Ich hatte heute zwei», sie reckte Zeige- und Mittelfinger in die Luft, und jetzt starrten wirklich alle, «erwachsene Kerle vor mir, die nicht in der Lage sind, ihre beschissenen Probleme untereinander zu klären. Ja, hört's euch an.»

Geh weg, fing Sasha stumm an zu beten. *Hau ab*, *verpiss dich*. Endlich verstand er das.

«Zwei Kerle, die sich vergöttern, die so beschissen glücklich miteinander sein könnten, aber nein, der eine ersäuft in seinem Selbstmitleid, der andere tut, als wäre ihm plötzlich alles egal. Großartig, wirklich. Weißt du was, Sasha? Fick dich.» Jetzt sah sie wieder ihn an, nicht mehr nach links und rechts, mit diesem funkelnden, bebenden Blick, der ihm bewies, dass es immer jemanden geben würde, der ihn noch sehen konnte. «Ich hab das hier nur für Jules gemacht. Damit er dich behalten kann. Damit *er* glücklich ist. Und jetzt muss ich da rausgehen und ihm beibringen, dass sein Glück zu stolz ist, um es nochmal zu versuchen. Ehrlich, fick dich einfach. Dafür, dass du ihm wehtust. Und dafür, dass er dich trotzdem noch lieben wird. Das ist das Schlimmste.»

Sie drehte sich einfach um, stolzierte mit erhobenem Kinn und steifen Schultern durch die Halle und brauchte niemanden wegschieben. Nichts erklären. Niemanden fragen, ob das, was sie da gesagt hatte, richtig war.

«Geht's mal voran hier?» Die ältere Dame hinter Sasha sprach ihn so laut an, dass es das Rauschen in seinen Ohren beinahe übertönt hätte.

«Sir, Ihr Pass.» Sasha starrte auf die Zahl an der Waage. Auf den Ring, den die Stewardess an der linken Hand trug. «Vielen Dank. Einen schönen Abend und gute Reise.»

Und dann ging er wirklich.

Julien

Julien konnte nicht mal mehr heulen, so starr war er mit jeder Meile, jeder Kurve, die Bekah fuhr, geworden. Eine leere Hülle, dachte er und fühlte den Asphalt unter seinen Sneakern nicht, als er hinter ihr her zum Hauseingang, am Geländer vorbeiging, *hi, wie heißt du, Sasha, Profi, willst du's wiederhaben?*

Sein Herz, dachte er dann. Sein Herz war einfach stehengeblieben. Und *nein*, er wollte es nicht wiederhaben. Wozu denn?

«Jules.» Bekahs Blick war seltsam scheu, und sie berührte ihn nicht wie sonst, fuhr ihm nicht durch die Haare oder warf einfach die Arme um ihn, als der Aufzug losfuhr. «Kommst du klar?»

Sie hatte es ihm erklärt. Zehn Minuten lang hatte sie auf ihn eingeredet, wiederholt, dass er sich einkriegen würde, dass er sich ficken konnte, dass er Julien nicht verdient hatte. Dabei war es doch genau andersherum. Er nickte nur, hätte gern drauf geschissen, doch nicht mal das würde funktionieren. Wenn er Sasha wenigstens noch einmal gesehen hätte, aber das hatte Bekah ihm ja ausgeredet. Wenn er wenigstens noch ein einziges Mal diesen Himmel hätte atmen können, dieses glitzernde Arktiseisblau sehen, und danach blind werden durfte, Sasha, *Sasha, krieg ich deine Nummer? Jules?*

«Willst du heute bei mir schlafen? Earl kann nach Hause fahren, kein Problem. Ich hab noch Gin da, wir können uns auch einfach nur betrinken.»

«Ich schlaf unten, passt schon», murmelte Julien und hörte sich selbst wie durch ein altes Münztelefon sprechen, seltsam verzerrt.

«Jules.» Wenn selbst Bekah nicht mehr weinte, sondern mit hängenden Armen vor ihm stand und nicht wusste, wohin sie zuerst schauen sollte, war er wirklich im Arsch. So richtig, so endgültig. «Kann ich irgendwas für dich tun?»

Ihn wegmachen. Ihn vergessen. Ihm anschließend verraten, wie das ging. Julien stieß sich nur noch selbst ab, er fühlte es doch. Die losen Enden, die an Sasha festgewachsen, wieder abgerissen worden waren und jetzt ausbluteten. Und das Schlimmste, das wirklich Allerschlimmste daran war noch, dass Julien es selbst getan hatte.

«Ich meld mich», antwortete er tonlos, mehr nicht, als er ausstieg und Bekah zum hundertsten Mal stehenließ. Das verdiente sie nicht. Das sollte sie nicht länger mitmachen, dieses Theater, wie Miguel es nannte, der noch wach war. Aber man wurde ja so komisch und anders, wenn man verliebt war.

«Alles klar?», wollte Miguel wissen und sah von seinem Laptop auf. Julien schaffte drei Schritte in den Wohnraum hinein, bis er nicht mehr konnte. Einfach stehenblieb, wie sein Herz, wartete, bis Miguel aufstand und sehen konnte, dass nichts klar war, er nicht klar kam, mit nichts, mit sich selbst.

«Willst du reden?», fragte Miguel nur. Julien schüttelte den Kopf. «Heulen?» *Nein.* «Schlafen?» *Ja. Bitte.*

«Krieg ich eine von deinen Pillen?», fragte Julien rau zurück. Den süßlichen Geschmack von Cannabis hatte er bereits viel zu oft durch zwei geteilt. «Nur heute.»

Miguel legte die Hände um Juliens Gesicht, betrachtete ihn, überzog ihn mit einem teerartigen, schwarzen Schleier, wie ein Schatten, in dem Julien sich blind orientieren konnte. *Weißt du mal, wie das ist.* «Eine Halbe», sagte er dann. «Nur heute.»

Sein Bett roch nach Sasha, seine Kleidung, sein ganzes Zimmer, deswegen blieb Julien auf dem Sofa, auf der anderen Seite der Ecke, wo sie noch nicht nebeneinander, übereinander, miteinander verknotet gelegen hatten. Vielleicht war es das, überlegte Julien noch, bevor er in einen Dämmerzustand fiel und sein Blick tunnelartig auf Miguel fixiert blieb, der noch immer am Küchentresen auf seinen Bildschirm starrte, neben sich eine Tasse scheißteuren Kaffee mit Bio-Milch. Mitten in der Nacht. Dieses Gefühl, vor dem sein Bruder sich in Arbeit flüchtete, dieses Halbtotsein, nicht ganz und nicht halb, nur noch ein Rest. Ein toter Stern.

«Findest du Sternenhimmel unmännlich?», flüsterte Julien undeutlich und sah noch, wie Miguel den Kopf hob, an seinem Daumennagel kaute, die Stirn runzelte. Und diesen Schatten, der sich über ihn legte wie eine Decke, die nicht warm und nicht kalt, einfach gar nichts war. Keine Höhle. Kein Schutzfilm. Aber Julien träumte ja nur, hoffentlich, von schwarzen Himmeln und toter Erde. *Er ist jetzt weg.* Und dann starb er einfach mit.

Sasha

Sashas Beine fühlten sich an, als hätte jemand Blei daran gehängt und ihn anschließend in zu tiefes Wasser geworfen. Den Koffer hätte er am liebsten einfach stehengelassen, genau wie seinen Rucksack und seine Kopfhörer, die ihm jetzt auch nichts mehr nützten.

Es war halb zwölf oder zwanzig vor zwölf, irgendetwas zwischen Tag und Mitternacht, als Sasha aus dem Taxi gestiegen war und dem Fahrer sein gesamtes restliches Bargeld gegeben hatte. Was sollte Sasha denn damit? Es gehörte ihm ja nicht einmal. Der junge Mann hatte sich gefreut, *wenn der wüsste*, und konnte sich damit eine ganze Woche lang jeden Abend in das teuerste Restaurant der Stadt setzen.

Sasha klingelte *eins, zwei,* drei Mal, wartete, zu müde, um Angst zu haben. Was konnte noch schlimmer werden? Hinter der Tür blieb erst alles still, dann hörte er Schritte auf den Dielen, keine selbstsicheren, schweren, unaufhaltsamen, sondern so leise, dass Sasha noch überlegte, ob es nicht besser gewesen wäre, bis morgen Früh zu warten. Bestimmt hatte er sie geweckt. Vielleicht würden sie wütend werden.

Miguel sah kein bisschen wütend aus, als er lautlos die Tür öffnete. Nur älter, als er eigentlich war, wie viele Jahre waren es? Julien hatte es ihm mal gesagt, vor zwei oder drei Wochen, aber in Sashas Kopf herrschte keine Ordnung mehr. Er hatte alles rausgeworfen auf der Fahrt zurück, alles, was ihm nutzlos vorkam, und womöglich hatte es neben seinem falschen Stolz, der kindlichen Urangst, es nicht gut genug gemacht zu haben und dem letzten Rest dieser bescheuerten Tarnung auch Miguels Alter erwischt.

«Hi», sagte er leise und starrte Sasha dabei unverwandt an. Seine Augen waren anders, dachte Sasha kurz. Nicht wie Erde. Eher wie glatter Schiefer, mit feinen Haarrissen. Eine tektonische Platte vielleicht oder geschliffenes Meteoritengestein.

«Ist Julien da?», fragte Sasha tonlos; er wollte es nicht unnötig hinauszögern. Einfach nur die Zeit zurückdrehen, *drei, zwei, eins, null.*

Miguel nickte. «Er schläft», antwortete er dann kaum hörbar. «Ich hab ihm was gegeben. Zum Runterkommen.»

«Okay.» Sasha ließ seinen Koffer los. Das war gut. Kein Orkan mehr, kein Vulkanausbruch oder ein plötzlicher Erdrutsch, nur noch Julien. «Darf ich zu ihm?»

«Komm rein.» Als Miguel den Knauf geräuschlos hinter Sasha ins Schloss drückte und er endlich wusste, woher Julien diesen schattigen, trüben Blick hatte, zog sich ein kurzes Lächeln durch den Schiefer. «Dann kann ich ja jetzt ins Bett gehen.»

«Okay.»

«Klärt das.» Miguel flüsterte nur noch. «Denn so, wie er eben drauf war, macht er mir wirklich Angst.»

Sasha zog sich wortlos die Schuhe aus und ließ seinen Rucksack mitsamt dem Koffer im Flur stehen, dann folgte er Miguel in den Wohnraum. *Jules*, mehr dachte er nicht, als er ihn dort auf dem Sofa liegen sah, seltsam gekrümmt, auf die Seite gedreht und das Gesicht hinter seinem Unterarm verborgen. *Jules*.

Dann waren sie allein, Miguel war weg, schlafen gegangen. Diese Nachtwache. Sasha war kein Ersatz dafür. Er war nur der harmlose Geist, der Julien bei der kleinsten Schwierigkeit verlassen wollte.

Sasha ließ sich vorsichtig auf die schmale Fläche sinken, die Juliens Körper freiließ, sah ihn atmen, hörte ihn träumen, fühlte den Schatten unter seinen nackten Füßen, dann legte er einfach die Arme um Julien, vergrub sich in ihm, an seinem Hals, der nach Meerwasser roch, in dieser warmen Haut, die er so begehrte, in Julien, in Jules. «Jules», flüsterte Sasha, und sie war wirklich weg, seine Tarnung, die ihm noch nie etwas genützt hatte, endgültig. Für immer.

Er schob sich auf ihn, weil sie nicht nebeneinander auf das Sofa passten, wie vor ein paar Wochen, spürte, wie Julien sich bewegte, etwas murmelte, ein Laut, ein Blinzeln, doch Sasha konnte nicht mehr hinsehen.

Juliens Hand tastete sich suchend über seinen Rücken. «Sasha?»

Doch Sasha heulte nur lautlos und begriff nicht, wie er ohne ihn hatte weiterleben wollen. Warum er glaubte, sein Vater könnte das kaputtmachen. Diese Chemie aus summenden, tanzenden, feuernden Glitzermolekülen, dieses *Wollen* und *Können* und *Werden*. Julien holte zitternd Luft und Sasha presste das Gesicht an seine Schulter. «Fuck, Sasha...»

«Tu das nie wieder», brachte Sasha erstickt heraus. «Sag nie wieder, ich würde nicht zurückkommen oder dich nicht lieben. Denn das tu ich, Jules.» Gerade jetzt tat er das doch.

«Das soll nicht weggehen», flüsterte Julien unter ihm, während seine Finger unstet über Sashas Wirbelsäule, seinen Nacken, durch seine Haare glitten. «Dieser Traum. Bitte.»

«Kein Traum», flüsterte Sasha zurück und hielt sich krampfhaft an Juliens Kieferknochen fest, als er ihn küsste. Keine Zahlen mehr, kein Spiel, keine Gewinner oder Verlierer. Nur diese Einheit, die wieder ganz war.

«Shit», murmelte Julien rau an Sashas Lippen, sah ihn an, verwaschene Erdschichten, ein Graben voll mit arktischem Whirlpoolwasser. «Shit, ich…» Er griff nach Sasha, endlich, *endlich*. «Du bist selbst 'ne Schönheit, wenn du heulst.»

Dieser Hohlraum zwischen Lachen und Weinen, für den es keine Erklärung gab, kein Schmerzmittel und kein Wort.

«Schleimer», flüsterte Sasha brüchig zurück, und Julien blinzelte gegen den Tränenfilm an, als er ihn erneut küsste und mit dem Daumen über die Ringe in seinem Nasenflügel fuhr.

«Sorry…» Es schmeckte nach übersalzenen Skittles. Aber nach Skittles. «Sorry, Profi. Ich…» – «Nicht.» Sasha rieb seine Nase an Juliens und schluckte das Brennen in seiner Kehle weg. «Nicht entschuldigen.» Nicht schon wieder. Er sollte nur glücklich werden. Und wenn nur Sasha das konnte, würde er.

«Ich hab…» Es klang nicht ganz deutlich, als würden die Silben von etwas niedergedrückt werden. «Ich hab's Miguel erzählt. Und weil er kein Profi ist… Weil er fertig ist…» – «Jules.» Er musste doch nichts erklären oder sich rechtfertigen. Das, was Sasha hier gefunden hatte, war mehr, als er in Philadelphia jemals bekommen würde.

«Und weil du auch fertig bist, such ich mir einen, um… Wegen Mom und… Wegen allem. Einen Profi für…»

«Für Angst», beendete Sasha den Satz tonlos. Denn das war er nicht. Im Gegenteil, er bräuchte selbst einen. «Für Angstgeister.»

«Ja.» Juliens linker Mundwinkel zuckte kurz, doch auch der schien unter dieser Schwere begraben zu liegen. «Für Angstgeister. Du bist trotzdem… Du bist immer mein Lieblingsprofi. Ich will das nicht, ich… Ich wollte dich nicht anschreien.»

«Du darfst mich anschreien, Jules.» Sasha schmiegte seine Wange an Juliens Schläfe und fühlte seine warmen Hände, die sich vorsichtig um Sashas Gesicht legten, als bestünde er aus Glas. *Gott*, das war so schön, so ganz, wenn Julien *so* war. «Du darfst wie ein Orkan sein. Wie Gewitter. Wie Jules.» Nicht nur im Bett, wo Sasha fühlte, was Julien fühlte. Oder draußen am See, auf dem Longboard, in sternenklaren Nächten, wenn Juliens Mut für beide reichte. «Ich hätt nur wirklich gern einen Wetterbericht, wenn du Angst hast.»

Damit er gehen und warten konnte, bis es vorüber war. Damit er wusste, wann er wiederkommen und Julien noch immer lieben durfte, mehr als vorher, weil er toll war und toll blieb und Sasha das nicht vergessen würde. Nie.

«Kriegst du, Profi.» Julien schlang die Arme um ihn, und sein Brustkorb hob und senkte sich im Takt mit Sashas Herzschlag. «Versprochen.»

23

Julien

Er wollte das einhalten, unbedingt. So sehr, dass Julien am nächsten Morgen trotz Kopfschmerzen und Übelkeit und zitternden Knien um acht Uhr aufstand, Sasha Früchtetee kochte und das restliche Geschirr abspülte.

Er schlief noch. In Juliens Bett. In all dem Chaos aus Kleidung und Displaysplittern und Klaviernoten. Miguel war schon weg und Julien besaß keinen Laptop, also suchte er auf seinem Smartphone nach Therapiepraxen und speicherte sich jede Telefonnummer im Umkreis von zehn Meilen ein. Und wenn er wie Bekah nachts in einem Imbiss stehen musste, um das zu bezahlen, er *würde* das durchziehen.

«Was machst du?», murmelte Sasha so unvermittelt an Juliens Nacken, dass er beinahe von seinem Barhocker gerutscht wäre. Es hatte sich also nichts geändert. Der Geist war noch da.

«Nach Profis suchen», erwiderte Julien leise und neigte instinktiv den Kopf zur Seite, weil Sasha seine warmen Lippen auf die verspannten Muskeln in Juliens Schulter legte. «Aber ich glaub, so überzeugend wie du sind die nicht.»

«Müssen sie ja auch nicht.» Sasha zog Juliens Halsausschnitt zur Seite und strich behutsam über den Narbenansatz. Wäre Julien von Miguels Wunderpillen nicht immer noch weich im Hirn, hätte er Sasha jetzt genau hier, am Küchentresen lehnend, ein weiteres Mal um Verzeihung gebeten.

«Willst du mein MacBook haben? Ist einfacher als das da.» Sasha nickte über Juliens Schulter hinweg auf sein Handy. Julien griff mit der linken Hand um seinen Hinterkopf und wandte das Gesicht zu ihm.

«Ich will dich haben», murmelte er, bevor er seinen Mund auf Sashas legte, doch Sasha zuckte kurz zurück, und auch die Angst, dachte Julien, als es in seinem Magen warnend zu ziehen begann, war noch da.

«Was?», fragte er und bekam doch keinen Ton raus. Sasha blinzelte, senkte den Blick, sah ihn wieder an.

«Muss erst Zähneputzen», antwortete er leise und lächelte, ein ganzes, kleines Lächeln. «Alles gut, Jules.»
«Wirklich?»
«Wirklich.»
«Ich hab Angst», flüsterte Julien dennoch. Er sollte es ja sagen, sich nicht einfach wegdrehen und es ignorieren, denn dann würde er spätestens heute Abend so voll davon sein, so nervös, dass ihn die banalste Nichtigkeit erneut zum Explodieren bringen würde. «Dass du noch sauer bist. Nein», korrigierte er sich, als Sasha den Mund öffnete, um etwas zu erwidern. «Verletzt.»
Und das war noch viel schlimmer. Julien hätte gerne gewusst, wie man damit umgehen sollte, aber niemand hatte ihm das beigebracht. Vielleicht wollte er es aber auch nicht lernen.
«Bin ich nicht», flüsterte Sasha zurück. «Aber Angst hab ich auch.»
«Wovor, Profi?» Julien würde ihm nie im Leben wieder so wehtun wie gestern. Niemals, lieber würde er sich vorher mit Miguels Schlaftabletten und zwei Flaschen Wein die Lichter ausschießen. Endgültig.
«Ich muss meine Eltern anrufen», murmelte Sasha und wirkte plötzlich sehr jung, dabei war es Julien, der sich an seiner Seite immer wie ein naives, unerfahrenes Kind vorkam. «Sie können mich ja jetzt nicht mehr übers Handy erreichen.»
«Oh, fuck, sorry.» Das hatte Julien erfolgreich verdrängt, dabei war es eines der klassischen Merkmale seiner Ausbrüche. Dinge zerstören, die anderen lieb und teuer waren. Wie Miguel und sein Staubsauger, der immer noch nicht ersetzt worden war. «Ich kauf dir ein Neues, Ende der Woche krieg ich…» – «Vergiss das Ding, Jules. Ich brauch das nicht.»
«Aber deine Musik.» Die liebte Sasha doch so. Nur wegen der hatte Julien ihn überhaupt angesprochen.
«Ich hab noch einen iPod, der reicht. Damit kann ich nur nicht telefonieren.»
«Fühlt sich trotzdem mies an», murmelte Julien, gleichzeitig leuchtete Bekahs Nachrichtenfenster auf seinem Display auf.
Hab die ganze Nacht nicht geschlafen vor Sorge, bist du okay?
«Moment, ich muss…» Julien drehte das Telefon nicht von Sasha weg, und Sasha legte erneut seine Lippen an Juliens Nacken.
Ja, tippte er. **Er ist hier.**
«Wusstest du das?», fragte Sasha tonlos, als Julien ihm anschließend sein Telefon hinhielt.
«Was?»

«Dass sie was von dir will?»

«Nein.» Er schüttelte den Kopf. «Ich dachte, es wäre klar, dass da nichts ist. Und nichts laufen wird.»

«Wolltest du denn auch mal?» Diese Frage machte sie beide zu hilflosen, unsicheren Idioten, aber Julien wollte es ja besser machen. Und niemals lügen.

«Ich hab's mal versucht», antwortete er deshalb leise, griff nach Sashas Hand und zog ihn um sich herum, sodass sie sich ansehen konnten. «Wenigstens körperlich. Aber auch das lief nicht. Immer, wenn ich mir das vorgestellt hab… Oder sie mir halbnackt die Tür aufgemacht hat… Da war nie was. Bei dir schon.» Julien musste lächeln, obwohl er nicht wusste, wie angebracht das gerade war. «Bei dir war da gleich so ein… Du weißt schon.»

«Ja.» Sasha nickte, und die Falten, alle beide, ganz leicht, zitterten ein wenig. «Ich weiß.»

Julien legte den Zeigefinger darauf, hielt sie fest. «So ein Gefühl», versuchte er zu erklären, auch, wenn das unmöglich war. Dafür gab es einfach kein Wort, in keiner Sprache. «So wie...» *Was ist mit mir?* «Wie Angst. Nur in gut. In richtig gut.»

«Es gibt gute Angst?» Sashas Lächeln stand endlich still, und das Blau fing die Sonnenstrahlen aus dem Küchenfenster hinter ihnen ein, trieb sie vor sich her.

«Wusstest du noch nicht, was?» Julien grinste. «Die macht einen mutiger. Man will nicht weglaufen, sondern noch mehr davon. Die ganze Zeit.» Ob das je aufhörte? Sasha blinzelte, lächelte, legte eine Hand auf Juliens Oberschenkel, bevor er nach dem Handy griff. Nein, würde es nicht.

«Danke», murmelte Sasha und sah ihn an, wie er ihn immer ansah, bis Julien ganz warm wurde, seine Handflächen kribbelten, sein Herz schneller schlug. «Das brauchte ich jetzt.»

Ob Julien Sashas Mutter je kennenlernen würde, wusste er nicht, aber er wettete, dass sie wie Sasha war. So nett. So leise und harmoniebedürftig, bloß kein Streit, nie zu laut. Sonst bliebe sie nicht bei diesem gottverfluchten Wichser, der nach dem ersten Klingeln abnahm und nicht einmal Luft holte, bevor er losschrie.

«Ich hab dir gesagt, du sollst mich nicht verarschen, ich hab es dir gesagt!» Sasha starrte nur auf Juliens Lippen. Rumknutschen, *stell's dir vor*. «Du nichtsnutziges Stück Scheiße, verdammt nochmal!»

«Ich lieb dich, Profi», sagte Julien lautlos, weil Sashas Blick verdächtig zu zittern begann und diese Worte schwerer wogen als kochendes Wasser.

«Wegen dir habe ich sämtliche Termine bis zwölf Uhr abgesagt! Weißt du, was das bedeutet? Dass ich wertvolle Zeit verschwendet habe, für nichts! Du bist *nichts*!»

An Sashas Hals pulsierte es, und sein Brustkorb schien mit jedem Atemzug flacher zu werden. Julien legte die Hände um sein Gesicht; es war eiskalt. «Du bist mein Mann», flüsterte er weiter. «Nur meiner.» Immer. *Immer, Sasha.*

«Das wird ein Nachspiel haben, verlass dich drauf.» Sashas Vater spuckte förmlich in den Lautsprecher. «Wenn ich morgen früh komme, bist du da. Sonst gnade dir Gott. Hast du verstanden?!»

«Komm her.» Julien zog ihn zu sich, legte seine Lippen auf Sashas, eine, zwei Sekunden lang.

«Ob du mich verstanden hast, Sasha?!»

«Ja», murmelte Sasha, bevor er den Mund öffnete und Julien hineinließ, die Augen schloss, das Handy auf das Spülbecken neben sich legte.

«Profi», flüsterte Julien nur und ignorierte das Brennen, das von seinem Magen in seine Lenden sank. Nachher vielleicht, nicht jetzt. Jetzt musste er dafür sorgen, dass Sasha sich selbst nicht vergaß. Wie toll er war. Wie verflucht liebenswert, obwohl ihn der größte Wichser gezeugt hatte.

«Wenn du morgen nicht da bist, schlag ich dir deine unverschämte Visage ein, verlass dich drauf.»

Die Verbindung wurde mit einem Knacken unterbrochen und Julien zwang sich, Sasha loszulassen, doch er hielt seine Arme fest, hörte nicht auf, im Gegenteil.

«Was machst du, Profi?», brachte Julien atemlos heraus, als Sasha seine Hände tiefer drückte, an seinen Gürtel, in seinen Schritt, Julien vom Barhocker zog und ihn gegen den Küchentresen drängte. «Bist du sicher, dass…» – «Scheiß auf sicher», murmelte Sasha rau, griff an Juliens Shorts unter seiner Jogginghose und drückte gleichzeitig mit dem Oberschenkel seine Beine auseinander. Julien stöhnte unterdrückt auf. *Heilige Scheiße*, was war mit ihm?

«Sasha, willst du echt…» – «Ich will dich», unterbrach Sasha ihn, einen fremden, dunklen Unterton in der Stimme, und griff grob in Juliens Haar, presste die Lippen auf seinen Hals und das Becken an seines. Von wegen lieb und nett. Der Wutausbruch seines Vaters hatte ihm offenbar genau die Art von Angst gemacht, die Julien vorhin gemeint hatte. Nur anders. *Egal*. Er war hart, bevor Sasha ihn erneut küsste, Juliens Lippen auseinanderdrängte, seine Zunge hineinglitt, fordernd, drängend, *mach schon, komm schon*, er wollte das, wirklich, und Julien machte dieses Fremde, diese abgründige Tiefe in Sashas Blick elendig scharf.

Er griff um Sashas Hintern, bewegte sich an ihm, versuchte, eine Richtung zu finden in all dem nachtblauen, mattgoldenem Chaos, doch Angst, dachte er noch, bevor Sasha ihm das T-Shirts über den Kopf zerrte, konnte man nicht bezwingen. Nur lenken.

«Vergiss es, Profi», flüsterte Julien, zog abrupt Sashas Hand weg, die nach seinem Puls greifen wollte, riss ihn herum und presste ihn mit dem Rücken gegen die Kante der Anrichte.

«Heute bist du dran.»

Sasha stöhnte auf, als Julien in seine offene Jeans griff und ihn massierte, grub die Finger in Juliens Haare, seinen nackten Rücken, seine Schultern, Oberarme, in das Narbengewebe, zitterte, vibrierte unter Juliens Bewegungen. «Besorg's mir», verlangte er rau, legte eine Hand um Juliens und trieb ihn an, drückte fester zu, gleichzeitig leckte er über Juliens Unterlippe, umspielte seine Zunge. «Damit. Ich will das. Hier.»

«Du bist so versaut», murmelte Julien rau, zog an Sashas T-Shirt, seiner Jeans, seiner Shorts, und hätte jetzt eigentlich Angst haben sollen. Oder? Oder hatte er, genau die, die er vorhin meinte? Keine Ahnung, was es war, aber Sasha wartete nicht, und Julien wollte das, saugte an Sashas Hals, leckte über seine Brust, diesen dröhnenden Herzschlag. Er musste runterkommen, mit Julien, mit ihm zusammen, nur mit ihm.

«Mach», stöhnte Sasha leise, als Julien vor ihm in die Knie ging und mit der Zunge an seinem Schaft entlangfuhr, warm und hart und fest, wie er, genau wie er, und mit ihm konnte man gar nichts Falsches tun, nicht Sasha. Der schon gar nicht, dieser verfluchte Profi auf allen Gebieten.

«Beherrsch dich mal», gab Julien heiser zurück und tastete sich mit den Lippen an Sashas Länge hinauf. «Ich will da auch was von haben.»

«Wie viel?», fragte Sasha tonlos. Sein Blick war fast schwarz, *fuck, nein*, richtig tiefschwarz. Als hätte man Teer hineingekippt, oder Lavasand. Juliens Lavasand.

Ein Beben fuhr durch Sashas Unterleib, als Julien zur Antwort nur den Kopf zurücklegte, den Mund öffnete und dieser überspannte, tobende Puls an seinen Lippen schlug. *Alles*, alles wollte er. Jeden Zentimeter, jede Minute, jede noch so kleine Regung.

Sasha griff mit beiden Händen um Juliens Kopf und fixierte ihn einen Moment lang aus der Dunkelheit heraus, überzog ihn mit winzigen, goldglühenden Eiskristallen.

«In der Höhle», flüsterte er dann, «ist es ein Tsunami. Im Bett ist es Liebe machen. Hier...» Er drückte sich langsam in Julien hinein. «Hier ist es ficken.»

Sie stöhnten gleichzeitig auf, als er Julien näher zu sich zog, noch näher, und wieder zurück, wieder nach vorn, tiefer, *Herrgott*, genau so, genau das, *verflucht*, war das gut.

«Ich liebe das», war alles, was Julien herausbekam, als Sasha kurz aus ihm herausglitt, ihm mit diesem Blick die Haut abzog, Funken in die schutzlosen Stellen schlug und sie fast zeitgleich begannen, sich im Takt gegeneinander zu bewegen.

Sashas Stöhnen war wie ein wogender, fließender Strom in Juliens Lenden, der nicht abebbte. Das einzig Schwere daran, dachte er wie betäubt, war es, das auszuhalten. Zu hören, wie laut Sashas Ton werden konnte, zu spüren, wie er fester in Juliens Haar griff, zu wissen, dass er in ihm war, hier, in der Küche, dass das Sex war, dass sie miteinander ficken konnten und sich das wie Liebe machen anfühlte.

Julien richtete sich ein Stück auf, umfasste Sashas Oberschenkel von hinten, spürte dieses Zittern, *Jules*, diese Reaktion, dieses Summen, wenn er aufstöhnte, immer wieder, *Jules*, überall nur er, dieses Kunstwerk, dieses kühle, brennende Eiswasser.

«Jules...» Sashas Atmung war flach, wie getrieben, und Julien löste sich kurz, massierte ihn. «Jules, mach...»

«Ganz ruhig, Profi», murmelte Julien nur. Er fing ja gerade erst an.

«Nein. Mach's dir.» Ein dünner Schweißfilm stand auf Sashas Stirn, und Julien wurde ebenfalls heiß, viel zu heiß. «Jetzt.»

«Dein Ernst?», fragte er rau, obwohl er es hätte wissen müssen. Das war nicht mehr einfach nur Sasha. Das war noch mehr, noch dunkler und reizvoller als alles, was Julien bisher gefühlt hatte. Der Grund, auf dem das Glitzern, all das Gold begraben lag.

«Mach», wiederholte Sasha tonlos und Julien gab unter dem fordernden Druck, den sein Griff um ihn ausübte, einfach nach, ließ zu, dass er seinen Kopf vor und zurück bewegte, so lange, so langsam und intensiv und schnell er wollte. «Du machst mich fertig», murmelte

Julien, als er kurz Luft holte, wieder mit der Zunge nach Sasha tastete und gleichzeitig die Hand in seine eigene Shorts schob.

«Weißt du mal, wie das ist», brachte Sasha nur heraus, bevor sein Griff in Juliens Haare fester wurde, seine Bewegungen fließender, rhythmischer, Julien seinen Puls in sich schlagen fühlte. Ja, jetzt wusste er, wie das war, wenn man hineinfiel in diesen Tiefseegraben. Wie man schwerelos wurde, während man immer tiefer sank, wie heiß es dort unten war, wie es auf der Haut brannte, ohne wehzutun, wie alles ganz blieb, obwohl man die Beherrschung verlor.

So wie Sasha, dessen Atem plötzlich nur noch stoßweise ging. So wie Julien, der vor ihm kniete und trotzdem keinen Halt fand. Weil es zu brodeln begann, überlief, in diesem Whirlpool, Sashas Stöhnen bis in seine Fingerspitzen reichte, in seinen Ohren rauschte, er Juliens freie Hand hochzog und sie an seine Brust presste, genau dorthin, wo sein Herz schlug.

«Jules», flüsterte Sasha, begann zu beben, zu glühen, und wieder: «Jules.» Seine Lippen bewegten sich, doch Julien hörte nichts, fühlte nur, schloss die Augen.

Jules.
Ja.
Jetzt.

Julien hielt ihn fest, obwohl sie gleichzeitig kamen. Wie im Film, wie in einem komplett abgefuckten, versauten Märchen, das Julien immer wieder hören wollte, mal lauter, mal nett und leise und dann wieder so schnell, dass er vergaß, was am Anfang passiert war.

Sasha verharrte einen Moment lang vollkommen still, hielt die Luft an, die Sehnen an seinen Armen spannten, die Haut über den flachen Muskeln an seinem Bauch zitterte, dann zog er ruckartig Juliens Kopf zurück und stöhnte auf. Salzwassereis und ein Rest Unschuld, auch in Julien. Sasha blinzelte, bevor seine Finger in Juliens Haaren nachgaben, einfach hindurchglitten, er den Mund öffnete und wieder schloss. *Jules.*

Julien stemmte sich am Tresen hoch. «Sasha», murmelte er und küsste ihn, ruhig, ganz ruhig, *alles okay*, alles war gut. Er sollte das wissen. Wie er war. Wie sich das anfühlte und schmeckte und immer sein würde, dieses Gute. «Du hast grad 'nen scheiß Orkan bezwungen.»

«Ja», flüsterte Sasha zurück und ließ die Stirn kraftlos gegen Juliens sinken. Sie sahen sich an, ewig, schweigend, atmend, alles gleichzeitig. «Den ersten.»

Sasha

Juliens Schrift war ein Chaos aus verzerrten Buchstaben und schiefen Linien, als er eine halbe Stunde später sämtliche Namen und Adressen von Therapeuten auf einen Notizblock kritzelte. Sasha mochte das große A und den Schwung unter dem kleinen G, und als Julien fertig war, rutschte Sasha von seinem Hocker und vergrub sich irgendwo zwischen Hals und Brust und dem Geruch von Shampoo. Am liebsten wäre er in ihn hineingekrochen, doch noch unsichtbar geworden, sodass sein Vater ihn niemals wiederfinden würde.

«Wo is'n die dunkle Seite der Macht, hm?» Julien schlang einen Arm um Sasha und rieb die Wange an seine Schläfe. Liebe machen, dachte Sasha daraufhin, konnte man auf so viele Arten. Diese zum Beispiel ließ seinen Herzschlag unter der Berührung einfach nachgeben.

«In dir», murmelte Sasha zurück und fühlte Juliens kurzes Lachen an seiner Brust vibrieren, deshalb musste auch er grinsen. Was da vorhin in ihm losgebrochen war, ließ sich nicht mit Worten erklären. Das war so eine Mischung, aus Angst und Kontrollverlust, eine Hochspannungsleitung, die durchgeschmort war, als sich die Beleidigungen seines Vaters und Juliens warmer Mund auf Sashas gegenseitig abgestoßen hatten.

«Ist noch was davon übrig?»

«Die reicht», flüsterte Sasha mit geschlossenen Augen, spürte, wie Julien von hinten um sein Kinn griff, es anhob und seine Lippen an Sashas drückte. «Immer.»

«Gut», murmelte er. «Ich find die nämlich extrem heiß.»

«Wusste ich.» Sasha biss Julien sachte in die Unterlippe.

«War klar, Profi.»

Ob sie sich je einfach nur küssen konnten, ohne, dass es spätestens am Abend wieder eskalieren würde? Sasha griff behutsam um Juliens Oberschenkel und fühlte die straffen Muskeln unter der rissigen Jeans, als er sich ihm entgegenlehnte. *Nein. Nie.*

«Jules?»

«Was?»

«Kommst du mit rüber? Ich muss das Pam erklären.» Sasha stockte kurz. «Wenn er morgen kommt und… ausrastet.»

«Soll sich der scheißblöde Wichser mal trauen.» Julien legte die Handflächen an Sashas Wangen, lange, schmale Finger, die ihn von der Außenwelt abschirmten und ihre ganz eigene Tonleiter besaßen. «Klar komm ich mit.»

Sasha schrieb Ally noch eine E-Mail auf ihre Universitätsadresse, in der er ihr erklärte, dass sein Handy kaputt wäre und er sich bei ihr melden würde, sobald er ein Neues hatte. Und dass das dauern konnte. Nicht, weil Julien für ein neues *iPhone* drei Monate lang Doppelschichten schieben müssen würde, denn wenn es schon so anfing, war Sasha nicht besser als seine Erziehung, sondern weil sein Vater ihm den Geldhahn zudrehen würde. Endgültig.

Pam sah kein bisschen überrascht aus, als Sasha die Wohnungstür aufschloss und wortlos mit seinem Koffer im Wohnzimmer stehenblieb, wo sie auf dem Sofa saß und ihre Zeitschrift sinken ließ.

«Gott sei Dank», sagte sie nur, und Sasha fiel erst ein, dass Julien der Anblick, als er sich in Pams Umarmung ziehen ließ, vielleicht wehtun könnte. Er hatte ja keine Mom mehr, nicht mal eine Pam.

«Tut mir leid», flüsterte er und wusste nicht, zu wem.

«Sasha.» Pams Hände griffen ungewohnt fest um seine Schultern, als sie ihn wieder ein Stück von sich wegschob. Ihr Blick wanderte zwischen ihm und Julien, der schräg hinter ihm stand, hin und her. «Stimmt das?»

«Was?» Was meinte sie?

«Dass Jerome dich...» – «Ich hab's ihr gesagt», brach es unvermittelt aus Julien heraus. «Ich wollte... Als du gegangen bist... Sorry.»

Fuck. «Ja», sagte Pam leiser, als könnte auch sie Sasha denken hören. Das Zittern zwischen seinen Herzschlägen fühlte nur er, doch Juliens Fingerspitzen an seinem Rückgrat straften diese Annahme Lügen. «Sei nicht sauer, Profi», bat er tonlos, und Sasha musste die Augen schließen, weil es *vier, fünf, sechs* Mal schlug und er Pams bekümmerten Blick nicht sehen wollte. Von wegen Profi. Das war er nur, solange die Grenzen zwischen diesen beiden Welten, die er so akkurat voneinander abgetrennt hatte, nicht aufweichten. Waren sie aber.

«Sasha», wiederholte Pam. *Verdammt*, er schämte sich so vor ihr, obwohl er doch nichts falsch gemacht hatte, auch Julien nicht, im Gegenteil. Der hielt ihn doch überhaupt erst aufrecht, als Sasha einen Schritt zurückwich, damit sie nicht noch mehr sah, *komm her*, der war doch seine einzige Zuflucht in diesem Chaos aus Lügen und Schweigen. Der Einzige, der die Wahrheit herausschrie, der einen Schatten über Sasha warf und ihn darin verschwinden ließ.

Sasha wandte sich wortlos um und fiel förmlich in ihn hinein. «Sag du's ihr», flüsterte er und griff haltsuchend um Juliens Taille. Er konnte nicht, er war eine Null zwischen sechs und sieben und würde dieses Spiel haushoch verlieren. «Bitte.»

«Was denn?» Sasha hatte seine Tante noch nie hysterisch erlebt, aber jetzt war ihr offenbar klar geworden, wie das mit Brüdern lief, dass sie nicht einfach nur Angst vor Spinnen und eine überzogene Idealvorstellung von Familien hatten. «Was ist hier los Sasha!?»

«Nicht anschreien», wollte Sasha sie bitten, doch er bekam kein Wort raus, nur brüchige Entschuldigungen, wertloser Dreck, wen interessierten die noch?

«Schon okay, alles gut, Profi», murmelte Julien und legte schützend die Arme um ihn, obwohl ja noch niemand hier war, der Sashas winziges, nagelneues Leben hätte bedrohen können.

«Acht», flüsterte Sasha und rang mit diesem Beben und Ziehen in seinem Brustkorb, atmete flach, es ging schneller als sonst, war gnadenloser.

«Er hat Panik», hörte er Julien sagen, rauer als vorhin, jetzt machte er ihn auch noch schwach mit diesem Gefühl, mit dieser Angst, die niemanden schützte und keinen Nutzen hatte.

«Aber wovor denn?»

«Mann, weil er morgen vor deiner Tür steht! Weil er rausgefunden hat, dass ich nicht zur Uni gehe und die Klausuren versaue und jetzt kommt er und will alles kaputtmachen!» Wie vorhin. Wie vorhin, bei Julien, als sich Sashas Hirn einfach ausgeschaltet hatte und er vor Emotionen übergelaufen war. Er hielt sich an Juliens Unterarmen fest und bekam keine Luft, viel zu wenig Luft, doch er sah Pam wieder an, sollte sie doch wissen, wie er, wie sein Vater, wie es wirklich war.

«Aber er schlägt dich doch nicht!», rief Pam, es klang fremd, weil sie noch nie laut geworden war und Sasha bisher gehofft hatte, dass sie das gar nicht konnte. «Das würde er nie tun! Oder?» Pam machte einen Schritt auf ihn zu, um sich zu vergewissern, abzusichern, doch Sasha konnte nicht mehr lügen. «Oder, Sasha?»

«Doch», flüsterte er zurück. «Seit ich sprechen kann.» Seine Kehle wurde eng, wenn er daran dachte, sich an alles erinnerte, nichts, nicht einen einzigen Tag, an dem es passierte, vergessen hatte. «Und Mom auch.»

«Aber warum...» Sie glaubte ihm. *Shit*, sie glaubte ihm tatsächlich, weil ihre hellen Augen zu schwimmen begannen. «Warum hast du denn nichts gesagt? Zu mir oder jemand anderem? Warum hast du ihn nicht angezeigt? Sasha, du hättest...» – «Weil es niemanden gab. Weil keiner wissen will, dass der erfolgreiche Nachbar mit drei teuren Autos vorm Haus seinen Vorzeigesohn für eine Vier in Mathe gegen den Badezimmerspiegel schlägt.» Juliens warme Hände glitten an Sashas Armen hinauf, bis an seinen Hals, *du bist toll Profi*, *du machst das gut*, flüsterte Dinge, die Sasha noch nie in seinem Leben gehört hatte, bis er hierhergekommen war. «Wenn ich damit zur Polizei gegangen wäre», was er sich ohnehin niemals getraut hätte, «hätte Mom ihn in Schutz genommen. Tut sie immer.» Wie ein Profi. «Und alles wäre noch schlimmer geworden.»

Pam weinte jetzt, Sasha tat der Brustkorb weh, und in Juliens Blick schwelte ein Rest kalter Lava. «Sorry», murmelte Sasha wieder, dann vergrub er das Gesicht an Juliens Schulter, damit das Wort wie Wasser in warmem, feingemasertem Holz versickerte.

«Nicht doch.» Pam legte ihm eine Hand auf den Rücken und schniefte. «Du hast an nichts Schuld. An überhaupt gar nichts. Niemand ist dir böse.»

«Doch.» Sasha fühlte Juliens Herzschlag an seinen Unterarmen. «Er ist böse, weil ich nicht bin wie er.»

«Ach, um Gottes Willen», Pam schluchzte kurz auf, und auch Sashas Augenwinkel begannen zu brennen. «Das ist doch… Ich muss… Ich werde ihn anrufen, mit ihm sprechen, ich…» – «Nein.» Sasha wandte das Gesicht zur Seite, sodass seine Wange an Juliens Schulter, den Ästen und Zweigen lag, die rauschten und summten und ihre Wurzeln bis in die tiefsten Erdschichten dieser neuen, heilen Welt geschlagen hatten. «Soll er doch kommen.» Er blinzelte die Tränen weg, damit dieser Schutzwall aus Bäumen und Wattewolken, hinter dem er stand, nicht irgendwann absoff. «Der scheißblöde Wichser.»

24

Julien

Weil Sasha dringend Abstand und Julien Bewegung brauchte, nahm er das Longboard mit, als sie mit dem Bus zu den alten Verladedocks fuhren. Zwei Gramm Gras hatte er auch noch besorgt, und als sie den Weg an der Straße entlang bis zum Ufer liefen und Julien wie selbstverständlich Sashas Hand hielt, dachte er noch, was für ein abgefucktes Glück er mit Miguel hatte. Seine Familie mochte unvollständig sein, aber das, was davon übrig war, bestrafte ihn wenigstens nicht für das, was er wollte. Einfach war. Sashas Freund. Julien Kent.

«Willst du mal was Cooles sehen, Profi?» Hinter dem herausgebrochenen Stück Mauer war es stickig und warm, und Julien lehnte das Longboard an den niedrigen Baum, der dort wuchs.

«Okay.» Sasha war zu blass für das sonnige Wetter, und wenn er lächelte, hielt es keine zwei Sekunden durch. Blöder Wichser-Vater, Julien hätte vor Abscheu kotzen können.

«Dann komm her.» Er zog Sasha zu sich und legte seine Hand auf einen der schulterhohen Steinvorsprünge. «Wir klettern da jetzt rauf.»

«Was?» Wie ein Windstoß, der eine Schneise durch das glasklare Wasser zog und Sashas Pupillen zum Zittern brachte. «Auf die Mauer?»

«Das ist total einfach und man hat den krassesten Ausblick überhaupt.» Julien hatte das schon so oft getan. Auch nachts, wenn es so dunkel war, dass man seine eigene Hand vor Augen nicht mehr sehen konnte. Selbst da war er, der wie ein dreibeiniger Hund durch die Stadt geisterte, nicht abgestürzt.

«Ich kann das nicht, ich...» – «Profi.» Julien nahm Sashas Finger und legte sie neben seine auf den Stein. «Fühl mal.»

Sie atmeten im Takt, standen einfach nur da. Sasha sah die Abbruchkanten hinauf, bestimmt fünfzehn Meter hoch, und dann zu Julien.

«Und?», fragte er. «Harmlos, oder? Tut dir nichts.»

«Aber das ist gefährlich. Und ich hab Höhenangst.»

«Du hast mich», hielt Julien dagegen. «Gib sie mir, bevor du noch mehr verpasst.»

«Wie?», fragte Sasha tonlos zurück. In dieser windstillen Enge musste er sich schon entscheiden. Panik oder er, für beides reichte der Platz nicht. Und Julien wollte, dass ihm klar wurde, *wie* viel er eigentlich konnte. Er hatte es sogar geschafft, dass Julien sich nicht mal mehr schämte, vor ihm in Tränen auszubrechen und diesen verfluchten Baum auf seiner Schulter damit am Leben zu halten.

«Indem du's machst. Einfach machen, ich bleib hinter dir.»

«Und wenn ich abrutsche? Oder ohnmächtig werde? Oder...» – «Wenn du 'ne Pause brauchst», unterbrach Julien ihn leise, «kriegst du die. Aber ich will, dass du das siehst. Das wird dir nämlich gefallen und dann lächelst du und ich verreck wieder fast, weil ich das so krass liebe.» Auch jetzt. *Verflucht*, war Sasha schön, wenn er das tat. «Außerdem kann ich dir dann 'ne halbe Stunde lang auf den Hintern schauen.»

Sie grinsten sich an, dann ließ Sasha sich von Julien an den glatten, würfelförmigen Mauerstücken hochziehen, die wie mannshohe Treppenstufen vor ihnen aufgeschichtet lagen.

Und Julien versuchte, ein bisschen wie Miguel zu sein, als er anfing, Sashas Angst mit Faktenwissen die Grundlage zu entziehen. Ihr förmlich das Wasser abzugraben, das nach jedem Schritt weiter nach oben panisch in Juliens Richtung schwappte.

Ich wollte immer einen Hund als Haustier, oder *In der vierten Klasse sollten wir unsere Traumberufe nennen.*

«Rate mal, was ich werden wollte!», rief Julien Sasha zu, als er dessen Fußknöchel umfasste und auf den letzten Felsvorsprung schob. Der Wind, der vom See her über die wildbewachsenen Grünflächen unter ihnen wehte, wirkte wie ein Auftrieb für seine Worte. Sasha zitterte, nicht stark genug, um tatsächlich abzurutschen, aber so, dass Julien nicht riskieren würde, ihn loszulassen, bevor sie oben angekommen waren. Dann wäre alles umsonst gewesen. Die Schmerzen, das Versprechen, besser zu werden.

«Polizist.» Sasha tastete sich mit geschlossenen Augen an den unebenen Kanten entlang.

«Spielst du immer so beschissen?» Julien lachte, als er sich neben Sasha auf die ebene Fläche zog, die das Wetter über die Jahrzehnte spröde und unnachgiebig hatte werden lassen. «‚Ja, Polizist. Woher wusstest du das?»

Sashas Atmung ging stoßweise, als er den Kopf senkte, die Knie anzog und Julien ihn blinzeln sah. «Weil du wie'n Beschützer bist», murmelte er rau. «Und den Leuten Angst machen kannst, wenn's sein muss.»

Julien griff nach Sashas Hand, die er auf den warmen Stein unter ihnen presste, und legte sie um seinen Oberschenkel. «Schau mal hin», flüsterte er, und als Sasha den Blick hob, diesen tiefblauen Sommerhimmel, das wogende, lauwarme Wasser, goldglitzernde Eiskristalle, helle Lichtpunkte, und Julien damit überzog, obwohl sie doch längst mittendrin waren, war sie weg.

Diese Scheißangst. Dieses Beben, dieser Wunsch, dass es aufhörte, wenigstens für diesen einen Moment.

«Jules», murmelte Sasha nur, hielt Juliens Bein fest und wandte sich kurz nach rechts, hin zum See. Die Hochhäuser im Stadtzentrum waren so weit weg, dass man nur eine blasse Silhouette am Horizont erkennen konnte. «Das ist so...»

«Krass, oder? Nachts ist es fast noch besser. Letztes Jahr war ich am vierten Juli hier. Wenn du das Feuerwerk siehst, das ist...» Sasha lächelte, seine Wangen, die Falten, seine Augen, alles, *alles* einfach, bis in Juliens Brustkorb reichte dieses Lächeln.

«Machen wir das nächstes Jahr zusammen?», fragte er leise, und Julien konnte nicht einmal nicken, so übervoll war er mit den wirklich, *wirklich* richtig guten Dingen.

«Und übernächstes», flüsterte er zurück. *Bitte.*

«Und die nächsten fünfzig.» Julien hätte schwören können, dass Sasha ihn noch nie *so* angesehen hatte, dabei sah er ihn doch dauernd an. Fasziniert, ängstlich, fragend, verlangend, mit diesem Fick mich-Blick, wenn Julien sich vor ihm auszog, aber noch nie *so*. Mit diesem Lieb dich-Blick.

«Mindestens hundert», gab Julien lautlos zurück, bevor er sich zu Sasha neigte und sie sich küssten, eine, zwei, *hundert* Minuten lang.

«Okay», flüsterte Sasha dann. «Wenn wir beide Geister sind.»

Julien nahm seine Hand nicht aus Sashas Nacken, als er mit der anderen in seine Jeanstasche griff und die Notfalldose herauszog, obwohl es keinen Notfall mehr gab. Nur noch Glücksfälle.

«Wenn ich darf», murmelte er, während er das Gras auf dem kleinen Papier verteilte und Sasha mit seinen Händen den Wind abfing, «werd ich dich jedem zeigen, Profi. Allen erzählen, was für'n toller, mutiger und krass hübscher Freund du bist. Der Beste von allen. Und dass ich keine Ahnung hab, wie ich mir den leisten kann.»

Sasha lehnte sich gleichzeitig zu Julien und legte die Lippen an seine Schulter. Die gesunde. Die andere würde Julien ab jetzt nur noch seinen Baum nennen, weil das cooler klang. Als ob damit etwas geschaffen und nicht zerstört worden wäre.

«Ich koste nichts, Jules», flüsterte Sasha, nahm den ersten Zug, inhalierte den Rauch, als ob er nie etwas anderes getan hätte, und legte seinen Mund anschließend auf Juliens, hüllte ihn ein, ihn und sich und diesen Himmel, den man fühlen konnte, in den Händen, unter der Haut, bis in die Knochen, überall.

Sasha

Sasha wusste mittlerweile, wie viel er kiffen durfte, um die knisternde Angst in seiner Brust bezwingen zu können. Und wie lange es anhielt, nämlich genau zwei Busfahrten und die ersten fünfzehn Minuten *Friends*, Staffel drei, Folge acht.

Danach gab es nur noch Julien, der die Arme um Sasha schlang, ihn mit dem Rücken an seine Brust drückte und ihm Sätze wie *Alles okay*, oder *Dir passiert nichts, wenn er dich anfasst, schlag ich ihm den Schädel ein* ins Ohr flüsterte. Auch, wenn das keine Lösung war. Auch, wenn Julien das nicht mehr tun wollte, aber zu wissen, dass es jemanden gab, der Sashas Vater die Stirn bieten konnte, half, um bei Fünf zu bleiben.

Und nachts um halb drei, als Sasha dann irgendwo zwischen Dämmerschlaf und Jennifer Aniston umherirrte, war es ebenfalls Julien, der ihm die Entscheidung abnahm. Mit dem Kopf unter dem Laken, zwischen seinen Beinen, der ihn lenkte, fliegen ließ, hoch, so himmelhoch, und die Welt kleiner, winzig unter ihnen werden ließ. An dem Sasha sich festhalten konnte, der ihn vorantrieb, auf *acht, neun, zehn*.

Sie teilten sich das, hatte Sasha noch gedacht, bevor er Julien danach zu sich hochgezogen hatte, er über ihm kniete und wie ein nachtschwarzer, zitternder Schatten in Sasha hineingeglitten war. Diese dunkle Seite der Macht. Sashas Angst, all das Gute und Schlechte.

Julien schlief immer so unruhig, dass die Decke am Morgen auf dem Boden lag, auch jetzt. Sasha tastete nach Juliens Handy, halb acht, *okay*, drehte sich wieder um und schlang die Arme um ihn. «Hi, Profi», murmelte Julien daraufhin an Sashas Hals und griff um seinen Hintern.

«Hi, Jules», flüsterte Sasha zurück und schmiegte sich an ihn. Nackt schlafen war so toll. Man spürte jeden Zentimeter Haut, jede Regung, jede Faser unter sich, wie alles atmete, ohne Widerstand.
«Wie lange noch?»
«Halbe Stunde», erwiderte Sasha leise. «Muss noch duschen.»
«Mhm», machte Julien müde. «Mit mir.»
«Mit dir.»
«Ich liebe deinen Arsch.»
«Ich liebe deine Hände.»
«Okay.» Julien blinzelte und Sasha sah seine Augen lächeln, während er die Finger tiefer in Sashas Haut drückte. «Passt.»
Sasha wusste das. Dass es passte, dass er richtig war, wie er war, dass es nichts Besseres gab, als Sasha zu sein und einen Julien zu haben, doch all dieses Wissen nützte nichts, als er um fünf Minuten vor acht Uhr Schritte im Treppenhaus vernahm, ein paar schwere, laute, wie Erschütterungen, die das Haus wachrüttelten und nach Luft schnappen ließen. Und dahinter ein schwebender, leichter Klang von flachen Absätzen, nicht zu hart, nicht zu hoch, denn sonst könnte sich ja irgendein anderer Mann nach seiner Mutter umdrehen.
«Wenn dich dein Alter so dämlich findet», fing Julien an und folgte Sashas Blick zur Tür, während sie im Flur standen und Sasha versuchte, die Abstände zwischen Miguels Schuhen zu schätzen. Ein halber Zentimeter, plus einen oder zwei Millimeter. «Warum investiert er dann überhaupt so scheißviel Kohle in dich? Warum lässt er dich nicht zufrieden und du bezahlst dir ein cooleres Studium einfach selbst?»
«Weil er dann Macht verschenken müsste», murmelte Sasha und fing schon wieder an, so lange auf seiner Wange herumzubeißen, bis es bluten würde. «Und weil er weiß, dass ich nicht so blöd bin wie er sagt. Das will er nutzen, um allen beweisen zu können, was er Tolles und Erfolgreiches geschaffen hat.»
«Das war aber nicht er», widersprach Julien leise, bevor er Sasha an sich zog, ihn umarmte, festhielt, seinen Hals, sein Ohr, seine Schläfe küsste. «Das warst du ganz allein, Profi.»
Sasha atmete gegen Juliens Schlüsselbein, sog seinen Geruch ein, diesen Duft nach Deo und Erde und Mann. «Ich geh jetzt rüber», flüsterte er. Julien drückte ihn an sich, und Sasha hörte wieder diesen leisen Ton, dieses Summen zwischen ihnen.
«Ich würd echt gern mitkommen, Sasha», gab er lautlos zurück. «Damit du keine Angst haben musst. Damit *ich* keine Angst haben muss.»

Sasha vergrub sein Gesicht in Juliens Halsbeuge. Sein Jules, sein Zuhause. Es würde genau hier warten, wie ein lauerndes Tier, mit gefletschten Zähnen, und wenn Sasha auch nur einen Ton von sich geben würde, würde es in Pams Wohnung springen, seinem Vater den Schwanz abreißen und ihm damit das Maul stopfen. Hatte Julien ja versprochen.

«Wenn du das sagst, klingt es total seltsam», erwiderte Sasha undeutlich und griff an Juliens Halsausschnitt im Nacken, bevor er den Kopf wieder hob und den Mund auf seinen legte. Rumknutschen, *stell's dir vor*.

«Denk an gestern», murmelte Julien an seinen Lippen. «Ans Fliegen.»

«An den Himmel», flüsterte Sasha zurück.

«An Skittles.»

«An Schultern.»

«An Sex.» Julien grinste, nahm Sashas Gesicht in seine Hände und drückte seine Lippen an die Silberringe. Sasha lächelte zurück.

«An dich», sagte er, lauter, warum sollte er das noch verstecken? Nicht nur Julien wollte zeigen, wie viel Glück ein einziger Mensch mit sich herumtragen konnte. «An Zuhause.»

«Ich schwöre dir, ich bring ihn um, wenn er seine dreckigen Hände nicht bei sich behält», hatte Julien ihm noch versichert, als Sasha anschließend genau eine Minute vor acht Uhr Pams Wohnungstür aufschloss. Sein Herz, dachte er nur und fühlte sich in das Beben und Schlagen hinein. Sein Herz, seine weichen Knie, sein strapazierter Kreislauf, sein verfluchter Mut.

Er ging wie auf Wolken. Pams Wattewolken. Pams Badezimmerteppich. Wenn Sasha hier jemals freiwillig auszog, würde er zehn davon kaufen und die gesamte Wohnung damit auslegen. In der er dann mit Julien wohnte, vielleicht, vielleicht bald oder nächstes Jahr. Auf jeden Fall hätten sie ein riesiges, weiches Bett, eine Höhle, mit hundert Kissen und Decken, Wänden aus Waschmittelduft, ein Boden wie Moos und Erde im Sommer.

«So», sagte sein Vater, als Sasha um die Ecke in den Wohnraum trat, leise, wie ein Geist, dumme Angewohnheit. Pam stand mit verschränkten Armen an den Küchentresen gelehnt, stocksteif und stinksauer. Sasha konnte ihren Zorn förmlich schmecken, so dick war die Luft hier drin.

Seine Mutter saß mit zusammengepressten Knien, perfekt frisierten Haaren und in ihrem Kostüm neben seinem Vater auf der Sofakante, bemüht, sich nicht zu bewegen, nicht zu atmen, unsichtbar zu werden.

Das funktioniert nicht, dachte Sasha nur. Sollte er ihr bei Gelegenheit mal verraten, dann konnte sie sich die Energie für die wirklich guten Dinge im Leben aufsparen. «Und jetzt erklärst du mir das.»

Sasha blieb einfach stehen, schräg zu Pam. Ihre und Juliens Wut, überlegte Sasha kurz. Eine Gewitterwolke und ein Orkan. Und er war der Regen, scharfkantig, ätzend, der in jede Pore sickerte.

«Was?», fragte Sasha nur. Sein Herzschlag blieb bei Fünf, *ganz in Ruhe*. Sein Vater stand auf. «Setz dich hin, wenn ich mit dir rede», verlangte er leise, diese leisen Drohungen, Sasha kannte die, und deutete auf Pams dunkelroten Cocktailsessel.

«Ich steh lieber.»

«Was?»

«Jerome.» Auch Pam lauerte. Alle lauerten sie. Nur Sasha nicht. Der war einfach nur hier. Seine Mutter atmete zitternd aus, als sein Vater langsam um den hölzernen Beistelltisch herumtrat, auf Sasha zukam und sich vor ihm platzierte. Sasha starrte zurück. Er war größer, kräftiger, stattlicher, erfolgreicher und wütender. Genau so wütend wie immer. Nicht wie Pam oder Julien, keine Naturgewalt, nicht mal ein Wort gab es dafür.

«Ich sagte», wiederholte Sasha leiser, «ich steh lieber.»

«Und ich sagte, *setz* dich.»

«Nein.»

Sasha. Seine Mutter. Seine verschreckte, unsichtbare Mutter, die dort hinter ihnen saß und nur die Lippen bewegte. *Bitte.*

Nein. Fünf. Immer noch.

«Ist dir klar, wie du gerade mit mir sprichst?», fragte sein Vater, auch lauter, nicht mehr so gepresst, weil das ja auch anstrengte, sich immer zurückhalten zu müssen, und fast hätte Sasha ihn ein wenig verstanden. Zum ersten Mal seit neunzehn Jahren.

Seine Augen, dachte er, waren wie Miguels. Dunkel und kalt und leer, aber Miguel gehörte zu Julien, und Sasha wusste, dass da immer noch mehr war unter Schiefer und Lavasand. Aber hier nicht. Hier war gar nichts mehr.

«Ich spreche ganz normal», antwortete er, und seine Stimme schwamm auf den Frequenzen, die das Haus absonderte. Auf dem Türenschlagen von rechts oben. Auf dem Knarren im Holzboden. Auf der Wärme, die die Wand zu Juliens Appartement abstrahlte.

«Du willst Krieg, oder?» Er war wie ein blinder Diktator, der gerade seinen besten Mann verlor. «Den kannst du haben, Sasha. Aber glaub mir», sein Vater kam noch einen Schritt näher, stand genau vor Sasha, so nah, dass er sein scheißteures Parfüm riechen und die winzigen, angegrauten Härchen in den dunklen Haaren über seiner Schläfe erkennen konnte. Ein alternder Diktator, der nicht wusste, wie Sasha *wirklich* war. «Diesen Krieg wirst du verlieren.»

«Jerome, ich warne dich.» Ob seine Mutter merkte, dass Pam es gerade besser machte als sie selbst, die nur schweigend und starrend dort hockte?

«Haushoch.»

«Ich muss nicht gewinnen.» Sasha betrachtete seinen Vater, wollte wissen, was er da so fürchtete. Welcher Zug um seinen Mund ihn nachts panisch hochschrecken ließ, welche Falte dafür sorgte, dass er sich nicht traute, mit einer Zwei oder einer Vier oder nichts nach Hause zu kommen, weil es sonst eine Zehn werden würde. Doch wer sagte eigentlich, dass diese Skala nur für Angst und Sex galt? «Aber du. Du musst immer gewinnen, gegen jeden.» *Fünf.* «Weil du Schiss hast.» *Fünf.* «Sogar vor mir. Vor Mom. Vor Pam. Vor jedem, der nicht genau das tun könnte, was du willst.» *Fünf.*

«Ich will, dass du mir gehorchst!», donnerte sein Vater so plötzlich, dass seine Mutter zusammenfuhr und Pam die Arme sinken ließ. «Jerome», sagte sie wieder, leise, tödlich ruhig. «Noch einmal, und du gehst.»

Vielleicht sollte sie ihm einfach die Spinne zeigen, die hinter dem Kühlschrank wohnte und die Sasha John getauft hatte. Selbst John besaß etwas, das seinem Vater Angst machte, denn er war wie Sasha einfach nur da und nicht wie alle anderen Tiere, mit diesen langen Beinen und den klebrigen Netzen und der Vorliebe für dunkle Ecken im Zimmer.

«Ich geh nicht mehr zur Uni», erklärte Sasha deshalb leise. Wenn man verstand, *was* man da so fürchtete, würde es vielleicht weniger werden. «Zumindest nicht in diesem Semester. Ich bleib hier, bei Pam.» In seiner Höhle, mit Julien. «Ich werd auch kein Arzt.» Die Nasenflügel seines Vaters blähten sich drohend, als er Luft holte, doch Sasha war ja noch gar nicht fertig. *Fünf.* «Und deine Firma werd ich auch nicht erben, weil ich sie nicht will. Ich werd nichts, was du willst. Kein perfekter Sohn mit Ehefrau, keine Kinder, die so werden wie du. Weil ich auf Männer stehe.»

Alles war plötzlich ganz still und starr, mit Eis überzogen, und das war er, nur Sasha, wie Eisregen, den sein Vater nicht hatte kommen sehen, weil er keinen Wetterbericht hatte. Nur Angst.

Er wurde erst blass, dann glutrot, und Sasha dachte wieder an John.

Seine Geheimwaffe. Seine und Pams.
Sasha. Seine Mutter flehte ihn stumm vom Sofa aus an; in ihren Augen schimmerte ein Film Tränen. *Bitte nicht.*
Doch.
«Was?» Er konnte es nicht fassen, obwohl es da nichts zu fassen gab, das war eben einfach so, ganz normal, nichts, wovor man sich fürchten musste.
«Ich hab einen Freund.» Sasha blinzelte, lauschte. Unter ihnen schob jemand einen Stuhl geräuschvoll über die Bohlen. *Fünf.* «Julien. Ich liebe ihn. Und er wird dir all das antun, was du mir und Mom angetan hast, wenn du mich nicht zufrieden lässt. Genau das. Nur schlimmer.»
Sie starrten sich an, und dieses Spiel würde Sasha nicht verlieren, diesmal nicht. Er hatte es geübt, wochenlang, er war ein verfluchter Profi im Anstarren.
«Ich weiß, was du jetzt denkst», flüsterte Sasha. «Ich weiß, dass du Angst hast und wie sich das anfühlt, hast du mir ja selbst beigebracht. Musst du aber nicht, weil ich nicht bin wie du.» Genau deswegen. Sein Vater holte wieder Luft, seine Hände zuckten, vor und zurück, und in die Fassungslosigkeit, die sein Gesicht in Wachs formte, das immer kälter und härter wurde, mischte sich eine Erkenntnis.
«Wusstest du das?», fragte er hohl, und Sasha sah, wie seine Mutter vergeblich an ihren mascaraschweren Wimpern herumwischte. Ein letztes Mal, dachte Sasha, bevor sie nicken würde, bevor ihr Traum vom Haus mit heiler Familie zerplatzte, weil sein Vater dann Dinge tun würde, die sie nicht mehr einfach weglächeln konnte. Ein allerletztes Mal, weil Sasha sie doch liebte und er war wie sie. Wie ein Geist, ein harmloser Geist auf der Suche nach einem Platz in der Welt. Den hatte sie gefunden. Sasha auch.
«Nein», antwortete er deshalb. «Wusste sie nicht.»
«Du bist ekelhaft.» Jetzt war es Pam, die nach Luft schnappte. Ja, so war er, ihr Bruder. Sasha kannte das schon. «Du kriegst nichts mehr von uns, keinen Cent. Dein Zimmer lasse ich ausräumen, alles. Den ganzen Dreck. Die ganze undankbare Scheiße, die du hinterlassen hast. Fast zwanzig Jahre lang hab ich mir den Arsch aufgerissen, dass aus dir was wird. Und jetzt kommst du mit sowas. Das ist widerwärtig.»
Als ob Sasha um das dunkle Zimmer weinen würde. Um das Unverständnis, was er entgegengebracht bekam oder den Vater, den er nie hatte. «Ich brauch dein Geld nicht», erwiderte er tonlos. «Ich *scheiß* auf dich und dein Geld.»
Jetzt. Jetzt hob er den Arm, und Sasha das Kinn, sollte er doch, *mach*,

und seine Mutter schluchzte leise, und Pam sagte etwas, das Sasha nicht verstand, weil sein Körper zu summen begann, sich vorbereitete. Wenn sein Vater das tat, dachte er und wartete, würde alles über ihm zusammenstürzen. Julien mit seiner Lava, der ihn verbrennen würde, Pam mit ihren Blitzen, die sie auf ihn schoss, sogar Ally, die ihn in ihre langen Haare einwickeln und darin ersticken würde.

Aber er tat es nicht. Gar nichts. Nicht mal eine Ohrfeige, weil er ja nicht wissen konnte, was dann passierte, anders als in diesem alarmgesicherten Gefängnishaus, wo jeder Luftzug vor ihm zurückwich. Hier nicht. Hier in Chicago war er genauso fremd wie Sasha in Philadelphia, hatte er genau so viel Angst, genau so wenig Macht und niemanden, der ihn schützte.

«Komm», war alles, was sein Vater sagte, als die Uhr Punkt halb neun anzeigte und Sasha noch immer bei fünf war. Seine Mutter stand beinahe sofort auf.

«Anja.» Pam machte einen Schritt vom Tresen weg auf sie zu, als sie ihrem Mann in den Flur folgte. «Bleib hier. Bleib ein paar Tage. Du musst nicht...» – «Jerome, einen Moment. Bitte.»

Sie beachtete Pam überhaupt nicht, stattdessen ging sie zu Sasha, die Handtasche akkurat im rechten Winkel ihrer Armbeuge, die Bluse gebügelt, die Knöpfe in einer Reihe, genau übereinander, zwei Zentimeter Abstand, und legte ihre Handflächen um sein Gesicht. Sie weinte nicht mehr, hatte das abgeschaltet, weil sie das konnte und Sasha nicht. Nie wieder. Sie lächelte, falsch und traurig, so, wie es am sichersten war.

«Ich liebe dich», flüsterte sie, küsste Sasha federleicht auf die Wange, und er spürte ihre Lippen das Wort «Danke» formen. Er wusste nicht, was er darauf erwidern sollte, deswegen lehnte er nur wortlos seine Schläfe an ihr blondes, duftendes, perfekt sitzendes Haar. Sie konnte nicht anders. Sie hatte niemanden, der besser war, als das.

«Anja.» Er war unerbittlich. «Wir gehen. Ich muss mir diese Scheiße aus den Augen schaffen.»

Sasha heulte einfach los, als die Tür ins Schloss fiel, ohne Zahl, einfach so, und Pam umarmte ihn. Ganz anders, viel weicher, sie brach nicht zusammen, wandte sich nicht ab, flehte nicht. Sie war nur da, immer.

«Du hast gar nichts gesagt», brachte Sasha erstickt heraus. «Als er...» – «Ich konnte nicht. Herrgott, ich wollte, aber ich konnte nicht. Und ich wusste es nicht. Nichts. Ich dachte... Es tut mir leid, Sasha, Darling. Hätte ich es gewusst, ich hätte dir geholfen. Wirklich.»

«Ich weiß.» Sasha schlang die Arme um sie, wie ein kleines Kind. Vielleicht weinte er um seine Mutter, er war sich nicht sicher, weil er ja Pam hatte. Aber es war Mom, die ihn nicht hergeben wollte. Mom, die ihn anrief, obwohl sie es nicht durfte. Mom, die log, um ihn zu schützen. Mom, die gerade gegangen war, obwohl der einzige Grund, warum sie all das tat, noch hier war.

«Sasha.» Julien, dachte Sasha nur, als er durch die offene Wohnungstür in ihn hineinfiel. Julien war *sein* Grund. Deswegen hatte auch sie geweint, ganz tief drinnen, und würde nie wieder aufhören können. Sasha konnte. «Was war?», fragte Julien leise und hielt ihn fest, während alles einfach weiterging, als wären seine Eltern nie hier gewesen. Nur ein winziger blinder Fleck in dieser neuen Ordnung. «Was ist jetzt?»

«Sie sind weg», flüsterte Sasha. Juliens Atem an seiner Haut taute die Eisschicht darauf Stück für Stück auf, ganz vorsichtig, damit das, was darunter lag, ganz blieb. «Ich nicht.»

Julien

Es dauerte ein knappes halbes Jahr, bis Julien einen Therapeuten gefunden hatte, der das Wartezimmer nicht mit billigen Räucherstäbchen verpestete, akzeptierte, dass Julien statt mit Matchboxautos mit Kugelschreibern warf und nicht fragte, über *was* Julien sprechen wollte, sondern *ob*. Manchmal wollte er das nämlich nicht und ging trotzdem zu Mr. Pee, wie Julien ihn nannte, weil er eigentlich Mark Peeters hieß, aus den Niederlanden kam und eine Schwäche für schlechte Wortwitze hatte.

Möbel schleppte Julien auch nicht mehr, weil Jeff immer weniger Aufträge reinbekommen hatte und nicht nur ihn, sondern auch Martin, das Arschloch, entlassen musste, immerhin. Stattdessen stand Julien seit knappen zwei Monaten vier Tage in der Woche in einem Skate-Shop, in dem auch der neueste Crush von Sashas Zwergenfreundin arbeitete.

Er war nett, genau wie Ally, die sogar Bekah mochte. Bekah, die noch immer mit ihrem Lord zusammen war und Julien die besten Nudeln der Welt kochte, wenn Sasha länger Uni hatte.

Der studierte jetzt nämlich Biologie, auf Kredit von seiner Tante, Juliens kluger, krass hübscher Freund, der Beste von allen, und schwänzte nur noch halb so viel. Aber besonders dann, wenn er eigentlich Tutorien hatte, die genau in Juliens Feierabend fielen. Dann ging Julien zum

Training, damit er runterkam und Sasha wie ein verschlagen lächelnder Groupie danebensitzen und ihm mit Blicken erst das Tank-Top und dann die Shorts ausziehen konnte.

Und wenn sie später unter die Dusche stiegen, zum dreihundertachtzehnten Mal *Friends* schauten und dieser tiefseeblaue Augenaufschlag im Dämmerlicht reichte, um Julien wieder aus dem Halbschlaf zu reißen, hatten sie Sex. Mal in Sashas Höhle, mal in Juliens Chaos, mal verlor Sasha die Beherrschung, aber meistens Julien, der noch immer nicht begriff, wie man jemanden so sehr lieben konnte, dass man es am ganzen Körper spürte. Wie es summte, in ihm schlug, nachgab, in die Luft flog.

Dass es sich anfühlte, als wäre man total high und angenehm betrunken, wenn Sasha neben ihm vor dem Klavier saß und verstand, was Julien nicht aussprechen konnte. Dass er nicht wegsah, wenn Julien beim Aufräumen nach der Kiste griff und jedes zweite Mal von sich schleuderte. Dass er Sasha abschirmen durfte, wenn sie Bus fuhren oder jemand beim Einkaufen in der Schlange zu dicht hinter ihnen stand.

Und dass das weniger wurde, alles Schlechte, Juliens Wut, Sashas Angst, und das Gute, dieses Verliebt sein, dieses *Wollen*, immer mehr. Jeden Tag. Julien hatte es Bekah erklärt, letztens erst, erinnerte er sich, als er auf Mr. Pees Klingelschalter drückte und der Türsummer ging.

Erst war man verknallt, dann verliebt. Und dann, und das war der Punkt, den Bekah vielleicht besser verstand als er, war es Liebe. Die kam einfach, mischte sich in das Kribbeln und die Vorfreude und das Lächeln und blieb.

«Hi.» Mr. Pee gab Julien immer die Hand, er bestand darauf. «Alles klar, Jules?»

«Alles fit, Mr. Pee.»

Sie grinsten sich an, dann warf sein Therapeut einen bedauernden Blick aus dem Fenster. «Wird wohl nichts mit unserem wöchentlichen Abendspaziergang, was?» Es regnete in Strömen, obwohl sich ein Schneesturm angekündigt hatte, was wieder einmal bewies, dass Wetterberichte ziemlicher Bullshit waren. Der einzige, der das halbwegs beherrschte, war Sasha.

«Willst du reden?», fragte Mr. Pee und ließ sich auf das riesige, schwarzgepolsterte Sofa fallen; Julien durfte seinen Sessel haben, immer. Um mal zu wissen, wie das war, wenn zehn Mal täglich Leute hereinkamen, die genau dieselben Probleme hatten, genau dieselbe Hilfe brauchten, um nicht einfach mitzusterben. Oder mitsterben zu wollen.

«Ja.» Wollte Julien. *Musste* er. Weil er erst gestern wieder mit Miguel aneinandergeraten war. Das funktionierte irgendwie nicht mit ihnen, weder der Putzplan, noch das Trauern. «Mein Bruder kapiert nicht, dass ich nicht mit zum Friedhof will», setzte Julien deshalb an.

«Ist es wieder soweit?»

«Ja. Morgen.»

«Habt ihr darüber gesprochen?»

«Er will nicht sprechen.» Julien ließ sein Knie nervös auf und ab wippen, wie immer, wenn er hier war. Deswegen gingen sie meistens raus, dann konnte er wenigstens wegrennen, wenn es zu viel wurde. War er auch schon, vier Mal. Und durfte trotzdem immer wiederkommen. «Er ist wie ein Stein. Ohne Gefühle. Scheiß drauf, was ich will.»

«Hm», machte Mr. Pee und legte den Zeigefinger kurz an seine Brille. «Zwei Sachen, Jules. Erstens ist es wichtig, dass du weißt, was dir gut tut und das auch kommunizierst. Nur du zählst, nicht dein Bruder oder jemand anderes. Nur du kannst das verarbeiten.»

«Aber er macht mir Stress», gab Julien zurück und spürte es noch immer, dieses Spannen und Drücken in seinen Sehnen, wenn Miguel anfing, zu ignorieren, was er sagte.

«Dagegen kannst du dich wappnen, das lernst du hier. Wir üben das gleich mal, aber erst das Zweite.»

«Was?»

«Das Zweite ist, dass ich denke, deinem Bruder geht es nicht besser als dir, nur, weil er das nicht zeigt.» Julien mochte Mr. Pees Akzent, wenn er *Bruder* sagte. Davon würde er später Sasha erzählen. Den kannte sein Therapeut auch schon, weil er Julien manchmal hierherbegleitete und im Warteraum die Zeitschriften auswendiglernte, nur, um nicht alleine zur Rush Hour Bus fahren zu müssen.

«Er bezahlt mir den Kram hier und hatte schon 'ne Therapie. Er weiß also, wie das mit dem Reden funktioniert, warum tut er's dann nicht?»

«Das ist in meinen Augen recht pathologisch.»

«Sie reden wie Sasha.»

«Entschuldigung.» Mr. Pee lächelte verschmitzt. «Ich meine, dass Menschen, die gute Ratschläge geben, sie selbst oft nicht befolgen können.»

«Geht Ihnen das auch so?» Julien griff nach einem der Kugelschreiber auf dem Beistelltisch, auf die Mr. Pees Name gedruckt war, und begann, ihn auseinanderzubauen.

«Manchmal.»

«Haben Sie auch ein Trauma?»

«Nein, zum Glück nicht. Sonst könnte ich dir wohl nicht helfen.»

«Können Sie?» Julien war sich da manchmal nicht so sicher, denn weg war es ja noch nicht. Die Albträume. Die Wut. Das Vermissen, vor allem das.

«Ich finde, du machst gute Fortschritte.»

«Echt?»

«Na klar.»

Julien grinste und hielt die Mine des Kugelschreibers hoch. «Obwohl ich Ihren Scheiß kaputtmache.»

«Kaputt würde ich das nicht nennen.» Mr. Pees helle Augen funkelten amüsiert hinter den dicken Gläsern.

«Sondern?»

«Ich würde sagen, du hast alle Teile, die du brauchst, um es wieder zusammenzusetzen. Es ist nichts zerbrochen. Einfach nur...» Sie sahen sich an, und Julien fühlte sein Handy in der Jeanstasche vibrieren. Sasha, der jetzt Zuhause war. Er wusste es. Er *konnte* es.

«Nicht mehr neu», murmelte Julien und steckte die Mine zurück in die Halterung, schob die Feder darüber und schraubte den Stift zu. «Aber wieder ganz.»

Ende

Danksagung

Als mir die Idee zu der Geschichte um Julien und Sasha kam, hätte ich nicht geglaubt, dass sie mich so tief berühren wird. Und dass es so viele unausgesprochene Wünsche und ungeträumte Träume da draußen gibt.

Auf meiner Recherche zu den Themen Homosexualität, Coming-Out, Trauerprozessen und Traumaverarbeitung, bin ich auf viel Schönes und Mut Machendes, aber auch sehr Trauriges und Ernüchterndes gestoßen.

Auf stereotypes Rollendenken, das dem, dem schon heterosexuelle Personen ausgesetzt sind, in nichts nachsteht. Auf Diskriminierung, Anspruchsdenken, Schönheitsideale, medialen Druck, Unwillen, Ungeduld und sehr, sehr viel Angst.

Ich wollte Juliens und Sashas Geschichte so schön wie möglich erzählen, aber ich wollte auch, dass sie echt ist. Es gibt keine Menschen ohne Schwächen. Es gibt auch keine Liebe, die Probleme mit einem Fingerschnipsen löst.

Aber es gibt Hoffnung, dass es besser wird, und so oft ich geweint habe, habe ich auch selig gelächelt, während ich diese beiden Leben in Worte fassen durfte.

Ich weiß nicht, ob ich das geschafft hätte, wenn es nicht Menschen gäbe, die auch mir einen sicheren Ort für meine Fragen, Sorgen, Ängste und Zweifel gegeben hätten.

Julia, du bist toll, ich liebe den Austausch mit dir, deine deutliche und sanfte Kritik, deine Weisheit und deine Ruhe. Danke für deine tägliche Unterstützung und den Mut, den du mir immer wieder machst.

Jenny, ohne dich wäre ich niemals da, wo ich jetzt bin, niemals. Dass ich dich kennen darf, ist wie ein riesiger Goldfund.

Kira, ich danke dir, dass du immer zuhörst und so vieles so lange hinterfragst, bis ich das Problem begriffen habe.

Frederike, danke, dass du mich so nah an deine Traurigkeit heranlässt.

Lukas, danke, dass du mich und alle hellen und dunklen Welten, in denen ich lebe, erträgst.

Mama, es gibt nichts Wertvolleres, als dich immer, immer, immer hinter mir zu wissen. Du warst meine größte Inspiration für dieses Buch und jeder sollte eine Mutter wie dich haben.

Nina Kay

lebt in Bielefeld, wo sie zunächst ihr Studium der Lingustik und Literaturwissenschaft absolviert hat, um sich danach ganz dem Schreiben von Geschichten im Bereich Romance und NewAdult zu widmen.
Eine Geschichte denkt sie sich nicht aus, sie erzählt einfach nur, was ihre Figuren ihr zeigen - zumindest ist sie fest davon überzeugt, denn anders wäre es ja völlig unrealistisch.
Wenn sie nicht schreibt, hört sie leidenschaftlich gern Musik, zeichnet oder lässt sich von anderen Geschichten in Bild, Ton und auf Papier inspirieren.

«All The Fucks We Give» ist der erste Band der Dilogie um die Kent-Brüder.